Nina Hinrichs

Kunstpädagogik zum Thema „Krieg und Frieden“

Nina Hinrichs

Kunstpädagogik zum Thema „Krieg und Frieden“

Ästhetische Zugänge zur Förderung einer Kultur des Friedens

www.kopaed.de

Bibliografische Information Der Deutschen Nationalbibliothek
Die Deutsche Nationalbibliothek verzeichnet diese Publikation in der Deutschen Nationalbibliografie; detaillierte bibliografische Daten sind im Internet über http://dnb.ddb.de abrufbar

Covergestaltung: kopaed Verlag unter Verwendung einer Abbildung von Solveig Hinrichs

ISBN 978-3-96848-061-9
eISBN 978-3-96848-661-1

Druck: docupoint, Barleben

Arnulfstraße 205, 80634 München
Fon: 089. 688 900 98 Fax: 089. 689 19 12
E-Mail: info@kopaed.de Internet: www.kopaed.de

Inhalt

Kunstpädagogik und Friedenspädagogik

Ästhetische Zugänge zur Förderung einer Kultur des Friedens

Einleitung

„[…] da Kriege im Geiste des Menschen entstehen, [muss] auch die Verteidigung des Friedens im Geiste des Menschen ihren Anfang nehmen“[1]

Frieden gilt als ein überaus wichtiges, kostbares und hohes Gut der Menschheit. Die Aktualität friedenspädagogischer Ausrichtungen ist angesichts des aktuellen Krieges in Europa und der damit einhergehenden nuklearen Bedrohung, der Gewalt- und Kriegsszenerien weltweit, der humanitären Katastrophen angesichts von Flucht und Vertreibung und der Folgen des Klimawandels groß.

In dieser Schrift wird Frieden nicht als ein selbstverständlicher, gegebener paradiesischer Zustand, der sich durch Abwesenheit von Krieg auszeichnet, aufgefasst, sondern als Ergebnis einer konstanten Auseinandersetzung mit vielfältigen Konflikten, die es zu bewältigen gibt.[2]

Kunstpädagogik kann einen Beitrag zur Vermittlung von friedensfähigen Einstellungen und Wertvorstellungen leisten. In dieser Studie werden ausgewählte ästhetische Zugänge und Überlegungen im Kontext friedenspädagogischer Diskurse vorgestellt. Auf der Basis exemplarischer künstlerischer Positionen zum Thema „Krieg und Frieden“ und mit Anknüpfung an bereits bestehende friedenspädagogische und kunstpädagogische Konzepte werden ästhetische Zugänge eröffnet. Dabei erfolgt eine Auswahl bestimmter Themenfelder, die sowohl aus kunst- als auch aus friedenspädagogischer Perspektive von Bedeutung sind. In diesem Rahmen werden unter anderen unterschiedliche Diskurse und Themenstellungen angeschnitten, zum Beispiel in Bezug auf Erinnerungskulturen, Transkulturalität, Menschenrechtsbildung, Versöhnung und Verständnis, medialen Bildwelten des Krieges, politisch-historischer Bildung sowie Nachhaltigkeits- und Umweltbildung. Um den Rahmen dieser Studie nicht zu sprengen, können nur Einblicke in die jeweiligen Themenfelder und Diskurse gegeben werden, um exemplarische kunstpädagogische Zugänge zu eröffnen. Zu jedem Zugang wird anhand von Praxisbeispielen ein Einblick in das Potential kunstpädagogischen Handelns mit pazifistischen Akzentuierungen gegeben. Die Beispiele sollen die vorgestellten Zugänge

1 Die Fußnoten finden sich als Endnoten ab S. 179.

konkretisieren und können als Impulse im Kontext ganzheitlicher pazifistisch ausgerichteter Kunstpädagogik verstanden werden.[3]

Da Kunst das wesentliche Bezugsfeld der Kunstpädagogik darstellt, wird im Folgenden ein kleiner Einblick in exemplarische künstlerische Auseinandersetzungen mit Krieg und Frieden vorgenommen, um auf dessen Basis kunstpädagogische Zugänge im Kontext friedenspädagogischer Überlegungen zu eröffnen.

Einblicke: Krieg und Frieden in der Kunst

Die Geschichte der Menschheit ist von kriegerischem Handeln und der Sehnsucht nach Frieden geprägt.[4] Dies spiegelt sich auch in der Kunst. Eine vollständige Darstellung würde den Rahmen dieser Studie sprengen, so dass an dieser Stelle nur auf wenige exemplarische Arbeiten verwiesen wird, die einen breit gefächerten Einblick in diese Thematik liefern.[5]

Kunstwerke werden in dieser Studie kontextverbunden und damit auch als geistesgeschichtliche und kulturhistorische Zeugnisse[6] und nicht als rein auf sich verweisende autonome Objekte[7] aufgefasst. So werden sie in den jeweiligen gesellschaftshistorischen, politischen, kulturellen Kontexten unter Einbezug des individuell-ästhetischen Künstlerkontextes betrachtet. Die Auswahl beschränkt sich hier auf vier künstlerische Positionen von Otto Dix, Edward Steichen, Martha Rosler und Ai Weiwei. Diese geben einen kleinen Einblick in die vielfältigen künstlerischen Auseinandersetzungen mit Krieg und Frieden im 20. und 21. Jahrhundert.

1 Otto Dix – „Der Krieg“: Kunst gegen das Vergessen und als Mahnung an den Schrecken des Krieges

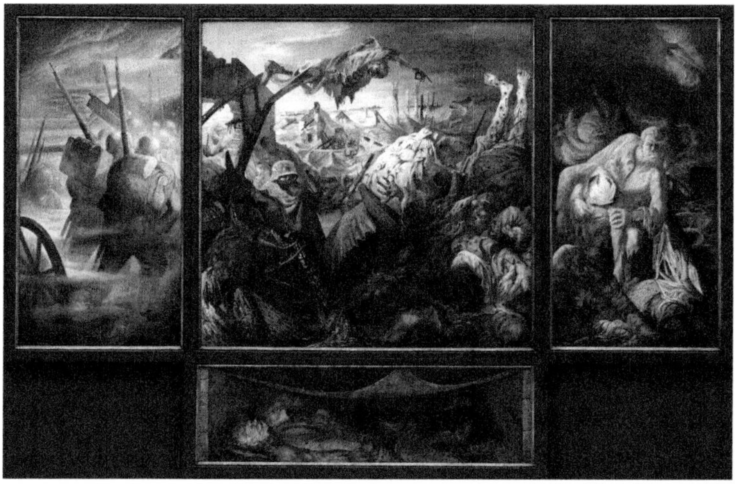

Abb. 1 Otto Dix, Der Krieg (Triptychon). 1929/ 32, Mischtechnik auf Holz, Mitteltafel: 204 x 204 cm, linker und rechter Flügel je: 204 x 102 cm, Predella: 60 x 204 cm, Albertinum | Galerie Neue Meister, Gal.-Nr. 3754

Das Triptychon „Der Krieg“[8] von Otto Dix visualisiert eindrucksvoll die Schrecken des Ersten Weltkrieges. In diesem Werk verarbeitete der Künstler seine persönlichen Kriegserlebnisse. Im Kontext der wiedererstarkenden Kriegsbegeisterung Ende der 1920er-Jahre fungiert es als Mahnbild, das an die Grausamkeiten des Krieges erinnert.

1.1 Otto Dix und der Erste Weltkrieg

Otto Dix wurde als Ersatz-Reservist im Jahr 1914 eingezogen.[9] Der Künstler wurde als MG-Schütze ausgebildet und unter anderen 1915 an der Westfront in der Champagne eingesetzt.[10] Dort erfuhr er die grauenvolle Realität der Stellungskämpfe.[11] Im Jahr 1916 überlebte er die Schlacht an der Somme, die unzählige Tote forderte.[12] An der Ostfront war er 1917 im Einsatz.[13] Im folgenden Jahr wurde er – nach erfolgreich abgeschlossener

Ausbildung – zur Fliegerabwehr bei der Luftwaffe versetzt.[14] Dix hat die zahlreichen Facetten des Krieges erlebt und diese u.a. zeichnerisch und schriftlich in Tagebuchform festgehalten.[15] Rückblickend führt Dix in einem Interview Folgendes an: *„Der Krieg war eine scheußliche Sache, aber trotzdem etwas Gewaltiges. Das durfte ich auf keinen Fall versäumen. Man muß den Menschen in diesem entfesselten Zustand gesehen haben, um etwas* über *den Menschen zu wissen. […] Alle Untiefen des Lebens muß ich selbst* erleben, *deswegen gehe ich in den Krieg, und deswegen habe ich mich auch freiwillig gemeldet.“*[16] Dix' Kriegseinstellung kann u.a. mit dem dionysischen Prinzips Nietzsches in Verbindung gebracht werden,[17] das den Kreislauf von Zerstörung und darauf folgender „Neuwerdung“ beschreibt.

Nach dem Ersten Weltkrieg hat er seine Kriegserlebnisse in der Kunst verarbeitet und eine kritische Sicht auf den Krieg verbildlicht. Das Triptychon „Der Krieg“ ist ein eindrucksvolles Beispiel dafür.[18] Der apokalyptische Charakter des Krieges wird anhand verschiedener Stationen visualisiert, die eine Art Kreislauf beschrieben. Eine Intention besteht darin, ein Altarbild für die „namenlosen", gefallenen Soldaten zu schaffen und angesichts der wiedererstarkenden Kriegsbegeisterung in der Weimarer Republik die Schrecken und das Grauen des Ersten Weltkrieges in Erinnerung zu rufen.

Die verschiedenen Bildflügel des in der christlichen Tradition eines Altarbildes stehenden Triptychons zeigen verschiedene „Stationen“ des Krieges:[19] Während die im linken Bildflügel dargestellten Soldaten in den Krieg ziehen, so ist im Mittelteil das Schlachtfeld, in Form einer grauenhaften, erstarrten Kriegsszenerie verbildlicht. Der rechte Bildflügel visualisiert den Weg aus der Schlacht; ein Soldat schleppt einen Verwundeten aus dem Inferno. Die Predella zeigt schlafende oder tote Soldaten. Ein Kreislauf des Krieges ist visualisiert.

Mit Bezugnahme auf Vorskizzen ist ersichtlich, dass konkrete künstlerische Überlegungen zur Auswahl der bildsprachlichen und inhaltlichen Mittel und damit zur Aussage und Wirkung des Gesamtwerkes und auch der Einzelelemente zugrunde lagen.[20] Im Folgenden werden die einzelnen Elemente des Triptychons betrachtet und Einblicke in die die zugrundeliegenden Bildtraditionen gegeben.

1.2 Bildanalytischer Zugang zum linken Triptychonflügel

Im linken Flügel ist die erste im Triptychon visualisierte Station des Krieges dargestellt: Der Weg in den Krieg.

Scheinbar aus einem Nebelmeer kommend, bewegt sich ein Zug Soldaten auf den oder die Bildbetrachter*in zu.[21] Die vorwegziehenden Soldaten – in der rechten Bildhälfte – sind in Rückenansicht dargestellt. Dieser Teil der Kolonne bewegt sich einen Berg hinauf. Individualisierung der einzelnen Menschen wurden größtenteils vermieden. Ihre Helme und die parallel aufgerichteten Waffen ragen aus dem Nebel auf.[22] Durch die Rückenansicht der Soldaten erfolgt ebenfalls eine gewisse Anonymisierung. Allerdings wird diese durch die Darstellung zweier Soldaten durchbrochen, deren Blicke sich zu treffen scheinen.[23] Ebenso ist das Gesicht des auf den oder Betrachter*in zukommenden Soldaten dargestellt.[24] Die Blicke der Soldaten scheinen eine gewisse ängstliche Vorahnung zu spiegeln.[25]

Die Schlange der Soldaten scheint sich – den Berg hinauf – aus der rechten Bildhälfte hinauszubewegen.[26] Nebelschwaden oder ein Wolkenband versperren den Blick, sodass das Ziel der Soldaten nicht erkenntlich ist. Der Mittelteil des Triptychons gibt Aufschluss über dieses; es ist das Schlachtfeld. Durch inhaltliche und gestalterische Bildelemente wird der Zug der Soldaten in den Krieg nicht etwa heroisch verklärt, sondern – im Gegenteil – in einer düsteren, bedrückenden Atmosphäre visualisiert. [27]

1.3 Bildanalytischer Zugang zum Mittelteil

Im Mittelteil wird der Kriegsschauplatz als apokalyptisch anmutendes grauenvolles Szenario visualisiert: Dargestellt ist eine verwüstete Kraterlandschaft, die eingestürzte Unterkünfte und Ruinen sowie zerstörte Naturelemente beinhaltet.[28] Verstümmelte Leichen, Blut, Eingeweide und Körperteile verschmelzen mit Schlamm und Dreck.[29] Ein verkohlter Stamm mit Stacheldraht verweist u.a. auf die verheerenden Kämpfe. Ein verwester Leichnam auf einem Eisenträger überragt die von Zerstörung und Vernichtung gekennzeichnete und wie erstarrt wirkende Landschaft.[30] Symbolisch kann dieser als personifizierter Tod gedeutet werden. Der Finger des Gepfählten weist auf eine mit Wunden übersäte Leiche mit verzerrtem Gesichtsausdruck, die kopfüber dargestellt ist. Ein Mann mit Gasmaske befindet sich inmitten des Grauens unterhalb des Gepfählten.[31] Ein weiterer Soldat mit Gasmaske ist kaum erkenntlich unter einem eingestürzten Wellblechdach dargestellt. Der Erste Weltkrieg, der sich als eine zermürbende, Millionen Menschenleben fordernde Materialschlacht entwickelte, in der auch der Einsatz von Gas nicht gescheut wurde, wird von Dix in Form einer Landschaft des Todes visualisiert.[32] In der Forschung wurde die dargestellte erstarrte Landschaft der Vernichtung und Zerstörung auch als „Urlandschaft eines totalen Krieges“ bezeichnet.[33]

Die bildsprachlichen, gestalterischen Elemente verstärken den Eindruck des Grauens.[34] Weiterhin lassen sich mit Blick auf die Kunstgeschichte Anspielungen auf unterschiedliche Bilder erstellen, von denen hier jedoch nur ausgewählte benannt werden:[35] So hat Dix in seinem Werk eine Anlehnung an die Kreuzigungsszene des Isenheimer Altars von Grünewald vorgenommen.[36] Mit diesem Kontextwissen kann in Dix' Werk der Fingerzeig des Gepfählten mit der zeigenden Geste von Johannes dem Täufer im Isenheimer Altar in Verbindung gebracht werden.[37] Letztgenannter zeigt auf den gekreuzigten Jesus.[38] Auch der auf dem Kopf stehende tote Soldat steht in der Bildtradition des Gekreuzigten in Grünewalds Darstellung.[39] In der Darstellung Dix' zeigt der verweste Gepfählte auf die auf dem Kopf dargestellte Leiche.[40] Eine Bezugnahme auf einen Erlösungsgedanken – wie im Isenheimer Altar – mutet makaber an und scheint angesichts der dargestellten Hölle des Krieges nicht möglich. Die von Tod, Verwesung und Vernichtung geprägte Landschaft kann Assoziationen an Golgatha hervorrufen.[41] Es ist ersichtlich, dass Dix Bezug auf die im Isenheimer Altar dargestellte Kreuzigungsszene nimmt und diese „auf den Kopf stellt“.[42] Eine mögliche Lesart solch einer Verwendung des christlichen Bildzitats besteht darin, dass es im Krieg zum Verlust jeglicher moralischer Wertevorstellungen und Glaubensgrundsätze kommen kann.[43]

Die Bezugnahme auf sakrale Bildelemente sowie die Verwendung eines auf christlicher Tradition basierenden Triptychons für die Darstellung des Krieges mutet auf den ersten Blick bizarr an. In einem Interview hat Dix geäußert, er beabsichtige das Triptychon in einem Bunker, inmitten großstädtischen Treibens, als Mahnmal namenloser Märtyrersoldaten auszustellen,[44] sodass es auf einer anderen inhaltlichen Ebene als Andachtsbild fungiert. Dies wurde allerdings nicht umgesetzt. Nichtsdestotrotz besitzt das Werk Erinnerungs- und Mahnfunktion.

1.4 Bildanalytischer Zugang zum rechten Bildflügel und zur Predella

Während der Mittelteil einer erstarrten Kriegslandschaft ähnelt, beinhaltet der rechte Bildteil eine gewisse Dynamik: Das Hauptmotiv des rechten Flügels stellt einen Soldaten dar, der einen Verwundeten oder vielleicht schon

Toten aus der einem Inferno gleichenden „Feuerzone“ schleppt. Davor ist ein kriechender Mann mit Gasmaske verbildlicht.[45]

Die verbildlichte Personengruppe ragt von links schräg ins Bild hinein. Durch diese Bewegungsrichtung und die inhaltliche Aufeinanderfolge der Bilder scheint es so, als kämen sie aus dem Mittelteil des Werkes, in dem Vernichtung und Zerstörung der Schlacht visualisiert sind. Hinter ihnen ist die Vernichtung des Krieges in Form einer Feuersbrunst verbildlicht, die in eine apokalyptisch anmutende Himmelsdarstellung übergeht. Dem Inferno des Krieges scheinen die Personen zunächst entkommen zu sein.[46] Helle Blau-, Weiß-, Grau- und Gelb-Töne bestimmen die Farbgebung der Menschen. Inkarnat wurde nicht verwendet. Dadurch wirken sie geisterhaft.[47] Die Person, die den Verwundeten (oder vielleicht schon Toten) schleppt,[48] besitzt einen energischen Gesichtsausdruck. Mit Bezugnahme auf verschiedene Selbstbildnisse von Dix ist ersichtlich, dass bestimmte Ähnlichkeiten zur gemalten Figur im rechten Bildflügel vorliegen.[49] Dadurch ist ein biografischer Bezug möglich.[50] Otto Dix ist dem Grauen des Ersten Weltkriegs entkommen und hat überlebt.[51] Das Werk „Der Krieg“ stellte eine Verarbeitung der Kriegserlebnisse von Dix dar.[52]

Die bereits im Mittelteil visualisierte apokalyptische Endzeitstimmung wird durch die an ein höllisches Inferno erinnernde Himmelsdarstellung des rechten Flügels noch verstärkt. Dieser Bildflügel visualisiert – nach der im Mittelteil dargestellten Zerstörung und Vernichtung – den Weg aus dem Kriegsinferno.[53] Die Predella zeigt als Verbildlichung der letzten Kriegsstation die toten oder schlafenden Soldaten.[54] Diese liegen hintereinander aufgereiht in einer Art hölzernem Behältnis, über das ein Tuch gespannt ist. Am Fußende befinden sich Ratten.[55]

Es kann nicht eindeutig geklärt werden, ob es sich um Tote oder um in den Schützengräben schlafende Menschen handelt, die von Neuem in den Krieg ziehen werden.[56]

1.5 Abschließende Zusammenfassung: Stationen im Krieg

Die einzelnen Bildteile des Triptychons visualisieren verschiedene Stationen im Krieg, die inhaltlich und zeitlich aufeinander aufbauen.[57]

Zum Beispiel kann neben den Hauptmotiven der Bildelemente ein Bezug zwischen den dargestellten Tageszeiten der Einzelbilder erstellt werden.[58] Die Soldaten ziehen in einer bedrückenden Morgenstimmung in den Krieg. Die verheerende Kriegsschlacht, die Vernichtung und Zerstörung mit sich bringt, vollzieht sich tagsüber. Der Weg aus dem Kriegsinferno ist in einer abendlichen oder nächtlichen Atmosphäre gebettet. Die Darstellung der schlafenden oder toten Soldaten kann symbolisch mit einer nächtlichen Stimmung in Verbindung gebracht werden. Ein Kriegskreislauf ist visualisiert:[59] Mit Bezugnahme auf das im linken Bildteil dargestellte Rad, kann symbolisch auf einen Kreislauf geschlossen werden: Anstelle der Toten ziehen „neue" Soldaten in die Schlacht und für die Überlebenden beginnt der Krieg immer wieder „von vorne".[60]

Indem Dix biografische Elemente im Bild einbindet,[61] gibt er dem Dargestellten einen authentischen Zug:[62] Er war im Krieg dabei und kann das erlebte Grauen bezeugen. Abgesehen von diesen wenigen individuellen Darstellungen ist der Krieg allerdings als anonymer Ort des Leidens und des Todes visualisiert.

Mit Bezugnahme auf den christlichen Gehalt eines Triptychons finden sich im Mittelteil deutliche Verweise auf die Kreuzigungsszene des Isenheimer Altars.[63] Die makabre Darstellung des auf „den Kopf gestellten Gekreuzigten" kann auf den Verlust von moralischen Werten und Glaubensvorstellungen im Krieg verweisen.[64] Eine positiv konnotierte Form von Erlösung oder Auferstehung, um den Kriegskreislauf zu entkommen, ist nicht visualisiert.[65] In der Predella sind Bezüge zu Holbeins Darstellung des toten Christi möglich,[66] die Assoziationen an den Tod als letzte Station im Krieg ermöglichen.

Neben inhaltlichen Motiven wird durch formale, gestalterische Merkmale die Zusammengehörigkeit der einzelnen Bildteile deutlich.[67] Eine imaginäre ovale Bildlinie kann als eine Verknüpfung aller Teile des Triptychons fungieren:[68] Das Tuch über den liegenden Soldaten in der Predella bildet den unteren Abschluss des Ovals. Im linken Bildflügel wird die Form durch die Rücken, Rucksäcke und Köpfe der in Rückenansicht dargestellten Soldaten aufgegriffen und in den Mittelteil zurückgeführt. Der auf Stangen gepfählte Soldat bildet den oberen Teil des Ovals. Im rechten Bildflügel wird das Oval durch die Personengruppe abgeschlossen. Das gestalterische Mittel der kreisförmigen alle Bildteile verbindende Bildlinie unterstützt die Bildaussage, dass ein Kriegskreislauf dargestellt ist.[69]

1.6 Künstlerintention

Dix schuf auf Basis eigener Kriegserlebnisse das Werk als Mahnung an die Schrecken des Ersten Weltkriegs, um einer damaligen wieder erstarkenden Kriegsbegeisterung entgegen zu wirken.[70] Rückblickend beschreibt er in einem Interview zum Schaffensprozess des Triptychons *„Der Krieg“* Folgendes: *„Das Bild entstand zehn Jahre nach dem 1. Weltkrieg. Ich hatte während dieser Jahre viele Studien gemacht, um das Kriegserlebnis künstlerisch zu verarbeiten. 1928 fühlte ich mich reif, das große Thema anzupacken… In dieser Zeit übrigens propagierten viele Bücher ungehindert in der Weimarer Republik erneut ein Heldentum und einen Heldenbegriff, die in den Schützengräben des 1. Weltkriegs längst ad absurdum geführt worden waren. Die Menschen begannen zu vergessen, was für entsetzliches Leid der Krieg ihnen gebracht hatte. Aus dieser Situation heraus entstand das Triptychon… Ich wollte also nicht Angst und Panik auslösen, sondern Wissen um die Furchtbarkeit eines Krieges vermitteln und damit die Kräfte der Abwehr wecken.“*[71] Dix hat eine pazifistische Intention verfolgt und das Werk „Der Krieg“ geschaffen, um Elend und Leid des Krieges in einer Zeit erstarkender Kriegsbegeisterung wieder in Erinnerung zu rufen und „Kräfte des Widerstands zu mobilisieren“.[72] Allerdings bediente er sich in gewisser Weise dem Leid und dem Grauen des Krieges im Rahmen der von ihm verbildlichten Ästhetik des Krieges.[73] Doch nichtsdestotrotz liegt eine vorbildliche Intention zugrunde.

Während dieses eindrucksvolle Werk auf den Erfahrungen des Ersten Weltkriegs beruht und als Mahnung vor zukünftigen Kriegen, insbesondere dem Zweiten Weltkrieg intendiert war, wurde das zweite hier ausgewählte Werk zeitlich nach dem Zweiten Weltkrieg kreiert und beinhaltet einen Appell zur Schaffung und Wahrung von Frieden.

2 Edward Steichen – „The Family of Man": Frieden gestalten

> *„A camera testament, a drama of the grand canyon of humanity, an epic woven of fun, mystery and holiness – here is the Family of Man!"*[74]

Die von Edward Steichen zusammengestellte Fotografie-Sammlung „The Family of Man" (1953) wurde im Jahr 2003 zum UNESCO Dokumentenerbe ernannt. Aufgrund der pazifistischen Ausrichtung gilt dieses als Manifest für den Frieden und die Gleichheit der Menschen.

Der amerikanische Fotograf Edward Steichen stellte die Fotografie-Sammlung „The Family of Man" für das Museum of Modern Art in New York zusammen.[75] Sie umfasst ca. 500 Aufnahmen von über 200 Fotografen und Fotografinnen aus 68 Ländern.[76] Robert Capa, Henri Cartier-Bresson, Dorothea Lange, Robert Doisneau, August Sander, Ansel Adams und viele weitere steuerten ausgewählte Werke bei.[77] 1955 wurde sie erstmals präsentiert. Diese eindrucksvolle Fotografiesammlung, die in den Zeiten des Kalten Krieges im Kontext nuklearer Bedrohung und Zerstörung entstand, wird als Manifest für den Frieden und die Gleichheit der Menschen gedeutet.[78] Weltweit wurde die Ausstellung in mehr als 150 Museen gezeigt und von über 10 Millionen Menschen besucht.[79] Steichen, für den die Ausstellung das wichtigste Werk seiner Karriere bedeutete, äußerte den Wunsch, diese möge dauerhaft in seinem Heimatland Luxemburg im Schloss von Clervaux präsentiert werden.[80] Diesem Wunsch wurde entsprochen: Seit 1994 ist sie dort als Dauerausstellung zu sehen. [81] 2003 wurde sie zum UNESCO-Dokumentenerbe erklärt und in das Memory of the World Register aufgenommen.[82]

2.1 Frieden gestalten – die pazifistische Ausrichtung der Ausstellung

„The Family of Man has been created in a passionate spirit of devoted love and faith in man"[83]

Steichen gibt an, er habe die Ausstellung im Glauben an die Liebe und Treue der Menschheit konzipiert. Eine anti-rassistische Erziehung kann als frühe Grundlage gelten.[84] Auf Basis von dieser frühen Werteausrichtung konzipierte er später pazifistische Projekte. So hatte er gegen Ende des Zweiten Weltkriegs bis zum Koreakrieg Ausstellungen zum Thema „Krieg" gestaltet, war aber von der Reaktion der Rezipierenden enttäuscht.[85] Trotz der Visualisierung des Krieges mit all seinen Verbrechen und Grausamkeiten konnte er bei den Betrachtenden – aus seiner Sicht – keine längerfristige pazifistische Grundhaltung auslösen: *„Although I had presented war in all ist grimness in three exhibitions, I had failed to accomplish my mission [...] People flocked in great numbers to see it. They found some pictures revolting, some deeply moving. There even were tears shed, but that was as far as it went. They left the exhibition and promptly forget it. [...] I had not incited people into taking open and united action against war itself. This failure made me take stock of my fundamental idea."*[86] In Bezug auf diese negativen Erfahrungen veränderte er sein kuratorisches Konzept und setzte jenes in der Ausstellung „Family of Man" um.[87] Er hoffte nun mit dieser modifizierten Version seine pazifistische Zielsetzung zu erreichen. Es war nun nicht mehr ausschließlich die Präsentation von Gewalt und Vernichtung, zu der die Menschen in der Lage sind, sondern auch die schönen Seiten des Lebens und die alle Kulturen verbindenden Gemeinsamkeiten wurden gezeigt.[88] So führte er Folgendes über die Planung von „Family of Man" an: *„The creation of this kind of exhibition is more like the production of a play or a novel, even a philosophical essay, than it is like planning an exhibition of pictures of individual works of art. Therefore, it must have an intrinsic aim that gives it an element of the universal and an over-all unity."*[89]

Steichens Intention bestand darin, durch die Ausstellung eine Botschaft des Friedens zu vermitteln. Krieg, Gewalt, Diskriminierung und Rassismus sollten eine Absage erteilt und ein Beitrag zu einem friedlichen Zusammenleben aller Kulturen geleistet werden.[90]

2.2 Themen der Ausstellung

Thematisch wird in der Ausstellung die „menschliche Familie“ mit all ihren Facetten gezeigt. *„The exhibition [...] was conceived as a mirror of the universal elements and emotions in the everydayness of life – as a mirror of the essential oneness of mankind throughout the world.“*[91]

Kulturelle Vielfalt steht neben überkulturellen Gemeinsamkeiten.[92] So werden die Stationen im Leben eines jeden Menschen, unabhängig von Religion, Ethnie, Kultur oder sozialer Schicht visualisiert: Geburt, Kindheit und Jugend, Erwachsenensein und Familienleben bis hin zu Tod und Beerdigung. Auch Emotionen, wie Liebe und Hass kommen zum Ausdruck. Dabei wird aufgezeigt, dass diese Stationen im Leben und die zugehörigen Gefühle in der Natur aller Menschen liegen und ein verbindendes Momentum darstellen.[93] Dies ist beispielsweise in Fotografien von Liebenden aus jeweils unterschiedlichen Kulturen ersichtlich.[94] Neben diesen Gemeinsamkeiten finden sich auch Visualisierungen der Unterschiede in Bezug auf Kultur, Religion, soziale Schicht und Ethnie.

Aber es ist nicht nur das Ideal des friedlichen Zusammenlebens, sondern es werden auch „Schattenseiten“ wie Rassismus, Krieg und Genozid präsentiert. Zudem werden Darstellungen von Ungerechtigkeiten und Diskriminierungen in Bezug auf Geschlecht, Hautfarbe, soziale Schicht sowie auf kulturelle oder religiöse Zugehörigkeit und deren Konsequenzen, beispielsweise Armut, Hunger oder individuelles Leid gezeigt.[95] Im Kontext der Ausstellung können die Darstellungen solcher Schattenseiten jedoch als Mahnung gegen menschliche Grausamkeiten und Verbrechen gelesen werden und für ein friedliches Miteinander appellieren.

Steichen fasst die motivische Vielfalt der Ausstellung wie folgt zusammen: *„We sought and selected photographs, made in all parts of the world, of the gamut of life from birth to death with emphasis on the daily relationships of man to himself, to his family, to the community and to the world we live in [...]“.*[96]

Zudem plädiert die Ausstellung für ein demokratisches Verständnis: So sind unter anderen Fotografien von Wahlakten aus unterschiedlichen Ländern visualisiert.[97] Eine Wahlurne ist zwischen Fotografien von öffentlichen Reden und Veranstaltungen angebracht, in die Stimmzettel eingeworfen werden können.[98] Dies verweist auf den politischen Lehranspruch der Ausstellung.[99] Die UNO wird als ein möglicher Lösungsansatz der Probleme in dieser Welt präsentiert. Die Charta, auf die in Bezug zur Fotografie genommen wird, stellt diese Institution als Alternative gegen Krieg, Terrorismus, Diskriminierung und Armut dar.[100]

Weiterhin werden wichtige Errungenschaften der Menschheit bis hin zu menschlichen Tragödien visualisiert. Auch der Umgang mit der Umwelt ist ein wichtiges Thema: Fotografien zeugen von verantwortungsvollem und bewahrendem Handeln bis hin zu destruktiver Zerstörung.[101]

Kindern kommt thematisch eine besondere Rolle als Akteure der Zukunft zu. Exemplarisch sei auf die eindrucksvolle Fotografie „The Walk to the Paradise Garden" von W. E. Smith verwiesen.[102] Zwei sich an den Händen haltende Kinder, ein Mädchen und ein Junge, – fotografiert aus Rückenansicht –, schreiten in einer Naturszenerie aus der Dunkelheit ins Licht. Der Symbolcharakter dieses Bildes ist sehr groß. Durch den Titel wird der Weg vom Dunkel ins Licht allegorisch aufgeladen.

Die pazifistische Botschaft der Ausstellung liegt darin, dass die fotografierten Menschen aus unterschiedlichsten Kulturen, sozialen Schichten und Nationen alle als Teil der Familie der Menschheit präsentiert werden.[103] Eine Art Gemeinschaftsgefühl soll erzielt werden und dadurch die Bedeutung des friedlichen Zusammenlebens und des gegenseitigen kulturellen Verständnisses verdeutlicht werden.[104]

2.3 Kritische Überlegungen

Trotz der lobenswerten Intention von Steichen ist Kritik an der Ausstellungskonzeption möglich.[105] Diesbezüglich liegen vielfältige Ansätze vor, von denen an dieser Stelle nur einige ausgewählte berücksichtigt werden können, um einen kleinen Einblick in die kritische Rezeption zu vermitteln.[106]

Es ist wichtig, jede einzelne Fotografie als individuelles Werk in seiner Vielschichtigkeit zu begreifen. Die in der Ausstellung vorgenommene – zum Teil sehr enge – Aneinanderreihung von Bildern drängt diese in inhaltliche Kontexte, die stark die Lesart bestimmen und den individuellen Gehalt des einzelnen Bildes als Kunstwerk beschneiden sowie die unterschiedlichen, zum Teil sogar mehrschichtigen Lesarten reduzieren können.[107]

Ein weiterer kritischer Aspekt besteht darin, dass eine Ästhetisierung von Krieg, Leid, Hunger, Armut und Umweltzerstörung erfolgt. Selbstverständlich dürfen diese Themen nicht fehlen, da sie die negativen Seiten des Umganges der Menschen miteinander sowie mit der Umwelt verdeutlichen. Ansonsten würde die Ausstellung eine verharmlosende Sicht repräsentieren.[108]

Obwohl die Fotografien dokumentarischen Wert besitzen, repräsentieren sie natürlich die individuelle Sehweise der Fotografin bzw. des

Fotografen. Dabei ist in der Ausstellung eine westliche Ausrichtung zu verzeichnen, die u. a durch den Amerikaner Steichen und seiner Auswahl der Fotografien geprägt wurde.[109]

In der Forschung liegen bis heute kontroverse Rezeptionsansätze vor,[110] die von Lob bis hin zu vernichtender Kritik reichen. Während beispielsweise Krieps die pazifistische Botschaft der Ausstellung preist,[111] konstatiert Roland Barthes „ein Scheitern der Fotografie“.[112] Barthes begründet dies primär damit, dass Steichen mit seiner Intention, Gemeinsamkeiten der Menschheit zu zeigen, eine Mystifikation der Geschichte als Natur postuliere.[113]

Die unterschiedlichen Reaktionen und Bewertungen machen die Ausstellung jedoch zu einem interessanten vielseitigen Erbe, das vielfältige künstlerisch-ästhetische Zugänge ermöglicht.

2.4 Aktualität der Ausstellung

Edward Steichen intendierte mit der von ihm konzipierten Ausstellung, einen Beitrag für den Frieden zu setzen und gegen Rassismus, Diskriminierung, Umweltzerstörung, Terror und Krieg zu plädieren.[114] Die Konzipierung von Steichens Ausstellung stand im Zeichen der Nachkriegszeit (des Zweiten Weltkriegs), doch sind die Ziele auch in heutiger Zeit noch aktuell. Angesichts der kriegerischen Konflikte, der humanitären Katastrophen angesichts von Flucht und Vertreibung aber auch angesichts der Umweltzerstörung und des Klimawandels in der heutigen Zeit wird die Brisanz und Aktualität in Bezug auf die Auseinandersetzung mit Krieg und Zerstörung sowie der Vermittlung pazifistischer Werte ersichtlich. Durch den Ukraine-Konflikt ist der Krieg und damit die nukleare Bedrohung nach Europa zurückgekehrt. Die Botschaft, dass die Menschheit eine Familie darstellt, die friedlich zusammenleben und verantwortungsvoll mit der Umwelt umgehen soll, hat an Bedeutung und Aktualität nichts eingebüßt. Die Wertschätzung kultureller Vielfalt, gegenseitige Toleranz und ein friedliches Zusammenleben sind weiterhin wichtige Zielsetzungen.

Ein weiterer bedeutender Aspekt in der aktuellen Vermittlung und Wahrnehmung von Kriegen stellen mediale Bildwelten dar. Diesem Aspekt widmet sich das nächste Künstlerbeispiel.

3 Martha Rosler – „Bringing the War Home“: Medialer Konsum von Krieg und Gewalt

In der heutigen technisierten Mediengesellschaft prägen die medial erzeugten und vermittelten Bilder stark die Wahrnehmung von Kriegen. Aufgrund digitaler Bildbearbeitungsprogramme und allgemein dem Konstruktionscharakter medialer Berichterstattung besteht zunehmend die Gefahr von Manipulationen und gezielten Falschinformationen, sodass ein kritischer Umgang mit Medien von großer Signifikanz ist.

Martha Rosler prangert in ihrer Serie „Bringing the War home“ die mediale Kriegsberichterstattung an.[115] Dabei wird der Krieg durch das zeitliche und räumliche Grenzen durchbrechende Montageverfahren – wie es der Titel schon sagt – direkt in die Wohnzimmer der Menschen geholt.[116] Im Zeitraum 1969-1971 hat sie dabei Bezug auf den Vietnamkrieg genommen, die Weiterführung der Serie 2004-2008 wurde inhaltlich vom Irakkrieg inspiriert.[117] Rosler führt jedoch an, dass trotz der bildsprachlichen und inhaltlichen Veränderungen der zweiten Serie ihre Kritik weiter besteht, denn nach ihrer Ansicht hat sich nicht viel bezüglich der Kriegsführung und medialer Kommerzialisierung geändert:[118]

> *„I wanted to make the point that with all the differences it is exactly the same scenario. We haven't advanced at all in the way we go to war.“*[119]

3.1 Kritik an medialer Inszenierung des Krieges und an geschlechtskodierten Rollenstereotypen

Im Folgenden wird Bezug auf zwei exemplarisch ausgewählte Werke der Serien genommen:

Zunächst sei auf das Werk „Gladiators“ verwiesen.[120] In diesem werden Kriegsszenen in die Wohnwelten einer Wohlstandsgesellschaft collagiert.[121] Das Wohnzimmer wird zum Schauplatz des Krieges.[122] Die mediale Präsentation, Berichterstattung aber auch Zurschaustellung von der Brutalität und den Grausamkeiten des Krieges sowie der Konsum der Menschen, die sich Tod und Vernichtung vom Wohnzimmersofa als allabendliche Unterhaltung ansehen, werden in den Collagen dieser Serie kritisiert. Ihre auf dem Prinzip der Fotomontage gefertigten Werke erscheinen auf den ersten Blick wie reale Fotografien, die jedoch aufgrund ihres Inhalts Irritationen bei den Rezipierenden auslösen können.

In einigen Werken der Serie „Bringing the War Home"[123] ist dagegen die Manipulation mittels digitaler Bildbearbeitung augenscheinlich:[124] Exemplarisch sei auf das Werk „Saddam's Palace (Febreze)" verwiesen. Dieses entstammt der zweiten Serie und bezieht sich auf den Krieg im Irak. Im Werk werden zwei konträre Räumlichkeiten und Handlungssituationen in Beziehung gesetzt. Der Großteil des Bildes wird – wie der Titel schon sagt – von der Darstellung eines zerstörten Palastes von Saddam Hussein eingenommen, der 2003 bombardiert wurde.[125] Der Innenraum ist von Trümmern bedeckt, Elemente der Decke hängen herab. Das Gegenlicht, das blendend durch die Fenster dringt, beleuchtet die Tristesse der Zerstörung. Ein US-Soldat, der durch die Trümmer schreitet, wirkt in diesem Raum der Verwüstung nahezu verloren.

Kontrastierend ist im unteren rechten Bildbereich eine Wohnzimmerecke mit altmodisch anmutenden Sesseln eingebunden, auf denen Kissen drapiert sind und zwischen denen sich Haushaltsutensilien, wie ein Korb mit Wollknäueln für die Handarbeit befinden. Häusliche Idylle im Gegensatz zu kriegerischer Zerstörung wird visualisiert. Zugespitzt wird dieser Kontrast durch die sequentielle Abfolge einer putzenden, gut gekleideten, lächelnden jungen Frau, die einem Werbefilm entstiegen sein könnte.[126] Mit einem strahlenden Lächeln versprüht sie das Mittel in ihrer Flasche. Bei diesem scheint es sich um Febreze, einen Luft- und Textilerfrischer zu handeln. Mittels Ein- und Überblendung nähert sie sich – der seriellen Anordnung folgend – lächelnd dem oder der Betrachtenden; allerdings ohne Blickkontakt herzustellen. Dann entfernt sie sich kleiner werdend in den Raum hinein und im Rahmen einer Ausblendung scheint sie wieder zu verschwinden.

Die Kontrastierung der lächelnden putzenden Frau im Rahmen der Kriegszerstörung wirkt bizarr. Zwei Welten, die der modernen Hausfrau der westlichen Wohlstandsgesellschaft und die zerstörte Welt des Krieges im Irak, prallen in dieser Fotomontage aufeinander. Dabei repräsentiert die figürliche Darstellung die Rolle der Frau als Hausfrau.[127] Neben pazifistischen Intentionen ist im Werk von Martha Rosler die Hinterfragung von gesellschaftlich kodierten Rollenstereotypen und ein damit verbundenes Engagement für die Rechte der Frau von großer Bedeutung.[128] Die Gleichberechtigung von Mann und Frau gehört ebenfalls zu friedenspädagogischen Zielsetzungen, da mit Bezugnahme auf Menschenrechte Diskriminierungen jeglicher Art, also auch das Geschlecht betreffend, verhindert werden sollen.

Primär wird in dieser Fotomontage die Ignoranz (insbesondere der westlichen Wohlstandgesellschaft) bezüglich Zerstörung und Tod kritisiert. Die Künstlerin äußert Folgendes zu dieser Serie:

> *„I was looking for a way to express in public fashion, my opposition to a war that seemed to be brought to us in the living room, on TV, and which posited a ‚here' and a ‚there'."*[129]

Auch wenn Rosler den Konsum und die Ästhetisierung des Krieges kritisiert, bedient sie sich im gewissen Sinne derselben Strukturen. Sie nutzt den Krieg und damit verbundene Zerstörung, Leid und Tod für ihre Kunst und verzeichnet dadurch Erfolge. Während sie bei früheren Antikriegscollagen der ersten Serie auf die Präsentation in kommerziellen Galerien verzichtete, nutzt sie diese nun für die Vermarktung ihrer Werke der weitergeführten Reihe.[130] Damit trägt sie trotz lobenswerter pazifistischer Intention ebenfalls zu einer Ästhetisierung und Kommerzialisierung des Krieges bei.

In Bezug auf das zweite große Thema dieser Fotomontagen, die Rolle der Frau, werden Kodierungen der westlichen Wohlstandgesellschaft aufgegriffen. Neben der Rolle der putzenden Hausfrau, werden Frauen, häufig jung und modisch gekleidet, gezeigt, die sich selbstbewusst im Haus aufhalten. Damit möchte die Künstlerin die Frau in der Rolle der Hausfrau, sowie als Objekt der Begierde aber auch als eine Art passiven „Bestandteil" des Haushalts kritisieren. Inhaltlich stehen alle hier angeführten Bilder in einer historischen Tradition. Dies gilt sowohl für die Bildsprache als auch für den Inhalt. So müssen die heutigen Bildwelten und visualisierten Kodierungen und Sehweisen auf die Frau im sozialen, politischen und gesellschaftlich-historischen Kontext entwicklungsgeschichtlich betrachtet werden.

> *„I had been using the montage form to provide a collision within a frame of things we think about when we unconsciously position women as, essentially, home appliances and passive objects of desire […]."*[131]

Rosler verknüpft in einigen Werken die zwei großen Themenkomplexe „Rolle der Frau" und „Krieg" mittels der Montagetechnik. Es erweckt jedoch den Anschein – auch bedingt durch die Titelwahl der Serien –, dass Rosler primär Antikriegsdarstellungen zu kreieren intendierte. So steht in vielen Collagen die pazifistische Intention im Vordergrund:[132] Es wird eine kritische Hinterfragung der medialen Inszenierung und Konsumierung des Krieges vorgenommen.[133]

Im nächsten Beispiel wird inhaltlich auf die Folge von Krieg, Ausbeutung, Hunger- und Naturkatastrophen Bezug genommen: die globale humanitäre Katastrophe angesichts von Flucht und Vertreibung.

4 Ai Weiwei – „Human Flow“: Flucht und Massenmigration

Der Künstler Ai Weiwei hat in seinem Film „Human Flow“ die weltweite Migrationsbewegung thematisiert.[134] Dafür hat er Menschen, die sich auf der Flucht vor Krieg, Hungersnot oder Klimawandel befinden, begleitet, um einen Einblick in ihr Leben und ihr Schicksal zu erhalten.[135]

> *„Laut UN-Angaben sind zurzeit 65 Millionen Menschen auf der Flucht, so viele wie nie zuvor. Das berührt und interessiert mich: Ich will wissen, warum Menschen ihr altes Leben hinter sich lassen, in Boote steigen und Fußmärsche in Kauf nehmen. Sie erleben unermessliches Leid und tiefste Verzweiflung. Darüber wollte ich mehr lernen. Also habe ich versucht, mich aus zwei Perspektiven den Flüchtlingsströmen zu nähern: von oben, mit Drohnenaufnahmen, und von unten, als Beobachter, der mit den Menschen spricht, isst und tanzt.“*[136]

Der in 23 Ländern gedrehte Film ist global ausgerichtet und thematisiert die weltweite Fluchtbewegung.[137] Der Film berichtet von bewegenden Geschichten von Menschen, die Sicherheit, Schutz und Gerechtigkeit suchen und dafür alles hinter sich lassen (mussten) und ihren Weg ins Ungewisse antreten, der lebensgefährliche Meeresüberquerungen, erzwungene Aufenthalte in überfüllte Camps und unüberwindliche, mit Stacheldraht versehene Grenzzäune beinhalten kann.[138] Erzählt wird von Vertreibung, Verzweiflung sowie Mut und Hoffnung, der schmerzenden Erinnerung an die zurückgelassene Heimat und der Unsicherheit der Zukunft.[139] Elend und Ungerechtigkeiten, die die Menschen erfahren, werden thematisiert. Auch die mit der Abschiebungspolitik verbundenen Gefahren, z.B. in Form von Radikalisierungen werden aufgezeigt.

Kritik, dass der Künstler das Leid der Menschen ästhetisiert und für seinen persönlichen Ruhm nutzt,[140] ist berechtigt. Insbesondere der Aspekt, dass er sich selber im Film inszeniert, ruft zur Kritik auf.[141] Ai Weiwei verteidigt sich mit dem Verweis auf echtes, persönliches Interesse und der Anmerkung, dass er sich nicht von den Menschen distanzieren, sondern sich mit ihnen identifizieren möchte: *„Mir ist bewusst, dass meine Auftritte lächerlich, komisch oder etwas borniert wirken können. Aber das ist keine Attitüde, keine Inszenierung, sondern echtes Interesse! Ich bin nun einmal kein distanzierter Historiker oder Jour-*

nalist, sondern Mensch und Künstler. Ich möchte immer in Berührung treten mit dem, was mich beschäftigt und woraus ich etwas forme. Ich bin nicht besser als die Menschen auf der Flucht, sondern einer von ihnen – das wollte ich vermitteln."[142]

Nichtsdestotrotz lässt sich im Film eine zu dominante Selbstinszenierung und eine Ästhetisierung des Leidens für seinen persönlichen Ruhm feststellen, die gegen das selbstlose Handeln des Künstlers sprechen.[143] So wird kritisch angeführt, dass der Film „in den Momenten am stärksten [ist], in denen Ai nicht vorkommt".[144] Zudem kann Kritik an einigen zu pathetischen und auch oberflächlichen Szenen geübt werden.[145] Exemplarisch sei auf eine Szene verwiesen, in der Ai Weiwei im Camp von Idomeni eine junge Syrerin an einem Klavier spielen ließ, eine Plane gegen den Regen über sie hielt und anführte, dass Kunst den Krieg besiege.[146] Es ist leider häufig eine zu oberflächliche Sehweise, die der Künstler vertritt und die der Komplexität und dem Ernst der Situation nicht ganz gerecht werden.[147] Die globalen Zusammenhänge werden zwar angedeutet, aber nicht weiter im Kontext tiefgehender Analysen, betrachtet. Nichtsdestotrotz muss die lobenswerte Intention des Films, der Appell an die Moral, und auch die vorbildliche kritische Haltung des Künstlers herausgestellt werden.

Ai Weiweis persönliche biografische Erfahrungen haben ihn zu einem regimekritischen Künstler gemacht.[148] So wurde sein Vater als regimekritischer Dichter in die Verbannung geschickt und Ai Weiwei selber musste aufgrund seiner kritischen Werke Haft erleiden.[149] Er gibt an, dass er sich aufgrund der in China erlittenen permanenten Unsicherheit und dem Gefühl des Außenseitertums mit den Geflüchteten[150] und ihrer schwierigen Situation verbunden fühlt. [151]

„Ich bin als Flüchtling geboren. Mein Vater wurde von der Führung in abgelegene chinesische Gebiete verbannt. Ich bin damit aufgewachsen, ich weiß, wie es sich anfühlt."[152]

4.1 Kunst als Motor der Veränderung?

Ai Weiwei besitzt die idealistische Sicht, dass Kunst etwas verändern kann.[153] Konkret in Bezug zum Film ruft er zu einer positiven Veränderung angesichts der humanitären Katastrophe angesichts von Flucht und Vertreibung und einer humaneren Migrations- und Asylpolitik auf: *„Wir können alle etwas tun – den Flüchtlingen die Tür vor der Nase zuschlagen oder sie ihnen öffnen. Wir haben die Wahl, und ich plädiere dafür, vertrauensvoll zu sein und diesen Menschen ihre Würde zurückzugeben."*[154]

Trotz dieser lobenswerten Intention, vereinfacht er die Komplexität potentieller Probleme, die bei der Aufnahme, Integration und Einwanderung entstehen können, und die leider zu einem heutigen Rechtsruck in vielen europäischen Ländern führten. Doch sein Appell, sich für Geflüchtete zu engagieren, scheint sich gerade angesichts der Flucht aus der Ukraine erfreulicherweise zu erfüllen: Unzählige ehrenamtlich handelnde Menschen bieten den ukrainischen Geflüchteten zum aktuellen Zeitpunkt Hilfe und Unterstützung an.[155]

Doch stellt sich die generelle Frage, inwieweit Kunst, in diesem Fall der Film, tatsächlich nachhaltige Veränderungen und nicht nur kurzfristige Betroffenheit und Empathie bewirken kann.[156] Trotz der bestehenden Gefahr, dass dieser Film angesichts alltäglicher Presse- und Fernsehberichte von Leid und Elend weiter zur Abstumpfung führen kann,[157] ist es wichtig, dass solche Bilder als ein Appell an die Menschlichkeit gezeigt werden.

Dem Film, der sich an der Schnittstelle von Dokumentarfilm und Kunstwerk bewegt, liegt die vorbildliche Intention zugrunde, die Menschen angesichts von Flucht und Vertreibung zu Toleranz Offenheit und Menschlichkeit aufzurufen: *„HUMAN FLOW erscheint in einer kritischen Zeit, in der Toleranz, Mitgefühl und Vertrauen mehr denn je gebraucht werden. Der eindringliche Film ist ein Zeugnis für die Unantastbarkeit der menschlichen Würde und wirft eine der Fragen auf, die prägend für dieses Jahrhundert sein werden: Wird unsere globale Gesellschaft es schaffen, sich von Furcht, Isolation und Eigennutz zu lösen und einen Weg der Offenheit, Freiheit und des Respekts für Menschlichkeit einschlagen?"*[158]

Die Ursachen der Fluchtbewegungen werden im Film nicht weiter benannt und damit auch keine langfristigen Lösungen angeführt, die in der Bekämpfung der Ursachen liegen. Aber dies war auch nicht Intention des Filmes, sondern im Vordergrund stand die Thematisierung der weltweiten Fluchtbewegung. In diesem Rahmen zeigt der Film Not und Elend mit künstlerisch geprägten Sehweisen auf. So wird keine Kritik am Versagen von Politik, Gesellschaft, Wirtschaft und Handel geübt. Doch um die weltweite Fluchtbewegung zu verhindern, müssen Klimawandel, Kriege und Gewalt, sowie Armut und Hungersnöte bekämpft werden. Da wir in einer Welt mit globalisierten Strukturen leben, wird an jeden Einzelnen appelliert, friedlich und verantwortungsvoll zu handeln.[159]

5 Zusammenfassung

Otto Dix' malerisches Werk „Der Krieg" verdeutlicht die Schrecken des Ersten Weltkriegs und wurde als Mahnung an einen weiteren Krieg im Kontext wiedererstarkender Kriegsbegeisterung vor dem Zweiten Weltkrieg geschaffen. Edward Steichen hat die als UNESCO-Dokumentenerbe ausgezeichnete Fotografie-Ausstellung „The Family of Man" kuratorisch zusammengestellt. Die zugrundeliegende Intention der Wanderausstellung besteht darin die Botschaft der Gleichheit aller Menschen zu vermitteln und beinhaltet somit einen Aufruf zum Frieden. Martha Roslers serielle Collagen „Bringing the War home" stellen eine kritische Auseinandersetzung mit der medialen Kriegsberichterstattung und Konsumierung in der westlichen Welt dar. Dabei greift sie auf Pressefotos aus dem Vietnamkrieg und dem Irakkrieg zurück. Ebenso kritisiert sie Rollenstereotypen der Frau. Der von Ai Weiwei produzierte Film „The Human Flow" bezieht sich auf die globale Situation von Geflüchteten und evoziert gesellschaftskritische Fragen der heutigen Zeit.

Die Werke wurden aus dem Grunde gewählt, da sie auf unterschiedliche geschichtliche, gesellschaftliche und politische Situationen und auf verschiedene Konflikte bzw. Kriege Bezug nehmen und einen kleinen Einblick in die Spannbreite künstlerischer Positionen zu Krieg und Frieden vermitteln. Da Kunst die wesentliche Bezugsinstanz kunstpädagogischen Handelns darstellt, wurde dieser kleine Exkurs vorgenommen.

Auf Basis der vorab vorgestellten künstlerischen Positionen werden folgende thematische Schwerpunkte für ästhetische Zugänge in dieser Studie abgeleitet: In Anlehnung an die von Otto Dix mit dem Werk „Der Krieg" intendierte Erinnerung an das Grauen und Leid der Kriege und die damit verbundene Mahnung angesichts zukünftiger Kriege wird in dieser Studie ein ästhetischer Zugang über die „Erinnerungskultur" dargelegt. Von denen, mit der Fotografieausstellung „The Family of Man" verbundenen vielfältigen Themen werden hier im Rahmen von ästhetischen Zugängen folgende aufgegriffen: „Versöhnung und Verständnis" und „politische Bildung und Demokratieerziehung". In Bezug auf Martha Roslers Werk „Bringing the war home" wird der ästhetische Zugang „Mediale Bildwelten des Krieges" und „Menschenrechte" in dieser Studie eröffnet. Von den in Ai

Weiweis Film „Human Flow“ angeführten vielschichtigen Themenkomplexen werden in dieser Studie ästhetische Zugänge über „Transkulturalität“ und „Menschenrechte“ angeführt. Ebenso wird der Zugang „Nachhaltiges Handeln im Kontext von Umwelt- und Klimaschutz“ diesbezüglich eröffnet, da neben Krieg und Gewalt auch Umwelt- und Klimakatastrophen Ursachen der Massenmigration darstellen und zu Konflikten führen können. Bevor diese Zugänge konkretisiert werden, erfolgen zunächst übergeordnete Überlegungen für kunstpädagogisches Handeln im Kontext friedenspädagogischer Kontexte.

Kunstpädagogik und Friedenspädagogik

Kunstpädagogik und Friedenspädagogik sind zwei unterschiedliche Disziplinen, die jedoch in Bezug auf bestimmte thematische Ausrichtungen gewisse Annäherungen besitzen können. In dieser Studie werden mit Bezugnahme auf bereits bestehende Konzepte[160] weiterführende Überlegungen zum Bildungspotential von kunstpädagogischem Handeln zur Förderung einer Kultur des Friedens angestellt.

Im kunstpädagogischen Diskurs allgemein gibt es eine Vielzahl differierender Ansätze mit unterschiedlichen Akzentuierungen.[161] Im schulischen Bereich sind aktuell bildorientierte Ausrichtungen vertreten.[162] Kunstpädagogische Konzepte zeichnen sich allgemein durch vielfältige Themen, Praktiken und Theorien an der Schnittstelle zwischen den Künsten und pädagogischen Überlegungen aus, die u.a. Praxisformate, künstlerische Bildungsprozesse und differierende Forschungsfelder beinhalten.[163] Diese müssen in ihren jeweiligen gesellschaftshistorischen, kulturellen, politischen und sozialen Kontexten beurteilt werden. Positionen und Diskurse der Kunstpädagogik sind somit kontextverbunden, unterliegen einem historischen Wandel und beziehen sich inhaltlich und methodisch auf ein „breites Feld".[164] In diesem gibt es ebenfalls pazifistisch ausgerichtete Positionen, wie sie beispielsweise Krautz oder Ströter-Bender vertreten.[165] Diese Studie knüpft an bestehende kunstpädagogische übergeordnete Überlegungen an,[166] insbesondere von Krautz.[167] Doch es werden ebenfalls Abgrenzungen und Erweiterungen vorgenommen,[168] indem zum Beispiel andere, bisher weniger berücksichtigte Themen im friedens- und kunstpädagogischen Kontext in den Fokus gerückt werden.[169]

Allgemein lassen sich pazifistisch ausgerichtete kunstpädagogische Konzepte sowohl aus der Kunst als auch aus der Pädagogik heraus begründen:

Da Kunst das wesentliche Bezugsfeld der Kunstpädagogik ist und „Krieg" und „Frieden" etablierte Themen in der Kunst sind – wie im ersten Kapitelkomplex exemplarisch gezeigt –, werden diese Themen auch für die Kunstpädagogik relevant.[170] Die Kunstwerke zu diesem Themenkomplex erstrecken sich über einen großen Bereich und reichen von Höhlenmalereien in der Steinzeit bis zu zeitgenössischen Kunstwerken.[171] Bestimmte Kunstwerke und Kunstaktionen beinhalten pazifistische Bestrebungen und

Appelle für den Frieden. Somit ist es mit Bezug auf künstlerische Positionen zum Thema „Krieg und Frieden" gerechtfertigt, pazifistische Ausrichtungen im kunstpädagogischen Handeln zu implizieren.

Doch nicht nur mit Bezug zur Kunst, auch auf Basis pädagogischer Überlegungen lässt sich eine pazifistisch ausgerichtete Kunstpädagogik legitimieren:[172] So ist Kunstpädagogik übergeordneten moralischen Zielsetzungen, wie der Erziehung zur mündigen Bürgerin bzw. zum mündigen Bürger und der Vermittlung der Grundlagen friedvollen Zusammenlebens und damit impliziten friedenspädagogischen Inhalten verpflichtet.[173]

Da weitere übergeordnete kunstpädagogische Überlegungen in den folgenden Kapiteln konkretisiert werden, liegt an dieser Stelle der Fokus auf friedenspädagogischen Bildungszielen und Ausrichtungen.

Frieden wird in dieser Studie nicht als ein gegebener paradiesischer Zustand aufgefasst, der sich durch Abwesenheit von Krieg auszeichnet, sondern als Ergebnis einer konstanten Auseinandersetzung mit vielfältigen Konflikten, die es zu bewältigen gibt.[174] Ziel ist es, „Wertvorstellungen, Einstellungen, Verhaltens- und Lebensweisen" zu verankern und zu entfalten, „die der Förderung des Friedens zwischen einzelnen Menschen, Gruppen und Nationen dienen".[175]

So wird in dieser Studie eine Anlehnung an wesentliche Forderungen im Rahmen einer unter anderen von der UNESCO angestrebten „Kultur des Friedens"[176] vorgenommen, die darauf abzielen, im Rahmen ganzheitlicher und interdisziplinärer Strategien unter Einbindung verschiedener Institutionen eine friedensfähige Einstellung zu vermitteln, ganz im Sinne des in der Satzung der UNESCO verankerten Grundsatzes: *„[...] da Kriege im Geiste des Menschen entstehen, [muß] auch die Verteidigung des Friedens im Geiste des Menschen ihren Anfang nehmen"*.[177] Dabei erfolgt keine rein normative Übernahme, sondern es werden Erweiterungen und Modifikationen vorgenommen.

Der Begriff „Friedenpädagogik" wird in dieser Studie offen gefasst: Er beinhaltet sowohl wissenschaftliche Theorie und Forschung als auch soziale, kulturelle und politische Praxis.[178] Friedenspädagogik ist – wie Kunstpädagogik – ein „weit gestecktes Feld", das vielfältige Ansätze, Positionen, Diskurse und praktische Auslegungen umfasst, die im Laufe der Zeit Veränderungen unterliegen.[179] Friedenspädagogische Konzepte und deren praktische Umsetzung sind kontextabhängig und besitzen unterschiedliche Akzentuierungen und Themenschwerpunkte.[180] Ebenso müssen die vielfältigen Zugänge der friedenspädagogischen Konzepte mit Rückbezug auf historische, kulturelle, politische und soziale Kontexte betrachtet werden.[181] Eine zugrunde liegende Überzeugung friedenspädagogischer Konzepte, die auch in dieser Studie vertreten wird, besteht darin, dass durch Bildung

Kompetenzen zur Friedensbereitschaft und Friedensfähigkeit vermittelt werden können;[182] diese stellen wichtige Voraussetzungen zur Friedenssicherung dar.[183] Die UNESCO betrachtet Bildung auf allen Ebenen als eines „der wichtigsten Instrumente zum Aufbau einer Kultur des Friedens."[184] Denn Bildung stellt eine Schlüsselfunktion für demokratische Gesellschaften und friedliches Zusammenleben dar.[185] Allgemein wird „Frieden" als übergeordnetes Bildungsziel bereits in zahlreichen Staaten in den Präambeln der Lehrpläne angeführt.[186] Einige Schulen, insbesondere die UNESCO-Projektschulen, aber auch außerschulische Bildungseinrichtungen, haben sich explizit friedenserzieherischen Zielen verpflichtet.[187] In Universitäten, Schulen und in der Ausbildung und Fortbildung von Lehrkräften sind in vielen Ländern bereits friedenspädagogische Grundsätze impliziert.[188] Zudem liegen bereits zahlreiche (Weiter-) Bildungsangebote sowohl im schulischen als auch außerschulischen Bereich vor.[189]

Teilbereiche der Friedenspädagogik sind im Kontext schulischer als auch außerschulischer Bildungsansätze z.B. in der Museumspädagogik oder in der Sozialen Arbeit bereits interdisziplinär verankert:[190] Exemplarisch sei auf Mediationsstrategien und Streitschlichter-Programme, interkulturelles bzw. transkulturelles Lernen, Menschenrechtsbildung, Demokratieerziehung, globales Lernen und Entwicklungszusammenarbeit, ökologisches Bewusstsein und Nachhaltigkeitsbildung verwiesen.[191]

Es ist von Bedeutung, dass Kompetenzen, die für die Wahrung von Frieden bedeutsam sind, zunächst im „Kleinen" verankert sind, damit sie auch in übergeordneten Kontexten Anwendung finden können.[192] So beginnt das friedliche Zusammenleben im Kleinen, z.B. in der Familie und endet im Großen, z.B. im Rahmen transnationaler Bündnisse und Organisationen. Gewaltarmes Handeln in kunstpädagogischen Kontexten und selbstreflexives kritisches Denken stellen banale Forderungen dar,[193] die Voraussetzungen für jegliche pädagogische Arbeit und Forschung sind.

Weiterhin besteht eine wesentliche übergeordnete friedenspädagogische Zielsetzung darin, „durch Forschung, Erziehung und Bildung zum Abbau von Gewalt und Ungerechtigkeit und der Überwindung von Krieg beizutragen sowie die Etablierung von sozialer Gerechtigkeit und gewaltfreier Konflikttransformation zu unterstützen."[194] Durch einen gesellschaftlichen Lernprozess sollen Kriege, menschlich geschaffene Katastrophen sowie deren negativen Folgen entgegengewirkt und im Idealfall vorgebeugt werden:[195] Darunter fallen u.a. „die militärische (vor allem atomare) Gefahr [...], die Bedrohung durch Hunger, Vertreibung, Chaos und Gewalt (z.B. Bürgerkriege) sowie die (teils von Menschen verursachten) Klima- und Umweltkatastrophen."[196] Nur eine friedenskompetente Gesellschaft ist imstande, solchen Herausforderungen zu begegnen.[197] Übergeordnet lässt sich die Zielsetzung wie folgt beschreiben: Die Ausbildung von „Friedenskompetenz" beinhaltet „die Ausbildung jener Kenntnisse, Fähigkeiten und Einstellungen, die nötig sind, um eine Kultur der Gewalt schrittweise durch eine Kultur des Friedens zu ersetzen". [198] Exemplarisch sei auf das Ziel „Klimaschutz" verwiesen.[199] Nur durch komplexe, die gesamte Gesellschaft durchziehende Handlungen im Rahmen einer umfassenden globalen Klimapolitik kann möglicherweise noch dem Klimawandel und damit einhergehender potentieller Konsequenzen, z.B. Dürre, Hungersnöte, Armut, Kriegen sowie Massenmigration begegnet werden.

In der Kunstpädagogik wurden friedenspädagogische Ausrichtungen in der zweiten Hälfte des 20. Jahrhunderts und dann verstärkt im 21. Jahrhundert relevant.[200] Die Forderung, friedenspädagogische Ziele im schulischen Unterricht zu verankern, gewann insbesondere nach den grausamen Erfahrungen angesichts der Unfassbarkeit des Holocausts[201] und des millionenfachen sinnlosen Tötens im Zweiten Weltkriegs, aber auch in Bezug auf die latente Bedrohung im globalen Kontext des Nuklearzeitalters im Kalten Kriegs an Bedeutung.[202] Auch angesichts heutiger Konfliktpotentiale, kriegerischer Auseinandersetzungen, der Problematik von Flucht und Vertreibung besitzen die Bedeutung von Frieden und pazifistischen Vermittlungskonzepten immer noch hohe Signifikanz.[203] Durch den Einmarsch russischer Truppen in die Ukraine ist leider der Krieg nach Europa zurückgekehrt und damit auch die nukleare Bedrohung. Die Aktualität friedenspädagogischer Ziele und der Lebensweltbezug von jungen Menschen ist damit offensichtlich.

Inhalte zum Komplex „Krieg und Frieden" werden auch im Kunstunterricht thematisiert. Doch die bestehende gestalterische Vielfalt kunstpädagogischer Theorie und Praxis im Kontext einer umfassenden Friedenspädagogik kann nicht darüber hinwegtäuschen, dass es – trotz der Forderung der UNESCO, allgemeine Lehrpläne und Schulbücher (und damit auch für das Fach „Kunst") im Sinne einer Friedenspädagogik zu überarbeiten[204] – noch Bedarf an der Konkretisierung von pazifistischen Zielsetzungen in kunstdidaktischen schulischen Curricula gibt. Dabei eröffnet gerade das Fach „Kunst" aufgrund der Offenheit ästhetischen Arbeitens zahlreiche Optionen an der Schnittstelle von Kunstpädagogik und Friedensbildung,[205] wie in dieser Studie gezeigt wird. Durch künstlerische Zugänge und ästhetische Auseinandersetzungen mit dem Thema „Krieg und Frieden" können sowohl Kompetenzen der Kunstpädagogik gefördert aber ebenfalls Zielsetzungen der Friedensbildung in Form eines offenen Begriffs der „Friedenskompetenz" angestrebt werden.[206]

1 Übergeordnete kunstpädagogische Überlegungen

Die Vermittlung friedenspädagogischer Kompetenzen stellt permanent – auch in „Friedenszeiten“ – eine bedeutende Aufgabe dar.[207] Kunst besitzt ein besonderes Potential, da es ein breites und Grenzen überschreitendes Spektrum von Themenfeldern, ästhetischen Erfahrungsebenen, Handlungsfeldern, Produktions-, Perzeptions- und Rezeptionsmöglichkeiten eröffnet, die es in dieser Offenheit in anderen Disziplinen nicht gibt.[208] Dies bietet an der Schnittstelle zur Friedenspädagogik besondere Möglichkeiten. Gerade Kunst vermag emotional zu berühren, aber ebenso Kritik auszuüben und zu einer rational aufklärerischen Haltung beizutragen.[209]

Im Kontext eines interdisziplinären Friedensbegriffs werden in dieser Studie ästhetische Zugänge zu folgenden ausgewählten friedenspädagogisch relevanten Themen vorgestellt: „Frieden: Was ist das?“, „Erinnerungskultur“, „Mediale Bildwelten des Krieges“, „Versöhnung und Verständnis“, „Transkulturalität“, „Menschenrechtsbildung“, „politische Bildung und Demokratieerziehung“ und „Nachhaltigkeit und ökologisches Bewusstsein“. Diese besitzen ebenfalls aus kunstpädagogischer Perspektive Relevanz. Die damit verbundenen Zielsetzungen werden in den einzelnen Kapiteln konkretisiert.

Zunächst wird dargestellt, an welchen übergeordneten kunstpädagogischen Überlegungen sich die ästhetischen Zugänge und die dazu gehörigen kunstpädagogischen Praxisbeispiele orientieren.

1.1 Bezugsfeld Kunst: Ausgangspunkt und Impulsgeber ästhetischer Praxis

Historische und aktuelle künstlerische Auseinandersetzungen zum Thema „Krieg und Frieden“ beinhalten eine große Bandbreite,[210] die von Malerei über umfassende multimediale und interaktive Installationen bis hin zu partizipativen, hybriden Projekten und Konzeptkunstformaten reicht.[211] Die vielfältigen, unterschiedlichen künstlerischen Denk- und Handlungsweisen der Kunst stellen eine Ressource für die kunstpädagogische Arbeit und damit für die ästhetischen Projekte dar.

Kunstpädagogische Zugänge zur Kunst zum Thema „Krieg und Frieden" können eine ästhetisch-künstlerische Auseinandersetzung umfassen, die rezeptive, produktive und reflektive Komponenten beinhaltet.

Neben kunstpädagogischen Kompetenzen können durch die rezeptive, produktive und reflexive Auseinandersetzung mit Kunst zum Thema „Krieg und Frieden" auch friedenspädagogische Zielsetzungen angestrebt werden. Dabei sollen historische und aktuelle Kunstpositionen Impulsgeber für individuelles, ästhetisches Handeln darstellen. Somit fungiert Kunst in Anlehnung künstlerischer Kunstpädagogik als Impulsgeber für ästhetische Praxis.[212] Allgemein werden dabei keine mimetischen Verfahren, sondern kunstanaloge Prozesse angestrebt.[213] Ein Ziel besteht darin, künstlerische Denk- und Handlungsweisen in kunstdidaktischen Prozessen auszubilden, zu praktizieren und kritisch zu reflektieren.[214]

Kunstwerke werden in dieser Studie kontextverbunden und damit auch als geistesgeschichtliche und kulturhistorische Zeugnisse[215] und nicht nur als rein auf sich verweisende autonome Objekte[216] aufgefasst. Da sich die Rezeption und Wirkästhetik – je nach inhaltlicher Ausrichtung und Offenheit des jeweiligen Kunstwerkes – über ein breites Spektrum erstrecken können, müssen entsprechende kunstwissenschaftliche Theorien einbezogen werden, um der Beliebigkeit und Willkür von Deutungen und ggf. Vereinnahmungen vorzubeugen.[217] Im Rahmen ernstzunehmender kunstpädagogischer Arbeit müssen die künstlerisch-ästhetischen Auseinandersetzungen allgemein jeweils im gesellschaftshistorischen, kulturellen, politischen und philosophischen Rahmen sowie mit Bezug auf den individuellen Künstlerkontext betrachtet werden.

Obwohl in künstlerischen Arbeiten primär die subjektive Sicht der Künstlerin oder des Künstlers steht, so ist es möglich – mit Verständnis des Kunstwerks als eines geistesgeschichtlichen Zeugnisses – ebenfalls Rückschlüsse zu historischen und aktuellen Kriegs- und Friedensszenarien abzuleiten.[218] Dazu ist ein kritischer[219] und reflektierter Umgang mit exemplarisch ausgewählter Kunst von großer Signifikanz. Allerdings soll die Wahl ausgewählter Werke mit Bezug zur aktuellen Lebenswelt der Lernenden erfolgen. In Bezug auf den analytischen Zugang zum Werk muss eine kunstwissenschaftliche Herangehensweise gewählt werden, die den jeweiligen Spezifika des Werks gerecht wird. Beispielsweise ist es im Kontext globalisierter Strukturen von Bedeutung, Bilder in Bezug auf kulturelle Hybridisierungen in ihrer transkulturellen Dimension zu erschließen.[220] Im Rahmen postkolonialer Zugänge bieten sich multiperspektivische Herangehensweisen an, um „westliche" Stereotype aufzubrechen.[221] Denn um kulturelle Hybridisierungen wahrzunehmen und analysieren zu können, muss die Vielfalt der Kulturen miteinbezogen werden.[222]

Allgemein kann mittels ausgewählter kunstwissenschaftlicher Konzepte und Analysemethoden die Auseinandersetzung mit Krieg und Frieden sinnstiftend erfolgen. Dabei können je nach Fragestellung und inhaltlicher Ausrichtung des Werkes und dessen Kontexte unterschiedliche Ansätze der Analyse von Kunstwerken zum Tragen kommen.[223] Zum Beispiel ist es möglich, mit Bezug auf entsprechende kunstwissenschaftliche Methodik, Kenntnisse und Wissen über vergangene und aktuelle Kriegs- und Friedensszenarien sowie über deren Ursache-Wirkungsgefügen zu erwerben.[224] Die in dem Werk zugrundeliegende persönliche Stellungnahme des Künstlers kann einen Einblick in Konstruktions-, und Perzeptionsmuster von Krieg und Frieden vermitteln. In diesem Kontext kann Kunst bestimmte Aspekte zu Krieg und Frieden dokumentieren, reflektieren, hinterfragen, neue Impulse und ungewohnte Sehweisen liefern oder zum pazifistischen Handeln anregen.[225] In der kunstpädagogischen Praxis können unterschiedliche Funktionen zum Tragen kommen, die von emotional, ästhetisch, rational, kreativ bis zu interaktiv und partizipativ reichen können.[226] Dies eröffnet ein weites Feld in der Rezeption und Produktion: So können durch Kunst und durch ästhetische Praxis u.a. dokumentarische, kritische, utopische, fantastische, besinnende, interaktive, partizipative Zugänge[227] mit Bezug zu politischen, sozialen, gesellschaftlichen, historischen, ökologischen sowie kulturellen Dimensionen erschlossen werden.

Mit Bezug auf Wirkungsweisen von Kunst eröffnen sich beispielsweise nicht nur auf rationaler Ebene Zugänge zur Auseinandersetzung mit Krieg und Frieden, sondern gerade die emotionale Dimension von Kunst kann zu Betroffenheit über die Situation, Empathie mit den Opfern und allgemein emotionaler aber auch rationaler Auseinandersetzung führen.[228] Dabei ist es jedoch von großer Bedeutung, dass neben emotionaler Durchdringung eine rational basierte Reflexion und kritischer Einbezug der Kontexte erfolgt.[229] So sollte ein affektiv-empathischer Zugang zur Kunst kritisch hinterfragt und rational verankert[230] und mit Bezug auf ein kunstgeschichtliches Orientierungswissen kontextualisiert werden. Durch interaktive und partizipative Prozesse können friedenspädagogisch akzentuierte Eingriffe in den öffentlichen Raum erfolgen und im Idealfall gesellschaftlich relevant werden. Gerade die hybriden, interaktiven Kunstformen können in Bezug auf die Förderung sozialer, kommunikativer und transkultureller Kompetenzen ein besonderes Potential entfalten.[231]

Aus dieser Vielfalt künstlerisch-ästhetischer Handlungsweisen kann im Rahmen der Auseinandersetzung mit dem Themenkomplex „Krieg und Frieden“ geschöpft werden.

Damit die Lernenden sich in ihrer ästhetischen Praxis positionieren können, ist es nötig, dass sie sich Wissen über historische und aktuelle Werke anhand exemplarischer Arbeiten aneignen, um damit ihre Fachkompetenz zu erweitern und um ein kunstgeschichtliches Orientierungswissen zu erwerben. Diesbezüglich ist es bedeutsam, dass neben dem Potential zeitgenössischer Kunst ebenfalls exemplarische historische Kunstwerke herangezogen werden, um ein umfassenderes Verständnis von künstlerischer Auseinandersetzung mit Krieg und Friedenskonzepten und deren geschichtlicher Entwicklung und kulturellen Kontexten zu erhalten.[232] Denn Darstellungen und Wertungen von Krieg und Frieden unterliegen einem historischen Wandel und stehen in Abhängigkeit von künstlerischen Rahmenbedingungen der Produktion: In der heutigen Zeit, in der der Krieg aus moralischer Perspektive generell als Irrweg menschlichen Handelns betrachtet wird,[233] ist mit künstlerischen Auseinandersetzungen mit dem Krieg häufig eine Kritik verbunden. Kriegskritische künstlerische Auseinandersetzungen in der westlichen Kunstgeschichte sind verstärkt im 20. und 21. Jahrhundert basierend auf den grausamen Erfahrungen im Ersten und Zweiten Weltkrieg (insbesondere dem Holocaust) und der latenten nuklearen Bedrohung im Atomzeitalter zu verzeichnen.[234] Jedoch ist mit Blick auf die Geschichte ersichtlich, dass künstlerische Darstellungen des Krieges auch von den jeweiligen Herrschaftsverhältnissen und Staatsformen geprägt sind.[235] „Staatskünstler“ in absolutistischen Herrschaftssystemen und Diktaturen haben häufig ihre Kunst in den Dienst von Politik und Weltanschauung des Herrschers gestellt.[236] Eine kritische Auseinandersetzung und Reflexion mit solchen Formen von Kunst ist unumgänglich.[237] Gerade zum Thema „Kriegskunst“ ist es bedeutsam, den Funktionswandel der Werke im historischen Kontext zu bewerten. Während vor der Erfindung der Fotografie unter anderem malerische und grafische Tätigkeiten zur Berichterstattung und Dokumentation von Kriegsereignissen dienten, so ist heutzutage ein freier Umgang in der Kunst zu verzeichnen, der sich inhaltlich von Kriegskritik bis hin zur Kriegs- und Gewaltverherrlichung erstrecken kann. Die von Sowa thematisierte und von Krautz im Kontext friedenspädagogischer Überlegungen konkretisierte Kritik, dass die Übernahme von künstlerischen Strategien als Richtschnur künstlerischer Kunstpädagogik der ethischen Verantwortung kunstpädagogischer Arbeit nicht zwingend gerecht wird und einer Reflexion bedarf,[238] ist eine wichtige, doch im Rahmen auf moralischen Maßstäben basierender Vermittlungsarbeit auch selbstverständliche Forderung. Denn Kunstwerke – insbesondere des 20. und des 21. Jahrhunderts – können auch einen spielerisch-experimentellen Umgang mit Strategien von Krieg, Terror und Gewalt beinhalten, ohne moralisch-ethische Richtwerte vermitteln zu wollen. Eine kritische Rezeption und Reflexion ist unabdingbar, um einen an ethischen Maßstäben ausgerichteten moralischen Standpunkt in einer an pazifistischen Idealen orientierten Kunstvermittlung zu vertreten.[239] Ein kritischer Umgang mit Kunst, die gewaltverherrlichend oder im Kontext der Kriegspropaganda steht, ist somit selbstverständlich.[240] Instrumentalisierungen von Kunstwerken sollen aufgezeigt werden, um eine Sensibilisierung für Manipulationen und Propagandastrukturen zu erzielen.[241]

Der von Krautz erhobenen Forderung, dass an pazifistischen Zielen ausgerichteter Kunstunterricht „nicht nur gewaltförmige Kunst kritisch zu reflektieren" sondern „einen positiven Beitrag gegen Krieg und Gewalt im Sinne des Friedens" leisten soll,[242] wird in dieser Studie grundsätzlich zugestimmt.[243] So sollen neben kriegskritischen Werken natürlich auch Kunstwerke, die sich Themen des Friedens widmen, behandelt werden und zu ästhetischer Auseinandersetzung anregen.[244] In diesem Kontext können auch Wünsche und Utopien des Friedens künstlerisch umgesetzt werden.[245]

1.2 Förderung der Bildkompetenz: Kritischer Umgang mit Bildwelten des Krieges

Kunstunterricht ist das Fach, das sich stark mit Bildern, im Sinne des erweiterten Bildbegriffs befasst.[246] In einigen schulischen Curricula[247] wird u.a. der Erwerb von Bildkompetenz[248] gefordert.[249] Im Sinne des erweiterten Bildbegriffs werden darunter nahezu alle visuellen Eindrücke subsumiert.[250] In Bezug auf friedenspädagogische Implikationen kommt die Bildorientierung und der damit verbundene offene Bildbegriff einer Verknüpfung kunstpädagogischer und friedenspädagogischer Zielsetzungen entgegen: So ist die Vermittlung, Kommunikation und Erfahrung von Krieg und Frieden häufig visueller Natur und damit an Bilder geknüpft. Denn unsere Wahrnehmung ist stark visuell geprägt und gerade unsere Vorstellungen von Frieden und insbesondere vom Krieg unterliegen visuellen und medialen Konstruktionen, in denen Bilder eine wesentliche Rolle spielen.[251] Der offene Bildbegriff als Leitlinie kunstpädagogischen Handelns bietet Legitimation für friedenspädagogische Themen im Kunstunterricht. So ist der kritische Umgang mit (medialen) Bildwelten von Krieg und Frieden ein wichtiges

Ziel. Die Förderung von Bildkompetenz[252] wird in allen in dieser Studie gewählten Zugängen angestrebt, um einen kritischen, selbstbestimmten und reflektierten Umgang mit den Bildwelten von Krieg und Frieden zu fördern.[253] Da im Rahmen des erweiterten Bildbegriffs alle visuell erfahrbaren Phänomene (inklusive haptischer Erfahrungen) als „Bild“ verstanden werden,[254] können Bezüge zu den unterschiedlichen Themen der im folgenden Kapitelkomplex angeführten Zugänge erstellt werden. Bildkompetenz beinhaltet rezeptive, produktive und reflexive Komponenten, die in den künstlerisch-ästhetischen Projekten zum Tragen kommen.[255]

1.3 Sinnstiftende ästhetische Praxis: Subjekt- und Forschungsorientierung

Eine wesentliche Frage einer pazifistisch ausgerichteten Kunstpädagogik lautet: Wie kann eine Sensibilisierung für die Bedeutung von Frieden sowie eine damit einhergehende Förderung von Kompetenzen zur Friedensbereitschaft und Friedensfähigkeit und eine kritische Auseinandersetzung mit Krieg und Gewalt mittels ästhetischer Prozesse sinnstiftend erfolgen?[256]

Aus diesem Grund werden subjektorientierte ästhetische Forschungsansätze als Ausgangspunkt der ästhetischen Projekte gewählt.[257] Die Begrifflichkeiten „Künstlerische Forschung“ und „Artistic Research“ umfassen im aktuellen Diskurs sowie mit Blick auf die historische Dimension verschiedene Denk- und Handlungsweisen.[258] Auch in der Kunstvermittlung kommen unterschiedlich ausgerichtete Strategien des Forschens zum Einsatz.[259] Dies umfasst sowohl rezeptive als auch produktive Komponenten. Neben dem Erwerb fachlicher und methodischer Kompetenzen soll eine forschende Grundhaltung vermittelt werden, die sich durch Erkenntnisstreben, Kreativität und Kritikfähigkeit auszeichnet.

Die Lernenden sollen zum performativen, interessensgeleiteten, selbstbestimmten, forschenden Handeln angeregt werden,[260] denn dadurch kann eine intensive Auseinandersetzung und damit verbundene inhaltliche Tiefe der ästhetischen Arbeit erfolgen.[261] Diesbezüglich kann in Bezug auf die zu vermittelnden Grundhaltungen und Einstellungen einer Kultur des Friedens emotionale Verankerung aber auch rationale Durchdringung und Reflexion erfolgen.[262] Damit soll verhindert werden, dass oberflächliche, dekorative Gestaltungspraxis erfolgt, und stattdessen die Prozesse von einer inhaltlichen Tiefe und Intensität geprägt sind, die auf verschiedenen Ebenen zum Tragen kommen können.[263] So können die Lernenden interessengeleitet in allen durchgeführten Projekten selbst die thematische Schwerpunktsetzung ihrer künstlerischen Auseinandersetzung zum ganzheitlichen Friedensbegriff und zu dem jeweiligen Thema des Zugangs bestimmen, die von ihnen als sinnstiftend empfunden wird.[264] Im Kontext ästhetischer Auseinandersetzung mit einem individuell gewählten Unterthema zum holistischen Konzept „Frieden" kann intrinsische Motivation entwickelt werden, die idealerweise zu einer größeren Nachhaltigkeit führen kann.[265]

So werden im Rahmen offener Themenstellungen individuelle Projekte geplant, durchgeführt, dokumentiert und reflektiert. In den kunstpädagogischen Kontexten werden Freiräume für künstlerisch-ästhetische Prozesse gegeben: Diese Offenheit ist signifikant für ein praxisbezogenes Umfeld, „in dem die Lernenden in kreative Erfahrungen, Prozesse und Entwicklungen aktiv eingebunden werden",[266] um einengendes, fremdbestimmtes Arbeiten zu vermeiden.[267] In den Seminaren und Unterrichtseinheiten, in denen die Fallbeispiele für die verschiedenen Zugänge für diese Studie entstanden sind, werden Strukturen freier Projekt- und Werkstattarbeit gewählt. Dabei wird die institutionelle Lernortbindung an Schule und Universität teilweise aufgebrochen und im Rahmen der Projekte werden auch ungewohnte Orte aufgesucht, an denen die ästhetische Auseinandersetzung stattfindet. Auch zeitliche Begrenzungen werden so weit wie möglich aufgebrochen. Im Rahmen der universitären Lehre werden Blockseminare gewählt. Schulisch besteht noch die Anbindung an den Unterrichtstakt, doch wird seitens der Lehrperson nur eine zeitliche Orientierung in Form der Abgabe gegeben und es werden vorab Kriterien des ästhetischen Arbeitens zusammen mit der Lerngruppe vereinbart. Weitere Prozesse werden von den Lernenden selbstbestimmt organisiert. Die Lehrperson steht im Wesentlichen beratend und unterstützend zur Seite.

Problem- und handlungsorientierte Settings werden im Rahmen der ästhetischen Projekte eingebunden. Prozessorientierte, interessensgeleitete und entdeckende Lernformen, die vom Lernenden selbst verantwortet und eigenständig organisiert werden können, sollen zum Tragen kommen, um das Repertoire künstlerischen Handelns zu erweitern.[268] Weiterhin können durch künstlerisch-ästhetische Forschungsprozesse ungewohnte, neue Sehweisen initiiert werden , womit Darstellungen, Konventionen, Wahrnehmungsmuster und stereotype Vorstellungen kritisch hinterfragt und aufgebrochen werden können.[269] So wird beispielsweise die abstrakte Vorstellung des Ersten Weltkriegs durch eine biografische Forschung zur Familiengeschichte aufgebrochen.

Zudem ist im Kontext einer ästhetisch-forschend ausgerichteten Herangehensweise interdisziplinäres Arbeiten von Bedeutung. Beispielsweise können wissenschaftliche Zugänge u.a. kognitive Durchdringung sowie den Erwerb von Kenntnissen und Wissen ermöglichen, die Kriegs- und Friedensszenarien betreffen.

Die künstlerisch-ästhetische Praxis soll idealerweise zu ästhetischen (Selbst-) Erfahrungsprozessen führen,[270] die wiederum in künstlerischen Prozessen Ausdruck finden können.[271] Dies kann zur Entfaltung der Persönlichkeit beitragen.[272] Die Reflexion sowohl bezüglich der ästhetischen Forschung und der künstlerischen Prozesse zum jeweiligen Thema als auch in Bezug auf das Individuum und auf potentielle Selbsterfahrungen sind von großer Bedeutung. Diesbezüglich werden ästhetische Arbeitsbücher und Portfolios geführt, in denen die Planung, Durchführung und Reflexion des Projektes sowie selbstreflexive Vorgänge fixiert werden.[273] Dabei ist es von Bedeutung, dass die forschend ausgerichteten ästhetischen Prozesse nicht zwingend einen endgültigen Endpunkt erreichen müssen, sondern als Baustein einer Suchbewegung betrachtet werden können, die weitergeführt werden kann.[274] Das Scheitern, das Verwerfen sowie der Neuanfang können ebenfalls wichtige Stationen persönlicher Arbeit darstellen.[275] Die in der Forschung eingeschlagenen Wege können sich auch als „Sackgassen“ erweisen.[276] Die individuellen Wege werden schriftlich dokumentiert und sind ein Teil der Forschung.[277]

Obwohl bestimmte wissenschaftliche Recherchen und Forschungsmethoden in den künstlerisch-ästhetischen Handlungen zum Tragen kommen, muss eine allgemeine Abgrenzung zur Systematik vieler traditioneller wissenschaftlicher Forschungen vorgenommen werden, die in Bezug auf Inhalt und Methodik klar strukturiert und auf reinen Erkenntnisgewinn und Wissensgenerierung gerichtet sind. So besitzen künstlerische Forschungen größere Freiheit. In der künstlerisch-forschenden Annäherung kann auch der Weg das Ziel sein.[278] Die künstlerische Forschung als einen offenen Prozess mit vielfältigen Wegen zu begreifen, eröffnet den Lernenden die Möglichkeit zu subjektorientiertem, interessensgeleitetem Handeln.[279] In diesem performativen Prozess wird der oder die Forschende angesichts der Auseinandersetzung mit der Thematik „Krieg und Frieden“ vor ständig neue Entscheidungen gestellt, lernt sich zu positionieren, aber auch Unsicherheiten und Offenheiten auszuhalten.[280] Während in der Wissenschaft kognitiver Erkenntnisgewinn im Fokus steht, werden in den ästhetischen Forschungen neben diesem ebenfalls selbstreferentielle, sinnlich-ästhetische und emotionale Erfahrungsprozesse berücksichtigt.[281] Dadurch kann es zu Wahrnehmungsveränderungen bezüglich der Umwelt, der eigenen Person und des eigenen Handelns mit Bezug zu friedenspädagogischen Inhalten kommen. Die zu den jeweiligen ästhetischen Zugängen angeführten Fallbeispiele kunstpädagogischer Praxis zum Thema „Krieg und Frieden" beinhalten eine grundlegende forschende Ausrichtung.

1.4 Unterrichtsprinzip: Werkstatt

Pazifistische, forschungsorientierte kunstpädagogische Prozesse zum Thema „Krieg und Frieden" können beispielsweise mit dem Unterrichtsprinzip „Werkstatt" umgesetzt werden. Dieses Unterrichtsprinzip ist in der Schule, z.B. im Unterricht in der Oberstufe, etabliert und curricular konkretisiert, kann aber ebenfalls in anderen Lerngruppen sowie außerschulischen Settings zum Einsatz kommen.[282] In Anlehnung an künstlerische Handlungsstrukturen erfolgt ein individualisiertes selbstständiges und selbstorganisiertes Arbeiten, das an zuvor vereinbarte Zielvereinbarungen geknüpft ist.[283] Ausgehend von der Heterogenität der Lerngruppe ist interessengeleitetes, subjektbezogenes an den individuellen Lernvoraussetzungen bestimmtes ästhetisches Arbeiten möglich.[284] Die Förderung inhalts- und prozessbezogener Kompetenzen in Bezug auf Rezeption und Produktion ist möglich und kann subjektbezogen und individuell erfolgen.[285] Im Kontext selbstständiger und selbstorganisierter Arbeit sind Experimente und ergebnisoffene Prozesse möglich.[286] Die Findung und Reflexion eigener Lösungsstrategien und damit verbundene Eigenständigkeit und Kritikfähigkeit in Bezug auf rezeptive und produktive Prozesse sind von großer Bedeutung.[287] Das Unterrichtsprinzip Werkstatt beinhaltet eine forschende Ausrichtung sowie eine Offenheit und Vielfalt ästhetischen Handelns, so dass es sich für all die vorab benannten übergeordneten kunstpädagogischen Überlegungen sowie die im Folgenden angeführten Themenbereiche und Zugänge anbietet. In den in dieser Studie angeführten Fallbeispielen kommen Prinzipien der Werkstattarbeit konkret zum Einsatz.

1.5 Ausgewählte Kompetenzen zur Förderung einer Kultur des Friedens

In den ästhetischen Projekten werden neben ausgewählten kunstpädagogischen Zielsetzungen die Vermittlung von Kenntnissen und „Wissen" über das ganzheitliche Konzept von Frieden sowie die Förderung von Kompetenzen angestrebt, die dem Frieden förderlich sind.[288] „Kenntnisse und Wissen" über den Frieden können sich zum Beispiel auf „das Wissen über Konflikte, über die Auswirkungen und die Folgen von Gewalt" beziehen.[289] Kompetenzen, die für die Förderung einer Kultur des Friedens von Bedeutung sind, können durch kunstpädagogische Ansätze gefördert werden. Diese umfassen zum Beispiel soziale Kompetenzen, die beispielsweise zum transkulturellen Dialog und zur gewaltfreien Konfliktaustragung befähigen.[290] Ebenso sollen kulturelle und politische Kompetenzen gefördert werden, um sich gesellschaftspolitisch und kulturell für den Frieden (verstanden als Prozess) einbringen zu können."[291] Weiterhin spielt die Förderung von Medien- und Bildkompetenz in Bezug auf die Themen „Krieg" und „Frieden" eine bedeutende Rolle. Allgemein können in den kunstpädagogischen Prozessen soziale, gesellschaftliche, politische, ökologische und kulturelle Kompetenzen zur Befähigung zur „Friedensfähigkeit"[292] gefördert werden. Durch ästhetische und künstlerische Praxis sollen die Lernenden eigene Aussagen und Stellungnahmen zum Thema „Krieg und Frieden" zum Ausdruck bringen und für pazifistische Ziele sensibilisiert werden.[293] Im Idealfall können die geschaffenen Werke zum Beispiel durch interaktive Komponenten gesellschaftliche, ökologische Auswirkungen im pazifistischen Sinne haben. Indem jede Person sich beteiligen und ein Zeichen für den Frieden setzen kann, können diese künstlerischen Aktionen Auswirkungen auf soziale, gesellschaftliche. ökologische, kulturelle und politische Strukturen haben.[294] In Bezug auf solche Werke ist es von großer Bedeutung, die Funktion von Kunst als eine potentiell gesellschaftsverändernde Kraft zu begreifen.[295] In Tradition einer in die Gesellschaft verantwortungsvoll eingreifenden und beeinflussenden Kunst können Kompetenzen, zur Erhaltung und Förderung einer Kultur des Friedens gefördert werden, um gesellschaftspolitisches pazifistisches Engagement zu initiieren.[296]

Übergeordnet wird die Förderung von Kritikfähigkeit angestrebt, da dies zum eigenständigen kulturellen, selbstreflexiven Handeln, der individuellen Entfaltung und damit zur Entwicklung zur Mündigkeit beitragen kann und für die Förderung einer Kultur des Friedens von Bedeutung ist.[297] Im Rahmen der jeweiligen thematischen Zugänge werden weitere dezidierte Kompetenzen angeführt, auf die an dieser Stelle verwiesen sei.

Allerdings sollen die kunstpädagogischen Zugänge nicht für pazifistische Zielsetzungen instrumentalisiert werden, sondern die im Folgenden angeführten Zugänge beziehen sich ebenfalls auf Inhalte, die auch für künstlerische Bildungsprozesse von großer Bedeutung sind. Dazu gehören unter anderen die rezeptive und produktive Auseinandersetzung mit Kunst zu den jeweiligen Themenkomplexen, die Förderung von Bildkompetenz und künstlerischer Handlungskompetenz sowie die Einbindung und Überführung ästhetischer Erfahrungen in künstlerische Handlungen.

Eine zu starke zweckgerichtete Auffassung von künstlerisch-ästhetischer Bildung ist reduktionistisch und muss vermieden werden.[298] Aus diesem Grund sind forschend ausgerichtete künstlerisch-ästhetische Strategien von großer Bedeutung, da diese eine Offenheit an künstlerisch-ästhetischer Handlungsfeldern bieten. Diesbezüglich sind eigenständige Planungen, Durchführungen und Reflexionen von künstlerisch-ästhetischen Projekten von Signifikanz, womit der Eigendynamik künstlerischer Prozesse Raum gegeben. wird

Im Folgenden werden die in dieser Studie ausgewählten ästhetischen Zugänge und Themenkomplexe sowie die zugehörigen Einblicke in die kunstpädagogische Arbeit in einem eigenen Kapitelkomplex vorgestellt.

Ästhetische Zugänge zur Förderung einer Kultur des Friedens

In dieser Studie wird in Anknüpfung bereits bestehender Konzepte der hier formulierte pazifistisch ausgerichtete kunstpädagogische Ansatz als ein interdisziplinäres[299] und ganzheitliches Vorhaben aufgefasst.[300] In Anlehnung an das ganzheitliche Modell der UNESCO, eine „Kultur des Friedens" zu schaffen,[301] werden Aspekte unterschiedlicher und interdisziplinärer Themenfelder aufgegriffen, die als Bausteine einer ganzheitlichen Friedenspädagogik und Kunstpädagogik fungieren und damit zur Bildung einer Kultur des Friedens beitragen können.

Im Folgenden werden mit Bezug auf übergeordneten kunstpädagogischen und friedenspädagogischen Positionen und Konzepten[302] folgende ästhetische Zugänge an der Schnittstelle von Kunstpädagogik und Friedensbildung eröffnet:

- Ästhetischer Zugang über Begrifflichkeiten: Frieden – Was ist das?
- Ästhetischer Zugang über die Erinnerungskultur: Auseinandersetzung mit historischen und aktuellen Kriegen
- Ästhetischer Zugang: Krieg in den Medien – Kritische Auseinandersetzung mit medialen Bildwelten
- Ästhetischer Zugang: Versöhnung und Verständnis – Konstruktiver Umgang mit Konflikten
- Ästhetischer Zugang: Transkulturalität
- Ästhetischer Zugang: Menschenrechtsbildung
- Ästhetischer Zugang: Politische Bildung und Demokratieerziehung
- Ästhetischer Zugang: Nachhaltiges Handeln mit Fokus auf Umwelt- und Klimaschutz

Dabei ist es jedoch von Bedeutung, dass die Themen nicht isoliert betrachtet werden, sondern eine Einbettung in ein holistisches Gesamtkonzept von Frieden erfolgt.[303] Dies wurde im Rahmen der Seminare und des Kunstunterrichts, in deren Kontexten die ästhetischen Projekte entstanden sind, beachtet. Zudem sind all dies auch Themen in der Kunst und damit ist eine kunstpädagogische Herangehensweise legitimiert.

In Bezug auf die einzelnen Themenfelder der ästhetischen Zugänge wird beachtet, dass diese in wechselseitiger Abhängigkeit stehen können und damit zum Teil inhaltliche Überschneidungen besitzen. Dabei erfolgt in den jeweiligen Kapiteln zu den einzelnen Themenfeldern und Diskursen aus wissenschaftlicher Perspektive ausschließlich ein Einblick und eine Fokussierung auf die für diese Studie exemplarisch gewählten Aspekte.

Die den jeweiligen Zugängen zugehörigen kunstpädagogischen Praxisbeispiele, die weitestgehend im Kontext von universitärer und schulischer Lehre zur jeweiligen Thematik erfolgten, konkretisieren bestimmte Aspekte des jeweiligen Zugangs. Dabei unterliegen sie übergeordneten kunstpädagogischen Überlegungen und Zielsetzungen, die in den vorigen Kapiteln differenziert dargelegt wurden. Auch können die angeführten Fallbeispiele thematische Überschneidungen aufweisen und damit verschiedenen Zugängen zugeordnet werden.

Im Kontext diskursanalytischen Vorgehens verstehen sich die hier gewählten ästhetischen Zugänge als Vorschläge, die modifiziert oder erweitert werden können, um einen Beitrag zu einer an friedenspädagogischen Zielsetzungen ausgerichteten Kunstpädagogik zu leisten.

1 Ästhetischer Zugang: „Frieden" – Was ist das?

> *„Der russische Kinderbuchautor Samuil Marschak (1887-1964) betrachtete einst sechs- oder siebenjährige Kinder beim Spielen […]. ‚Was spielt ihr?' fragte er. Die erste Antwort: ‚Wir spielen Krieg!' Marschak: ‚Ihr solltet lieber Frieden spielen!' Die Kinder: ‚Das ist eine gute Idee!' Plötzlich Schweigen, ein Kind fragte: ‚Großväterchen, wie spielt man Frieden?'"*[304]

In diesem Beispiel ist ersichtlich, dass die Kinder zwar Vorstellungen von Krieg besaßen, den Begriff „Frieden" jedoch nicht konkret füllen konnten. Im Allgemeinen kann dieser offene Inhaltsauslegungen besitzen.

Der Friedensbegriff stellt einen wichtigen Ausgangspunkt friedenspädagogischer Auseinandersetzung dar.[305] Das zugrunde liegende Friedensverständnis ist von entscheidender Signifikanz, denn durch dieses werden die Zielsetzungen und die zu fördernden Kompetenzen in den pädagogischen Prozessen konkretisiert.[306] In dieser Studie wird an ein Konzept des „positiven Friedens" angeknüpft: Frieden ist nicht ausschließlich die Abwesenheit von Krieg („negativer Frieden"[307]), sondern das Ergebnis einer konstanten Auseinandersetzung mit vielfältigen Konflikten, die es positiv zu bewältigen gibt.[308] Frieden wird als Prozess verstanden, der unter anderen „Gewalt auf allen gesellschaftlichen Ebenen und in allen Erscheinungsformen (direkte, institutionelle, strukturelle, symbolische, kulturelle, epistemische) reduziert sowie als Prozess der Entwicklung von (sozialer) Gerechtigkeit" fungiert.[309] Durch Bildung und Lernprozesse können Kompetenzen und Haltungen entwickelt werden, die zur Förderung einer Kultur des Friedens beitragen.[310] Dabei stellt die anzustrebende „Kultur des Friedens" keine einheitliche Kultur im Sinne einer globalen Nationalkultur dar, die mittels Transformation nur noch erreicht werden muss.[311] Kulturen der Gewalt sollen in Kulturen des Friedens umgewandelt werden,[312] die sich aus vielfältigen Bausteinen zusammensetzen, Veränderungen unterliegen können, anschlussfähig sind und nicht endgültig abgeschlossen sind. Gekoppelt mit diesem Friedensbegriff ist ein offenes Gewaltkonzept.[313] „Die Wahrnehmung von Konflikten als Chance für positive Veränderungen"[314] und „Respekt vor dem Anderen"[315] sind exemplarische grundlegende Haltungen, die es anzustreben gilt. So besteht im Kontext pädagogischer Richtlinien ein Ziel darin, „Wertvorstellungen, Einstellungen, Verhaltens- und Lebensweisen“ zu verankern und zu entfalten, die dem friedlichen Zusammenleben von Kulturen, Nationen und der transkulturellen Verständigung und Wertschätzung dienen sowie zu einem verantwortungsvollen Umgang mit der Umwelt befähigen und zu einem ökologischen Bewusstsein führen.[316]

Das Friedensverständnis unterliegt im historischen Wandel Veränderungen und Bedeutungsverschiebungen,[317] da Krieg und Frieden in der historischen Perspektive je nach politischen, wirtschaftlichen, gesellschaftshistorischen, sozialen, psychologischen und philosophischen Kontexten unterschiedliche theoretische Auslegungen und praktische Umsetzungen erfahren haben.[318] Diese werden im Folgenden nicht skizziert,[319] da es sonst den Rahmen der Studie sprengen würde. Exemplarisch sei an dieser Stelle nur ein kleiner Einblick gegeben:[320]

Die Sehnsucht nach Frieden scheint so alt wie die Menschheit selbst.[321] So reicht die öffentliche Friedensdiskussion bis in die Antike zurück.[322] Lange Zeit wurde Frieden in Dualität und als Gegenpart zum Krieg betrachtet.[323] Eine breitere Diskussion über pazifistische Grundlagen wird ab Ende des 19. Jahrhunderts verzeichnet.[324] Durch die schrecklichen Erfahrungen des Zweiten Weltkriegs erlebte die Friedenserziehung einen Aufschwung.[325] Im Zuge der Politik der nuklearen Abschreckung und des Wettrüstens wurden Strukturen und Voraussetzungen für globale Friedenspolitik diskutiert.[326] Anfang der 1970er-Jahre grenzte sich die sogenannte „kritische Friedenserziehung“ von bisherigen Modellen ab.[327] Eine Zielsetzung dieser Bewegung bestand darin, eine „Bewusstseinsveränderung der Menschen und die damit zusammenhängende Veränderung gesellschaftlicher Unfriedensstrukturen durch politisches Handeln“ und eine Überwindung von Gewaltstrukturen zu initiieren.[328] Angesichts der militärischen und nuklearen Bedrohung in der Zeit des Kalten Krieges wurden zahlreiche Friedensaktionen durchgeführt. Die antimilitaristisch ausgerichtete Friedenserziehung wurde beispielsweise in der außerschulischen Jugendarbeit Anfang der 1980er-Jahre als wichtige Aufgabe wahrgenommen.[329] Nach dem Fall des „Eisernen Vorhangs“ rückten weitere Themen in den Fokus der Friedenspädagogik.[330] So wurden auch andere Themen, z.B. Auswirkungen des ungebremsten Kapitalismus oder Rechtsextremismus aufgegriffen.[331] Ziele der Umweltbildung und der sich daraus entwickelnden Nachhaltigkeitsbildung rückten zunehmend ins Bewusstsein.[332] Auch transkulturelle Bildung, Menschenrechtsbildung und globalisierte Lernprozesse gewannen an Bedeutung.[333] Mit dem russischen Einmarsch in die Ukraine ist der Krieg und damit die nuklearen Bedrohung nach Europa zurückgekehrt. Dadurch gewinnen aktuelle Friedensbewegungen an Aufschwung.

Dies sind nur kleine Einblicke einer komplexen Entwicklung friedenspädagogisch ausgerichteter Arbeit und zugehöriger Themenfelder.[334]

In dieser Studie wird auf ein weit gestecktes Verständnis und auf einen offenen Begriff von Frieden zurückgegriffen, der unterschiedliche Teildisziplinen umfasst, die in den jeweiligen Zugängen dargestellt sind. Diese Auswahl der Zugänge ist anschlussfähig und kann im diskursanalytischen Prozess erweitert oder modifiziert werden.

1.1 Ästhetisch-forschende Annäherung an den Frieden

Im Kontext pazifistisch ausgerichteter kunstpädagogischer Ansätze ist nicht nur eine kritische Auseinandersetzung mit Krieg und Gewalt, sondern ebenfalls eine positiv belegte Auseinandersetzung mit dem Begriff „Frieden" von großer Bedeutung.[335]

In Anlehnung künstlerischer und kunstpädagogischer Ansätze ist es sinnvoll, sich dem Begriff „Frieden" mit einer forschenden Grundhaltung zu nähern, um Denotationen und Konnotationen aufzudecken, den Begriff sinnstiftend zu füllen und Lebensweltbezug zu erstellen.[336] Ebenso ermöglicht der performative Prozess von ästhetischen oder künstlerischen Forschungen vielfältige Zugänge zur Thematik.[337] So haben im Rahmen eines kunstpädagogischen Zuganges zum Thema „Frieden" Studierende im Rahmen einer subjektorientierten Herangehensweise interessengeleitet individuelle Forschungsfragen entwickelt und diese mittels künstlerischer Strategien bearbeitet.[338] So hat beispielsweise Anna Schwermann in ihrer ästhetischen Forschung den Versuch unternommen, den Friedensbegriff positiv zu füllen.

> *„Da ich mich glücklich schätzen kann, keinen Krieg erfahren zu haben, habe ich mich dazu entschieden, Frieden darzustellen. Doch was ist Frieden, wenn man ihn nicht als negativen Frieden begreift, nämlich als Abwesenheit von Krieg, sondern als Frieden für sich genommen? Die Darstellungen von Grausamkeiten im Kriegsalltag sowie ihre Auswirkungen sind vielfach in den Medien anzutreffen. Schwieriger ist es, ein Bild zu finden, in dem der Frieden als solcher dargestellt wird."*[339]

Dabei hat sie sich zunächst über wissenschaftliche, künstlerische sowie friedenspädagogische Zugänge genähert. Dies hat sie in ihrer Installation mittels verschiedener Suchspuren, z.B. in Form von Texten, Bildern und verschiedenen Objekten fixiert. Ihre individuelle Suche führte sie zu ihrem eigenen Leben:

„Im Verlauf des künstlerischen Projektes hat sich mein Blick nach und nach verändert – weg von Büchern und hin zu den Menschen in meinem Leben. Das Ergebnis dieser ästhetischen Forschung waren Screenshots von Chatverläufen mit meinen Freunden und meiner Familie, in denen die einzelnen Personen erläutert haben, was Frieden für sie bedeutet. Frieden wird dort oftmals als eine Idylle in der Natur beschrieben und/oder mit Musik, Menschen und Tieren in Verbindung gebracht.“[340]

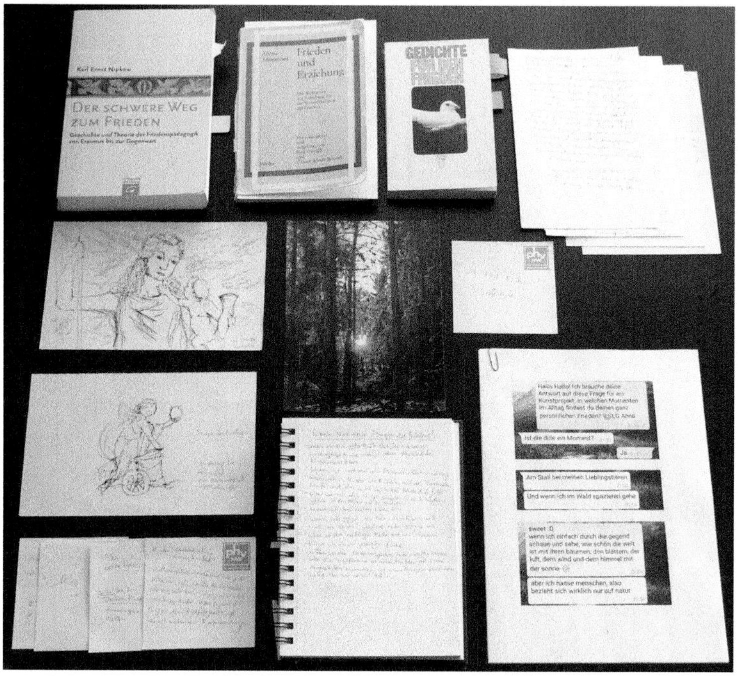

Abb. 2 Ästhetische forschende Auseinandersetzung mit „Frieden“ (Ausschnitt) von Anna Schwermann

Dabei hat sie sich in ihrer forschenden Auseinandersetzung, neben ihren eigenen Vorstellungen von Frieden, zunächst denen ihrer Freunde und Familie gewidmet. In einer abschließenden Installation wurde alles zusammengeführt. Diese beinhaltet Fotografien, Schriftstücke, Bücher, Zeichnungen und weitere ästhetische Artefakte. Zum Schluss zieht sie einen wissenschaftlichen Schluss und gibt einen Forschungsausblick.

„Letztendlich können die Friedenserwartungen auf einen gemeinsamen sozio-kulturellen Kontext verweisen, der von den einzelnen Personen geteilt wird. Ausblickend wäre es interessant, eine Vergleichsgruppe zu befragen, die Krieg erfahren hat, um denkbare Unterschiede und Gemeinsamkeiten herauszustellen.“[341]

Forschungen werden u.a. initiiert, um etwas Neues zu entdecken und Erkenntnisse zu gewinnen. Diesbezüglich sind Kreativität und eine unvoreingenommene, offene Haltung vonnöten. Somit sollen im Rahmen der individuellen Forschungsfragen und -themen ungewohnte Perspektiven eingenommen, alltägliche Wahrnehmungsmuster durchbrochen, Konventionen hinterfragt und ggf. neue Sehweisen initiiert werden.[342] Schwermanns individuelle ästhetische Forschung weist diese Aspekte auf. Sie hat durch interdisziplinäre forschende Herangehensweisen ihren Begriff von Frieden positiv gefüllt. Dabei hat sie sowohl persönliche als auch wissenschaftliche Sehweisen herangezogen, aber auch Leerstellen und weiterführende Betrachtungsweisen eröffnet. In einer Installation hat sie ihre Suchbewegungen fixiert.

Selbstverständlich können mit Rückgriff auf das Potential künstlerischer Verfahren vielfältige ästhetische Auseinandersetzungen erfolgen, die von kritischer Auseinandersetzung mit historischen oder aktuellen Friedensszenarien bis hin zur ästhetischen Umsetzung von Friedenswünschen reichen können.

Während Schwermann einen Zugang zum Thema „Frieden" im Rahmen ästhetisch-forschender Herangehensweise fand, ist die Auseinandersetzung mit der Erinnerungskultur zum Krieg ebenfalls von großer Bedeutung.

2 Ästhetischer Zugang über die Erinnerungskultur

„Erinnerung braucht Zukunft, Zukunft braucht Erinnerung.“[343]

Im Rahmen friedenspädagogischer Ziele ist von großer Bedeutung, eine kritische ästhetische Auseinandersetzung sowohl mit historischen als auch mit aktuellen Kriegen zu initiieren. Da insbesondere im Kapitel „Krieg in den Medien“ der Fokus auf der medialen Konstruktion und Vermittlung von aktuellen Kriegsszenerien liegt, wird in diesem Kapitelkomplex nur ein kleiner Einblick in die kunstpädagogische Auseinandersetzung mit dem aktuellen Kriegsgeschehen in Europa gegeben. Der Schwerpunkt in diesem Kapitel liegt auf der Erinnerungskultur.

Im Kontext einer gemeinsamen Erinnerungs- und Gedenkkultur ist es wichtig, dem Vergessen von Opfern der Kriege sowie dem Vergessen von Leid und Schrecken allgemein entgegenzuwirken, um vor zukünftigen Kriegen zu mahnen.[344] Um vergangene Verbrechen aufarbeiten zu können, bedarf es Erinnerungsarbeit, um einem Verdrängen vorzubeugen.[345] Im Rahmen einer öffentlichen kollektiven Erinnerungskultur ist Kunst ein etablierter Faktor.[346] Exemplarisch sei auf die Setzung von Stolpersteinen zur Erinnerung und dem Gedenken von im Nationalsozialismus ermordeten Menschen verwiesen.[347] Weiterhin sei das Holocaust-Mahnmal in Berlin, das „Denkmal für die ermordeten Juden Europas“ benannt, das den rund sechs Millionen ermordeten europäischen Juden gewidmet ist.

Im Kontext von Erinnerungsarbeit wird Begegnungs- und Bildungspolitik gefördert, massenmedial inszeniert und diskutiert, sodass Vergangenheit ein Thema der Gegenwart wird und so eine Aufarbeitung von begangenen Verbrechen möglich wird. [348] Das kollektive Gedächtnis spielt dabei eine wichtige Rolle: Allgemein kann eine Auseinandersetzung mit dem kulturellen kollektiven Gedächtnis als ständige kritische Reflexion betrachtet werden und damit zu einem Wandel hin zu einer Kultur des Friedens beitragen.[349] Dabei sollen nicht nur friedliche Prozesse, z.B. gewaltarme Wege der Konfliktaustragung, im kollektiven Gedächtnis verankert werden, sondern gerade auch Problemlagen, Kriege und Gewalt kritisch aufgearbeitet werden, um daraus im friedenspädagogischen Sinne für eine friedliche Zukunft zu lernen. Die Erinnerungsarbeit soll sich der

Aktualität öffnen, z.B. in der kritischen Auseinandersetzung mit aktuellen Menschenrechtsverletzungen, und somit nicht der Vergangenheit verhaftet bleiben.[350] Im Rahmen einer Konflikttransformation, um Verständigung und Versöhnung anzustreben, ist eine kritische Aufarbeitung mit der Vergangenheit, von der Kulturen, Institutionen und Individuen geprägt sind, von großer Bedeutung.[351]

Der Begriff „Erinnerung" ist unter anderen durch soziologische und psychologische Wissenschaften umrissen, deren Diskurse in dieser Studie nicht dargestellt werden;[352] stattdessen wird nur ein kleiner Einblick gegeben: Erinnerungen können als „innere Bilder" beschrieben werden, die unter anderen an Emotionen geknüpft sind und die Biografie, Identität und damit Fühlen und Handeln beeinflussen können.[353] Geprägt werden diese unter anderen von persönlichen Erfahrungen als auch durch kulturelle, gesellschaftshistorische Ereignisse und kollektive Konventionen.[354] Gewalt kann Auswirkungen auf Erinnerungen besitzen, so können z.B. Traumata ausgelöst werden.[355] Auch können Erinnerungen verdrängt werden, wie es beispielsweise im Nachkriegsdeutschland angesichts der „Kultur des Schweigens" erfolgte.[356]

Erinnerungsarbeit kann viele Tendenzen aufweisen,[357] sie kann z.B. politischen Charakter besitzen und Machtverhältnisse zum Ausdruck bringen.[358] In Bezug auf Machtasymmetrien muss dies kritisch betrachtet werden, weil dies Auswirkungen auf Bedingungen, Inhalte und Strukturen der Erinnerungsarbeit besitzen kann. So werden bestimmte Inhalte ins kollektive Gedächtnis überführt, während andere verdrängt oder „überschrieben" werden. Dies hat Folgen: Denn die Rezeption, Interpretation und damit Konstruktion von Vergangenheit und Geschichte kann Auswirkungen auf die Gegenwart in Bezug auf kollektive Identitätskonstruktionen und politisches, gesellschaftliches und kulturelles Denken und Handeln besitzen.[359]

In Deutschland ist der Begriff der Erinnerungskultur stark mit der Terrorherrschaft der Nationalsozialisten und ihren Verbrechen, insbesondere der Shoah, verbunden.[360] Die auf der rassistischen Ideologie fußende Vernichtung europäischer Juden kennzeichnet einen „Zivilisationsbruch" und belegte Deutschland mit einer schweren moralischen Schuld, deren Aufarbeitung bis heute eine bedeutende Aufgabe darstellt.[361] Während in der deutschen Erinnerungskultur der Vergangenheit insbesondere die Verbrechen im Zweiten Weltkrieg dominieren, so fanden in jüngerer Zeit auch verdrängte Verbrechen des Ersten Weltkriegs und der Kolonialpolitik im Kaiserreich Berücksichtigung.[362]

Über symbolische Gesten, Erinnerungs- und Gedenkorte, durch Organisationen und Institutionen sowie verschiedene Aktionsfelder und

Handlungsformen können Prozesse einer Versöhnung eingeleitet werden, die jedoch eine langfristige, immer weiter bestehende politische, soziale und kulturelle Aufgabe darstellen.[363] In ritualisierten Formen wird Gedenken an bestimmten Tagen und an historischen Orten sowie an staatlich geförderten Mahn- und Gedenkstätten zelebriert.[364] Dabei ist es aus friedenspädagogischer Sicht ebenfalls wichtig, den Blick auch auf vergessene Opfer und Nicht-Thematisierungen und Bagatellisierungen von Gewalt zu richten.[365] So ist es in kollektiven Kulturen verankert, bestimmten Opfern zu gedenken und zu Verständigung und Versöhnung aufzurufen, während andere Gewalttaten und Opfer marginalisiert oder vergessen werden.[366] Es ist von Bedeutung diese vergessenen Opfer und Gewalttaten in das kollektive Gedächtnis zu überführen, um einen Beitrag zu einer Kultur des Friedens zu leisten.[367] Zudem sollte gerade in Bezug auf Migrationsgesellschaften eine Sensibilisierung erfolgen, dass unterschiedliche Erinnerungskulturen aufeinandertreffen, die für das friedliche Zusammenleben mit einbezogen werden müssen und nicht einfach ignoriert werden dürfen.[368] Multiperspektivische Erinnerungsarbeit ist im Kontext einer transkulturellen Gesellschaft von Bedeutung.[369]

2.1 Kunstpädagogische Auseinandersetzung mit historischen und aktuellen Kriegen

Kunst kann einen wesentlichen Beitrag zur Erinnerungs- und Gedenkkultur beitragen und dabei sowohl auf der emotionalen als auch auf der kognitiven Ebene zur Friedenserziehung beitragen.[370] So ist es bedeutsam, empathisches und emotionales Lernen mit rationalen Erkenntnissen und Wissen über Wirkgefügen von Gewalt und Kriegen, deren Ursachen, Politik, Verlauf, Wirkungen etc. zu verknüpfen, um neben emotionaler Verankerung und rationaler Aufklärung[371] die Rezipierenden für Wiederholungsmuster zu sensibilisieren.[372] In der Kunstgeschichte und im aktuellen Kunstgeschehen können sich historische, politische und soziale Gefüge von Kriegen spiegeln. Vernichtung, Zerstörung und Tod lassen sich aus bestimmten Werken, wie beispielsweise Otto Dix' Triptychon „Der Krieg" lesen. Somit kann über die Rezeption von Kunst ein Zugang zu historischen aber auch aktuellen Kriegsszenerien gefunden werden. Eine kritische Auseinandersetzung damit kann im Idealfall neben der Förderung kunstwissenschaftlicher Kompetenzen zum Erwerb eines mehrschichtigen historisch-systematischen Wissens sowie zum Kenntniserwerb über politische und gesellschaftliche Strukturen über Kriege deren Ursachen und damit zur Bildung eines kritischen historischen Urteilsvermögens im Sinne der Friedensbildung führen.[373] Dabei sind multiperspektivische Herangehensweisen von Bedeutung, um „westliche“ und eurozentrische Sehweisen und Machtpositionen aufzubrechen.[374]

Es ist bedeutsam im Kontext kritischer Rezeption, Bezug auf die Erinnerungsfunktionen von Kunst zu nehmen und dabei auf inhaltlicher Ebene sich mit dem Schrecken von Kriegen auseinanderzusetzen, um einer potentiellen kriegsfördernden Politik oder weiteren Propagandastrukturen kritisch zu begegnen. Doch wie bereits angeführt, zeigte sich in der friedenspädagogischen Praxis, dass Mechanismen der Abschreckung für friedenspädagogische Ziele nicht unbedingt fruchtbar sind, sondern intrinsische Motivation durch positive Füllung und subjektorientierte Forscherinteressen erzeugt werden kann,[375] sodass in der ästhetischen Praxis auch daran angeknüpft werden soll.

Nicht nur in der Rezeption, sondern auch in der ästhetischen Produktion kann eine kritische Auseinandersetzung mit dem Krieg im Rahmen einer Erinnerungskultur erfolgen.[376] Kunst dient als Impulsgeber für ästhetisches Handeln: Von Konzeptkunst, Performances bis hin zu Plastik, Malerei und multimedialen Installationen reichen die Formen des Gedenkens und Erinnerns.[377] Dabei kann jede Kunstform andere Wirkqualitäten entfalten.[378] Künstlerische Formen der Erinnerungskultur sind in vielfältigen kunstdidaktischen Ansätzen integriert.[379] Im Rahmen pädagogischer Arbeit kann durch die ästhetische Auseinandersetzung mit Kunst zum Thema „Krieg“ eine Sensibilisierung für Leid und Schrecken von Kriegen allgemein erfolgen und idealerweise eine pazifistische Grundhaltung vermittelt werden.[380]

Neben den genannten Aspekten ist es sowohl aus friedens-, als auch aus kunstpädagogischer Perspektive von Bedeutung sich mit der Vergangenheit und insbesondere mit den „blinden Flecken“ und „Leerstellen“ (häufig bedingt durch eine kollektive „Erblast“) auseinanderzusetzen.[381]

Allgemein kann durch ästhetische und künstlerische Arbeiten die Intention verbunden sein, Erinnerung zu schaffen aber auch stereotype Erinnerungsbilder zu hinterfragen. Dabei muss beachtet werden, dass Erinnerung individuell biografisch aber auch kollektiv geschichtlich, gesellschaftlich und politisch konstituiert ist.[382]

Im Kontext dieses Themenfeldes wird eine Förderung von Kompetenzen kunstgeschichtlicher, historischer und politischer Bildung zur Erinnerung und zum Gedenken an die Opfer der Kriege angestrebt.[383] Das Vergangene kann nicht ungeschehen gemacht werden, doch mit einem verantwortungsvollen Umgang mit Erinnerungen z.B. in Form von sozialen, kulturellen oder politischen Projekten kann den Opfern eine Stimme gegeben werden, um ihnen ihre Würde zurückzugeben.[384] Auch Gespräche mit Zeitzeugen oder internationale Begegnungsreisen sowie (ästhetische) Forschungsprozesse an Orten der Erinnerung sind von Bedeutung.[385] Ebenso ist die Auseinandersetzung mit aktuellen Kriegen von großer Relevanz und muss in der kunstpädagogischen Arbeit einbezogen werden. Die Vergangenheit muss mit der Gegenwart „verknüpft" werden. Denn gerade in Bezug auf die Entstehung von Kriegen und damit verbundenen „Bildwelten" und künstlerischen Darstellungen kann ein umfassenderes Verständnis nur mit Blick auf die Geschichte erfolgen. Darüber hinaus soll im Rahmen künstlerischer Prozesse ebenfalls ein (utopischer) Blick in die Zukunft erfolgen.

Die Bandbreite kunstpädagogischer Ansätze ist breit und reicht von individuellen ästhetischen Biografieforschungen, ästhetischen Forschungen an Gedenkstätten oder anderweitigen historisch belegten Orten bis hin zu künstlerischen Auseinandersetzungen mit Ritualen, Gesten oder Symbolen.[386] Im Folgenden werden einige Beispiele angeführt, die sich gegen das Vergessen richten.

2.1.1 Ästhetisch-forschende Auseinandersetzungen mit dem Ersten Weltkrieg

Die Erinnerungskultur in Deutschland ist stark mit der Aufarbeitung der Verbrechen des Zweiten Weltkriegs verknüpft. Doch auch der Erste Weltkrieg gewann im Kontext der kollektiven Erinnerungsarbeit in den letzten Jahrzehnten an Bedeutung.[387] In Anknüpfung an Konzepte des künstlerischen und ästhetischen Forschens wurden in einem kunstpädagogischen Seminar zum 100jährigen Gedenken an den Ersten Weltkrieg ästhetisch-forschende Auseinandersetzungen initiiert und durchgeführt.[388] Im Kontext der ästhetischen Prozesse wurden die Studierenden für das Leid und den Schrecken des Ersten Weltkrieges – und von Kriegen allgemein – und damit für die Bedeutung von Frieden, für transkulturelles Verständnis und für die gegenseitige Achtung und Würdigung sensibilisiert.

Eingangs wurden die Studierenden mit künstlerischen Arbeiten konfrontiert, die im Umfeld des Ersten Weltkrieg entstanden sind.[389] Viele Künstler der Moderne fanden im Ersten Weltkrieg den Tod. Die Überlebenden, wie Otto Dix,[390] die Daheimgebliebenen, wie Käthe Kollwitz, verarbeiteten das erfahrene Leid und die Trauer um die Toten in ihrer Kunst. Die künstlerischen Werke und Strategien fungierten als Impulsgeber für die ästhetisch-künstlerischen Arbeiten der Studierenden. Es zeigte sich, dass die inhaltlichen Schwerpunktsetzungen der studentischen Arbeiten eine große Breite aufweisen: Zerstörung, Leid und Tod im Krieg, der Einsatz von Massenvernichtungswaffen (Gas), Kriegspropaganda, der Alltag im Krieg, die Rolle der Frauen, das Leben in der Nachkriegszeit, Kriegslyrik und Kunst im Krieg sowie Kindheit und Jugend waren u.a. Themen der Ästhetischen Forschungen.[391] Ebenfalls wurden Bezüge vom Ersten Weltkrieg zum Zweiten Weltkrieg und zu kriegerischen Ereignissen zur Gegenwart hergestellt.[392]

Aktuelle wie auch historische Kunstkonzepte und -positionen dienten als Orientierungsrahmen.[393] Neben zeitgenössischen Formen, z.B. Artistic Research, wurden künstlerische Strategien des 20. Jahrhunderts, z.B. die künstlerische Spurensicherung angewendet. Die gesammelten Objekte und Artefakte können Anlass zur Recherche sein und weiterführende Zugänge eröffnen.[394] Durch Installationen wurde der Forschungsweg sichtbar gemacht.[395] Durch die Inszenierung und das Zusammenstellen der Objekte können sich neue Kontexte aber auch Entkontextualisierungen ergeben, die sowohl den Weg der Forschung beeinflussen können, aber ebenso in der Gesamtschau neue Zusammenhänge und Sehweisen zeigen.[396] Trotz vielfältiger thematischer Ausrichtungen war vielen Werken die Mahnung an Tod und Schrecken gemein.

Exemplarisch sei auf eine forschende Auseinandersetzung zum Thema „Soldatenleben im Ersten Weltkrieg“ verwiesen.[397] Eine wissenschaftliche Recherche begleitete die ästhetische Arbeit.[398] In einer Installation wurden sowohl Fundstücke als auch ästhetische Arbeiten, zum Beispiel Schriftstücke, zu einer Installation gefügt.[399] Der ästhetische Forschungsprozess in der inhaltlichen und methodischen Vielschichtigkeit spiegelt sich in den vielen Stationen, die in Form von Objekten, Artefakten, Zeichnungen, Malereien und weiteren künstlerischen Formen präsent sind.[400]

Verschiedene Ausdrucksformen künstlerischer Arbeit wurden erprobt. So betonte ein Student im Kontext seiner Ästhetischen Forschung über Verarbeitungs- und Verdrängungsprozesse das interaktive Element von Kunst. In ein Stück Rasen wurde ein aus Holzästen gebasteltes Kreuz in Szene gesetzt.[401] Das Kreuz symbolisiert den millionenfachen Tod von Soldaten und Zivilisten im Ersten Weltkrieg. Der Student nimmt Bezug auf das Sprichwort „Gras über etwas wachsen lassen“ und fügt dem Rasenstück eine kleine Schere mit einem Zettel mit der Inschrift „Remember 1914-18“ bei.[402] Der oder die Rezipierende soll angeregt werden, mit der Schere das wachsende Gras abzuschneiden, um somit symbolisch den Prozess des Vergessens und Verdrängens zu stoppen und die Grausamkeit eines Krieges in der Erinnerung wach zu halten.[403] Damit ist implizit eine Mahnung an Leid und Schrecken aller Kriege verbunden und eine pazifistische Aussage intendiert.[404]

Neben aktuellen künstlerischen Strategien wurde auf historische zurückgegriffen: Zu Beginn des 20. Jahrhunderts fanden Verfahren, wie die Collage, Eingang in die Kunst.[405] Die Collageform wurde auch – insbesondere von den Dadaisten – als Kritik am Ersten Weltkrieg genutzt. Ein Student hat in Anlehnung daran eine kritische Darstellung des Krieges geschaffen, indem er den Soldatentypus des Ersten Weltkriegs mit Collageelementen aus Zeitungen versehen hat.[406] Die Individualität des Menschen wurde ausgelöscht und ein der Propaganda untergeordneter anonymisierter Soldatentypus geschaffen.[407]

Mit Blick auf historische Entwicklungen der Kunst zeigt sich, dass eine Konsequenz des Krieges die Entstehung neuer Ausdrucksformen in der Kunst war. Traditionelle Techniken und Ideale waren nicht mehr angemessen, das Grauen zu verbildlichen. Künstlerisch-experimentelle Zugänge bieten Möglichkeiten den unvorstellbaren Schrecken des Ersten Weltkriegs in freier Farb- und Formsprache Ausdruck zu verleihen. Es erfolgte ein Bruch mit den üblichen Darstellungskonventionen, der sich z.B. in expressionistischen Tendenzen zeigte. Dies wurde ebenfalls in den ästhetischen Arbeiten thematisiert: So wurde von einer Studentin in einer Collage die künstlerische und lyrische Verarbeitung der Schrecken des Ersten Weltkriegs behandelt.[408] Gedichtfragmente von Albert Ehrenstein, Ludwig Rubiner und Elke Lasker-Schüler wurden aufgegriffen.[409] Eigene Gedanken und Fragen, die mit dem Krieg assoziiert werden, fließen ein.[410] Diese wurden mit Farbflächen abgesetzt, die durch die Kombination von Rot-, Orange- und Gelbtönen mit Schwarz und Weiß ausdrucksstark hervortreten.[411] Schrift und Farbflächen werden mit der Abbildung von Otto Dix' Werk „Der sterbende Soldat" und einer Briefmarke, die den Künstler zeigt, kombiniert.[412] Kunst und Lyrik werden in dieser Collage miteinander in Verbindung gesetzt, um die seelische Verarbeitungs- und Verlebendigungsprozesse durch Kunst und Lyrik darzustellen.[413]

Weiterhin hat sich ein Student mit Kindheitsspielen zum Krieg befasst und dessen Inhalte und Intentionen kritisch hinterfragt.[414] Andere Studierende thematisierten die Kindheit im Wilhelminischen Reich in Bezug auf den Ersten Weltkrieg. Sie schufen eine Installation, in der übermächtig wirkende Totenköpfe als ein Mobile über einem im Bett befindlichen Kind baumeln.[415] Die Bettdecke besitzt die Farben der damaligen deutschen Reichsflagge.[416] Es wird eine Kritik an der Kriegspropaganda vorgenommen, die ebenfalls an Kinder adressiert war.[417]

Im Rahmen der Ästhetischen Forschungen wurden Collagen, Malereien, Zeichnungen, Installationen und Performances geschaffen.[418]

Einige Personen suchten im Kontext der Forschungsprozesse ebenfalls historisch bedeutsame Orte auf.[419] Aber ebenso wurden Räume des Alltags durch die ästhetische Arbeit mit neuen Bedeutungen belegt: Zum Beispiel wurde ein Waschbecken in die künstlerische Auseinandersetzung eingebunden.[420] Im Rahmen eines performativen Aktes wurde dieses in eine Performance zum Thema „Verdrängen, Vergessen und Wiedersichtbarmachen von Kriegsverbrechen und traumatischen Erlebnissen" symbolisch eingebunden.[421] Eine Fotografie wurde in ein Waschbecken gelegt und mit Wasser bedeckt.[422] Der Wasserstrahl und eine farbige Flüssigkeit verschleierten das Dargestellte bis es langsam wieder sichtbar wurde.[423]

Ebenfalls sind Grenzerfahrungen und Selbstversuche möglich.[424]

Zudem kam ein Arbeitsbuch zum Einsatz. In diesem wird der Prozess der Ästhetischen Forschung dokumentiert, reflektiert und darauf basierend können neue Handlungsschritte geplant werden. Es spiegelt den Weg der Forschung. [425] Der performative Prozess ist nicht abgeschlossen, sondern kann immer weitergeführt werden.[426] Aus diesem Grund wurden die letzten Blätter der ästhetischen Arbeitsbücher von einigen Studierenden frei gelassen, um den Prozess auch nach Beendigung des Seminars fortführen zu können.

Die unterschiedlichen ästhetischen Forschungen visualisieren die Vielfalt der Wahrnehmungsmuster, Sehweisen und Themenfelder, die mit der Erinnerungskultur an den Ersten Weltkrieg verknüpft sind. Es wurden zahlreiche Zugänge eröffnet, die den kritischen Blick gegen das Vergessen schärfen können.

2.1.2 Ästhetisch-forschende Auseinandersetzungen mit dem aktuellen Kriegsgeschehen in Europa

Mit dem russischen Einmarsch in die Ukraine 2022 ist das lange Undenkbare wahr geworden: Der Krieg und damit auch die nukleare Bedrohung sind nach Europa zurückgekehrt.[427] Viele Ukrainer*innen fliehen vor Leid und Elend. Neben den aktuellen direkten Zerstörungen kann es zu weiteren Krisen kommen. Exemplarisch sei auf potentielle wirtschaftliche Folgen verwiesen, die beispielsweise zu Nahrungsmittelknappheit und Hungersnöten führen und das Leid der Menschen in den betroffenen Regionen verschärfen.

Die Friedensbewegung hat einen Auftrieb erhalten: Menschen gehen wieder für den Frieden auf die Straße oder engagieren sich, indem sie beispielsweise Geflüchteten konkret helfen oder spenden. Neben zahlreichen Friedensdemonstrationen wurden ebenfalls viele künstlerische Aktionen für den Frieden initiiert, die von Malereien von Friedenstauben bis hin zu großangelegten Aktionen reichen. Die Aktualität und Bedeutung friedenspädagogischen Handelns sind offensichtlich. Kunst kann dazu einen Beitrag leisten.[428]

Exemplarisch wird ein Einblick in ästhetische Auseinandersetzungen mit dem aktuellen Geschehen gegeben: Es lagen keine Einschränkungen und Fremdbestimmungen des ästhetischen Handelns vor, sodass vielfältige Methoden und Praktiken zum Einsatz kamen. Im Rahmen subjektorientierten, interessengeleiteten Arbeitens wurden verschiedene Aspekte fokussiert und in die ästhetische Praxis überführt. So wurde die Angst vor einer potentiellen nuklearen Bedrohung malerisch mittels expressiver Farb- und Ausdrucksformen umgesetzt. Die Wahl abstrakter Ausdrucksformen und -mittel erfolgte, um das Unfassbare eines potentiellen nuklearen Krieges, der die Welt in den Abgrund reißen kann, umzusetzen. Ebenfalls erfolgte eine Auseinandersetzung mit der medialen Berichterstattung des Krieges. Mittels digitaler Bildbearbeitungstechnologien wurde eine Fotomontage aus verschiedenen Bildmotiven zusammengefügt. Dabei werden die einzelnen Bilder dekontextualisiert und in neue Sinnzusammenhänge gestellt. Die Montageform verweist zum einen auf den Konstruktionscharakter medialer Berichterstattung und auf die Bedeutung eines kritischen Umgangs mit diesen. Dies ist gerade angesichts der Zensur in russischen Medien ersichtlich. Zum anderen wird aber auch die Bedeutung digitaler Berichterstattung hervorgehoben, durch die das furchtbare Leid und Elend der Zivilbevölkerung erst sichtbar werden und Kriegsverbrechen öffentlich gemacht werden können.

Ebenfalls wurde eine ästhetische Auseinandersetzung mit dem Schicksal individueller Geflüchtete vorgenommen. Auch wurden Friedenswünsche umgesetzt: So wurde ein Stopp-Motion-Film mit Friedenssymbolen, z.B. der Friedenstaube kreiert. Unterlegt ist der Film mit den ukrainischen Landesfarben Gelb und Blau. Dies ist nur ein Einblick in die kunstpädagogische Praxis. Darüber hinaus besitzt Kunst das Potential, interaktiv auf gesellschaftliche Strukturen Einfluss zu nehmen. Mit Bezug auf die partizipative Dimension sei auf interaktive hybride Kunstprojekte verwiesen, in denen Rezipierende zu Produzierenden werden können und ihr Engagement für den Frieden zum Ausdruck bringen können. Kunst kann dokumentieren, reflektieren, hinterfragen, in den öffentlichen Raum und die Gesellschaft eingreifen und im Idealfall auch zu (gesellschaftlichen) Veränderungen führen. Gerade solche Funktionen kunstpädagogischer Arbeit können angesichts aktueller Kriege zum Tragen kommen, um einen kleinen Beitrag für den Frieden zu leisten.

2.1.3 Vergessene Opfer – Ästhetische Auseinandersetzungen mit historischen Verbrechen im Kontext deutscher Kolonialisierungspolitik

Auch wenn das aktuelle Kriegsgeschehen von sehr großer Bedeutung ist, so ist es im Kontext der Erinnerungskultur ebenfalls von Signifikanz, das Augenmerk auf die „vergessenen Opfer“ und marginalisierten Verbrechen zu richten.[429] Exemplarisch sei auf die Verbrechen deutscher Kolonialgeschichte verwiesen, die lange Zeit Verharmlosung und „Nicht-Thematisierung“ erfuhren.[430] So waren die deutsche Kolonialgeschichte und die erfolgten Verbrechen lange Zeit kein fester Bestandteil der deutschen Erinnerungskultur und des deutschen Geschichtsbildes.[431] Mit Bezug auf postkoloniale pädagogische Ansätze ist es von Bedeutung in der kunstpädagogischen Praxis Globalität und Dekolonialisierung betreffende Aspekte einzubeziehen.[432] Dies beinhaltet eine selbstkritische Reflexion der Sprache und damit verbundener Denkweisen in Bezug auf Machtstrukturen.[433] Ebenso müssen „westliche“ Sehweisen und Herangehensweisen an die Kunst befragt werden.[434] So bieten sich multiperspektivische transkulturelle Herangehensweisen an, um „eurozentrische“ Stereotype aufzubrechen und zu erweitern.[435]

Evrim Demir hat sich im Rahmen ihres künstlerisch-forschenden Projekts kritisch mit der Kolonialisierungspolitik Deutschlands in der Südsee, insbesondere in Neuguinea auseinandergesetzt. Der im Ästhetischen Arbeitsbuch dokumentierte Forschungsprozess spiegelt vielfältige Zugänge, die von der in dem einst kolonialisierten Gebiet entwickelten Sprache Kreoldeutsch über die kritische Auseinandersetzung mit exemplarischen, von der Kolonialmacht begangenen Verbrechen bis zur Hinterfragung eines kritiklosen Umgangs mit der Kolonialisierung im Kontext von Politik und Geschichte reichen.[436] Dabei hat sie kritischen Bezug auf Carl Peters, den Begründer der Kolonie Deutsch-Ostafrika, genommen, der – rassistisch motiviert – äußerst brutal und grausam gegen die einheimische Bevölkerung vorging.[437] Unter seiner Leitung wurde vergewaltigt, gemordet, Dörfer geplündert und niedergebrannt. Diese Verbrechen, die im Kontext deutscher Kolonialisierungspolitik erfolgten, hat sie kritisch aufgezeigt.[438] Ebenso thematisierte sie unter kritischen Gesichtspunkten die Rezeptionsgeschichte der Kolonialisierung. Dabei stellt sie das dunkle Kapitel des Nationalsozialismus heraus, in dem Carl Peters und seine grausamen Handlungen sowie allgemein die Kolonialisierung im Kontext der rassistischen NS-Lebensraumgewinnungspolitik heroisiert wurden. Ebenso zeigt sie Kritik an aktuell, immer noch vorhandenen fremdenfeindlichen und rassistischen Tendenzen und Strömungen auf.[439]

Im Rahmen ihrer Recherche ist sie auf die Abbildung und historische Berichterstattung von der Enthauptung zweier Eingeborener gestoßen, denen ein Mord vorgeworfen wurde.[440] Die Tatsache, dass die Köpfe zur Abschreckung präsentiert wurden – als Exempel der grausamen gewalttätigen Handlungen im Kontext der Kolonialisierung –, empörte die Studentin. In einer künstlerischen Installation hat sie Bezug auf die damalige Ausstellungsszene genommen und diese in kritischer Weise kontextualisiert. So hat sie auf Informationstafeln weiterführende Kenntnisse und Fakten sowie Fragestellungen dargestellt, die eine kritische Auseinandersetzung ermöglichen. Durch diese Texttafeln sowie weitere Artefakte wurde den Rezipierenden eine kritische Sehweise auf die Kolonialisierungspolitik der Deutschen im Südseeraum und deren grausamen Verbrechen eröffnet, die sie dort begingen. Die Installation wurde im Rahmen der das Seminar abschließenden Sonderausstellung „Aufbruch ins Ungewisse" im Deutschen Schifffahrtsmuseum präsentiert.

In ihrer ästhetischen Arbeit kritisiert sie die Kolonialisierung und allgemein die auch heute noch gängigen Praxen von gewalttätiger Machtausübung über andere Völker und die staatlich geförderte Inbesitznahme auswärtiger Territorien und damit verbundene Unterwerfung, Vertreibung oder Ermordung der ansässigen Bevölkerung. Sie führt Folgendes an: *„Da die Vergangenheit die Zukunft prägt, sollte dieses Thema nicht untergehen und stets den Menschen vor Augen geführt und als negatives Beispiel vorgezeigt werden. Denn diese Vorgehensweisen und Beweggründe der Europäer [in der Vergangenheit] zeigen sich heute noch und führen zu einer egozentrischen, nationalistischen Politik, die […] in unserer heutigen Zeit nichts zu suchen hat. Statt Angst davor zu haben eine neue Sprache oder Kultur als Inspirationsquelle wahrzunehmen, diesen die eigene aufzuzwängen, führt zu Wissensverlust und Brutalität."*[441]

In ihrer Arbeit wendet sie sich gegen die Machtbestrebungen in der Politik, andere Länder zu vereinnahmen, gegen Nationalismus, gegen Unterdrückung und Unterwerfung und die damit verbundene Verletzung von Menschenrechten.[442] Sie kritisiert eine eurozentrische Wahrnehmung und Machtpolitik und stellt die Vielfalt der Kulturen als Reichtum heraus.[443] Dabei bezieht sie sich ebenfalls auf kulturelle Hybridisierungsprozesse.

Im Fokus richtet sie den Blick auf eine lange währende Leerstelle der deutschen Geschichte: Die Verbrechen der Kolonialzeit, für die die Deutschen im Kontext ihrer Erinnerungskultur Verantwortung übernehmen müssen.[444]

Während sich die bisherigen Beispiele eher an einer Orientierungslinie „Zeit" einordnen lassen, wird im Folgenden der Blick auf „Räume der Erinnerung" gerichtet.

2.2 Räume der Erinnerung

Neben der traditionellen Orientierungslinie „Zeit" hat im Kontext des spatial turns[445] die Komponente des Raums an Bedeutung gewonnen: Räume und Orte erscheinen als feste Bestandteile des Lebens.[446] So können Erinnerungen auch an räumliche Strukturen gebunden sein.[447] Dabei ist in der heutigen Zeit das Bild eines materiellen einheitlichen Raumes durch Digitalisierung, Globalisierung und Dezentralisierung aufgebrochen.[448] Verschiedene Ebenen und Bedeutungsdimensionen und vielfältige Vernetzungen von Raum heben die Vorstellung eines einheitlichen, homogenen Raumes auf.[449] Dabei kann der Fokus auf verschiedenen Raumkonzepten liegen: Exemplarisch sei auf soziale Räume, politisch-geografische oder ästhetische Räume verwiesen, die sich auch in der Kunst finden.[450] Die in dieser Studie angeführten Kunstbeispiele agieren mit unterschiedlichen Formen des Raums. Dix hat das Triptychon für einen Gedenkort geschaffen. Im Triptychon selber eröffnen sich ästhetische bildliche Räume des Krieges. Ebenfalls eröffnet sich eine biografische Dimension, da Dix ein Selbstbildnis eingebunden hat und das Werk auf biografischen Erfahrungen beruht. Der Film „Human Flow" nimmt zum einen Bezug auf die geografischen Räume von über zwanzig Ländern und zeigt im Kontext der Fluchtbewegung die Verknüpfung im Rahmen des übergeordneten globalen Raumes der „einen Welt" auf, in der wir leben. Zudem erfolgt u.a. durch Bezugnahme auf individuelle Schicksale die Schaffung von biografischen Räumen, in denen sich Hoffnungen und Verzweiflung spiegeln. Auch eröffnet er filmische ästhetische Räume, z.B. durch Filmszenen künstlerischer Qualität, die ungewohnte Sehweisen eröffnen, wie dies beispielsweise ein Top Shot auf Menschenbewegungen zeigt. Steichen dagegen hat kuratorische, räumliche Strategien angewandt, da er eine (Wander-)Ausstellung plante, konzipierte und umsetzte. In den Fotografien kommen verschiedene Raumkonzepte zum Tragen. Roslers

Werk nimmt Bezug auf politische und soziale Raumkonzepte sowie medial inszenierte sowie manipulierte Räume.

Da in der Kunst die Beziehungen und Auseinandersetzungen mit „Raum“ vielfältig sind, werden sie in dieser Studie nicht unter einer Theorie eingeengt, sondern die Offenheit wird gegeben, je nach Kunstwerk philosophische Annäherungen und Anknüpfungen an Theorien zu geografischen, sozialen, politischen, biografischen, ästhetischen, kulturellen, historischen und gesellschaftlichen Räumen vorzunehmen. Zudem müssen Formen der Entgrenzung, gerade in Bezug auf digitale Strukturen der Gesellschaft berücksichtigt werden. Die künstlerischen Entwicklungen zum Thema Raum spiegeln sich in den aktuellen und historischen kunstpädagogischen Konzepten.[451] Im Kontext kunstpädagogischer Konzepte in Bezug auf Räume können zum Beispiel künstlerische Feldforschung[452], „Mapping“[453], „Kartierung“[454], Land Art-Didaktik,[455] Displacement[456] oder anderweitige Konzepte[457] benannt werden.[458]

Da sich dieser Zugang konkret auf künstlerische Auseinandersetzungen zum Thema „Krieg und Frieden“ bezieht, sei an dieser Stelle nur auf einige diesbezügliche Belegungen des Raumes verwiesen:[459] Exemplarisch für geografische Räume können z.B. aktuelle und historische Kriegsgebiete und Schlachtfelder angeführt werden. Denkmäler und Friedhöfe dagegen stellen Orte mit Symbolcharakter und Erinnerungsräume dar. Bestimmte Räume können ebenfalls eine biografische Dimension aufweisen. Ebenfalls werden in musealen Räumen mittels verschiedener Artefakte Erinnerung und Gedenken initiiert und inszeniert.[460] Exemplarisch für heutige künstlerische Erinnerungskultur zum Krieg sei auf die – teilweise mit künstlerischem Anspruch verbundenen – Denkmäler, Skulpturen, „Stolpersteine“, und Gebäude mit Erinnerungsfunktion, z.B. Friedenskirchen, aber auch symbolische Orte im öffentlichen Raum verwiesen. Solche mit einer Erinnerungsfunktion verbundenen künstlerischen Werke und Räume sind in der öffentlichen Wahrnehmung präsent. Ebenfalls gibt es neben der historischen Funktion selbstverständlich Räume, die von politischer, militärischer, aber auch künstlerischer oder utopischer Bedeutung sind. Ebenso sei auf virtuelle Räume des Krieges, z.B. in Form von Online-Kriegsspielen verwiesen. Räume zu Krieg und Frieden können somit u.a. geografische, politische, historische, biografische, ästhetische, symbolische und virtuelle Funktion besitzen. Dies stellt nur ein kleiner Einblick dar, der an dieser Stelle nicht weiter vertieft wird.

Auch ist im Rahmen kunstpädagogischer Arbeit zu bedenken, dass verschiedene Räume unterschiedliche Wirkästhetik entfalten können. Das einfache steinerne Kriegsgräberdenkmal, das es in vielen Ortschaften gibt, evoziert eine andere Wirkung als das Erlebnis eines sich über eine große Fläche erstreckenden Kriegsgräberfeldes mit einem „Meer von Kreuzen", die einen Eindruck der unzähligen Gefallenen wecken und das unfassbar Schreckliche solch eines Krieges vermitteln können. Wiederum ein ganz anderer Eindruck vermittelt das virtuelle Erlebnis eines Online-Kriegsspiels, in dem man in eine digitale Scheinwelt des Krieges „eintaucht". Diesbezüglich muss eine kritische Reflexion erfolgen. Ein Bezug zu virtuellen Räumen des Krieges, zum Beispiel in Form von Onlinespielen, wird im Kapitel über mediale Inszenierungen erstellt, so dass an dieser Stelle nur darauf verwiesen sei.

Im Rahmen pädagogischer Prozesse soll im Folgenden eine ästhetisch-forschende Auseinandersetzung mit Räumen mit Erinnerungsfunktion erfolgen. Ästhetische Erfahrungen an Gedenk- und Gedächtnisorten, Erinnerungsräumen oder historischen Kriegsschauplätzen zu machen und diese anhand individueller Themen anhand forschend ausgerichteter Strategien in künstlerischen Prozessen umzusetzen, ist von großer Bedeutung im Rahmen pazifistisch ausgerichteter kunstpädagogischer Arbeit. Dabei kann eine Anknüpfung an denkmalpädagogische Konzepte erfolgen.[461] In diesem Rahmen ist es ebenfalls wichtig sich mit vergessenen Räumen und Orten von Kriegen zu befassen, zum Beispiel mit historischen Schlachtfeldern, die heutzutage von Natur oder Bebauung verdeckt und aus dem öffentlichen Bewusstsein „verdrängt" sind, mit Ruinen, aber auch mit wieder aufgebauten Gebäuden und Stadtgebieten, die im Krieg z.B. durch Bombardements zerstört wurden. Diese erhalten erst durch die historische Belegung und die daran gebundene Erinnerung Bedeutung. Kunst eröffnet vielfältige Potentiale, sich im Kontext einer Erinnerungskultur mit solchen Räumen zu befassen.[462] Die Möglichkeit die eigene Biografie einzubeziehen kann in Bezug zur historischen Dimension sowie der zeitgeschichtlichen Nutzung des jeweiligen Raumes in „Interpretation zur Geschichte reflektiert und in Beziehung" gesetzt werden.[463] Im Folgenden werden einige Beispiele ästhetischer Praxis vorgestellt.

2.2.1 Ästhetische Auseinandersetzung mit vergessenen Orten

Im Folgenden wird ein Fallbeispiel im Kontext ästhetischer Spurensuche vorgestellt, das sich an Konzepten der „Lost Places-Bewegung"[464] orientiert. Letztgenannte befasst sich mit vergessenen Orten, nutzt diese als Inspiration und erklärt jene zum Sujet künstlerischer Arbeit.[465]

Im Kontext der „Lost places"-Suchbewegung war in diesem Fallbeispiel eine vergessene verfallene Ruine im Wald, die im Zweiten Weltkrieg als Bunker fungierte und nach Ende des Krieges Geflüchteten einen Unterschlupf gab, Ort der ästhetischen Arbeit und Auseinandersetzung. Ziel war es die verschiedenen Bedeutungsebenen des Ortes – verwoben mit eigenen Identitätskonstruktionen und Wahrnehmungsmustern – aufzuspüren, zu hinterfragen, und ästhetisch umzusetzen. Den Blick forschend auch auf Ungewohntes richtend sollen vielfältige Zugänge eröffnet und konventionelle Denk- und Wahrnehmungsmuster durchbrochen werden. Die Ruine als vergessener und verfallener Ort diente zunächst im Kontext ästhetischer Strategien, mittels Fotografie, Malerei, und Land Art-Prozessen, als ästhetisches Arbeitsfeld der ersten Annäherungen. Im Kontext forschender Suchbewegung eröffneten sich jedoch zunehmend tiefergehende historische Bedeutungen des Ortes. So wurden Menschen aufgesucht und interviewt, die in Verbindung mit dem verfallenen Bunker standen. Der Bunker, der nach dem Zweiten Weltkrieg Geflüchteten Unterschlupf bot, eröffnete Zugang zu vergessenen Biografien. Geschichten von tragischen Schicksalen aber auch banale Anekdoten verwoben sich zu einem Geflecht, die dem Raum anhafteten und durch die ästhetische Arbeit sichtbar gemacht wurden und individuell durch die Produzierende interpretiert und umgesetzt wurden. Dabei spielten Selbstreflexionen und Ich-Erfahrungen eine wesentliche Rolle. Im Rahmen von Positionen der Konzeptkunst und Land Art wurden mit dort vorgefundenen Materialien Veränderungen durchgeführt. Jedes Mal, wenn die Ruine wieder aufgesucht wurde, hatte sich im Rahmen der Forschung und des neu erworbenen Wissens aber ebenfalls auf Basis individueller Gemütslagen und Empfindungen der Produzentin der Zugang zur Ruine verändert. Denotationen, Konnotationen, Assoziationen und Empfindungen lagerten sich in Form von Bedeutungsschichten und Gefühlsdimensionen über diesen Ort. Diese setzte sie mittels Installationen, Malerei, Fotografien, digitaler Bildbearbeitung, Zeichnungen und Texten ästhetisch um. Ein Ästhetisches Arbeitsbuch war Dokumentations- und Reflexionsmedium des forschenden Prozesses. In einer abschließenden Installation vor Ort trug sie die Artefakte zusammen.

Während im vorigen Beispiel der Ort der ästhetischen Arbeit, die Ruine, vergessen und durch die Natur überwuchert dem Verfall ausgeliefert ist, so sind andere historische Gebäude und Ruinen aus Kriegskontexten häufig in das öffentliche Leben, im Stadt- oder Landschaftsbild integriert und werden im Alltag der Menschen kaum mehr wahrgenommen, erfahren keine besondere Beachtung mehr.

Im Rahmen einer solchen ästhetischen Auseinandersetzung hat Nicole Otto sich mit Bunkern und Kriegsanlagen aus dem Zweiten Weltkrieg befasst, die unter anderen durch touristische Sehweisen überlagert und verdrängt sind.

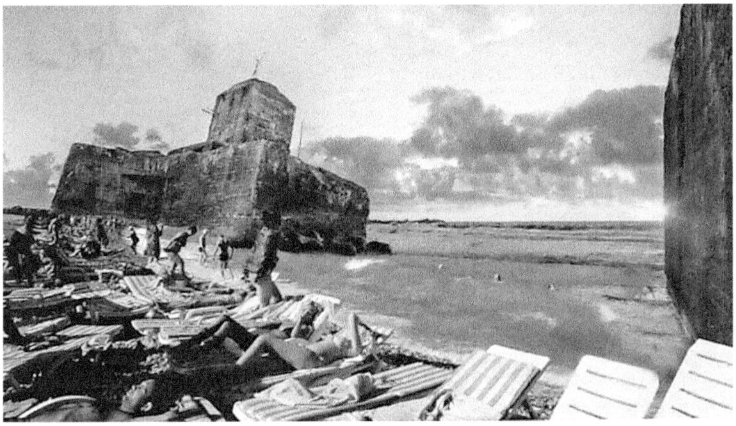

Abb. 3 Fotomontage, Bunkerruine im Kontext touristischer Sehweisen von Nicole Otto

„Die verlassenen Bunker symbolisieren für mich eine Art Mahnmal der Grausamkeiten des Krieges. Sie scheinen mittlerweile mit der Umgebung zu verschmelzen bzw. im Bewusstsein zu verschwinden, obwohl ihre Symbolkraft ausdrucksstark ist. Um auf dieses „Vergessen, Verschwinden, Verschmelzen" aufmerksam zu machen"[466] wählte sie die Technik der Fotomontage, um eine ironische Überspitzung zu erzielen. So hat sie beispielsweise eine touristische Strandszene mit einer aus dem Meer aufragenden Ruine eines Bunkers kontrastiert. Um eine Kritik am Massentourismus einzubinden, hat sie den mit Menschen und Liegen überfüllten Strand in schwarz-weiß getaucht. Überragt wird die Szenerie von der Bunkerruine. Die Farbgebung des idyllischen Sonnenuntergangs am Meer evoziert im Zusammenspiel mit der schwarz-weißen Strandlandschaft eine surreale Wirkung. In ihrem Projekt erfolgte eine kritische Auseinandersetzung mit der aktuellen Rezeption dieser mit Bedeutung aufgeladenen Hinterlassenschaften aus dem Zweiten Weltkrieg, deren Gegenwart durch das mangelnde Bewusstsein jedoch oft übersehen oder nicht wahrgenommen wird. Durch ihre Collagen intendiert sie, den z.B. durch touristische Aneignung überlagerten Blick und das *„Wegschauen, Ignorieren und Vergessen"* zu hinterfragen.

Während in diesem Beispiel „vergessene Orte" Ausgangspunkte der ästhetischen Auseinandersetzung darstellten, werden im folgenden Beispiel öffentliche, gepflegte Gedenkorte zum Anlass und Thema eines interaktiven künstlerisch-ästhetischen Prozesses.

2.2.2 Ästhetische Auseinandersetzung mit öffentlichen Gedenkstätten

Laura Hanke hat in ihrem künstlerischen Projekt Orte aufgesucht, die der Erinnerung an das Leid der Kriege und dem Gedenken der Opfer dienen, und dort Installationen durchgeführt, die auf aktuelle Kriegsszenarien und deren Folgen, z.B. in Form von Flucht und Vertreibung verweisen.[467] Sie intendiert die mit den Gedenkorten wie Denkmälern und Friedhöfen verwobene Erinnerungskultur mit einer konkreten Mahnung an aktuelle und zukünftige Kriege zu konfrontieren, um die leider immer noch bestehende Aktualität von Kriegen und dem Wunsch nach Frieden zu unterstreichen und Vergangenheit mit Gegenwart und Zukunft zu verknüpfen.[468]

Sie wählte insbesondere Gedenkstätten des Ersten und Zweiten Weltkriegs, da diese im kollektiven Gedächtnis eine wichtige Rolle spielen. Dabei band sie ebenfalls eine biografische Komponente ein: Die von ihr gewählten Orte besitzen eine persönliche Bedeutung für sie, zum einen als Objekt aus dem Geschichtsunterricht, zum anderen als Ort, an dem sie seit der Kindheit immer wieder im Alltag vorbei ging sowie in der Funktion als Gedenkort.[469] Damit begegnet sie mit ihrer persönlichen Biografie den auf dem Gedenkort lagernden historischen Bedeutungen und Interpretationen von Geschichte und sucht ihren individuellen Zugang.

Die zahlreichen Gedenkstätten, zu denen auch die von der Studentin gewählten Orte gehören, zeugen von einer dynamischen Entwicklung einer Gedächtniskultur in Deutschland.[470] Diese ist generell positiv zu bewerten.[471] Trotz dieser positiven Intention, dem Vergessen entgegenzuwirken, können Struktur und inhaltliche Ausrichtung von Gedenkorten auch Kritik evozieren.[472] Beispielsweise kann die selbstreferentielle Ausrichtung der jeweiligen Gedenkstätte, die ausschließlich auf das jeweilige historische Ereignis und deren Implikationen gerichtet sind und andere historische und aktuelle Ereignisse ignorieren, kritische Überlegungen initiieren.[473]

Dieser Kritik begegnet die Studentin, indem sie das auf die Vergangenheit gerichtete Denkmal in die Aktualität heutiger Kriegsszenarien und Menschenrechtsverletzungen überführt:[474] Sie führte an verschiedenen Tagen an den gewählten Gedenkstätten Installationen durch, u.a. mittels aktueller Zeitungsberichte, Fotos und anderer Artefakte, um das Gedenken der Opfer um die Ebene der Aktualität zu erweitern und den Schrecken und das Leid heutiger Kriege mit der Erinnerung an vergangene Kriege zu verknüpfen. Ihr Projekt gestaltete sich als interaktiv: Ihre Installation fungierte sowohl als Moment der Irritation, aber auch als Denkanstoß bei Passanten.

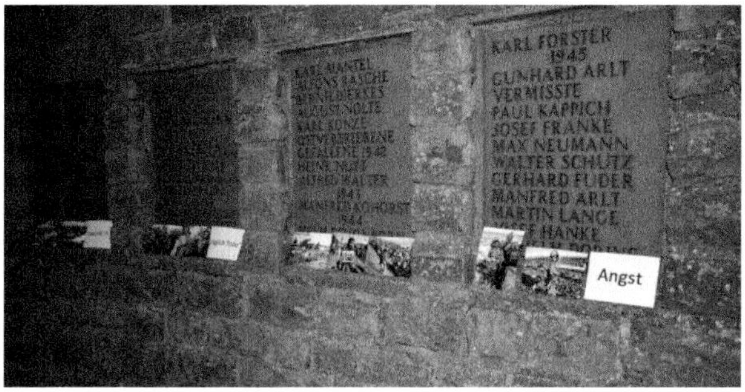

Abb. 4 Installation an einer Gedenkstätte, erweitert um die Dimension aktuellen Kriegsgeschehens von Laura Hanke

So kam sie mit einigen von ihnen ins Gespräch.[475] In ihrer Reflexion gab sie an, dass sie durchweg positives Feedback erhielt.[476] Damit rückte sie ins Bewusstsein, dass Krieg und Leid in der Welt nicht vergangen, sondern immer noch aktuell sind und dass im Gedenken an vergangene Kriege das Wissen um aktuelles Leid angesichts heutiger Kriege impliziert sein sollte.[477] Somit richtete sie ihr Thema gegen das Vergessen, als Erinnerung und Gedenken an die Opfer der Kriege und Mahnung für zukünftige Kriege.

Während in diesem Beispiel ästhetischer Praxis die biografische Komponente eher eine untergeordnete Rolle spielte, ist die Biografie für den folgenden Zugang Ausgangspunkt der ästhetischen Arbeit.

2.3 Biografische Forschungen

Biografische Komponenten und Einflüsse spielen eine bedeutende Rolle in der Kunst. Dies lässt sich exemplarisch an den im ersten Teil angeführten Werken aufzeigen: Beispielsweise belegen die hier von Dix gewählten Werke eine individuelle biografische Auseinandersetzung mit dem im Ersten Weltkrieg erfahrenen Leid und Schrecken.[478] Dix visualisiert seine auf persönlichen Erfahrungen basierende Sicht auf die Schrecken des Krieges, die er als Soldat miterlebte. Der persönliche Bezug wird durch die im Triptychon erfolgte Übernahme eines Selbstbildnisses Dix noch unterstrichen.

Auch Ai Weiweis künstlerische Position ist durch seine Biografie geprägt. Er gibt an, dass seine Familie und er in seinem Heimatland China als regimekritisch gelten und er durch seine Erfahrungen in der Haft und der erlebten permanenten Unsicherheit und dem Gefühl des Außenseitertums sich dem Schicksal der Geflüchteten nähern kann.[479] Seine biografischen Erfahrungen tragen stark zu seiner kritischen künstlerischen Haltung bei.[480]

Im kunstpädagogischen Kontext eröffnet der biografische Ansatz Zugänge ausgehend von der Biografie, verstanden als individuelle Lebensgeschichte eines Menschen im Rahmen gesellschaftshistorischer und kultureller Kontexte. Biografiereproduktionen können als Konstruktionen verstanden werden, in denen neben objektiven Lebensdaten subjektive Erfahrungen, Erinnerungen aber auch Verdrängtes, Vergessenes sowie Brüche und Leerstellen einfließen.[481] Biografische Aspekte und damit verbundene Individualität stellen in künstlerischen Prozessen allgemein eine Basiskomponente dar,[482] wie es auch die hier gewählten unterschiedlichen künstlerischen Auseinandersetzungen mit Krieg und Frieden verdeutlichen. Denn nur aufgrund der Verschiedenartigkeit der Künstlerinnen und Künstler und deren unterschiedlichen Erfahrungen und biografischen Kontexte im Rahmen kultureller, sozialer und gesellschaftspolitischer Bedingungen konnten die vielfältigen Kunstwerke zustande kommen. Allgemein können biografische Komponenten und ästhetische Erfahrungsarbeit künstlerische Prozesse inspirieren und in diesen umgesetzt werden.[483] Im Rahmen des offenen Prozesses biografischer ästhetischer Arbeit kann eine Auseinandersetzung mit gesammelten individuellen Erfahrungen, mit Bedeutung aufgeladenen Ereignissen und Erinnerungen sowie Artefakten aber auch Leerstellen erfolgen, die mittels aller der Kunst zur Verfügung stehenden Strategien zum Ausdruck gebracht werden.[484] Dies muss nicht immer ein harmonischer Prozess sein, sondern die Auseinandersetzung mit eigenen Ängsten, Verdrängten und Schattenseiten des Lebens[485] kann zur ästhetisch und sogar zur therapeutischen Aufarbeitung[486] und zur Persönlichkeitsentwicklung beitragen. Die sogenannte „Realität“ muss im Rahmen ästhetischen Handelns nicht immer Richtschnur sein, so können auch Konzepte Ästhetischer Biografien,[487] in denen der ästhetische, fiktionale Gehalt Gewichtung erhält, zum Tragen kommen.

Der subjektorientierte, interessengeleitete und performative Prozess des biografischen Forschens eignet sich zu einer intensiven künstlerischen Auseinandersetzung mit „Krieg und Frieden“, da dies im Idealfall zu intrinsischer Motivation und nachhaltigen Lernprozessen führen kann. Indem die Lernenden sich mittels künstlerischer Strategien mit den Kriegs-, aber auch Friedenserfahrungen in ihrer eigenen Biografie oder auch in anderen Biografien, zum Beispiel ihrer Eltern oder Großeltern befassen, kann dies eine kritische Sehweise auf Kriege initiieren und zudem zur Selbstbildung und Persönlichkeitsentwicklung beitragen.[488] Wenn Krieg zuvor als abstraktes Ereignis empfunden wird, das den oder die Einzelne nicht direkt betrifft, so können durch ästhetische-forschende, biografische Annäherungen empathische und kognitive Zugänge eröffnet werden, die u.a. emotionale Betroffenheit auslösen und idealerweise eine pazifistische Grundhaltung und kritische Wahrnehmung von Kriegen initiieren können. Die Haltung, Kriege als „weit weg" zu begreifen, kann durchbrochen und eine Sensibilisierung für eine zunehmende transkulturelle Vernetzung im Kontext der Globalisierung und eine damit verbundene Einstellung, sich im Rahmen von Friedensbewegungen zu engagieren, initiiert werden. Gerade durch den Ukraine-Krieg hat sich die Wahrnehmung verändert und der Krieg ist leider wieder in Europa angekommen.

2.3.1 Ästhetische Auseinandersetzung mit dem Ersten Weltkrieg über die Familienbiografie

Biografien werden unter anderem durch Erinnerungen geprägt. Zudem können sie in gesellschaftlichen, historischen Kontexten stehen und diesbezüglich Bedeutung besitzen.[489] In Bezug auf die Tradierung von Erinnerungen sei exemplarisch auf die Überlieferung von Geschichten und Erzählungen verwiesen.[490] Thomas Conze hat sich im Rahmen einer biografisch-forschenden Auseinandersetzung über seine Familiengeschichte ästhetisch dem Ersten Weltkrieg genähert. Viele junge Menschen der heutigen Zeit besitzen zu ihrer Familienbiografie im Ersten Weltkrieg keinen direkten Zugang. Die Generation der Urgroßeltern und Ururgroßeltern waren in diesen involviert.[491] Die Auswirkungen des Krieges prägte die gesamte Generation und ebenfalls die nachfolgende, die zu der Zeit noch Kinder waren. Der Krieg forderte unzählige Tote. Die Überlebenden hatten körperliche und seelische Verletzungen erlitten. Zum Teil ziehen sich traumatische Nachwirkungen noch bis in Folgegenerationen.

Indem sich heutzutage junge Menschen forschend damit befassen, kann der abstrakte Begriff „Erster Weltkrieg" für sie Bedeutung erhalten. Gespräche mit den Großeltern und Eltern können neue Perspektiven auf die Vergangenheit der Familie eröffnen. Ebenso geben alte Familienalben, Tagebücher und Briefe Aufschluss über das Leben der Generation der Urgroßeltern im Ersten Weltkrieg.

Thomas Conze hat sich im Rahmen einer ästhetisch-forschend ausgerichteten biografischen Spurensuche zum Ersten Weltkrieg mit seiner Familiengeschichte befasst und den Forschungsprozess mittels künstlerischer Strategien des Sammelns, Inszenierens und Collagierens sichtbar gemacht.[492] In diesem Prozess sammelte er Objekte und Artefakte. Der

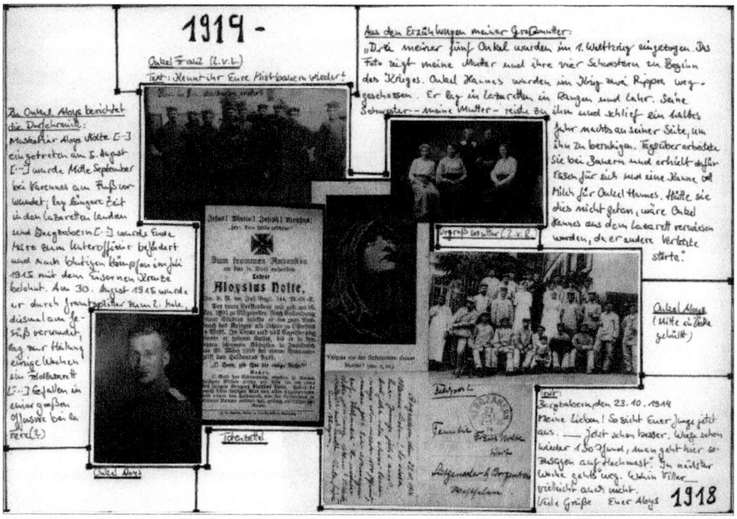

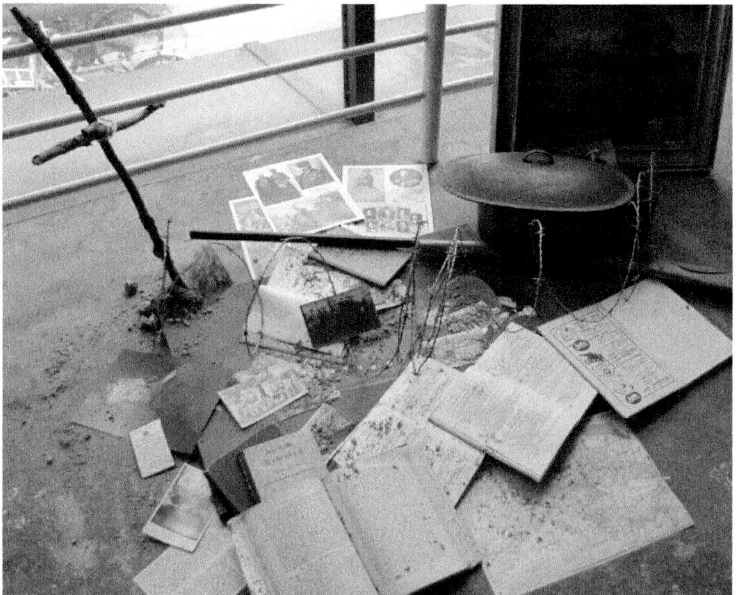

Abb. 5, 6 Biografisch forschende Auseinandersetzung mit dem Ersten Weltkrieg, Letter-Art und Installation von Thomas Conze

Prozess seiner Spurensuche und -sicherung lässt sich über seine Sammlung nachvollziehen.

So recherchierte Thomas Conze in altem Familienbesitz, in Tagebüchern, Briefen und Fotoalben über die Familienbiografie im Ersten Weltkrieg. Im Rahmen seines biografischen Zugangs hat er zudem eine Letter-Art,[493] eine Collage aus Kopien von Originalfotografien, Postkarten und Todesanzeigen unterlegt mit Gedächtnisprotokollen von Familienmitgliedern angefertigt.

Weiterhin führte er Gespräche mit den Großeltern und anderen Verwandten. Die biografischen Spuren, in Form von gesammelten Schriftstücken und weiteren Objekten aus der Zeit arrangierte er zu einer eindrucksvollen Installation, die seinen individuellen Forschungsweg spiegeln.

Forschungsergebnisse zeigen, dass allgemein das Schweigen von (Ur-) Großeltern gegenüber ihren Enkeln zunehmend überwunden wird.[494] Die Aufarbeitung der eigenen Familiengeschichte verweist auf ein Interesse, sich dem eigenen historischen und kulturellen „Vermächtnis" zu stellen und Verantwortung zu übernehmen.[495]

Neben der ästhetischen Auseinandersetzung im Kontext von Erinnerungskulturen stellen die medialen Inszenierungen von Krieg und Frieden einen weiteren wichtigen Zugang dar, der im Folgenden vorgestellt wird.

3 Ästhetischer Zugang: Krieg in den Medien – Kritische Auseinandersetzung mit medialen Bildwelten

Medial inszenierte Bildwelten und Informationen beeinflussen unsere Deutungsmuster über Geschehnisse in der Welt.[496] Ebenso spielen sie bei der Vermittlung von (aktuellen) Kriegen eine wichtige Rolle[497] und prägen kollektive Bildwelten und Vorstellungen des Krieges.[498] Dabei unterliegen sie einem gewissen Konstruktionscharakter, sodass ein kritischer Umgang mit diesen medialen Erzeugnissen und Bildwelten von großer Bedeutung ist.[499]

Kunstpädagogik ist die Disziplin, in der der kritische Umgang mit Bildern[500] – im Sinne des erweiterten Bildverständnisses – eine entscheidende Rolle spielt.

Unter den Begriff des Bildes[501] fallen ebenfalls mediale Bildwelten. Somit ergibt sich eine Schnittstelle zu medienpädagogischen Zielsetzungen: Die Förderung von Medienkompetenz ist dabei von großer Signifikanz.[502] *„Medienkompetenz beinhaltet Wissen und Reflexion über die Strukturen und Funktionen der jeweils verfügbaren Medienwelt, verbunden mit der konkreten Handhabung und dem eigentätigen und selbstbestimmten Gebrauch von Medien als Mittel der Artikulation und Partizipation sowie mit der auf Wissen, kritischer Reflexion und Handlungserfahrungen fußenden Orientierung in und Positionierung gegenüber der Medienwelt."*[503]

In diesem Kapitel erfolgt eine Fokussierung auf die visuelle mediale Berichterstattung von Kriegen aber auch von (menschlich verursachten) Naturkatastrophen und deren Konsequenzen, wie Hungersnöten und Massenmigrationen, die alltäglich über Zeitung, Fernsehen und Internet konsumiert werden. Denn wie bereits angeführt, sind deren Vermittlung, Wahrnehmung und Wertung stark von visuellen Medien geprägt.[504] Dabei ist zu beachten, dass die mediale Darstellung (von Kriegen) allerdings Interessen unterliegt, abhängig von Gestaltungskomponenten der jeweiligen Präsentationsform ist und somit nur eine „konstruierte Wirklichkeit" darstellt.[505] So ist beispielsweise das Verhältnis zwischen Politik, Militär und medialer Berichterstattung komplex und weist Symbiosen auf:[506] In Demokratien müssen politische und militärische Entscheidungen in Bezug auf Kriegsszenarien moralisch legitimiert und begründet werden.[507] Da der öffentliche Diskurs verstärkt über Medien geführt wird, sind Politik und Militär einerseits auf diese angewiesen.[508] Andererseits stehen politische und militärische Berichterstattungen im öffentlichen Interesse und stellen einen wirtschaftlichen Faktor der Medienkonzerne dar.[509]

Die Rolle der Medien ist stark vom politischen System, der vorherrschenden Gesellschaftsform und dem Rechtssystem abhängig.[510] Kontrolle und Zensur der Medien und damit verbundene Propagandastrukturen liegen insbesondere in totalitären Systemen vor, während sich die Medien in demokratischen Gesellschaften durch Unabhängigkeit, Objektivität und Neutralität und kritische Berichterstattung auszeichnen sollen.[511] Doch die Vorstellung, dass Medien in Demokratien als „Wächter, Kritiker und Richter herrschender Politik" fungieren, ist eine idealistische.[512] Vielmehr liegt zwischen den Massenmedien und der Politik ein komplexes Verhältnis der Systemverschränkung und wechselseitigen Beeinflussung vor.[513]

Die Rolle von Medien im Vorkriegs-, Kriegs- und Nachkriegsdiskurs kann in Bezug auf drei wesentliche Funktionen beschrieben werden:[514] Zum einen können sie als „Wachhunde" Entscheidungen der Regierung kritisch kommentieren, zum anderen können sie als „Schoßhunde" dabei helfen, politische Entscheidungen der Regierung zu legitimieren und weiterhin können sie als „Kampfhunde" Entscheidungen der Öffentlichkeit sowohl in kriegstreiberischem als auch pazifistischem Sinne beeinflussen, indem sie Kriegsbilder und Kriegsberichte suggestiv positiv oder negativ vermitteln.[515] In Bezug auf letztgenannten Aspekt können die Medien eine Regierung unter öffentlichen Druck setzen, die politische Entscheidungen bewirken können, z.B. ein militärischen Eingreifen, aber auch einen militärischen Austritt aus einem Konflikt. [516]

Der Diskurs, welche Beziehungen und Abhängigkeiten zwischen Politik und Medien gerade in Bezug auf Kriegs- und Krisenzeiten vorherrschen, ist komplex.[517] Im Kontext der Interdependenztheorie wird von einer Symbiose zwischen Medien und Politik ausgegangen:[518] Auch wenn Politik und Medien zwei eigenständige Systeme sind, so besitzt ihr Verhältnis symbiotischen Charakter: Weder die Politik kann auf ihrer medialen Präsenz und der medialen Vermittlung politscher Botschaften verzichten, noch können die Medien auf politische Informationen – als wichtiges Thema des gesellschaftlichen Interesses – verzichten.[519] Ob ein gleichberechtigtes Verhältnis im Rahmen dieser Symbiose vorliegt oder Dominanzen des ein oder des anderen Systems vorhanden sind, muss von Fall zu Fall geklärt werden.[520] Auch die Beziehung von Militär und Medien besitzt symbiotischen Charakter: Medien profitieren von Kriegshandlungen im Kontext gesellschaftlichen Interesses, auf der anderen Seite ist das Militär an medialer Berichterstattung im Sinne gezielter Öffentlichkeitsarbeit, „psychologischer Kriegsführung" und einer Zusammenarbeit mit der medialen Unterhaltungsindustrie (Militainment) aber auch im Sinne eines „Informationskrieges" interessiert.[521] Als Waffe eingesetzte Medieninformationen im Sinne einer „effektiven Meinungssteuerung im Dienste der Kriegsführung" müssen allerdings im Kontext von Propaganda kritisch bewertet werden.[522] Aber auch im Unterhaltungssektor (z.B. Softwareunternehmen und Filmindustrie) sind militärische Themen, z.B. in Form von Kriegsfilmen oder Computerspielen etabliert.[523] Diese müssen ebenfalls kritisch bewertet werden.

Der Erwerb kritischer Medienkompetenz ist eine wichtige Zielsetzung im Kontext kunst- und friedenspädagogischer Bemühungen.[524] Dazu gehört u.a. die Vermittlung von Abhängigkeitsstrukturen und dem Konstruktionscharakter der medialen Berichterstattung und der medial inszenierten Bilder. In Rahmen dieser Studie liegt der Fokus hier auf medialer Berichterstattung primär über Kriege und Gewalt,[525] aber natürlich fällt im Rahmen friedenspädagogischer Zielsetzungen ebenfalls der kritische Umgang mit medialen Berichterstattungen über menschlich gemachte Katastrophen, Hungersnöte und globaler Flucht darunter.

In der Kunst sind mediale Erzeugnisse etabliert. Die Grenzen zwischen Bildern aus den Informationsmedien und der Kunst können fließend sein. So kann beispielsweise Fotografien, die zunächst primär dokumentarische Funktion besitzen, künstlerischer Wert zugesprochen werden, wie zum Beispiel exemplarische Fotografien in der Ausstellung „The Family of Man" von Edward Steichen belegen.[526] Auch der von Ai Weiwei erstellte Film bewegt sich an der Grenze zwischen Dokumentation und Kunst. Zudem sei exemplarisch auf die Fotomontagen von Martha Rosler verwiesen, in denen sie Fotografien aus den Medien aufnimmt und in Collagen in neue Bedeutungs- und Sinnzusammenhänge fügt.[527] Eine Intention besteht in der Kritik des medialen Konsumverhaltens insbesondere der westlichen Welt angesichts kriegerischer Konflikte und übergeordnet allgemein der Kriegsberichterstattung.[528] Gerade angesichts heutiger Manipulationsmöglichkeiten[529] ist es im Kontext digitaler Bildbearbeitungsprogramme, aber auch der Inszenierung und Kontextualisierung von Kriegsfotografien und -filmen unumgänglich, einen kritischen Umgang mit Medien der Kriegsberichterstattung und Kriegspropaganda zu initiieren.[530] Im Kontext kunst- aber auch friedenspädagogischer Zielsetzungen ist es von Bedeutung, Kompetenzen und Kenntnisse über Manipulationsstrategien, z.B. durch digitale Bearbeitung, Auswahl, Bebilderung und Kommentierung zu vermitteln, damit Mechanismen der Manipulation durchschaut werden können und um ein kritisches Medienbewusstsein zu initiieren.[531] Diesbezüglich ist es auch von Bedeutung, mögliche Wechselwirkungen und Einflussnahmen von Politik, Militär, Wirtschaft und weiteren Bereichen aufzuzeigen, um

Sensibilisierungen für Instrumentalisierungen von medialen Bildwelten und für Manipulationen zu erzielen.

Fotografien und Film erheben einen gewissen Anspruch auf Authentizität: Ein Foto, solange es nicht digital bearbeitet und manipuliert ist, erhebt das Anrecht, dass der Fotograf als Zeuge zugegen war.[532] Obwohl mit dem Medium „Fotografie", hier insbesondere Kriegsfotografien, die Frage nach Authentizität verbunden ist, so unterliegen allgemein Fotografie und Film Inszenierungen und Konstruktionen (beispielsweise durch die subjektive Wahl von Bildausschnitt, Perspektive, etc.), die durch den Produzenten, aber auch durch die Bedingungen des Mediums selbst gegeben sind.[533] Die Annahme objektiver Berichterstattung erscheint in diesem Sinne fragwürdig. Angesichts moderner Technologien, beispielsweise der Möglichkeit mittels unbemannter Drohnen Fotos und Filme zu erstellen, und angesichts digitaler Bearbeitungstechnologien verschiebt sich der Anspruch auf Authentizität und wird in einigen Fällen illusionär. Weiterhin ist es von großer Bedeutung, dass die Intention des Fotografen, der eine bestimmte Interessenlage verfolgt, im Rahmen einer kritischen Rezeption einbezogen werden muss.[534] Das Spektrum der Interpretationen kann breit sein und ist abhängig von den jeweiligen individuellen Kontexten der Rezipierenden. So kann ein und dasselbe Bild als Appell für den Frieden aber möglicherweise auch als Aufruf zu Rache und Vergeltung gelesen werden.[535]

Aus friedenspädagogischer Sicht sollte ein sogenannter „Friedensjournalismus" bevorzugt werden, bei dem es nicht um die Kommerzialisierung von Gewalt sowie Sieg und Niederlagen geht, sondern bei dem angestrebt wird, auf Basis fachlicher und ethischer Grundlagen mit Bezug auf der Komplexität der jeweiligen Lage den Fokus der Berichterstattung auf potentielle Lösungsoptionen und unterschiedliche am Frieden interessierte Akteure zu richten.[536] Denn die wenigsten Menschen haben Krieg real erlebt; es ist die stark von Medien geprägte Vermittlung von aktuellen und historischen Kriegen sowie die Rezeption von fiktiven Kriegen, z.B. in Form von Computerspielen, Filmen etc., die zur Meinungs- und Urteilsbildung von Kriegen beiträgt.[537] Aus diesem Grunde ist eine differenzierte Darstellung der komplexen Sachverhalte von Kriegen wichtig, in der Möglichkeiten einer friedlichen Beilegung des Konflikts diskutiert werden.[538]

Ein weiterer wichtiger Aspekt ist die Tatsache, dass durch die Möglichkeiten der digitalen Medien die Macht, über Krieg und Frieden zu berichten, nicht mehr ausschließlich bei den Journalist*innen der großen Medienkonzerne liegt. Immer mehr Internet-User nutzen die Möglichkeiten des Webs, Augenzeugenberichte, Kommentare und Bewertungen zu verfassen und zu veröffentlichen.[539] Dies kann eine Erhöhung des demokratischen Potentials in Gesellschaften bewirken.[540] Auf der anderen Seite können auf Basis unqualifizierter Berichterstattung z.B. durch mangelnde Objektivität der Verfasser*innen sowie durch unverlässliche Quellen sogenannte Halbwahrheiten und Falschaussagen zustande kommen.[541] Dieser Kritik kann zum Teil mit Verweis auf Förderung von Medienkompetenz begegnet werden: Mit dem Erwerb von medialen, kommunikativen, fachlichen, politischen, sozialen und medientechnischen Kompetenzen können Menschen im „Diskurs der Informationsgesellschaft“ im Idealfall aktiv mitwirken und eingeladen werden, an der Ausgestaltung einer Friedenskultur teilzuhaben.[542] Auf der anderen Seite sind manipulative Internetberichte und -bilder leider die Realität: Falschmeldungen, Verschwörungstheorien und Halbwahrheiten wird in den digitalen Medien Raum gegeben.[543] Auch dieser Aspekt unterstreicht die Bedeutung einer kritisch ausgerichteten Medienpädagogik: Indem Wissen über Manipulationsstrategien vermittelt wird, soll ein kritisches Bewusstsein angesichts medialer Berichterstattung und Propagandastrategien initiiert werden, um diese kritisch zu hinterfragen.[544]

Ein weiterer Aspekt medialer Vermittlung betrifft die Wirkung: Durch die Bildwelten der Medien ist es möglich, Krieg – aber auch Armut, Flucht oder Naturkatastrophen – aus der Distanz zu betrachten, ohne selber persönlich betroffen zu sein.[545] Die Rezipierenden konsumieren Leid und Elend und sind jederzeit in der Lage sich abzuwenden.[546] Die Tatsache, dass viele Bilder von Krieg und Elend, die unverhohlen die Grausamkeiten und das Leiden der anderen zur Schau stellen, alltäglich in den Unterhaltungs- und Informationsmedien konsumiert werden, kann eine „emotionale Abstumpfung“ der Rezipierenden in Bezug auf diese Bildwelten zur Folge haben.[547] Durch die allgegenwärtige mediale Berichterstattung erhalten Gewalt, Elend und Leid den Charakter von Normalität.[548] Ebenso kann im Rahmen medialer Berichterstattung eine Verherrlichung von Gewalt erfolgen. Im Kontext friedenspädagogischer Ansätze werden auf Gewaltereignisse fixierte Berichterstattungen kritisiert, da diese zur Vermittlung eines Weltbildes beitragen, das Gewalt als unvermeidbaren, normalen Faktor vermittelt.[549] Zudem stellt sich angesichts schonungsloser Darstellung von Tod und Leid natürlich die Frage nach Ethik und moralischer Wertegebundenheit, in deren Rahmen sich diese Bilder bewegen.[550] Im Kontext kunstpädagogischer Arbeit kann eine kritische Auseinandersetzung mit solchen Bildern erfolgen.[551]

Auch wenn ganzheitlich-sinnliche Erfahrungen größere Nachhaltigkeit besitzen können als allein auf dem visuellen Sinn beruhende Erfahrungen, darf die Wirkung solcher Bilder nicht unterschätzt werden; denn die Menschen nehmen ihre Umwelt primär über den visuellen Sinn wahr. So kann ein Bild eine schockierende Wirkung haben.[552] Zudem ist der Erinnerungswert eines Bildes im menschlichen Gedächtnis hoch.[553] Leid, Tod und Zerstörung können durch die Medien, z.B. durch Bilder, angeprangert werden, um die Weltöffentlichkeit auf die Verbrechen der jeweiligen schrecklichen Situation zu lenken,[554] zur Aufklärung beizutragen und damit die Vertuschung von Verbrechen zu verhindern. Die wesentliche Frage ist, ob die Rezipierenden sich abwenden und das Gezeigte verdrängen, da sie sich mit diesem nicht belasten wollen.[555] Möglicherweise kommt auch eine Selbstschutzfunktion des Menschen, der täglich mit Bildern von Leid und Tod konfrontiert ist, zum Tragen und so wird eine Distanz zum Dargestellten aufgebaut. Ein Grund der Distanzierung von dem dargestellten Leiden kann auch durch das Gefühl der Machtlosigkeit bedingt sein,[556] dass diese Bilder erzeugen können. So stellt sich die Frage, ob solche Bilder tatsächlich zum Handeln bewegen und nicht nur eine kurzfristige emotionale Betroffenheit erzeugen, und ggf. einen weiteren Schritt zu größer werdender Abstumpfung darstellen. In Bezug auf diese Frage sei exemplarisch auf die von Steichen vor seiner berühmten Ausstellung „The Family of Man" konzipierten Kriegsfotografie-Ausstellungen verwiesen. Steichen reflektierte angesichts der Wirkästhetik der Fotografien, die das Entsetzen und Grauen des Krieges zeigen und somit eine gewisse Schockwirkung auslösen, dass die Betrachtenden zwar kurzfristig emotional betroffen waren, jedoch – seiner Meinung nach – längerfristig keine pazifistischen Ziele erreicht wurden.[557] Dies kann durch Erfahrungen in der friedenspädagogischen Praxis bestätigt werden, die zeigen, dass Mechanismen der Abschreckung für friedenspädagogische Ziele nicht unbedingt fruchtbar sind.[558] Nichtsdestotrotz sollten Bilder von Leid und Elend in Bezug auf pazifistische Wirkungen befragt werden. Auch wenn die Rezipierenden scheinbar der Situation machtlos gegenüberstehen und eine „emotionale Abstumpfung" erfahren können, ist es wünschenswert, wenn sie dem Gezeigten nicht gleichgültig gegenüber reagieren, sondern sehr wohl emotional betroffen sind, „mitleiden" und handeln.[559] Idealerweise sollten Bilder von Krieg, Leid und Elend nicht zur Distanzierung und Verdrängung des Dargestellten führen, sondern als ein Appell zum Handeln, z.B. für das Engagement im Kontext von Friedensbewegungen interpretiert werden.[560]

3.1 Einblicke: Gewalt in Kriegsspielen und in Social Media

Doch nicht nur die Rezeption von medialen Bildwelten, auch die Produktion und allgemein die Nutzung von (digitalen) Medien kann Formen von

Gewalt beinhalten. Allgemein kann angeführt werden, dass Mediennutzung ambivalente Züge und durchaus auch Gefährdungspotential, z.B. in Form von Gewaltverherrlichung, demokratiefeindlicher Propaganda oder Internet-Mobbing besitzen kann.[561] Gewalt in den Medien kann somit negative Effekte auf die Rezipierenden und Produzierenden haben.[562] Nach Stand der Forschung wäre es allerdings zu einfach, für Gewalt monokausal und linear Mediengewalt verantwortlich zu machen, denn die Wirkungszusammenhänge sind komplex und es ist wichtig, auch soziale und gesellschaftliche Komponenten zu berücksichtigen.[563] Im Kontext von Mediengewalt werden insbesondere kriegs- und gewaltverherrlichende Computerspiele, die auch Jugendliche spielen, kritisiert.[564] In den aktuellen Debatten über die Gefährdung Jugendlicher durch Medien sind sogenannte „Ego Shooter" und „Killerspiele" negativ in den Fokus gerückt.[565] Die Forschungen sind komplex und die Debatten werden zum Teil kontrovers geführt, sodass in dieser Studie nur ein kleiner Einblick gegeben wird. In der Wirkungsforschung wird u.a. angeführt, dass „Personen mit hoher Aggressivität" gern gewalthaltige Medienangebote nutzen, „die sie wiederum in ihrer aggressiven Grundhaltung bestätigen".[566] Bei sogenannten „Problemgruppen" kann Gewalt in Computerspielen Aggressionen auslösen.[567] Ein Risiko birgt die Suchtgefahr und das Eintauchen in eine virtuelle Scheinwelt und ein damit einhergehender „Realitätsverlust".[568] So werden Spieler*innen durch audiovisuell perfekt inszenierte Kampfszenen, integriert in eine spannende Story, an das jeweilige Medium gebunden.[569] Computerspiele oder Filme mit Kampfhandlungen können Wirkungen von Abschreckung bis Faszination erzeugen.[570] Dabei haben sie in der Regel wenig mit der schrecklichen Kriegsrealität zu tun, sondern sind allein in Bezug auf das Interesse an Unterhaltung geschaffen worden.[571] Gerade im Kontext einer pazifistisch ausgerichteten Kunstpädagogik ist es bedeutsam, insbesondere für sogenannte Risikogruppen Konzepte zu entwickeln, die auf einen kritischen Medienumgang abzielen und zugleich den sozialen und gesellschaftlichen Kontext sowie weitere Ursachen mit berücksichtigen.[572]

Allgemein sind mediale Produktionen zum Thema „Krieg" in der Regel interessensgeleitet. So können u.a. ökonomische Interessen im Vordergrund stehen.[573] Exemplarisch sei auf eine Kooperation des Militärs mit der Unterhaltungsindustrie, insbesondere mit Softwareunternehmen und mit der Filmindustrie verwiesen („Military-Industrial-Media-Entertainment-Complex").[574] So werden beispielsweise Computersimulationen im Rahmen von Militärtrainings eingesetzt.[575] Ebenso gibt es Computerspiele, die an Militärsimulationen angelehnt sind oder die kritiklos historische und aktuelle Kriegs- und Terrorszenarien aufgreifen und ein verklärtes Bild von

Kriegen evozieren.[576] Durch solche Computerspiele und Kriegsfilme kann eine schleichende Militarisierung der Zielgruppen erfolgen.[577] Somit ist es von Bedeutung Wissen über zugrundeliegende Interessen und über die technischen und inhaltlichen Voraussetzungen und Beschränkungen zu kennen und kritisch zu reflektieren.[578]

Zudem kann auch über das Internet Gewalt ausgeübt werden. Beispielweise sind Social Media – Formate leider häufig auch Plattformen, um Hass und Hetze zu verbreiten. Es werden zwar erste gesetzliche Maßnahmen angestrebt, um dies zu unterbinden, doch dies stellt ein schwieriges Unterfangen dar. Zudem liegen auch aus datenschutzrechtlicher Perspektive Bedenken gegen Big Data vor, da Daten der Nutzer*innen abgegriffen, gesammelt und gehandelt werden können. So gehen mit den zahlreichen Möglichkeiten der virtuellen Kommunikation, Präsentation, des Konsums und der Unterhaltung eine gewisse „Enteignung der Persönlichkeit" einher.[579]

Der Bezug zur aktuellen Lebenswelt der Lernenden, deren Vorstellungen, Wahrnehmungen und Konstruktionen von Krieg und Gewalt durch die Medien mitgeprägt sind, ist groß und hier eröffnen sich didaktische Anschlussstellen.[580] Wie bereits benannt, wird die Förderung von Bild- und Medienkompetenz angestrebt, um einen kritischen, selbstbestimmten und reflektierten Umgang mit diesen Bilderfluten zu erzielen.[581]

3.2 Einblicke: Förderung der Medienkompetenz

Der aktive, gestalterische Umgang mit (digitalen) Medien ist Teil der Lebenswelten, insbesondere vieler Jugendlicher.[582] Ein Ziel der Medienpädagogik, aber auch der Kunstpädagogik, besteht in der Vermittlung von Medienkompetenz und einem damit verbundenen kritischen, verantwortungsvollen und bewussten Umgang mit Medien.[583] Da Medien in der Kunst von großer Bedeutung sind, liegen hier Überschneidungen mit Zielen der Medienpädagogik vor. Es gibt einen breiten Diskurs in der Medienpädagogik, der hier aber nicht abgebildet wird, sondern es wird ausschließlich ein Einblick in ausgewählte Positionen gegeben.

Beispielsweise können die Begriffe „Medienkunde", „Mediennutzung", „Mediengestaltung" und „Medienkritik" als (sich allerdings zum Teil überschneidende) Bedeutungsgehalte von Medienkompetenz betrachtet werden.[584] Während sich der Begriff „Medienkunde" auf das „‚pure' Wissen über heutige Medien und Mediensysteme" sowie auf die instrumentell-qualifikatorische Kompetenzen bezieht[585], besitzen die Begriffe „Mediennutzung" und „Mediengestaltung" einen sich überschneidenden Charakter:[586] In der heutigen Zeit besitzen Formen der Mediennutzung nicht ausschließlich rezeptive Elemente, sondern ebenfalls produktive, gestalterische Dimensionen. Denn während das Web vor Jahrzehnten noch als Präsentations- und Archivmedium wahrgenommen wurde, vollzog sich ein Paradigmenwechsel hin zum „Mitmach-Web".[587] Der Begriff „User Generated Content" bezeichnet den Aspekt, dass Internetnutzer aktiv Webinhalte gestalten.[588] Hierarchische Strukturen werden durch offene Formen von Vermittlung, zum Beispiel nonlinearer Kommunikation abgelöst.[589] Anknüpfbarkeit an Inhalte ist unter anderen dadurch gegeben, dass Nutzer*innen in der Lage sind, mit Hilfe von Web-Anwendungen ein direktes Feedback zu geben oder den Inhalt weiterzuentwickeln.[590] Jeder Nutzer kann vom Empfänger zum Sender werden und unabhängig von Ort und Zeit an der Diskussion und Generierung von Kultur und Wissen teilnehmen.[591] Die Rolle des passiven Rezipienten, der ausschließlich konsumiert, wird durch den aktiven Internetnutzer abgelöst.[592] Dabei besteht die Möglichkeit, im Rahmen von individuellen, selbstgesteuerten, kommunikativen Prozessen Wissen zu erwerben und zu generieren.[593] Auf der anderen Seite geht allerdings von manipulativen Inhalten und sogenannten „Halbwahrheiten" ein gewisses Gefährdungspotential aus. Da potentiell jede Person Webinhalte im Internet einstellen kann, ist eine kritische Haltung des Rezipienten vonnöten, um zwischen wissenschaftlichen, populären und laienhaften Beiträgen zu unterscheiden.[594] Um wirklich Einfluss nehmen zu können, ist zudem Wissen in Bezug auf die Geräte, Programme und Verbindungen nötig.[595] Auch dies ist eine Facette von Medienkompetenz.

Um eine differenzierte Füllung des Begriffs Medienkompetenz vorzunehmen, sei exemplarisch auf Schorbs Ausführungen verwiesen: Schorb begreift Medienkompetenz als ein qualitatives Konstrukt, das die zielgerichtete Aneignung von Medien und das souveräne Handeln mit Medien zum Inhalt hat.[596] Damit stellt es einen konstituierenden Bestandteil von Kommunikativer Kompetenz in der mediatisierten Gesellschaft dar.[597] Schorb unterscheidet zwischen drei Dimensionen: Dem instrumentellen, analytischen und strukturellen Wissen, dem kommunikativen, kreativen und partizipativen Handeln sowie der selbstbezogenen, gesellschaftsbezogenen und medienbezogenen Reflexion.[598] Diese drei „Dimensionen" werden im Folgenden kurz skizziert und es werden diesbezüglich friedenspädagogisch relevante Aspekte angeführt.

Im Bereich der „Wissensdimension" kann eine Unterscheidung in Bezug auf Funktions- und Strukturwissen getroffen werden:[599] Funktionswissen umfasst Möglichkeiten der Medienaneignung, z.B. instrumentell-qualifikatorische Fertigkeiten, die eine Voraussetzung für den medialen Umgang, z.B. mit Hard- und Software darstellen.[600] Weiterhin fällt „ästhetisches Gestaltungswissen" darunter, das die Nutzung und „Entschlüsselung" von medialen Gestaltungsmöglichkeiten, z.B. die Kenntnisse von Programmen, wie Text- und Bildbearbeitungstechnologien und den Umgang damit umfasst.[601] Ebenfalls beinhaltet dies Grundlagenwissen, das „die Beiträge der unterschiedlichen natur- und geisteswissenschaftlichen Disziplinen umgreift, die Medientechnologie fundieren oder auch Aussagen um und über den Kontext personaler Medienaneignung machen".[602] Impliziert sind Kenntnisse über Medienwirkungsforschung und über Konstruktionsschemata digitaler Realität.[603] Diese Aspekte können dem sogenannten Funktionswissen zuordnet werden; dagegen beinhaltet Strukturwissen Kenntnisse über die Strukturen heutiger hochkomplexer Mediensysteme und über das Zusammenspiel von Medien.[604] Dies impliziert Kenntnisse über die Beschaffenheit sowie über die Akteur*innen und die Eigentümer*innen der Netze sowie Verwobenheit und Bedeutung der übermittelten Inhalte und die dahinter stehenden politischen-ökonomischen Interessen.[605] Da immer mehr Lebensbereiche medial durchdrungen oder geschaffen werden, ist es von großer Bedeutung, Strukturen dieser konstruierten digitalen Realität zu kennen, um einen kritischen, selbstbestimmten Umgang zu ermöglichen.[606]

Kritische Reflexion und damit einhergehende Bewertung der Medien im Kontext sozialer und ethischer Verantwortung ist eine wichtige Komponente der Medienkompetenz.[607] Diesbezüglich sollen Intentionen und Interessen medialer Erzeugnisse erkannt werden. Die Struktur, Wirkung und Gestaltung soll analysiert werden, um mediale Angebote und Techniken kritisch zu hinterfragen.[608] Ethisch-kritische Reflexion von medientechnischen und inhaltlichen Angeboten stellt eine Grundlage für eine selbstbestimmte Rezeption, aber auch Produktion medialer Inhalte dar.[609] Es wird angestrebt, dass formale und inhaltliche Mitgestaltung der Medien auf ethischen Grundlagen und mit Bezug auf ein soziales Wertgefüge erfolgt, um demokratische Mitbestimmung zu eröffnen.[610] Ob dies gelingen kann, hängt unter anderem davon ab, welche Interessen den medialen Angeboten zugrunde liegen: *„Je nachdem, ob ökonomische, ökologische, private oder soziale Interessen dominieren, wird auch die Gestaltung der Medien unterschiedlich sein."*[611] Es kann zwischen Selbstreflexion – in Bezug auf die ethisch-normativen Schwerpunkte der eigenen Mediennutzung –, bewertende Reflexion der Medien, ihrer Strukturen, dahinter stehender Interessen, sowie auf die Gesellschaft gerichtete Reflexion, z.B. in Bezug auf Fragen der Wirkung in Bezug auf gesamtgesellschaftliche Relevanz, aber auch politisch-ökonomische Macht globaler Medienkonzerne und der Beeinflussung von Politik und Gesellschaft, unterschieden werden.[612]

Medienhandeln als dritte Komponente der Medienkompetenz bezieht sich auf reflexiv-praktische Medienaneignung, beginnt beim Verstehen und Bewerten medialer „Sprache" und beinhaltet die aktive Auseinandersetzung mit und Nutzung von Medien, z.B. im selbsttätigen Gestalten von Medieninhalten.[613] *„Es dient so einer angemessenen, zielgerichteten und erfolgreichen Kommunikation mit Medien bis hin zur Mitwirkung am Auf- und Ausbau einer demokratischen Medienkultur."*[614] In Bezug auf kunstpädagogische Zielsetzungen stellt das kreative Medienhandeln eine weitere wichtige Komponente dar: Durch Freiräume sollen Fantasie und Kreativität in der Mediengestaltung zum Tragen kommen.[615] Das Wissen um Gestaltungsmöglichkeiten medialer Inhalte und Fähigkeiten zu deren Bewertung sind Grundlage, um selbstbestimmtes kreatives Handeln zu ermöglichen.[616] Während kreative Mediengestaltung zu der Teilnahme an der gesellschaftlichen Kommunikation genutzt werden kann, so können schöpferische, kreative Medientechniken und -inhalte im Kontext künstlerischer Diskurse auch zweckungebunden einer gewissen Autonomie unterliegen.

Mit Bezug auf Wissen, Handeln und Reflexion, muss im Kontext medienpädagogischer Zielsetzungen eine Orientierung erfolgen, „um sich im medialen Überangebot an Informationen zurechtfinden zu können" und innerhalb eines komplexen Medienangebots „voller Chancen und Zwänge" auf Basis u.a. ethisch, politischer, sozialer reflexiver Bewertungen eine eigene Position zu entwickeln und selbstbestimmt und souverän handeln zu können.[617]

Abschließend lässt sich anführen, dass der Erwerb von Medienkompetenz zu einem kritischen, selbstbestimmten Umgang befähigt, der im heutigen mediatisierten Zeitalter unabdingbar geworden ist.

3.3 Ästhetische Auseinandersetzung mit medialen Bildwelten

Interaktive Mediennutzung besitzt sowohl in der Friedens- als auch in der Kunstpädagogik große Bedeutung.[618] In Bezug auf friedenspädagogische Überlegungen ist ein demokratischer Zugang zu den neuen Medien und Kenntnisse über die Handhabung notwendig, um Zugänge zu Wissen, Informationen und Kommunikationsmöglichkeiten im Kontext demokratischer Teilhabe z.B. an gesellschaftlichen und politischen Prozessen zu ermöglichen.[619] Die Voraussetzung zur Partizipation an der gesellschaftlichen, medialen Kommunikation stellt die Möglichkeit der Nutzung der notwendigen Medientechnologien dar, die aus unterschiedlichen Gründen nicht jedem möglich ist.[620] So können beispielsweise von Armut betroffene Menschen, Schwierigkeiten an der Teilhabe der Medienwelt besitzen.[621] Da im Kontext friedenspädagogischer Überlegungen eine pazifistische Werteorientierung angestrebt wird,[622] steht nicht unbedingt das Medium im Vordergrund, sondern eine pazifistisch ausgerichtete Zielsetzung, z.B. im Rahmen von auf digitalen Medien basierten Projekten überwiegt.[623] In der Kunstpädagogik liegen insbesondere ästhetisch ausgerichtete Zielsetzungen vor, wobei es durchaus Überschneidungen mit pazifistischen Zielsetzungen geben kann.

Das Feld kunstpädagogischer Prozesse im Kontext neuer und digitaler Medien ist groß und eröffnet viele Möglichkeiten.[624] Hier werden nur einige ausgewählte skizziert.

Mediale Formen und Einflüsse lassen sich aus der Kunst nicht mehr wegdenken. So ist im Rahmen kunstpädagogischer Überlegungen Medien- und Bildkompetenz eine Zielsetzung für künstlerisch-ästhetische Prozesse zur rezeptiven und produktiven Auseinandersetzung mit Kunstwerken. Darunter fallen z.B. mittels digitaler medialer Technik erzeugte Kunstwerke oder „Netzkunst“. In Bezug auf solche Kunst zum Thema „Krieg und Frieden“ soll kunstanaloges Denken und Handeln initiiert werden.[625] Allgemein kann die Verwendung digitaler Medien in kunstpädagogischen Prozessen viele Ausrichtungen und Anknüpfungspunkte besitzen, die sich von digitaler Fotografie und Montagetechniken, Netzkunst, über virtuelle Bildwelten bis hin zu Formen von Augmented Reality erstrecken.[626] Ebenso spielen digitale Lernformate, z.B. die Inverted Classroom-Strategie eine wichtige Rolle. Allgemein können durch entdeckendes Handeln und experimentelle Zugänge Kompetenzen der Kunst- und Medienpädagogik erworben und eine kritisch-konstruktive Haltung entwickelt werden.[627] Zudem kann ein spielerisch-experimenteller Umgang mit digitalen Medien zur Förderung der Kreativität beitragen. Innovatives Denken und kreative Problemlösestrategien können neben klassischen Lernformaten auch im Umgang mit digitalen Medien gefördert werden.[628]

Weiterhin soll die ästhetische Praxis zum Thema „Krieg und Frieden“ mittels Beispielen digitaler Kunst kontextualisiert werden, um ein Orientierungswissen in Bezug auf künstlerische Positionen, Handlungsformate und Bildtraditionen zu erwerben und somit ein Repertoire an ästhetischen Gestaltungsmöglichkeiten zu erwerben.

Da es in dem hier eröffneten Zugang insbesondere um mediale Bildwelten des Krieges geht, können beispielsweise Fotografien oder Filme aus der Presse, dem Internet oder aus Onlinekriegsspielen zur ästhetischen Auseinandersetzung und gestalterischen Praxis herangezogen werden. Digitale und analoge Verfahren können wechselseitig ergänzend eingesetzt werden.[629] Durch ästhetische Praxis kann eine Überführung medialer Erzeugnisse in ästhetisch-künstlerische Kontexte erfolgen. Dies kann u.a. eine Entkontextualisierung und Überführung in neue Bedeutungszusammenhänge zur Folge haben. Exemplarisch sei auf die Fotomontagen von Rosler verwiesen. Ebenso können virtuelle Räume oder Augmented Reality eingebunden werden. [630]

Mittels rezeptiver und produktiver Auseinandersetzung soll ein kritisches Bewusstsein in Bezug auf Konstruktionen und damit verbundener Perzeptionsmuster medialer Bilder entwickelt werden. Um die medialen Bildwelten kontextualisieren zu können, sollen die Lernenden diesbezüglich Orientierungswissen in Bezug auf historische und aktuelle Darstellungstraditionen erwerben.[631] So können mit Bezug auf historische Bildtraditionen und -konventionen im Kontext kunstpädagogischen Handelns die digitalen Bildpraxen kontextualisiert und die Veränderungen mit Rückbezug auf gesellschaftliche, politische, ethische und mediale Aspekte analysiert werden.[632] Denn Bildverständnis, -funktion, -generierung und -wahrnehmung haben sich im Kontext der (historischen und aktuellen) Entwicklung digitaler Strukturen gewandelt. Der eigene Umgang mit digitalen Medien und deren Bildwelten kann so hinterfragt und in Bezug auf Kommunikations- und Wahrnehmungsmuster kritisch betrachtet werden. Zudem können Handlungsweisen erweitert werden.

Allgemein sollen im Kontext ästhetischer Auseinandersetzung Gestaltungs- und Macharten von Medien analysiert und kritisch hinterfragt werden.[633] Durch Experimentieren und ästhetisches Produzieren sollen Kompetenzen erworben werden, die es ermöglichen, eigene mediale Gestaltungs- und Präsentationsformen incl. verschiedener Bildformate zu gestalten und diese insbesondere in Bezug auf manipulative Strukturen zu durchschauen und die Qualität der medialen Inhalte zu beurteilen und zu hinterfragen.[634] Der Einsatz aktueller Bildbearbeitungstechnologien in der ästhetischen Praxis bietet sich an, um Instrumentalisierungen von Bildwelten aufzuzeigen, eine Sensibilisierung für Manipulationen zu erzielen und ein Kritikbewusstsein zu entwickeln. Beispielsweise können im Rahmen ästhetischer Auseinandersetzung Eingriffe an medialen Erzeugnissen vorgenommen werden, um manipulative Strukturen und deren Wirkungen entlarven zu können.[635] Diesbezüglich ist eine Bewertung mit Bezugnahme auf moralische Wertmaßstäbe sinnvoll.[636]

Eine wesentliche Zielsetzung im Rahmen dieses Themenfeldes besteht darin, im Kontext rezeptiver und produktiver Auseinandersetzung mit medialen Bildwelten die darin übermittelten Bildwelten zu Krieg, Gewalt, aber auch vom Menschen verursachten Naturkatastrophen sowie deren Konsequenzen, z.B. Hungersnöte und Massenmigration nicht zu konsumieren, sondern einer kritischen Medienrezeption zu unterziehen und angesichts von solchen Bildern möglichen Formen von Verdrängung, Abstumpfung und Desinteresse entgegenzuwirken und in ihnen idealerweise einen Appell zum Handeln[637] im Kontext eines Engagements für den Frieden zu sehen.[638] Von großer Bedeutung ist es, ein Bewusstsein zu vermitteln, dass die mediale Realität allgemein, aber gerade auch in Bezug auf Bildwelten des Krieges einem gewissen Konstruktionscharakter unterliegt und im Kontext verschiedener, z.B. politischer, ökonomischer, militärischer und kultureller Interessen gedeutet werden muss.[639] Wie bereits im vorigen Kapitel ausgeführt, besteht eine wesentliche Zielsetzung in der Entwicklung eines kritischen Medienbewusstseins und dem Erwerb von Medien- und Bildkompetenz.[640] Weiterhin sollen durch den Einsatz digitaler Medien kunstpädagogische Zielsetzungen zum Tragen kommen.

In individuellen, interessensgeleiteten ästhetischen Projekten haben Studierende in Auseinandersetzung mit medialen Bildwelten zu Krieg und Frieden eigene Positionen formuliert und künstlerisch umgesetzt. Die im Folgenden angeführten Beispiele kunstpädagogischer Praxis beinhalten sowohl analoge, konventionelle Gestaltungsformen, aber auch digitale Bildbearbeitungstools. Darüber hinaus sind selbstverständlich auch kunstpädagogische Projekte sinnvoll, die sich auf Virtual oder Augmented Reality beziehen,[641] diese wurden hier aber nicht umgesetzt.

3.3.1 Fiktiver Krieg: Ästhetische Auseinandersetzung mit Kriegscomputerspielen

Die Bedeutung virtueller, digitaler Räume hat in den vergangenen Jahrzehnten rapide an Bedeutung genommen. Heutzutage wachsen viele Kinder, als sogenannte digital natives, mit dem Computer und Internet als wichtige Instanzen auf, die ihre Wahrnehmung von der Welt, aber auch die des Krieges mitprägen.[642] Die Vermittlung eines kritischen Umgangs mit diesen „neuen Medien“ ist von hoher Relevanz.[643] Dominik Aßmann hat sich in seinem Projekt mit der Bedeutung von Gewalt und Krieg in virtuellen Räumen, in Form von Computerspielen kritisch auseinandergesetzt. Das Thema „Krieg“ ist in Computerspielen fest etabliert und findet somit auch

Eingang in die Welten der Kinder und Jugendlichen. In diesen Ego-Shootern und kriegerischen Computerspielen, wie „Battlefield" oder „Call of Duty", wird ein gewaltverherrlichender Umgang propagiert.

> *„Zahlreiche Jugendliche spielen bereits in jungen Jahren First-Person-Shooter [...]. Dadurch entsteht der Begriff vom „Krieg im Kinderzimmer", da die Generationen der Gegenwart von der Thematik des Krieges fasziniert sind und sich in der Brutalität und dem stupiden „Rumgeballere" stundenlang aufhalten können."*[644]

Aßmann verknüpft mittels collagierender Verfahren historische Kriegsereignisse mit heutigen, modernen Videospielansätzen. Dabei knüpft er an das von Martha Rosler verwendete Collageverfahren an. Reale Kriegsfotografien werden von ihm in Computerspielkontexte überführt und erhalten Bedeutungsverschiebungen: *„Ikonen der Kriegs-Fotografie aus dem 20. Jahrhundert zeigen den Schrecken und das Leid des eigentlichen Krieges. So treffen die Napalm-Angriffe des Vietnamkrieges innerhalb einer Fotomontage auf eine Figur aus dem Kriegsspiel „Call of Duty". Aus dem in den Kriegsspielen glorifizierten Helden wird in dieser Situation ein abstoßender, viel zu blutrünstig wirkender Krieger, der zwischen all den verängstigten, um ihr Leben laufenden Menschen mit seinen Waffen wie ein Fremdkörper wirkt.*

Auch Robert Capas „Tod eines spanischen Loyalisten" aus dem Spanischen Bürgerkrieg zählt zu den legendärsten und meistveröffentlichten Kriegsbildern des 20. Jahrhunderts. Dieses bekommt in Verbindung mit einem Battlefield-Hintergrund eine andere, deutlich kriegerische Wirkung. Der Mann wird auf dramatische Weise, vor einem Hintergrund mit Luftschiffen, Rauch und riesigen Explosionen, erschossen. Er befindet sich in dieser Montage mitten in einem Krieg, den tausende Menschen, darunter auch Kinder, täglich auf den Servern des Electronic Arts Spiels „Battlefield" austragen. Mein Kunstwerk verbindet historische Fotos mit modernen Videospielen. Zusätzlich zu den Montagen befindet sich immer auf der gegenüberliegenden Seite ein Textfeld, welches typische Kommentare und Dialoge aus dem Chat-Fenster der Online-Shooter verwendet und zitiert. Brutale Aussagen und freudige Ausrufe, bezogen auf ein wahres Massaker an Online-Toten, zeigen die Perversion, welche hinter dieser Thematik steckt und momentan in der Beliebtheit ganz oben rangiert."[645]

Aßmann intendierte die im Videospiel erfolgte Verharmlosung von Gewalt und Krieg durch Konfrontation von Bildern realer Opfer der Kriege zu hinterfragen.

3.3.2 Konstruktion und Dekonstruktion medialer Berichterstattung

Im Rahmen kunstpädagogischer Lehre erfolgte mittels experimenteller Strategien eine kritische Auseinandersetzung mit der medialen Berichterstattung des Syrien-Krieges. Viele Bilder von Krieg und Elend, die unverhohlen die Grausamkeiten und das Leiden der anderen zur Schau stellen, werden alltäglich in den Unterhaltungs- und Informationsmedien konsumiert. Dies kann eine „Abstumpfung" des Rezipierenden zur Folge haben. Eine Studentin kritisiert, dass durch das Gefühl von Machtlosigkeit angesichts des Dargestellten und durch die Möglichkeit des Betrachters sich jederzeit abwenden zu können, Desinteresse, Ignoranz und Verdrängung entstehen können. So hat sie Zeitungsberichte und Abbildungen mittels dekonstruktiver, experimenteller Verfahren bearbeitet, wie z.B. dem Kratzen, Übermalen, Zerreißen, um das Leid und Elend auf andere Weise sichtbar zu machen, den Rezipienten zu irritieren und damit übergeordnet die ignorante Konsumhaltung zu kritisieren.

In einer anderen Arbeit von Michaela Mrotzek erfolgte eine ästhetische Auseinandersetzung mit dem Konstruktionscharakter medialer Berichterstattung unter formalästhetischen Gesichtspunkten.

Ausgangspunkt ihrer Arbeit war die Flut der Nachrichtenbilder, die, nach bestimmten Selektionskriterien ausgewählt und vorstrukturiert,[646] alltäglich auf uns einströmen. „*Dank der Globalisierung und Digitalisierung erreichen uns täglich Nachrichten von allen Teilen der Welt. Nachrichtensender, wie beispielsweise in Deutschland die Tagesschau, machen es sich täglich zur Aufgabe die eingehenden Neuigkeiten zu bündeln, nach Wichtigkeit zu bewerten und für den Zuschauer kompakt und anschaulich darzustellen. In der auf etwa 15 Minuten begrenzten Berichterstattung gehen jedoch viele Informationen und Hintergründe verloren.*

Die täglichen Nachrichten berichten unter anderem über herrschende Unruhen, Gewalt und Kriege auf der Welt. Zur visuellen Unterstützung werden Bilder und Videoaufnahmen gezeigt, die verwüstete und zerstörte Gebiete, trauernde, verletzte oder sogar umgekommene Menschen zeigen. Themen und Visualisierungen wechseln derart rapide, dass es dem Zuschauer allerdings kaum möglich ist, einen emotionalen Zugang zum Gezeigten zu erlangen. Stattdessen neigt man dazu, Informationen so rational aufzunehmen, wie sie dargelegt werden und sich an die negativen Bilder im Fernsehen zu gewöhnen. Durch derartige Bilder erfüllt der Krieg im Alltag auf routinierte Weise unsere Wohnzimmer, wird jedoch aus genau diesem Grund als solches kaum wahrgenommen. Auch wird kein Mindestalter genannt, sodass bereits Kleinkinder mit manch grausamen Bildern konfrontiert werden. Der Gewöhnung zur Folge scheinen Menschen gegenüber den Bildern negativen Geschehens abgestumpft." [647]

Mrotzek hat per Screenshot willkürlich Bildmomente herausgegriffen, die im täglichen Fluss und der Aneinanderreihung der Inhalte häufig gar nicht mehr isoliert und intensiv betrachtet werden und diese in Form einer

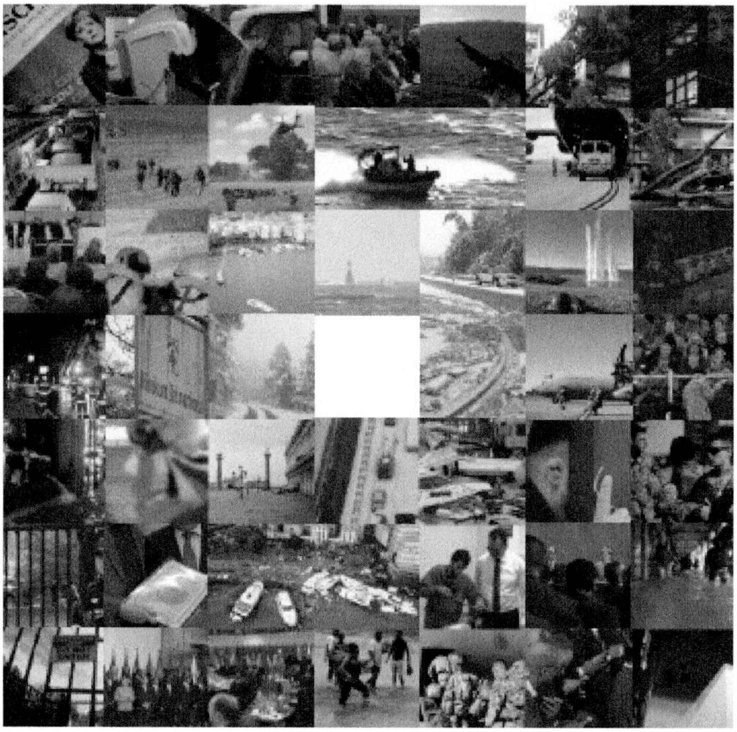

Abb. 7 Fotomontage zur medialen Berichterstattung von Michaela Mrotzek

Collage zusammengefügt.[648] Dadurch möchte sie zum einen die einzelnen Bilder und damit verbundene Themen und Schicksale aus der Flut der Bilder hervorholen, zum anderen spielt sie mit der Tatsache, dass die Inhalte häufig beim alltäglichen Konsum in der Bedeutungslosigkeit versinken. Dies verdeutlicht sie durch die Aneinanderreihung und die Komposition der Bilder zu einer Collage nach oberflächlichen, formal-ästhetischen Kriterien, wie z.B. der Farbwahl. Die Einzelbilder werden zu einem Teil eines Gesamtkunstwerks und damit ihrer individuellen Bedeutung beraubt, wie in den Nachrichten entsteht ein Gesamtwerk, in das sich das einzelne Bild einfügt, darin aber auch versinken kann. So reflektierte sie kritisch den

Prozess der Überladung des Rezipienten mit Nachrichten und die damit einhergehende Abstumpfung und das Vergessen von Einzelinformationen.[649]

„Jeden Tag passieren grausame Dinge in der Welt, die es jedoch nicht gilt auszuhalten oder sich an dessen Anblick zu gewöhnen. Vielmehr sollte es sich ein Jeder zur Aufgabe machen, dem Positiven, dem Frieden und der Mitmenschlichkeit den Vortritt zu gewähren um unsere Welt in einem helleren Licht zu sehen."[650]

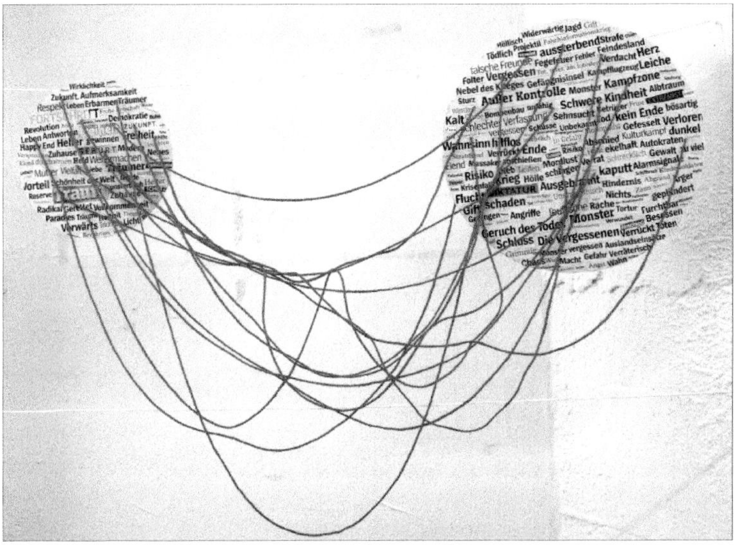

Abb. 8 Installation von Carla Marie Klöpper

Diesbezüglich ist es natürlich von Bedeutung, das Negative nicht nur auszublenden, sondern idealerweise anhand der Bilder von Gewalt und Elend selbstreflexiv ein verantwortungsvolles Handeln zu initiieren.

Während sich die vorigen Beispiele auf eine kritische Auseinandersetzung mit Bildern beziehen, hat sich Carla Marie Klöpper auf eine kritische Analyse von Denotationen, Konnotationen und Assoziationen, Bedeutungszuschreibungen, aber auch Kontextverschiebungen der schriftlichen Elemente fokussiert und dies in einer künstlerischen Form visualisiert (Abb. 8).

Sie hat eine Gegenüberstellung von positiv und negativ konnotierten Schlagwörtern mit Bezug zum Themenkomplex Krieg und Frieden anhand von Medienberichten vorgenommen. Dabei hat sie im Rahmen einer Installation die einzelnen Schlagwörter auf zwei Scheiben geschrieben. Die in den Texten vorkommenden zusammengehörigen Begriffe sind mit roten Fäden verbunden, die die Verknüpfungen aufzeigen. Ein Überschuss an negativ belegten Wörtern wie „Angst", „zerstört", „Terror" steht positiv konnotierten Begriffen gegenüber und soll zum Nachdenken anregen. In ihrer ästhetischen Auseinandersetzung ist offensichtlich, dass die negativ konnotierten Begriffe überwiegen. Dies kann einen Verweis darauf liefern, dass durch „negativ" belegte Berichterstattung eine Normalität in Bezug auf Gewalt suggeriert wird.[651] Ebenso weist sie auf die Gefahr einer „Abstumpfung" seitens der Rezipierenden hin. Wie bereits angeführt ist es wichtig, in der Berichterstattung nicht ausschließlich Gewaltereignisse zu fokussieren, sondern eine der Komplexität der Lage entsprechende differenzierte Darstellung zu bieten, die auch Lösungsoptionen beinhaltet.[652]

Abschließend reflektiert sie ihren Prozess der Rezeption und Perzeption der medialen Kriegsberichterstattung und verweist auf den Konstruktionscharakter und Manipulationsmöglichkeiten, denen kritisch begegnet werden muss.[653] In dieser Arbeit erfolgt eine kritische Hinterfragung der Kriegsberichterstattung. Zudem stellt sie Überlegungen zum medialen Einfluss auf die Einstellungen der Rezipierenden und deren Vorstellungen vom Krieg an.[654]

Während die vorigen Beispiele sich eher aus übergeordneter Perspektive mit Medienbildern befassen, liegt in den folgenden Beispielen ästhetischer Praxis eine Auseinandersetzung mit einem konkreten Pressebild, dem Foto des auf der Flucht gestorbenen Jungen, A. Kurdi, vor. Aus diesem Grund wird vorab ein Einblick in die Rezeption gegeben, bevor im Anschluss exemplarische ästhetische Auseinandersetzungen vorgestellt werden.

3.4 Flucht und Vertreibung in den Medien am Beispiel der Rezeption des Pressebilds des auf der Flucht gestorbenen Jungen A. Kurdi – Einblicke

Das Foto des auf der Flucht gestorbenen Jungen A. Kurdi, das von der für die türkische Presseagentur DHA arbeitenden Journalistin Nilüfer Demir gemacht wurde, erregte große Öffentlichkeit und „ging um die Welt". Das Bild wurde zu einem Symbol für das Leid im nordafrikanisch-europäischen Fluchtdrama. Künstler*innen setzten sich ästhetisch damit auseinander und viele Massenmedien veröffentlichten es.[655] Das Bild zeigt den an den Strand der türkischen Mittelmeerküste geschwemmten Leichnam des auf der Flucht ertrunkenen kleinen syrischen Jungen A. Kurdi.[656] Die medialen Darstellungen mittels Fotografien und Film erregten 2015 im Kontext der „Flüchtlingskrise" insbesondere in der westlichen Welt großes Aufsehen.

Der Krieg in Syrien bewegte die Familie Kurdi im Jahr 2012 zur Flucht von Damaskus nach Aleppo und nach Verschärfung der kriegerischen Konflikte dort weiter nach Kobani.[657] Im weiteren Verlauf der Flucht versuchte die Familie, in einem Schlauchboot von der türkischen Stadt Bodrum auf die griechische Insel Kos zu gelangen.[658] Als das Schlauchboot kenterte, musste der Vater mitansehen, wie seine Frau und seine beiden Söhne ertranken.[659] Das Foto seines jüngeren Sohnes, der leblos am Strand von Bodrum lag, ging um die Welt.[660] Der Vater äußerte in einem Interview mit der „Welt" die Hoffnung, das Bild möge als ein Appell für Frieden fungieren und eine Verbesserung der Situation für geflüchtete Menschen bewirken: „*In meinem Herzen spüre ich, dass die Welt jetzt aufwacht und sich des Dramas in Syrien bewusst wird, und der Notwendigkeit von Frieden!*"[661]

In den öffentlichen Medien wurde eine kontroverse Debatte über die Publikation solcher Bilder geführt.[662] Dabei wurde die Frage diskutiert, ob es ethisch vertretbar ist, das Bild des toten Jungen in dieser Weise abzubilden und zu vermarkten. Die Fotografin begründete ihre Aufnahmen damit, dass sie „den verstummten Schrei des Jungen hörbar machen" wollte.[663] In der Diskussion zeigt sich sowohl die Betroffenheit, aber auch die Abstumpfung durch Bilder wie diese. Es wird angeführt, dass solche Fotos durch alltägliche mediale Konsumierung „abgenutzt" sind und keine bzw. nur geringe empathische Wirkung erzeugt wird.[664] Auch auf die Kurzlebigkeit des Moments der Betroffenheit wird verwiesen; die Wirkung des Fotos geht in der Flut der alltäglich auf den Rezipierenden einprasselnden Bilder der Medien unter.[665] Auf der anderen Seite können solche Bilder und die einhergehenden Reaktionen der Öffentlichkeit auch Druck auf die Politik ausüben und im Idealfall zu gesellschaftlichen Veränderungen führen.[666] Rückblickend ist allerdings zu konstatieren, dass dieses Foto kurzzeitig große Empathie und Bestürzung und damit den Willen zum Handeln evozierte – auch wurde beispielsweise ein Schiff zur Rettung von in Seenot geratener Geflüchtete auf den Namen Alan Kurdi getauft –, doch langfristig scheint es keine einschneidenden politisch-gesellschaftlichen Veränderungen direkt bewirkt zu haben.[667]

Das Foto hat verschiedene Künstler*innen zu Auseinandersetzungen angeregt, die von kritischen Malereien[668] bis hin zu inszenierten Fotografien reichen. In Bezug auf letztgenannten Punkt hat Ai Weiwei sich von diesem Foto für seine Kunst inspirieren lassen:[669] Er posierte in der Haltung des toten syrischen Jungen am Strand von Lesbos und ließ eine Fotografie davon anfertigen.[670] Dies kann als Tribut an das Schicksal des gestorbenen Kindes verstanden werden.[671] Verzweiflung und Hilflosigkeit der Geflüchteten werden in den Fokus rückt.[672] Auf der anderen Seite kann die Fotografie aber auch als geschmacklose Ausschöpfung des tragischen Todes des kleinen Kindes und der „pietätlosen Aneignung von Leid"[673] für die Zwecke der Kunst interpretiert werden.

Diese Beispiele zeigen, dass die Überführung von solchen Fotos in die ästhetische Praxis kontrovers diskutiert wird. Mit diesem Wissen haben sich Studierende im Rahmen ihrer ästhetischen Forschungen mit diesem Bild auseinandergesetzt.

3.4.1 Ästhetische Auseinandersetzung mittels digitaler Bildbearbeitungsprozesse

Lilian Hermann hat sich kritisch mit der Rezeption von medialen Bildern zum Thema „Flucht" befasst, die sich häufig durch eine Oberflächlichkeit auszeichnet: *„Meistens sieht man nur Bilder von der Flucht mit dem Boot oder von der Grenzüberschreitung, bei denen man mit den Menschen mitfühlt. Jedoch wird die Thematisierung über die traumatischen Folgen oft dabei vernachlässigt."*[674] Als Ausgangspunkt ihrer ästhetischen Spurensuche wählte Lilian Hermann das Medienbild des ertrunkenen Kinds A. Kurdi: *„Aus diesem Grund wollte ich ein bekanntes Flüchtlingsbild mit einem großen Wiedererkennungswert auswählen. Letztendlich habe ich mich für den toten Flüchtlingsjungen entschieden, welches in den Medien sehr oft geteilt wurde. Dieses Bild wollte ich mit einem Mosaik aus vielen kleinen Zeichnungen erstellen. Mir war wichtig, dass man das Titelbild nicht auf dem ersten Blick erkennt, sondern erst ab einer bestimmten Entfernung."*[675]

Das Schicksal des toten Kindes steht exemplarisch für viele. Aus diesem Grund wählte sie von Geflüchteten erstellte Zeichnungen und setzte aus diesen mittels digitaler Bildbearbeitungsprozesse „pixelhaft" das Ursprungsbild zusammen:

> *„Zunächst habe ich im Internet nach Zeichnungen von Flüchtlingen recherchiert […]. Insgesamt sammelte ich über 100 Zeichnungen. Mit einem digitalen [Bildbearbeitungsprogramm] habe ich ein Mosaikbild erstellt, bei dem ich eingestellt habe, dass man die einzelnen Bilder nach dem Druck noch gut erkennen kann, aber insgesamt das Bild des toten Flüchtlingsjungen zum Vorschein kommt. Dazu habe ich manche Zeichnungen verdunkelt oder aufgehellt, um den Wiedererkennungswert des Titelbildes zu verstärken. Das Mosaik-Bild habe ich als Poster auf DinA0 ausdrucken lassen."*[676]

Sie entwickelte die Idee, in ihrem Werk die traumatischen Schicksale durchscheinen zu lassen, die häufig hinter dem alltäglichen Konsum von Medienbildern nicht wahrgenommen werden.

Kritisch kann die Reduzierung der in den einzelnen Zeichnungen visualisierten traumatischen Ereignisse und Einzelschicksale zu „Pixeln“,

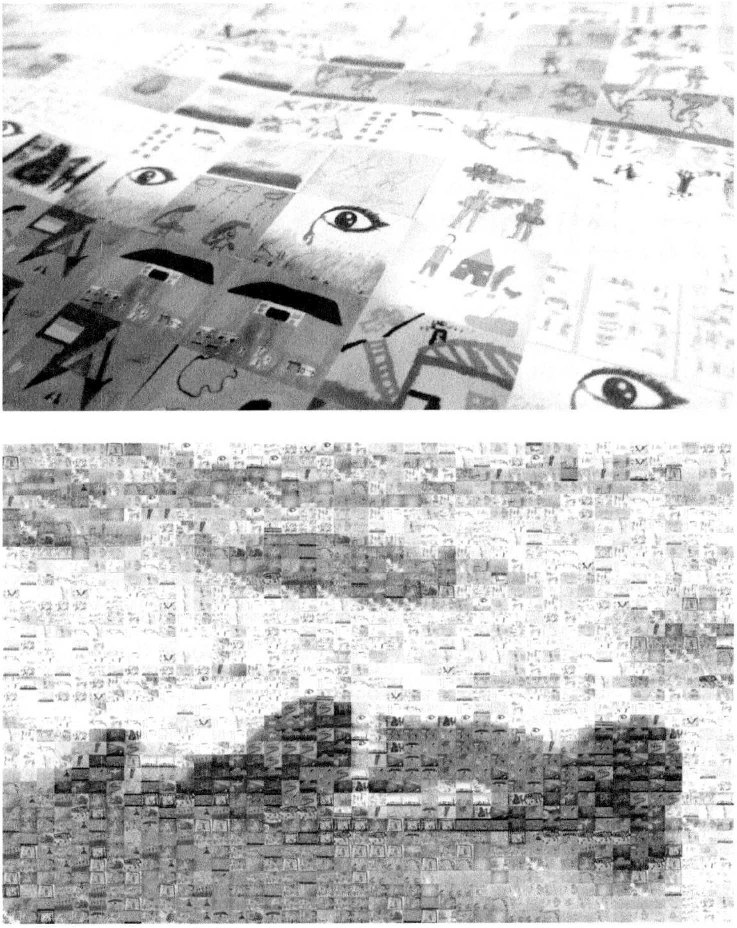

Abb. 9, 10 Lilian Hermann, Mosaik-Bild aus Zeichnungen von Geflüchteten, Bildvorlage: A. Kurdi

gesehen werden, die ein großes Bild ergeben. Doch genau darauf beruhte diese Idee. Zunächst wird – aus gewisser Distanz betrachtet – das bekannte Foto des toten Kindes ersichtlich. Erst wenn man das Bild „näher betrachtet“ und die Distanz verringert, wird ersichtlich, dass das Bild aus vielen Zeichnungen zusammengesetzt wird. Diese Zeichnungen spiegeln individuelle Erfahrungen der Geflüchteten wider. Dieses Verfahren des Näherherangehens kann auf der symbolischen Ebene als das intensivere Betrachten und der Recherche des Einzelschicksals betrachtet werden, das hinter den einzelnen (medialen) Fotografien steckt. Die häufig tragischen Schicksale werden angesichts der medialen Inszenierung und kritiklosen Konsumierung unsichtbar. Die Studentin intendierte mit ihrem Werk, dies zu verdeutlichen und damit Kritik an einer alltäglichen, oberflächlichen Konsumierung der medialen Inhalte zu üben.

3.4.2 Medienbild als Impulsgeber für eine audio-visuelle Installation zum Thema „Flucht“

Aylin Mert hat im Rahmen des Seminars „Aufbruch ins Ungewisse“ mit anschließender Sonderausstellung im Deutschen Schifffahrtsmuseum eine Installation geschaffen, mittels derer sie die Isolation und die verzweifelte Lage der Geflüchteten ästhetisch zum Ausdruck bringt.[677]

Ausgangsbild ihres auf forschenden Strategien beruhenden Kunstprojekts war ebenfalls das Foto von A. Kurdi. Im Kontext ästhetisch-forschender Suchbewegungen hat sie Recherchen und Sammlungen von Pressetexten und -fotografien erstellt und sich mit diesen im Rahmen ihres ästhetischen Arbeitsbuches, das den Forschungsprozess dokumentiert und reflektiert, kritisch auseinandergesetzt. Ausgehend von den Bildern und Pressemitteilungen des tragisch gestorbenen Jungen hat sie ihre Recherche auf die gesamte Fluchtproblematik und das tragische Schicksal sowohl syrischer Geflüchteter als auch auf alle Geflüchteten allgemein ausgedehnt. Aus ihrer Sicht ändern die Fotografien von den tragischen Schicksalen dieser Menschen, von denen viele auf der Flucht über das Meer ertrinken, nichts in Bezug auf politische und gesellschaftliche Verhaltensmuster. Dabei bezieht sie sich auch auf die Hilflosigkeit und Ohnmacht des Einzelnen, dem die Hände gebunden scheinen.[678] Zudem kritisiert sie die zunehmende Abstumpfung der Gesellschaft in Bezug auf solche Bilder, da sie alltäglich konsumiert werden und irgendwann als „normal“ betrachtet werden.[679] Es besteht die Möglichkeit, jederzeit weggucken zu können. Genau aus diesem Grunde bewirken diese Bilder aus ihrer Sicht keine positive Veränderung des politischen und gesellschaftlichen Handelns der Menschen.[680]

Die Studentin war von den Pressebildern, die Gewalt, Zerstörung und Tod visualisieren, abgeschreckt. In ihrem Kunstprojekt hat sie die zunehmende Verrohung und Brutalität im Rahmen medialer Kriegsfotografien kritisiert[681] und nach anderen künstlerischen Ausdrucksformen gesucht, um die schwierige und verzweifelte Situation von Geflüchteten – ohne diese zu verharmlosen – zum Ausdruck zu bringen und emotionale Betroffenheit und Empathie beim Rezipierenden zu evozieren. Im Rahmen ihrer Recherche zu ihrem Kunstprojekt besuchte sie eine Flüchtlingsunterkunft und sprach mit verschiedenen Menschen dort. Sie betonte, dass der persönliche

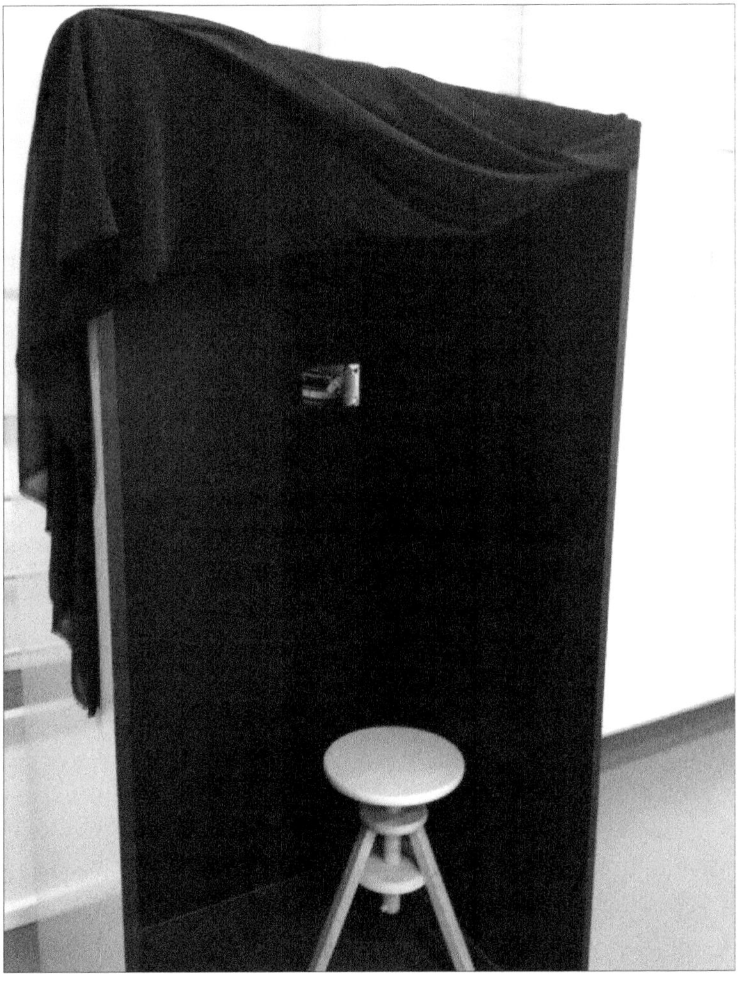

Abb. 11 „Black Box" von Aylin Mert

Kontakt sie stärker berührte, als wenn sie die Schicksale in der Zeitung lesen würde. Der Grundgedanke ihres Kunstprojektes liegt somit darin, den Rezipierenden ganzheitlich sinnliche, ästhetische Erfahrungswerte zu ermöglichen und im direkten Kontakt mit den Betroffenen zu kommen, um eine intensivere und nachhaltigere Wirkung und differenziertere Sehweise zu evozieren.

Sie baute eine Art „Black Box", in der sich der oder die Rezipierende auf einen Schemel setzen und einen schwarzen Vorhang zuziehen kann. Die Rezipierenden wurden im Rahmen ihrer Installation in gewisser Weise von der Außenwelt isoliert, um sich dem Problem der ausweglosen und bedrückenden Situation von Geflüchteten eingehender stellen zu können. Sie griff dabei auf ein interaktives Konzept unter Einbezug analoger und digitaler Strategien zurück, um verschiedene Sinne anzusprechen. Mittels eines auditiven digitalen Abspielgerät erklingt vom Band die reale Geschichte eines Geflüchteten, den die Studentin befragte. Dadurch kann Authentizität vermittelt werden. Anteilnahme und Empathie werden somit nicht durch brutale Bilder evoziert, sondern durch die bedrückende Atmosphäre in der Dunkelheit der Black Box und dem Lauschen der Erzählung mit dem Wissen, dass es sich um eine reale Begebenheit handelt. Da keinerlei visuelle oder sonstige Ablenkung gegeben ist, kann sich die oder der Rezipierende ganz auf die Erzählung konzentrieren. Da der Vorhang schwarz ist, befindet sich die oder der Rezipierende von Schwärze umgeben, die auf die desperate Lage und die „Isolation" der Geflüchteten verweisen kann. So kann eindrucksvoll das Gefühl vermittelt werden, dass die Menschen auf ihrer Flucht auf sich selbst gestellt sind und durch ihren Status von der Sicherheit und Kultiviertheit der restlichen Welt ausgegrenzt werden. Allerdings sei angemerkt, dass aktuell angesichts der Binnenflucht in Europa, ausgelöst durch den Ukraine-Krieg, die Hilfsbereitschaft und das Engagement, ukrainischen Geflüchteten zu helfen, erfreulicherweise sehr groß ist. Die studentische Arbeit entstand allerdings zeitlich vor diesen Ereignissen.

Der Studentin ist es gelungen, eine ausdrucksstarke Installation zu schaffen, die nicht auf visueller Wahrnehmung, Abschreckungstaktiken und Verrohung medialer Kriegsberichterstattung beruht, sondern mittels anderer Wahrnehmungsmechanismen, nämlich dem Gefühl der Isolation und Abgrenzung durch die Black Box starken Eindruck hinterlässt. Ihr Werk prangert nicht an, sondern regt zum Nachdenken an. Dabei hat sie ebenfalls Dimensionen des globalen Zusammenhangs angesprochen: *„Allein die Vorstellung sehen zu müssen, wie an dem Strand, an dem man sich sonst sonnt und schwimmt, ein kleines Kind (tot) strandet. Ein Moment, in welchem zwei Welten sich treffen, zwei Welten, die sich auf einem Globus drehen."*[682]

Der künstlerisch-forschende Zugang ihres Projekts zeigte sich für die Förderung einer Friedenskultur insofern fruchtbar, als die Studentin sich mit dem Thema „Flucht" sowie der medialen Inszenierung und Berichterstattung kritisch befasste und den persönlichen Kontakt zu Geflüchteten suchte, um ihre Geschichten zu erfahren und ihnen Verständnis entgegenzubringen. In diesem Prozess werden sowohl transkulturelle aber auch kommunikative Kompetenzen sichtbar, die für ein friedliches Zusammenleben der Menschen in einer globalisierten Welt wichtig sind.

4 Ästhetischer Zugang: Versöhnung und Verständnis – Konstruktiver Umgang mit Konflikten

„Konflikte wird es in dieser Welt immer geben: soziale, politische und wirtschaftliche. Wir müssen dafür sorgen, dass diese Konflikte mit Vernunft ausgetragen und Lösungen gefunden werden, die die Freiheit der Menschen nicht einschränken."[683]

Der Erwerb kommunikativer und sozialer Kompetenzen zur Befähigung der Menschen zur Konfliktlösung und Versöhnung[684] stellt ein wesentliches Ziel der Friedenspädagogik dar. Konflikttransformation wird in dieser Studie verstanden als ein Prozess, „der die Beziehungen, Einstellungen, Verhaltensweisen, Interessen und Diskurse in gewaltanfälligen Konflikten konstruktiv verändern will".[685] In diesem Kapitel wird nur ein kleiner Einblick in Diskurse und Strategien der Mediation und Konfliktbewältigung gegeben und es werden ausgewählte Aspekte dargestellt.

Konflikte können komplexe Themenfelder betreffen. Unter anderen können sie auf kultureller, politischer, religiöser, ethnischer oder wirtschaftlicher Ebene vorliegen und individuelle, internationale oder transkulturelle Dimensionen besitzen.[686] So werden in der Friedensforschung Konflikte auf verschiedenen Ebenen untersucht: Beispielsweise werden Ursachen und Folgen sicherheitspolitischer Krisen und militärischer Konflikte analysiert untersucht und Vorschläge zur Regulierung und für eine zukünftige Verhinderung gemacht.[687] Ebenso werden tieferliegende Ursachen gesellschaftlicher, psychologischer oder wirtschaftlich-technologischer Konflikte und mögliche Transformationsprozesse erforscht.[688]

Übergeordnet sind Strategien der Mediation sowie Kompetenzen der Vermittlung und Versöhnung von signifikanter Bedeutung[689] und wesentlicher Bestandteil einer Friedenspädagogik.[690] Auch in der Kunst werden solche Themen aufgegriffen. Es gibt sogar Kunstwerke, durch die Versöhnung angestrebt wird. Exemplarisch sei auf die Bronzeplastik „Eine Umarmung als Zeichen der Versöhnung" von Siegbert Amler an der KZ-Gedenk- und Begegnungsstätte Ladelung (Schleswig-Holstein) verwiesen. Auch in einigen kunstpädagogischen Konzepten sind Themen und Strategien der Konfliktlösung und Versöhnung integriert.[691]

Der Begriff „Versöhnung"[692] beinhaltet eine moralisch konnotierte Handlungsanweisung, die sich sowohl an Individuen als auch Kollektive richtet und sich im Kontext von Recht und Gerechtigkeit einordnen lässt.[693] Zudem birgt er eine Fülle von Assoziationen und bezieht sich insbesondere auf Ansätze konstruktiver Konfliktbearbeitung.[694] Betrachtet als dynamischer Prozess beinhaltet er Struktur- und Einstellungsveränderungen sowie den Aufbau von neuen vertrauensbildenden Beziehungen.[695] Versöhnung (u.a. zwischen Kollektiven) fungiert als wichtige friedenspädagogische Strategie, um zum Beispiel durch Anerkennung von Opfern vergangener Rechtsbrüche einen Beitrag zum Frieden zu leisten und idealerweise zukünftigem Unrecht vorzubeugen.[696]

Im Kontext friedenspädagogischer Überlegungen ist es von großer Bedeutung ein dualistisches Feindbilddenken aufzulösen[697] und im Rahmen von Versöhnungspraxen das Gemeinsame zu betonen und Verständnis für das sogenannte „Fremde" zu initiieren.[698] Allgemeines Ziel ist es Vorurteile, Rassismus, nationalistische Haltungen und ein Denken in Ideologien abzubauen.[699] Gerade im Kontext kultureller und religiöser Konflikte ist es von Bedeutung, nicht die Differenzen und das Trennende zu betonen, sondern durch überkulturelle Gemeinsamkeiten zueinander zu finden. Eine Grundlage, um eine Kultur des Friedens zu initiieren, besteht darin, Einstellungen und Verhaltensweisen zu vermitteln, die auf „Achtung des Lebens, der Beendigung der Gewalt sowie der Förderung und Übung von Gewaltlosigkeit durch Erziehung, Dialog und Zusammenarbeit" basieren.[700] Die Entwicklung von „Fähigkeiten auf dem Gebiet des Dialogs, der Verhandlung, der Konsensbildung und der friedlichen Beilegung von Meinungsverschiedenheiten" wird diesbezüglich angestrebt.[701] Hier eignen sich insbesondere interaktive, partizipative, performative und hybride Kunstformen, in denen der oder die Einzelne in Dialog mit anderen treten kann und ein konstruktiver Austausch im Rahmen eines ästhetischen Prozesses stattfinden kann. Selbst im Kleinen, zum Beispiel in der Lernsituation im Klassenzimmer, sind Strategien der Mediation und damit verbundene kommunikative und soziale Kompetenzen unabdingbar.[702] Der im Rahmen einer Kultur des Friedens angestrebte Erwerb kommunikativer und sozialer Kompetenzen zur friedlichen Beilegung von Konflikten[703] besitzt natürlich auch auf übergeordneter Ebene Bedeutung, zum Beispiel in politischen, militärischen, kulturellen, religiösen,[704] wirtschaftlichen und anderweitigen Kontexten, in deren Rahmen Konflikte entstehen können. Auf politischer oder wirtschaftlicher Ebene dürfen diesbezüglich Machtasymmetrien und kapitalistische Interessen nicht ausgeblendet werden. So kann der Dialog zwischen Ländern und Kulturen aufgrund von (kapitalistischen) Machtinteressen, wie der Sicherung von Ressourcen, zum Beispiel Erdöl, sowohl seitens eigener Machtinteressen der Regierung oder anderweitiger

„Eliten" im Land als auch den Exportinteressen anderer (insbesondere westlicher) Länder gefährdet werden.[705] Solche Aspekte wurden bereits kritisch in der Kunst[706] aufgegriffen – und damit kann es auch Thema der Kunstpädagogik werden.

Neben der pazifistischen Zielsetzung, ein Verständnis zu initiieren, warum Konflikte und Kriege entstehen können, ist es unabdingbar, Strategien der Mediation zu vermitteln, um Konflikte zu klären und Versöhnung zu initiieren.[707] Kreativität wird bereits in verschiedenen künstlerischen Projekten konkret für die Entwicklung von Lösungsstrategien von gesellschaftlichen Problemen eingesetzt. Exemplarisch sei auf die Gruppierung „Wochenklausur" verwiesen". Durch künstlerische Interventionen sollen Verbesserungen im Zusammenleben herbeigeführt und Kreativität für die Lösung anstehender Probleme in Bildung, Ökologie, Wirtschaft, Städteplanung oder für soziale Aufgaben genutzt werden.[708] Die Einladung einer Kunstinstitution ist die Voraussetzung, dass sich die Künstlergruppe für eine begrenzte Zeit von mehreren Wochen in Klausur begibt und in Bezug auf lokale Konflikte Interventionen herbeiführt.[709] Exemplarisch sei auf das 2012 in Kassel umgesetzte Projekt „Mobile Sozialarbeit mit Schlichtungsfunktion" verwiesen. Die Künstlergruppe hat für den Lutherplatz ein Konzept zur Konfliktreduktion mit dem Umgang sich dort aufhaltender suchtkranker Menschen entwickelt.[710] Dieses wird von Stadt und Kirche umgesetzt. Das Beispiel zeigt, dass im Rahmen eines offenen Kunstbegriffs die Schnittstellen mit Sozialarbeit groß sind und somit sozial ausgerichtete Interventionen mit dem Ziel, zur Reduktion von Konflikten beizutragen, künstlerischen Charakter bekommen können. Dabei ist es zwar wichtig, mittels Kunst gesellschaftliche Missstände aufzuzeigen, doch geht es nicht primär darum, den moralischen Zeigefinger zu erheben, sondern (gerade im Kontext sozialer Arbeit) ist eine positive Füllung der pädagogischen Inhalte mit der Intention gesellschaftliche Veränderungen und Konfliktlösung anzustreben von großer Bedeutung.[711] In Anlehnung an Steichens „Family of Man" und im Kontext einer positiven Füllung des Friedensbegriffes soll die Bedeutung des friedlichen und einander wertschätzenden Umgangs zwischen allen Menschen vermittelt werden.[712] Solch eine sinnstiftende, identifikatorische Auseinandersetzung, in der sich alle Menschen als ein Teil einer gemeinsamen Menschheitsfamilie begreifen, soll idealerweise angestrebt werden.[713]

Gerade offene Kunstformen, wie partizipative Kunst mit Interaktionsmöglichkeiten[714] bieten Potential zum Beitrag gesellschaftlicher Veränderung. Wie bereits angeführt, besitzt der von Beuys geprägte Begriff der Sozialen Plastik, an der jeder mitwirken kann, im Rahmen solcher Überlegungen einer demokratischen Mitbestimmung und -gestaltung wieder hohe Relevanz. Kreativität soll als schöpferische Kraft begriffen werden, durch die im Rahmen künstlerisch-ästhetischer Praxis eine Sensibilisierung für Gesellschaftskritik und im Idealfall Konfliktreduktionen, -transformationen und positive Veränderungen auf politischer, gesellschaftlicher und sozialer Ebene initiiert werden können.

4.1 Interaktive, partizipative und performative Kunstaktionen

Konflikte, aber auch Themen der Versöhnung können Inhalt und Anlass der ästhetischen Praxis darstellen. Dabei können Strategien der Mediation und Versöhnung in (interaktive) Kunstprojekte eingebunden werden. Beispielsweise eignet sich die künstlerische Performance zur Auseinandersetzung mit konfliktträchtigen Themen und zur Initiierung von friedfertigen Handlungsweisen.[715] Im Kontext einer Performance können Körperlichkeit und damit verbundene ganzheitliche Wahrnehmung eine wichtige Rolle spielen.[716] Durch Kommunikationen und Interaktionen, in die ebenfalls improvisierendes und spontanes Handeln einfließen können, kann eine Auseinandersetzung mit konfliktträchtigen Themenfeldern erfolgen.[717] Die performative Auseinandersetzung mit Konflikten und als „fremd" empfundenen Verhaltensweisen oder Einstellungen kann zu einer konstruktiven Auseinandersetzung und zur Förderung von Empathie und im Idealfall zu einer Verständigung führen.[718] Dabei kann eine Begegnung mit dem sogenannten „Fremdem" im Kontext einer Differenzerfahrung erfolgen, die idealerweise durch performative Prozesse einen Perspektivwechsel ermöglichen sowie eine Reflexion eigener Handlungsmuster und ggf. einer damit verbundenen Erweiterung von stereotypen Wahrnehmungen und Handlungsmustern initiieren kann.[719] Natürlich sollen Performances nicht für „Mediationsstrategien" instrumentalisiert werden. Die Autonomie dieser künstlerischen Form muss gewahrt bleiben. Performances sind nicht per se pazifistisch ausgerichtet; so ist im Rahmen bestimmter Performances sogar ein verharmlosender oder provokativer Umgang mit Gewalt ersichtlich. Es lässt sich jedoch konstatieren, dass die vorab benannten Spezifika von Performances Potential für eine pazifistisch ausgerichtete Kunstpädagogik bieten können.

Um auf der Metaebene eine ästhetische Auseinandersetzung mit geschichtlichen, politischen, sozialen und kulturellen Formen von Konflikten und Versöhnung zu initiieren, eignen sich auch andere Formen, wie z.B.

der Film. So wurden in einem experimentellen Filmprojekt mit Bezug auf geschichtliche Ereignisse Formen der Versöhnung aufgegriffen. Mittels filmischer Montagetechniken, wie Clip-Montage oder Jump Cuts wurden historische, politische Gesten der Versöhnung in den Film eingebunden. Diese wurden mit Mitschnitten von menschlichen Gesten der Versöhnung wie einem Händedruck oder einer Umarmung kontrastiert. Der kurze Experimentalfilm soll aufzeigen, wie zwingend notwendig Strategien der Versöhnung sind. Die Möglichkeiten, „Versöhnung und Verständnis" im Rahmen kunstpädagogischer Arbeit zu thematisieren, sind vielfältig. Dabei kann aus dem Repertoire künstlerischer Verfahren geschöpft werden, das sich von Malerei bis Konzeptkunst erstreckt. Hier wurde nur ein kleiner Einblick gegeben, der erweitert werden kann.

5 Ästhetischer Zugang: Transkulturalität

Der Erwerb transkultureller Kompetenzen ist sowohl in der Friedenserziehung[720] als auch in der Kunstpädagogik,[721] in heutigen durch Globalität und Migration geprägten Gesellschaften, von großer Bedeutung.[722]

In dieser Studie wird der Begriff „Transkulturalität" verwendet, da Kulturen in der heutigen globalisierten Welt nicht als abgeschlossene, homogene Systeme betrachtet werden, sondern u.a. durch ökonomische Interdependenzen, durch globale Vernetzung technischer, digitaler Kommunikationssysteme sowie durch Infrastruktur und moderne Verkehrstechniken aber auch durch Migration und Tourismus miteinander vernetzt sind und Veränderungen unterliegen.[723] *„Sie haben nicht mehr die Form homogener und wohlabgegrenzter Kugeln oder Inseln, sondern sind intern durch eine Pluralisierung möglicher Identitäten gekennzeichnet und weisen extern grenzüberschreitende Konturen auf."*[724] Ein Denken der Kulturen als abgeschlossene, homogene Kultursysteme, eine Art „Inseln"[725], wird in dieser Studie abgelehnt.

Im kunstpädagogischen Diskurs wird der Blick in den letzten Jahren verstärkt auf kulturelle Hybridisierungsprozesse gelenkt und es wird auf deren Bedeutung in ästhetischen Prozessen verwiesen.[726] Beispielsweise sollte in der ästhetischen Auseinandersetzung mit Bildern die transkulturelle Dimension miteinbezogen werden, um kulturelle Hybridisierungsprozesse aufzuzeigen, die im Kontext von Entstehung und Deutung von Kunst eine Rolle spielen.[727]

Doch in Bezug auf die Verwendung des Begriffs „Transkulturalität" wird in dieser Schrift trotz kultureller Hybridisierungstendenzen[728] und übergeordneter kultureller Gemeinsamkeiten das Vorhandensein von kulturspezifischen Besonderheiten nicht ausgeblendet, da diesbezüglich Differenzerfahrungen erfolgen können, die wiederum zu Konflikten führen können.[729]

Eine kompetente Auseinandersetzung mit kulturellen Unterschieden beinhaltet die Bearbeitung von Irritationen und einen konstruktiven Dialog über umstrittene Verhaltensregeln, Werte und Normen (z.B. in Bezug auf Religion, Geschlechterrollen, etc.).[730] Dies muss nicht immer harmonisch ablaufen,[731] so dass Strategien der Mediation von großer Bedeutung sind.[732] Ebenso ist es denkbar, in Konfliktfällen universalistische Werte einer Menschenrechtsethik und kulturspezifische Normen in ihrer Rechtmäßigkeit auszugleichen.[733] Es sollte eine offene und tolerante Auseinandersetzung erfolgen, um kulturspezifische Merkmale zu verstehen und zu respektieren.[734] Das Lösen von eurozentrischen Sehweisen, das Wissen um kulturelle Hybridisierung, Selbstreflexion, Offenheit und Toleranz sind unentbehrlich um einen gelungenen kulturellen Austausch sowie gegenseitigen Respekt und Achtung herbeizuführen.[735] Dies spielt auch in kunstpädagogischen Prozessen eine große Rolle. Durch die Erfahrung von Diversität und Vielfalt aber auch von Hybridisierung im Rahmen ästhetischer interaktiver Prozesse kann ein Hinterfragen und idealerweise ein Aufbrechen stereotyper Handlungsmuster und Sehweisen erfolgen und somit gegenseitiges Verständnis angebahnt werden.[736] Idealerweise sollten Verständnis und Respekt und damit eine Erweiterung der „eigenen“ kulturellen Denk- und Sehweisen sowie Handlungsmuster erzielt werden.[737] Diesbezüglich sollen Stereotypisierungstendenzen erkannt werden und Vorurteile reflektiert werden.[738] Ganzheitlich-ästhetische Erfahrungen und affektive Erlebnisse können Solidarität anbahnen.[739] Dabei sollte ganzheitlich sinnliches Erleben mit emotionaler Verankerung, rationaler Durchdringung und Reflexion angestrebt werden,[740] um nachhaltige und langfristige Wirkung in Bezug auf Vermittlung von Wertvorstellungen und Grundhaltungen einer übergeordneten Kultur des Friedens zu erzielen. Insbesondere interaktive, performative oder hybride Kunstformen, wie Performances oder Konzeptkunst, eignen sich, um soziale Kompetenzen zu vermitteln und einen kulturellen Dialog zu initiieren.[741] Die Erkenntnis, dass die „eigene“ Kultur relativiert wird und Veränderungen und Hybridisierungsprozessen[742] unterliegt, kann zur Sensibilisierung für Transkulturalität beitragen.[743] Zielsetzungen bestehen in dem konstruktiven Umgang mit kulturellen Differenzen und daraus resultierenden Konflikten sowie im kulturellen Dialog und der Anerkennung kultureller Vielfalt[744] im Bewusstsein um Hybridisierungsprozesse. Letztendlich wird die Fähigkeit transkulturellen Verstehens und Kommunizierens im kritischen Bewusstsein um Machtasymmetrien angestrebt.[745]

Transkulturelles Verständnis ist eine wichtige Voraussetzung für ein friedliches Zusammenleben und soll selbstverständlich auch in pädagogischen Prozessen umgesetzt werden. Beispielsweise soll im Rahmen inklusiven Unterrichts verhindert werden, dass Ungleichheitsverhältnisse in der Migrationsgesellschaft erzeugt oder gefestigt werden.[746] Da Teilhabe und Ausgrenzung durch pädagogische Strukturen verstärkt werden oder sogar dadurch erst entstehen können,[747] müssen diese kritisch hinterfragt werden. Zum Beispiel müssen durch Sprache manifestierte Machtstrukturen kritisch betrachtet werden.[748] Binäre Zuordnungen zwischen der „eigenen“ und der „anderen" Kultur sollen somit vermieden werden.[749] Denn durch die Markierung als „Andere" aufgrund natio-ethno-kultureller Zuordnungen erfolgt eine Abgrenzung.[750] Anstelle negativ konnotierter Begriffe sollten positive Formulierungen treten, die die Vielfalt der Kulturen als Reichtum charakterisieren. So soll ein konstruktiver Umgang mit der Diversität kulturspezifischer Merkmale erfolgen.[751] Neben einer selbstkritischen Reflexion der Sprache und damit verbundenen Denkweisen in Bezug auf Machtstrukturen, müssen ebenso „westliche" Herangehensweisen an die Kunst kritisch reflektiert werden.[752] Auch die Kunstpädagogik muss kritisch in Bezug auf die Vermittlung „kolonial gefärbter Sehweisen" hinterfragt werden.[753] Um „westliche" Stereotype aufzubrechen und kulturell zu erweitern, sollen transkulturelle, multiperspektivische Herangehensweisen gewählt werden.[754]

In der historischen und aktuellen Kunst erfolgt eine Auseinandersetzung mit zuvor genannten Aspekten. Transkulturelle kunstpädagogische Arbeit kann verschiedene Ausgangspunkte besitzen – zum einen in einer transkulturellen Form der Vermittlung, zum anderen in der zu behandelnden Thematik.[755] Beide Aspekte können mittels vielfältiger Verfahren umgesetzt werden, beispielsweise in interaktiven, hybriden und partizipativen Projekten.[756]

In der Kunst sind Auseinandersetzungen mit kultureller Vielfalt aber auch kulturellen Gemeinsamkeiten und Hybridisierungen etablierte Themen.[757] So lassen sich aus Kunstwerken beispielsweise Zugänge zu jeweiligen kulturspezifischen Merkmalen unter Beachtung von Hybridisierungsprozessen eröffnen.[758] Eine ästhetische Auseinandersetzung kann sowohl im Rahmen der Rezeption als auch der Produktion mit abschließender kritischer Reflexion erfolgen, mit dem Ziel, transkulturelles Verständnis zu initiieren. Dabei müssen Bezüge zur Lebenswelt der Lernenden erstellt werden und idealerweise interessensgeleitetes, ästhetisch-forschendes Handeln in Bezug auf pazifistische Zielsetzungen angebahnt werden.[759]

Im Rahmen der Rezeption können geeignete aktuelle und historische Kunstwerke in Bezug auf den kulturellen Gehalt sowie auf Hybridisierungen analysiert werden.[760] So kann beispielsweise durch die Rezeption von Steichens Ausstellung „The Family of Man" kulturelles Verständnis initiiert werden. Steichen hat unterschiedliche Themenfelder in der Ausstellung vereint, die in ihrer Gesamtheit die Aussage vermitteln sollen, dass alle Menschen – egal welcher Kultur, Religion, Ethnie oder Nationalität –, zu einer Familie der Menschheit gehören.[761] Indem die allen Menschen eigenen Gefühle, Lebensstationen und weitere gemeinsamen Aspekte visualisiert werden, kann Empathie, Interesse und ggf. Sympathie, Solidarität und damit einhergehend idealerweise Toleranz und Respekt gegenüber kulturspezifischen Eigenheiten, Abbau von Vorurteilen und ein Gefühl der Gleichwertigkeit aller Menschen evoziert werden.[762] Steichen wählt entgegen der Tod und Leid visualisierenden Kriegsfotografieausstellung, die auf Abschreckung setzt, einen positiven Zugang mit der Intention, pazifistische Werte zu vermitteln.[763] Ebenso kann der Film „Human Flow" zur Förderung kultureller Kompetenzen beitragen, indem Empathie und Solidarität mit geflüchteten Menschen hervorgerufen wird und dies idealerweise in kultureller Verständigung und einem Abbau von Vorurteilen und Diskriminierung umgesetzt werden kann. Da Migration zu kultureller Hybridisierung beiträgt, liegen hier weitere Anknüpfungspunkte an das Thema „Transkulturalität" vor.[764]

Gerade in der heutigen Migrationsgesellschaft ist es wichtig, dass eine transkulturelle Ausrichtung des Kunstunterrichts mit Vermeidung von eurozentristischen Ausrichtungen erfolgt.[765] Ebenfalls ist es erforderlich nationalistische Belegungen und Instrumentalisierungen von Kunst aufzudecken und kritisch zu hinterfragen. Macht- und Hierarchiestrukturen in einer Gesellschaft müssen im Rahmen transkultureller Verständigung im Kontext kunstpädagogischer Vermittlungskonzepte kritisch befragt und thematisiert werden.[766]

Natürlich können kulturelle Inhalte „aus der Distanz" über ein Kunstwerk, wie Fotografie oder Film erschlossen werden, doch um nachhaltiges Verstehen einer Kultur anzubahnen, ist es sinnvoll, eine direkte Auseinandersetzung mit kulturspezifischen Eigenheiten anzustreben. Um das übergeordnete Ziel „kulturelle Verständigung" zu erreichen, muss im Idealfall ein Wechsel des kulturellen Bezugssystems und ein „Eintauchen" in die jeweilige Kultur und eine Relativierung des „eigenen" Kultursystems erfolgen.[767] So sind zum Erwerb kultureller Kompetenzen im Rahmen von ästhetischen Lernsituationen integrierte Exkursionen oder längerfristige Aufenthalte im jeweiligen Kulturkreis förderlich, um kulturspezifische Eigenheiten kennenzulernen.[768] Dabei sollten ebenfalls kulturelle Hybridisierungsprozesse in den Blick genommen werden. Idealerweise sollte im Rahmen der kunstpädagogischen Praxis ein kultureller Dialog und eine Wertschätzung kultureller Vielfalt neben dem Wissen um Hybridisierungen angestrebt werden. Gerade künstlerisch-ästhetische Prozesse bieten aufgrund der Offenheit von Themen und Methoden sowie Möglichkeiten von Interaktion vielfältige Praxismöglichkeiten.

Auch kann durch Kunst Mitgestaltung und Partizipation an sozialen und transkulturellen Prozessen erfolgen und als gesellschaftliches Handeln für Frieden verstanden werden.[769] Die Förderung des Verständnisses, der Toleranz und der Solidarität gegenüber allen Kulturen, gerade auch „gegenüber ethnischen, religiösen und sprachlichen Minderheiten" soll erfolgen.[770] Daneben sind Grundsätze der Toleranz, der Solidarität, der Zusammenarbeit, des Pluralismus, der kulturellen Vielfalt, des Dialogs und der transkulturellen Verständigung, im Bewusstsein um Hybridisierungsprozesse, signifikante Zielsetzungen.[771] Die Vielfalt der Kulturen soll als Reichtum und Erbe unserer Welt aufgefasst werden.[772] Kunstpädagogik kann hier einen Beitrag leisten.

5.1 Künstlerische Intervention im öffentlichen Raum

Gizem Cevirgen und Sophie Hanstein haben ausgehend vom Thema „kulturelle Vielfalt" eine künstlerische Interaktion im öffentlichen Raum umgesetzt.

> *„In der heutigen Zeit haben wir mit Krieg, Zerstörung und weiteren gravierenden Probleme weltweit zu kämpfen. Vielen ist dabei nicht bewusst, dass wir nur diese eine Erde haben. Sie ist bunt und voller wunderschöner verschiedener Kulturen, diese Eigenschaften machen unsere Erde zu einem einzigartigen Planeten. Es liegt an uns wieder Farbe in die Welt zu bringen, zeigen wo wir herkommen und ein Zeichen setzen, dass wir alle zusammengehören, auch wenn wir verschiedene Nationalitäten besitzen."*[773]

Auf dem öffentlichen Platz vor der Universität Paderborn hatten sie eine große Weltkugel mit Kreide aufgemalt. Um diese herum malten Passanten ihre Heimatflagge mit bunter Kreide auf den Boden. *„Damit wird verdeutlicht, wie viele wunderbare Nationen gemeinsam und friedlich in Paderborn leben. Unser Ziel ist es, dem Hass und dem Rassismus keinen Platz auf dieser Erde zu geben. Es wird leider immer Menschen geben, die andere Nationen und deren Kulturen nicht akzeptieren. Wir haben nun die Chance zu zeigen, dass wir nicht allein sind und gemeinsam ein Ganzes ergeben."*[774]

Eine wichtige Komponente ihres Projekts bestand in der kommunikativen Dimension. So reflektierten sie die Bereitschaft der Menschen, sich über kulturelle Gemeinsamkeiten und Unterschiede sowie kulturelle Hybridisierungsprozesse auszutauschen. Dies geschah in positiver, lockerer Atmosphäre. Dabei wurde ebenfalls der Heimatbegriff sowie der Konstruktionscharakter von Nationen kritisch hinterfragt.

Um das Projekt noch weiter auszubauen, schlugen die Studierenden vor, weitere Komponenten einzubinden, z.B. in Form von Musik, Essen, Tänzen und weiteren kulturellen Bräuchen. Auch besteht die Option, die Aktion an verschiedenen Plätzen und Orten durchzuführen und die unterschiedlichen Reaktionen zu reflektieren. Allerdings muss noch der Anspruch der Kunst

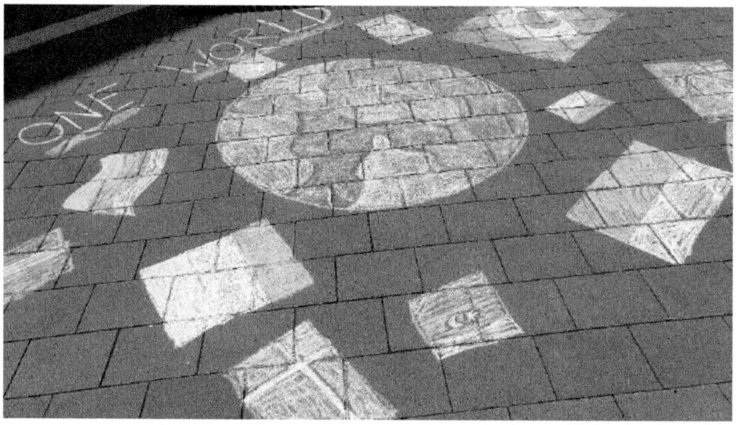

Abb. 12 „One World" von Gizem Cevirgen und Sophie Hanstein

gewahrt bleiben und es sollte nicht zu einem „oberflächlichen Volksfest" werden, in dem der Konsum und Genuss im Vordergrund stehen.[775] In einem anderen Projekt haben die Teilnehmer*innen kulturspezifische Besonderheiten in einer großen Installation zusammengetragen. Im abschließenden Austausch erfolgte eine gemeinsame Reflexion, in der kulturelle Hybridisierungen, überkulturelle Gemeinsamkeiten aber ebenfalls kulturspezifische Eigenheiten herausgestellt wurden. Die Installation hatte eine Zeitlang bestand und konnte verändert werden, sodass hier ein hybrider Prozess zugrunde lag. Angestrebt wurde eine Sensibilisierung für die Vielfalt der Kulturen sowie für transkulturelle Prozesse. Während in diesem Beispiel die interaktive Komponente im Vordergrund steht, so liegt im nächsten Beispiel eine ästhetische Auseinandersetzung mit Aspekten der malawischen Kultur zugrunde.

5.2 Ästhetischer Zugang zum Alltag malawischer Kinder

Um das übergeordnete Ziel „kulturelle Verständigung" zu erreichen, kann ein Wechsel des kulturellen Bezugssystems und ein „Eintauchen" in die jeweilige Kultur und eine Relativierung des vertrauten Kultursystems unter Beachtung von kulturellen Hybridisierungsprozessen erfolgen.[776] Im Rahmen schulischer Kontexte ist dies z.B. über Klassenfahrten und Schüleraustauschprogramme zu ermöglichen.[777] Dies kann die Möglichkeit bieten, sich mit den jeweiligen kulturspezifischen Gebräuchen intensiv auseinanderzusetzen und diese zu „leben".

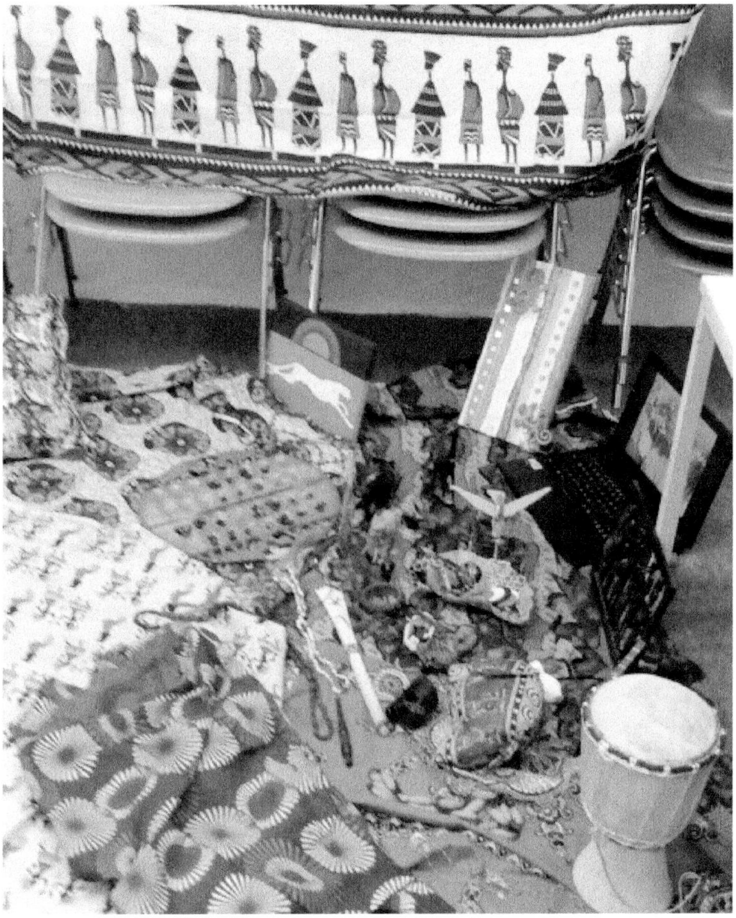

Abb. 13 Installation zur malawischen Kultur (Ausschnitt) von Lara Mariola Wenzel

Um allgemein zu verhindern, dass unterschiedliche kulturelle Muster in Verbindung mit Machtasymmetrien und Stereotypenbildung zu fremdenfeindlichen Verhalten oder Rassismus führen,[778] ist es von Bedeutung, allen Kulturen mit Offenheit und Toleranz zu begegnen, um mit ungewohnten kulturspezifischen Eigenarten vertraut zu werden.[779] Das folgende Beispiel aus der kunstdidaktischen Praxis widmet sich dem kulturellen Verständnis. Lara Mariola Wenzel hat sich ästhetisch forschend dem Tagesablauf eines malawischen Kindes genähert.[780] In einer Installation hat sie mittels verschiedener gesammelter Objekte und selber erstellter Artefakte ihren ästhetischen Forschungsprozess sichtbar gemacht.[781]

Basis ihrer ästhetischen Auseinandersetzung sind biografische Erfahrungen im Rahmen einer freiwilligen Mitarbeitertätigkeit an einer malawischen Schule, an der sie u.a. mit Waisenkindern gearbeitet hat.[782] Ziel des Programms, an dem sie teilnahm, bestand u.a. darin, dass die Teilnehmer*innen „Kulturen und Sichtweisen kennenlernen, ihre eigenen Denkmuster und Handlungsweisen hinterfragen und zu einem global solidarischen Handeln befähigt werden".[783]

Im Rahmen ihrer ästhetischen Auseinandersetzung hat sie ihren eigenen Blick und ihre Position in Bezug auf eurozentrisch geprägte Sehweisen kritisch reflektiert und auch kulturelle Hybridisierungsprozesse in den Blick genommen.[784]

Die in Malawi erworbenen Erfahrungen, Erinnerungen, Erlebnisse, die sie zum Beispiel in Form von Fotografien visuell verarbeitete, sowie die mitgebrachten Utensilien wie Schmuck, Kleidung, Holzschnitzereien und die von ihr selber angefertigten Werke stellen Basis ihrer ästhetischen Arbeit dar. Die mitgebrachten Utensilien, die von aus Chitenjen gefertigten Kissenbezüge bis zur geschnitzten und bemalten Holzschale reichen, ermöglichten ihr materiell erfahrbare Zugänge zur Kultur. Dabei lag ein Schwerpunkt auf den von den Kindern genutzten und selber erstellten Objekten.[785] Dabei hinterfragte sie stereotype, westliche Vorstellungen afrikanischer Kultur, z.B. in Form von Malereien. Zudem nutzte sie verschiedene Medien und Literatur zur wissenschaftlichen Recherche.[786] Doch in erster Linie sind es die Menschen, mit denen sie zusammenlebte sowie deren Geschichten und Erzählungen, die ihren Blick auf die malawische Kultur prägten.

Die von Wenzel im Rahmen der Installation präsentierten Objekte eröffnen vielfältige informative, sinnliche und emotionale Zugänge zum Leben der malawischen Kinder. So wählte sie einen auditiven Zugang mittels Musik, die im Leben der malawischen Kinder ebenfalls eine große Bedeutung spielt. Eine in der Installation eingebundene Trommel wurde im Rahmen eines performativen Aktes gespielt. Auch charakteristische Esskulturen und Herstellungsverfahren von Nahrungsmitteln[787] nähert sie sich in forschenden Prozessen. Fotografien spielen in Wenzels Installation eine signifikante Rolle: So hat sie beispielsweise ihre Sehweise auf den Alltag der Kinder, sportliche Aktivitäten, Musik, Theater, Essensrituale und die Zubereitung traditioneller Gerichte im schulischen Kontext fotografisch festgehalten und im Kontext ihrer ästhetischen Praxis in einem Arbeitsbuch reflektiert.

Der von Wenzel im Rahmen einer Installation visualisierte Zugang zeichnete sich durch Offenheit und Toleranz aus. Durch den Wechsel des kulturellen Bezugssystems – im Rahmen ihrer sozialen Tätigkeit in einer malawischen Schule – hat sie intensiven, direkten Kontakt mit den Menschen, der für das Verstehen der Kultur von großer Bedeutung ist. Das Arbeitsbuch ermöglichte eine zeitlich distanzierte Reflexion. So zeigte sich eine Sensibilisierung für Kulturenpluralismus, aber auch für die überkulturellen Gemeinsamkeiten und Hybridisierungstendenzen. Von großer Bedeutung ist, dass sie ihre eigene Sehweise in Bezug auf westlich geprägte Stereotypen hinterfragt.[788]

Auch weitere Kompetenzen und Zielsetzungen, die für die Förderung einer Kultur des Friedens bedeutsam sind, sind damit verbunden. So unterstreicht ihr Engagement im Rahmen der freiwilligen Arbeit die Achtung und Förderung des Rechts auf Entwicklung[789] sowie die Förderung und den Schutz der Rechte des Kindes.[790] Zudem weist ihre Auseinandersetzung eine Sensibilisierung für global solidarisches Handeln sowie ein Aufbrechen eurozentrischer Sehweisen auf. Ihre ästhetische Arbeit zeugt von dem tiefen Eindruck, den die malawischen Menschen und ihre kulturellen Bräuche bei ihr hinterlassen hat.[791] Dies belegt auch, die Tatsache, dass sie nach diesem Auslandsjahr das Land erneut besucht hat.

Ihre Arbeit zeigt exemplarisch, dass durch künstlerische Prozesse eine Sensibilisierung und Wertschätzung für die Vielfalt der Kulturen erfolgen kann.[792]

6 Ästhetischer Zugang: Menschenrechtsbildung

Menschenrechte stellen wichtige Komponenten im Kontext friedenspädagogischer Zielsetzungen dar. Im Folgenden wird zunächst ein Einblick in exemplarische Aspekte der Menschenrechtsbildung gegeben.

Ein übergeordnetes moralisches Ziel, das sowohl in der Friedenserziehung, aber ebenfalls allgemein in verantwortungsvollen pädagogischen Prozessen angestrebt wird, ist die Einhaltung von Menschenrechten. Dies beinhaltet beispielsweise die Beseitigung von Diskriminierung und Intoleranz in Bezug auf alle erdenklichen Themenfelder wie Hautfarbe, Geschlecht, Sprache, Religion, einer politischen oder sonstigen Anschauung, der nationalen, ethnischen oder sozialen Herkunft, Armut, Behinderung oder einem sonstigen Aspekt.[793] Weiterhin sollen zum Beispiel die Meinungs- und Informationsfreiheit geachtet und gefördert werden.[794] Gleichberechtigung und die Chancengleichheit von Frauen und Männern und damit verbundene Geschlechtergerechtigkeit sowie die Einhaltung der Rechte der Kinder stellen unverzichtbare Voraussetzungen für den Frieden dar.[795] Die Achtung und Förderung aller Menschenrechte und Grundfreiheiten soll als höchstes Gut verstanden werden.[796] So ist Grundlage jedes Handelns die unantastbare Würde eines jeden Menschen.

Menschenrechtsbildung[797] ist ein zentrales Anliegen einer an pazifistischen Zielsetzungen ausgerichteten Kunstpädagogik. Dazu gehört ebenfalls Inklusion. So ist die Herausforderung von Inklusion in der Schule und in diesem Fall im Kunstunterricht zurzeit von hoher Relevanz in der schulpolitischen, -theoretischen und -praktischen Auslegung.[798] Dies wird im folgenden Kapitel differenzierter ausgeführt, sodass an dieser Stelle darauf verwiesen wird.

Allgemein stellt sich die Frage der Begründung universaler Werte. Hier kann nur ein Einblick in den Diskurs gegeben werden: Mit Bezugnahme auf Kant können von der über alles stehenden Vernunft von a priori deduzierbaren Werten und Rechten ihr Allgemeingültigkeitsanspruch geltend gemacht werden.[799] Doch mit Bezug auf die Diskursethik sind Werte und Normen kulturell und historisch bedingt.[800] Damit sind die Menschenrechte in gewissem Sinne „abendländisches" Erbe.[801] Um nun nicht Kulturen moralische Werte und Normen „aufzudiktieren", ist es wichtig, dass friedensrelevante und hermeneutische Klärungen und ethische Beurteilungen idealerweise von jeder Kultur selbstkritisch geleistet werden.[802] Auch hier sind multiperspektivische Sehweisen von Bedeutung. Dabei ist zu bedenken, dass auch die Menschenrechte nicht a priori angelegt sind, sondern im Laufe der Geschichte in sozialen und politischen Auseinandersetzungen entstanden sind und im transkulturellen Dialog weiterentwickelt und fortgeschrieben werden.[803]

Wie bereits angeführt, unterliegt Kunst allgemein nicht zwingend ethisch-moralischen Wertvorstellungen,[804] insbesondere dann, wenn die Kunstschaffenden mit Provokationen oder Irritationen arbeiten, mittels derer gezielt mit ethisch-moralischen Wertvorstellungen gebrochen wird.[805] Wie bereits angeführt, ist bezüglich solcher Werke ein kritischer Umgang im Kontext verantwortlich pädagogischen Handelns nötig.

Auf der anderen Seite können durch künstlerisches und ästhetisches Handeln eine Vielzahl von Kompetenzen gefördert werden, die in der Menschenrechtsbildung grundlegend sind. Kunst kann im Sinne eines reflexiven, geisteswissenschaftlichen Mediums Menschenrechte und deren Verletzungen dokumentieren, reflektieren[806] und eine persönliche Stellungnahme des Künstlers beinhalten. So kann z.B. über die affektive, emotionale Dimension und die ästhetisch-sinnliche Komponente ein Unrechtsempfinden gegenüber Menschenrechtsverletzungen evoziert werden.[807] Im Sinne kognitiv-rationaler Durchdringung in ästhetischen Prozessen soll die Kritikfähigkeit angesichts von Menschenrechtsverletzungen gefördert werden.[808] Durch die gesellschaftlich-partizipative und interaktive Funktion können künstlerische Eingriffe im öffentlichen Raum erfolgen, die im Idealfall Auswirkungen auf die Gesellschaft im pazifistischen Sinne haben.[809] Somit kann ästhetische Praxis zur Zivilcourage und zum gesellschaftlichen Handeln ermutigen.[810] Durch die Offenheit künstlerischer Methoden und Positionen können vielfältige Zugänge in der Menschenrechtsbildung eröffnet werden.

Die hier gewählten an ethisch moralischen Grundüberlegungen ausgerichteten Werke geben nur einen Einblick, wie z.B. Steichens Ausstellung „The Family of Man". Auch wenn in dieser keine explizite Auseinandersetzung mit der von der UNO nur kurze Zeit zuvor verabschiedeten „Allgemeinen Erklärung der Menschenrechte" intendiert ist, so sind doch wesentliche Inhalte der Menschenrechte durch die gewählten Fotografien visualisiert.[811] Der Menschenrechtsgedanke, der die unantastbare Würde, die natürliche Gleichheit und die Freiheit aller Menschen beinhaltet, ist auf einer Metaebene eine Botschaft dieser Ausstellung.[812] Eine Fotografie der Generalversammlung der UN und ein Zitat aus der Charta der Vereinten

Nation wirken auf die Rezeption und Interpretation richtungsgebend ein und stellen die Ausstellung in den Kontext der Grundsätze dieser Institution – und damit ebenfalls in Bezug zu den Menschenrechten und Friedensabsichten.[813]

Auch im Film „Human Flow“ können angesichts des Leids und Elends der Geflüchteten Verletzungen von Menschenrechten aufscheinen und damit die Einhaltung derer proklamiert werden. Ebenso ist dies angesichts der in Dix` und Roslers Werken visualisierten Grausamkeiten im Rahmen kriegerischer Handlungen der Fall. Rosler bringt eine weitere Komponente ein, indem sie in ihren Serien „Bringing the War Home“ neben Kritik am Krieg und deren Inszenierung und Konsumierung auch die Frauenrolle kritisch hinterfragt und damit auf die ebenfalls in den Menschenrechten verankerte Gleichstellung von Mann und Frau rekurriert. Diese Bilder geben nur einen kleinen Einblick über künstlerische Auseinandersetzungen mit Inhalten von ethisch-moralischen Werten in der Kunst.

Im Kontext einer an humanistischen Idealen sowie an die Grund- und Freiheitsrechte der Menschheit ausgerichteten Lehrkonzeption ist es notwendig, dass eine Orientierung an ethisch- moralischen Wertvorstellungen in der Lehre vorliegt. Dies gilt ebenfalls für kunstpädagogische Prozesse.[814] Doch ist es unzureichend, im Rahmen eines aufklärerisch-rationalen Ansatzes den „moralischen Zeigefinger“ zu heben.[815] Die Lernenden müssen die Friedensidee im Rahmen ästhetischer Prozesse, idealerweise mittels intrinsischer Motivation, interessensgeleiteten und selbstorganisierten Handlungsprozessen emotional durchdringen, rational reflektieren und idealerweise als eine Grundeinstellung verankern.[816]

Menschenrechtsbildung kann zum einen in Vermittlungssettings konkret umgesetzt werden, zum Beispiel in Form eines inklusiven Kunstunterrichts, zum anderen kann Menschenrechtsbildung durch die Themen ästhetischer Praxis vermittelt werden. Zunächst werden im folgenden Unterkapitel Überlegungen zur Inklusion im Kunstunterricht dargelegt, bevor ein kleiner Einblick in die kunstpädagogische Praxis zum Thema „Menschenrechte“ gegeben wird.

6.1 Einblicke: Inklusion im Kunstunterricht

In Bezug auf die UN-Konvention für die Rechte von Menschen mit Behinderung wird in der pädagogischen Praxis „Inklusion“ gefordert, um Diskriminierungsfreiheit und gesellschaftliche und soziale Teilhabe zu erzielen.[817] In dieser Studie wird Inklusion im Kontext eines weiten Verständnisses ausgelegt: Alle Menschen sollen in ihrer Verschiedenheit im Rahmen inklusiver Prozesse partizipieren können.[818] Zielsetzungen bestehen unter anderem im Abbau vorhandener Teilhabebarrieren, der Vermeidung von Diskriminierungserfahrungen und der Gewährleistung von Partizipationschancen auf Basis einer anerkennenden und wertschätzenden Einstellung in pädagogischen Prozessen.[819] Dabei müssen pädagogische Prozesse in Bezug auf die Erstellung von Teilhabe und Ausgleich kritisch hinterfragt werden.[820] Diesbezüglich müssen Machtstrukturen der Sprache kritisch betrachtet werden, da durch Sprachgebrauch sowohl Zugehörigkeit als auch Ausgrenzung ausgedrückt wird.[821] Diskriminierungspraktiken, rassistische Denklogiken und die Anwendung kultureller Aus- und Abgrenzungsstrategien sowie allgemein Reproduktionsmechanismen von Ungleichheiten müssen selbstreflexiv hinterfragt werden.[822] Die Heterogenität und Diversität[823] verschiedener Menschen soll als Bereicherung empfunden werden.[824] Die Implementierung inklusiver Lernarrangements ist auch im Kunstunterricht und außerschulischen kunstpädagogischen Settings, z.B. der Sozialen Arbeit obligatorisch.[825]

Die Offenheit und Vielfalt künstlerischer Prozesse im inklusiven Unterricht können sich als Chance erweisen. Auf der anderen Seite dürfen potentielle Herausforderungen angesichts der Spezifika künstlerisch-ästhetischen Handelns nicht ausgeblendet werden.

Es können (u.a. unter Berücksichtigung syndromspezifischer Besonderheiten) forschend ausgerichtete kunstpädagogische Ansätze sowie offene ästhetische Arbeitsformen[826], wie beispielsweise der künstlerisch-ästhetische Werkstattunterricht[827] und ästhetische Forschungen in Bezug auf inklusive Bildungsaspekte zum Einsatz kommen. Solche offenen Handlungsformen eignen sich für kooperative, inklusive Lernprozesse, da interessensgeleitet und subjektorientiert eine ästhetische Auseinandersetzung zu individuell ausgerichteten Themenstellungen erfolgt.[828] So können sich die Lernenden interessengeleitet mit einer Idee, einem Material usw. ästhetisch auseinandersetzen.[829] Indem auf fremdgesteckte Aufgabenstellungen verzichtet wird und die Lernenden selbst die thematische Schwerpunktsetzung ihrer ästhetischen Arbeit bestimmen und die unmittelbaren prozess- und erfahrungsbedingten Entscheidungen treffen, kann die ästhetische Praxis als sinnstiftend empfunden und intrinsische Motivation entwickelt werden, die idealerweise zu einer größeren Nachhaltigkeit führen kann.[830] Ästhetische Forschungsprozesse beziehen sich auf selbstorganisiertes, ganzheitliches und selbstbestimmtes Arbeiten.[831] So können auch Zielsetzungen des Empowerments zum Tragen kommen.[832] Zudem können in kunstpädagogischen

Prozessen soziale, gesellschaftliche, politische und kulturelle Kompetenzen in Bezug auf den Inklusionsgedanken gefördert werden.

Im Kontext ästhetisch forschender Strategien und offenen Werkstattunterrichts bieten sich kooperative Arbeitsformen an, in denen zum Beispiel wechselseitige Unterstützungsleistungen angeboten und solidarische Vernetzung und gegenseitige Wertschätzung angebahnt werden können.[833]

Es ist notwendig, Freiräume für künstlerisch-ästhetische Prozesse zu geben, denn diese Offenheit ist signifikant für ein praxisbezogenes Umfeld, um kreative Erfahrungen, Prozesse und Entwicklungen zu ermöglichen und um einengendes, fremdbestimmtes Arbeiten zu vermeiden. Dabei sind Strukturen freier Projektarbeit von Vorteil. Doch trotz der wichtigen Freiräume für die ästhetische Praxis sind verlässliche Strukturen bedeutend, die sich u.a. auf Zusammenarbeit, Materialien, Rituale und Anwendungen beziehen können, in denen die pädagogischen Prozesse eingebettet sind.[834]

Aktuelle Curricula für den Kunstunterricht und die dort angeführten Kompetenzen und Inhalte müssen in Bezug auf kooperative inklusive Bildungsprozesse befragt und überprüft werden.[835] Beispielweise müsste eine inklusionsorientierte Handlungskompetenz stärker fokussiert werden: „Inklusion beginnt im Kopf" ist ein wesentlicher Grundsatz, der der Ausbildung einer inklusionsorientierten Handlungskompetenz zugrunde liegt.[836] Diese sollte reflexiven Charakter besitzen und die jeweiligen (veränderbaren) Exklusionsprozesse, die in der Gesellschaft vorhanden sind und damit verbundene strukturell-organisatorische, handlungspraktische und einstellungsbezogene Aspekte reflektiv mit einbeziehen.[837] Dabei soll inklusionsorientierte Handlungskompetenz nicht als „Zusatzqualifikation", sondern als wichtiger grundlegender Bestandteil pädagogischen Handelns überhaupt und als menschenrechtlich begründete Haltung aufgefasst werden.[838] In Bezug auf inklusive Bildungsprozesse werden Kompetenzen des Unterrichtens, des Diagnostizierens und des Reflektierens sowohl im Rahmen von Lehrhandlungen als auch im Kontext von Lernhandlungen von Schülerinnen und Schülern gefordert. Diesbezüglich ist es wichtig, Professionalisierungsprozesse und Kompetenzstrukturen in Bezug auf inklusive Bildung im Kunstunterricht zu entwickeln.

Nicht alle im Curriculum angeführten Bildungsinhalte sind für jeden relevant oder erschließbar.[839] Hier müssten bereits bestehende Überlegungen und curriculare Zielsetzungen u.a. im Rahmen von förderzielorientiertem Unterricht einfließen. Mit Bezug auf sonderpädagogische Unterstützung können u.a. folgende Schwerpunktsetzungen einfließen: Hören, Sehen, Sprache, emotionale und soziale Entwicklung, körperliche und motorische Entwicklung, geistige Entwicklung und Lernen.[840] Im Kontext inklusiven

Unterrichts ist es von Bedeutung, dass Schüler*innen, die in ihren Entwicklungs- und Bildungsmöglichkeiten eingeschränkt sind, eine entsprechende individuelle Unterstützung erhalten.[841] In Bezug auf sonderpädagogische, inklusive Bildungsprozesse ist es auch von Bedeutung, dass syndromspezifische Besonderheiten beachtet werden.[842] Beispielsweise kann die zugrundeliegende Bildkompetenzorientierung für Lernprozesse von Schülerinnen und Schülern mit einer Sehbehinderung unzureichend sein. Auch wenn der erweiterte Bildbegriff durchaus haptische und weitere sinnliche Erfahrungen berücksichtigt, liegt eine starke Fokussierung auf den visuellen Sinn vor.[843] Diesbezüglich müsste ggf. eine Modifizierung erfolgen.

Ein weiteres Problem kann darin bestehen, dass Sprache, insbesondere geschriebene Schrift in unterrichtlichen Prozessen als ein wesentliches Kommunikations- und Vermittlungsmedium betrachtet wird. Doch für Menschen mit bestimmten Behinderungen ist dieses nur bedingt geeignet.[844] Diesbezüglich kann beispielsweise ein Einlassen auf erweiterte Kommunikationsformen, wie bildnerisches Denken und Handeln nötig sein.[845] Auch sogenannte „Sprachbarrieren" bei Schülerinnen und Schülern mit Migrationshintergrund, die die deutsche Sprache nur ansatzweise sprechen, müssen im Rahmen eines inklusiven Unterrichts beachtet werden.[846] Allgemein sollte Mehrsprachigkeit im schulischen Kontext als Chance begriffen werden.

Gerade Kunst bietet Möglichkeiten, die anderen Fächern in der Weise nicht zur Verfügung stehen.[847] Subjektorientierte ästhetische Projekte eignen sich hierfür, denn diese können Binnendifferenzierung sowie Begleitung und individuelle Beratung durch die Lehrperson bieten.[848] Ein weiteres Ziel besteht in der Entwicklung diagnostischer Inhalte und Instrumente in Bezug auf inklusive Lernprozesse mit sonderpädagogischer Ausrichtung im Kunstunterricht. Im Rahmen sonderpädagogischer Unterstützung werden neben anderen Maßnahmen bereits kooperative Förderlernpläne im Rahmen einer entsprechenden Binnendifferenzierung eingesetzt.[849] Gerade ästhetisch-künstlerische Projekte bieten zahlreiche Möglichkeiten der Binnendifferenzierung, z.B. in Bezug auf Methoden, Interessen, „Lerntempo" und der Lernbereitschaft.[850] Die individuellen Lernvoraussetzungen der Schülerinnen und Schüler müssen einbezogen werden, um eine gelungene Binnendifferenzierung umsetzen zu können.

Kooperative Förderlernpläne haben bereits in Bezug auf ästhetisch-künstlerische pädagogische Prozesse Relevanz und können ggf. modifiziert werden. Im Kontext individueller Unterstützung sind im Fach Kunst vielfältige Möglichkeiten denkbar, die von Bereichen der Wahrnehmung und Motorik über soziales Verhalten bis hin zu Formen von Kognition und ästhetischer Erkenntnis reichen.[851] Ästhetisches Handeln bietet ganzheitlich sinnliche Erfahrungswerte und kann durch vielfältige Prozesse zu ästhetischen Erkenntnisprozessen führen.[852]

Im Folgenden werden exemplarisch thematische Auseinandersetzungen im Rahmen kunstpädagogischer Projekte mit Menschenrechtsverletzungen angeführt. Diese stellen nur einen Einblick in das Feld ästhetischer Projekte zu Themen von Menschenrechtsbildung dar.

6.1.1 Verletzung von Kinderrechten im Krieg

Verletzungen von Menschenrechten erfolgen häufig im Kontext bewaffneter Konflikte und Kriege.[853] Dabei treten bewaffnete Konflikte oft in Form von regionalen Konflikten, aber auch internationaler Krisen oder Terrorismus auf.[854] Diese „Kriegsformen" fordern eine hohe Zahl ziviler Opfer, unter denen sich auch Kinder befinden. So hat Alexandra Kempf in ihrer ästhetischen Auseinandersetzung mit Krieg und Frieden eine der hilflosesten Gruppen im Krieg fokussiert: die Kinder.

Grundbedürfnisse von Kindern (z.B. in Form von medizinischer Versorgung, Nahrungsversorgung, Sicherheit usw.) werden in Kriegs- und Krisengebieten nur unzureichend befriedigt.[855] Zudem verschlechtern sich häufig die sozio-ökonomischen Bedingungen und Bildungschancen von Kindern. Kinder leiden sehr stark unter den widrigen Umständen:[856]

> *„Viele Kinder im Krieg hatten keine Kindheit und keinen Alltag, somit mussten sie früh Verantwortung für sich selbst übernehmen. Angst und Hilflosigkeit waren ihr ständiger Begleiter. Darüber hinaus erlitten viele Kriegskinder dramatische psychische soziale Folgen durch den Krieg, wie zum Beispiel Sprechverlust und Alpträume. Zudem werden die traumatischen Kriegs- und Kindheitserlebnisse oft erst im späten Erwachsenenalter der Traumatisierung sichtbar."*[857]

Dabei kann Bezug auf aktuelle Kriegsgebiete, wie Syrien und Ukraine genommen werden:

> *„Bomben, Waffen und der Tod gehören zu ihrer Realität und zum Alltag dazu. Viele Kriegskinder verloren ihre Eltern, Geschwister und Freunde oder wurden durch die Flucht von ihnen getrennt. Auch ihr Zuhause ist durch Bombenangriffe komplett zerstört worden."*[858]

Die wissenschaftliche Recherche über den Alltag der Kinder in Kriegsgebieten war Teil ihrer künstlerisch-ästhetischen Forschung. In einer Collage verdeutlichte sie die verlorene Kindheit, indem sie zwei Kinder auf einem Waffenberg darstellte. Während der Junge noch seinen Teddy festhält, entweicht der Ballon des kleinen Mädchens in den Himmel. Die

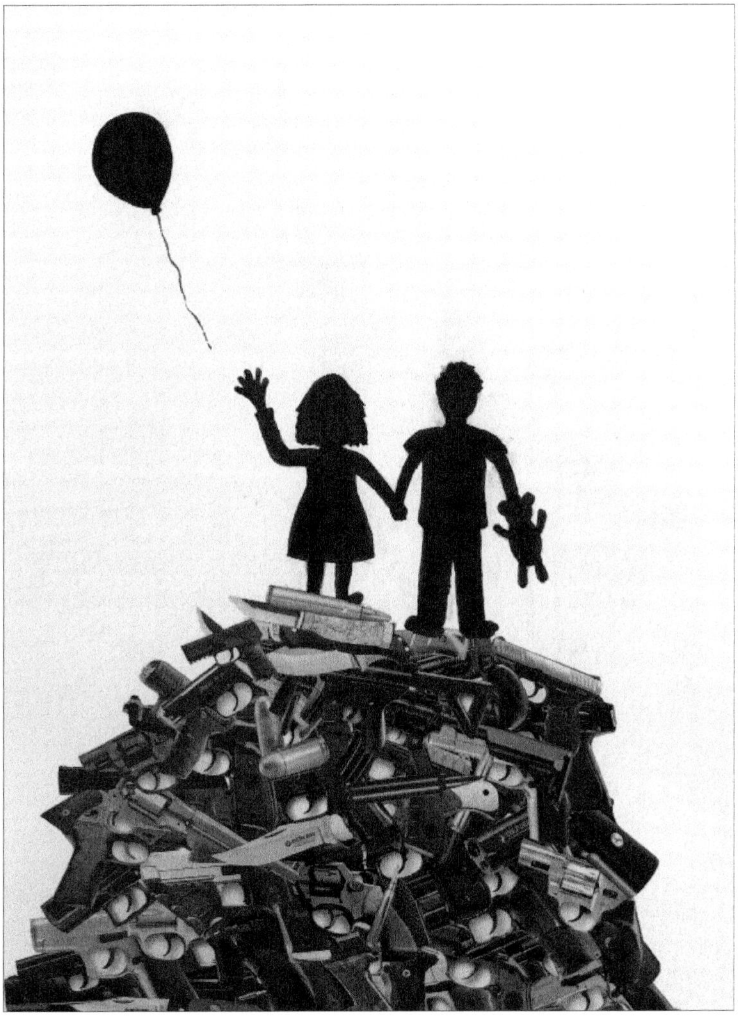

Abb. 14 „Verlorene Kindheit" von Alexandra Kempf

Darstellung entstand mit Bezug auf Banskys berühmtes Werk „Mädchen mit Ballon". Indem Kempf die Motive des Waffenberges und des weiteren Kindes einbindet, eröffnet sie eine neue Bedeutungsebene. Die Kinder sind als schwarze Silhouetten dargestellt. Die Studentin intendierte damit eine Anonymisierung dieser Kinder, die symbolisch für alle Kriegskinder stehen. Zudem eröffnet sie farbliche Bedeutungsgefüge: *„Ich wählte zudem die Farbe schwarz, da die Farbe für eine dunkle Kindheit stehen soll, die die fehlende Freiheit, Verzweiflung und Angst der Kinder zeigen soll. Ich habe den Hintergrund absicht-*

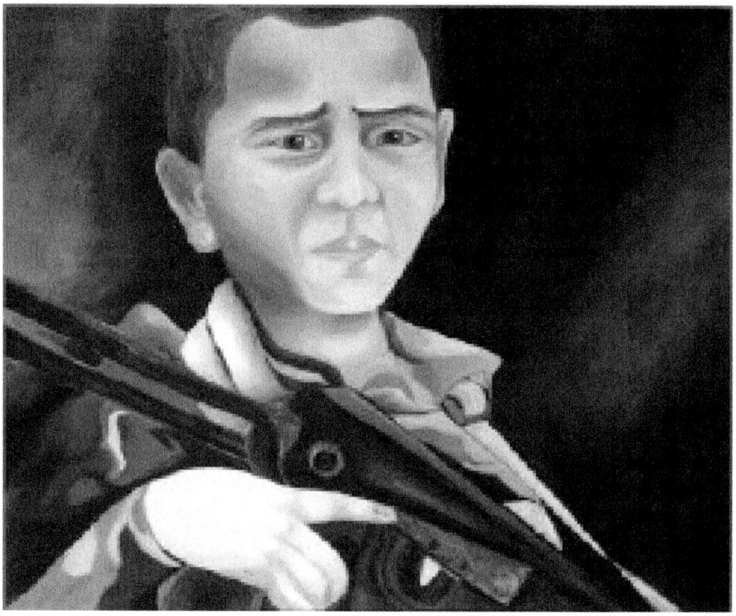

Abb. 15 Kindersoldat, Malerei von Nicole Wehmeier

lich frei gelassen, da die Kinder keine Hoffnung haben und ihnen alles genommen wurde und sie somit ins Leere starren."[859]

Ihr Bild soll symbolisch die verlorene Kindheit im Krieg visualisieren und damit als eine Kritik an Verletzungen der Würde des Menschen und allgemein der Kinder- und Menschenrechte und damit an einer gescheiterten Friedenspolitik verstanden werden.

Nicole Wehmeier hat sich im Rahmen ihrer ästhetisch-forschenden Auseinandersetzung ebenfalls mit Kindern im Krieg, konkret mit dem Thema „Kindersoldaten" (Abb. 15) befasst.[860]

> *„Bei meinen Recherchen fand ich heraus, dass es [unzählige] Kindersoldaten auf der Welt gibt.*[861] *So werden z.B. in Syrien Tausende von Kindern vom Islamischen Staat,*

von der Freien Syrischen Armee oder Pro-Assad-Gruppen als Soldaten missbraucht. Oder auch in Nigeria wurden seit 2009 8000 Kinder, darunter auch viele Mädchen, von der Boko Haram rekrutiert und zum Teil gezwungen, sich als Selbstmordattentäter in die Luft zu sprengen. Daneben gibt es zahlreiche weitere Länder, in denen Kindersoldaten für Kriegszwecke missbraucht werden. Zu diesen Ländern gehören u.a. Myanmar, Indien, der Sudan, Mali, die Zentralafrikanische Republik, Somalia, Libyen, Jemen, der Irak, Israel und Palästina, der Libanon, Afghanistan, Thailand und die Philippinen."[862]

In ihrer Arbeit stellt sie heraus, dass dies *„eine klare und grausame Verletzung von Menschenrechten und ethisch-moralischen Werten darstellt. Vor allem Kinderrechte werden hier eindeutig und klar verletzt. Die Verwirklichung von Kinderrechten in Afrika, Asien und Lateinamerika ist abhängig von politischen Entscheidungen. So verabschiedeten 1989 die Vereinten Nationen die „Konvention über die Rechte des Kindes (UN-KRK).*[863]

Dieses Werk hält z.B. das Recht des Kindes auf Schutz und Fürsorge, auf Leben, auf Schutz vor körperlicher und geistiger Gewaltanwendung, das Recht des Kindes auf Ruhe, Frieden, Spiel und Erholung fest. Daraus entwickelte ich das Konzept, den Gegensatz zwischen dem eigentlichen Zarten und Unschuldigen des Kindes und der Rolle, in die es gezwungen wird, darzustellen. Dabei steht die eigentliche Unschuld des Kindes im Gegensatz zu der Waffengewalt."[864] Im Rahmen ihrer ästhetischen und wissenschaftlichen Forschungen kreierte sie eine Malerei, mit der sie den Bruch ethisch-moralischer Wertvorstellungen visualisiert. Dabei wollte sie auf die schrecklichen Erfahrungen, die das Kind erlebte hinweisen: *„Die Augen des Kindersoldaten zeugen von schlimmen Erfahrungen und Angst. Es sind eher die Augen eines Erwachsenen als eines Kindes."* [865]

Während sich die vorab genannten Beispiele auf die Verletzungen von Kinderrechten im Krieg beziehen, so wird im Folgenden Bezug auf Menschenrechtsverletzungen im Kontext von Flucht und Vertreibung genommen.

6.1.2 Menschenrechtsverletzungen im Kontext von Flucht und Vertreibung

Durch Kriege, gewaltsame Konflikte, aber auch durch (vom Menschen verursachte) Umweltkatastrophen und Hungersnöte werden zahlreiche Menschen entwurzelt und in die Flucht getrieben.[866] Viele Menschen fliehen, weil in ihrer Heimat durch Krieg und politische Systeme Verletzungen von Menschenrechten und ethisch-moralischen Werten erfolg(t)en. Europa und auch Deutschland waren bisher – unter anderen – Ziel vieler geflüchteter Menschen auf der Suche nach einem besseren Leben. Im Rahmen des aktuellen Ukraine-Kriegs sind in Europa Millionen Menschen auf der Flucht. Viele Studierende haben sich mit dem Thema „Flucht" auseinandergesetzt – wie bereits in den vorigen Kapiteln ersichtlich ist –, da ein aktueller Lebensweltbezug gegeben ist. Einige von ihnen besitzen Migrationshintergrund, andere verbindet eine Bekanntschaft oder Freundschaft mit Geflüchteten, andere kennen es dagegen nur aus der „Fernsehrealität" und örtlichen Geschehnissen im Kontext der Migrations- und Asylpolitik. Zudem waren viele Studierende angesichts der Nachrichten über die tragischen Todesfälle, die sich insbesondere bei der Flucht übers Meer ereignen, erschüttert. Diese Thematik wurde im Kontext der ästhetischen Auseinandersetzung in unterschiedlicher Weise aufgegriffen. Im Folgenden werden zwei Beispiele vorgestellt, die den Fokus auf Menschenrechte richten.

Büsra Koc hat eine Performance dazu kreiert. Im Kontext ihrer ästhetischen Forschung befasste sie sich mit Gründen, die Menschen zur gefährlichen Flucht in ein ungewisses Leben bewegen. Dabei hat sie Geflüchtete befragt und die Antworten stichwortartig mit schwarzem Stift auf eine rote Decke geschrieben. Diese verweisen auf Menschenrechte und Grundfreiheiten. In der Mitte war das Wort „Freedom" geschrieben, darum herum waren folgende Begriffe angeordnet: „Life Safety, Right to Labour, Right to Education, Family Togetherness, Right to Communicate, to get rid of Isolation, Need to Social Environment".[867]

An einer Ecke der roten Fleecedecke hat sie ein schwarzes Ankersymbol gemalt. Der Anker symbolisiert zum einen die Schifffahrt und verweist auf die gefährliche Flucht mit dem Boot. Zum anderen symbolisiert der Anker Halt und damit den Wunsch, wieder in stabilen Verhältnissen zu leben. Sie wählte mit Bezugnahme auf die Decke vom Roten Kreuz, die vielen Geflüchteten bei der Ankunft gegeben wird, eine rote Decke. *„Die rote Decke steht für Schutz, Wärme und Sicherheit aber zugleich auch für den Anfang eines neuen Lebens, einer großen Mühe und Anstrengung verbunden mit viel Traumata, eventuell sogar Verlusten oder Verletzungen."*[868]

Im Rahmen einer Performance hat sie die Decke so auseinandergefaltet, dass jeweils ein weiterer Begriff sichtbar wurde. Damit hat sie eindrucksvoll wichtige Gründe – in Form von Menschenrechten und Grundfreiheiten – benannt, die Menschen dazu bewegen, ihre Heimat zu verlassen und die gefährliche Flucht ins Ungewisse anzutreten.

Während Büsra Koc insbesondere von persönlichen Interessen und biografischen Komponenten motiviert wurde, hat die Studentin Sabrina Wolfram sich unter anderen durch Ai Weiweis Film „Human Flow" inspirieren lassen und globale Aspekte fokussiert.

„In meiner Arbeit habe ich mich dazu entschieden, mich mit der momentanen Situation von Flüchtlingen und Geflüchteten zu beschäftigen. Die Grundidee entstand unter anderem durch den Film „Human Flow“ von Ai Weiwei. Die, vor dem Krieg in ihren Heimatländern fliehenden Menschen sind meist ihrem Schicksal auf der Flucht ausgeliefert. Ein Flüchtling zu sein bedeutet heutzutage mehr, als nur aus dem eigenen Heimatland auswandern zu müssen.“[869]

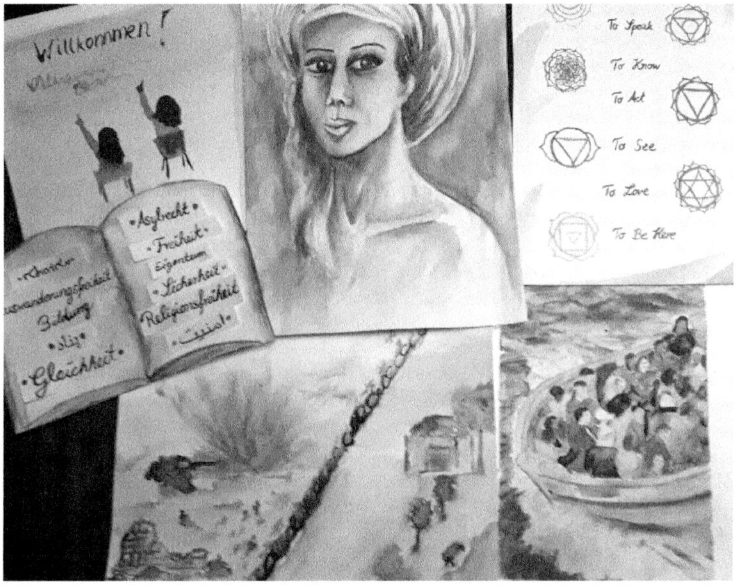

Abb. 16 „Flucht“ (Ausschnitt) von Sabrina Wolfram,

Sie verweist auf die beschwerliche Situation, in der sich Menschen auf der Flucht befinden. Dabei setzt sie den Schwerpunkt auf die Menschenrechtsthematik: Die Geflüchteten haben sowohl in ihrer ehemaligen Heimat Menschenrechtsverletzungen erfahren, aber auch auf der Flucht kann es zu Menschenrechtsverletzungen kommen. In einer Collage führt sie verschiedene Aspekte zusammen und erstellt neue Bedeutungszusammenhänge. In ihrer Reflexion gibt sie an, dass ihre ästhetische Auseinandersetzung für die schwere Lage von Geflüchteten sensibilisieren soll und einen Appell beinhaltet, sich zu engagieren, auf geflüchtete Menschen zuzugehen und nicht „die Augen zu verschließen“.[870]

Die hier angeführten Beispiele stellen nur einen kleinen Einblick in die ästhetische Auseinandersetzung mit dem bedeutenden Thema der Menschenrechte dar. Während diese weitestgehend individuelle Auseinandersetzungen spiegeln, bergen interaktive und partizipative Aktionen noch verstärkt Potential, um konkret Menschenrechte umzusetzen.

7 Ästhetischer Zugang über politische Bildung und Demokratieerziehung

Im Rahmen einer pazifistisch ausgerichteten Kunstpädagogik spielt die politische Bildungskomponente eine wichtige Rolle. Dabei soll Kunstpädagogik nicht politisch werden, aber die Vermittlung von Kompetenzen einer modernen politischen Bildung und demokratischer Rechtserziehung ist ein wichtiger Baustein einer Erziehung zum Frieden.[871] Dabei ist zu beachten, dass Menschenrechte eine Grundlage der Demokratie darstellen, sodass Verknüpfungen zum vorigen Kapitel gegeben sind.

An dieser Stelle wird nur ein kleiner Einblick gegeben: Die Vermittlung und Einhaltung von Grundsätzen der Freiheit, der Gerechtigkeit und der Demokratie sind bedeutende Zielsetzungen.[872] Die Entwicklung zur Mündigkeit ist ein übergeordnetes Ziel.

Zu einer umfassenden politischen Bildung gehört ebenfalls Wissen über Grundzüge politischen Handelns auf staatlicher Ebene, wie zum Beispiel „der uneingeschränkten Achtung der Grundsätze der Souveränität, der territorialen Unversehrtheit und der politischen Unabhängigkeit der Staaten und der Nichteinmischung in Angelegenheiten, die ihrem Wesen nach zur inneren Zuständigkeit eines Staates gehören, im Einklang mit der Charta der Vereinten Nationen und dem Völkerrecht".[873] Ebenfalls sind Kenntnisse über Maßnahmen zur Förderung des regionalen Friedens, aber ebenfalls des Weltfriedens und der internationalen Sicherheit wichtige Aspekte.[874] Gerade angesichts des Vernichtungspotentials heutiger Waffen, wie der Atombombe, sind moderne rechtsstaatliche nationale Verhältnisse und transnationale Selbstverpflichtungen von großer Bedeutung.[875] Moderne Rechtsordnungen zeichnen sich durch eine Orientierung an der Idee der Gleichheit aus, die menschenrechtlich und grundrechtlich verankert ist.[876] Rechtssicherheit, ethische Gleichwertigkeit und soziale Gerechtigkeit sind wichtige Faktoren friedlichen Zusammenlebens.[877] Allerdings ist anzumerken, dass sich Aspekte moderner Rechtsstaatlichkeit und Demokratie nicht unbedingt wie eine Ware exportieren lassen, sondern eine bestimmte Haltung und Einstellung vermittelt werden müssen.[878]

Auch der Frieden zwischen Demokratien muss einer kritischen Betrachtung unterzogen werden: So entspricht der Befund des „Demokratischen Friedens" eher dem Begriff des „negativen Friedens" als dem des „positiven Friedens", denn zwischen Demokratien werden Konflikte nach bisheriger Erfahrung ohne den Rückgriff auf kriegerische Mittel ausgetragen.[879] „Frieden bezieht sich in diesem Verständnis auf einen Gewaltverzicht und Friedenspolitik auf die fortschreitende Stabilisierung entsprechender Erwartungen."[880] „Positiver Frieden" dagegen zielt auf die Überwindung von „struktureller Gewalt" ab.[881] Auch ist zu bedenken, dass sich angesichts aktueller „Heterogenität der Herrschaftssysteme, der sich vertiefenden Ungleichheit wirtschaftlicher Entwicklung und einer nur schwach institutionalisierten internationalen Ordnungspolitik" ein verstärktes Demokratiebestreben, „ein Mehr an Demokratie", sich weder auf nationaler noch auf internationaler Ebene „unmittelbar in ein Weniger an Gewalt" übersetzen lässt.[882] So kann die Demokratisierung durchaus mit verstärkten innerstaatlichen Auseinandersetzungen einhergehen, die auch die zwischenstaatlichen Beziehungen beeinflussen."[883] Zum anderen kann eine erhebliche Varianz im „Außenverhalten" von Demokratien festgestellt werden, da der demokratische Charakter das „Außenverhalten" nicht zwingend determiniert.[884] Nichtsdestotrotz gilt der „demokratische Frieden", der besagt, dass Demokratien keine Kriege gegeneinander führen.[885] Allerdings bezieht sich diese Aussage in Bezug auf Erfahrungswerte insbesondere auf liberale Demokratien.[886] Doch es wird konstatiert, dass ein deutlicher Zusammenhang zwischen Demokratie und kollektivem Konfliktverhalten auf nationaler und internationaler Ebene besteht, woraus gefolgert werden kann, dass eine demokratische Welt wohl eine friedlichere wäre.[887] So sind die Vermittlung demokratischer Grundsätze und die Förderung von Kompetenzen rechtsstaatlicher Bildung wichtige pädagogische Zielsetzung.

Es stellt sich die Frage, in welcher Weise politische Bildung und rechtsstaatliche Erziehung konkret in der Kunst und Kunstpädagogik situiert sind. Es liegen Schnittstellen vor: So spielen Kompetenzen der Rechtserziehung in kunstpädagogischen Lernsituationen in Form von Regeln für ein soziales Miteinander und für die Gleichbehandlung (z.B. im Rahmen inklusiver Pädagogik) sowie für den Abbau von Diskriminierung eine bedeutende Rolle. Zudem ist Politik ein Themenfeld der Kunst.[888] Durch rezeptive, produktive und reflektive Auseinandersetzung mit politischer Kunst können ebenfalls „politische Kompetenzen" in Bezug auf friedenspädagogische Aspekte, z.B. in Form von Vermittlung von Werten und Fähigkeiten, die zur Demokratie befähigen, gefördert und erworben werden.

Ebenfalls muss eine kritische Haltung angebahnt werden: Je nach gesellschaftshistorischen, politischen und sozialen Kontexten wurde Kunst in den Dienst der Politik gestellt. Solche Werke müssen kritisch hinterfragt werden, insbesondere wenn sie im Kontext von propagandistischen Strukturen stehen. Natürlich besitzt Kunst ebenfalls eine Autonomie, die eine freie, zweckungebundene Auseinandersetzung mit Politik ermöglicht. Auf der anderen Seite kann Kunst auch Kritik an politischen Systemen und Diktaturen beinhalten und Ungerechtigkeiten herausstellen. Exemplarisch sei auf Werke von Sheida Soleimani verwiesen, die politisch und religiös intendierte aktuelle Menschenrechtsverletzungen im Iran anprangert. Dies ist zum Beispiel in ihrer Serie „National Anthem" aber ebenso in den Werken ersichtlich, die Bezug auf das Schicksal von Frauen nehmen, die unrechtmäßig exekutiert wurden.[889] Exemplarisch sei zudem auf die politischen Plakate von Klaus Staeck verwiesen,[890] sowie auf Anselm Kiefers kritische Auseinandersetzung mit der deutschen Geschichte und auf Wolf Vostells politische Arbeiten. Angesichts der aktuellen Situation in der Ukraine sei auf Werke der Sankt Petersburger „Protestkünstlerin" Elena Osipowa verwiesen, die mit selbstgemalten Plakaten gegen Russlands Vorgehen protestiert.[891]

Rezeption als auch Produktion von Kunst können zu einer politischen Bildung beitragen und Kompetenzen eines kritischen Macht- und Politikbewusstseins vermitteln[892] sowie zur Mitgestaltung von Demokratien anregen. Dies ist in der Friedenserziehung ebenfalls ein Aspekt. Steichen hat in seiner Ausstellung „The Family of Man" ebenfalls einen politischen Bildungsanspruch impliziert. So werden Fotografien von Wahlakten aus unterschiedlichen Ländern konfrontiert. Eine zwischen Fotografien von öffentlichen Reden und Veranstaltungen angebrachte Wahlurne, in die Stimmzettel eingeworfen werden können, verweist auf den politischen Lehranspruch im Sinne eines demokratischen Verständnisses der Ausstellung.[893]

In Bezug auf die Tatsache, dass sich Kunst mit Blick auf die Geschichte auch durch Politik instrumentalisieren ließ,[894] muss ein kritisches Urteilsvermögen vermittelt werden. In diesem Sinne ist es von großer Bedeutung, politische Bildung, Kritikausübung und demokratische Mitbestimmung auch im Kontext ästhetischer Bildung zu initiieren. Wiederum sei auf Joseph Beuys verwiesen, der in seinem Konzept des Erweiterten Kunstbegriffs[895] die Kunst als soziale, gesellschaftlich relevante Kraft aufgefasst hat.[896] Der Begriff der Sozialen Plastik, an der jeder mitwirken kann, besitzt im Rahmen solcher Überlegungen einer demokratischen Mitbestimmung und -gestaltung Bedeutung. Durch partizipative und interaktive ästhetische Projekte im öffentlichen Raum kann Kunst zur Förderung von Demokratie und zur Entwicklung eines mündigen Bürgers bzw. einer mündigen Bürgerin beitragen.

7.1 Museumskoffer zum „Bau und Fall der Berliner Mauer und zum Zwei-plus-Vier-Vertrag"

Auch wenn interaktive, partizipative Konzepte in der Tradition der Sozialen Plastik sehr gut für die Demokratieerziehung geeignet sind, so wurde hier ein Vermittlungsmedium gewählt, das insbesondere in Schulen und im Museum angewandt werden kann und einen entdeckenden, handlungsorientierten Umgang ermöglicht: Ein Museumskoffer[897], der in Bezug auf das Thema „Bau und Fall der Berliner Mauer und Zwei-plus-Vier-Vertrag" für die Fächer Kunst, Politik und Geschichte erstellt wurde.[898] In diesem werden die Entstehung der Berliner Mauer sowie die Geschehnisse behandelt, die letztendlich zu ihrem Fall führten.[899] Dabei wird die nationale, aber auch die übergeordnete Bedeutung im Kontext deutscher Geschichte sowie in Bezug auf den Kalten Krieg kritisch behandelt. Dabei spielen demokratische Strukturen eine wichtige Rolle.

„Bau und Fall der Berliner Mauer und der Zwei-plus-Vier-Vertrag" stellt einen Eintrag ins Verzeichnis des Weltdokumentenerbes dar, unter dem mehrere Dokumente sowie Filme und Fotografien verzeichnet sind.[900] Der Koffer bietet verschiedene ästhetische Zugänge, die den Schüler*innen handlungsorientiert vielfältige und differenzierte Auseinandersetzungen mit den Inhalten ermöglichen:[901] So ist im Koffer anschaulich eine „Miniatur-Mauer" errichtet.[902] Durch diese „Miniatur-Mauer" erfolgt im Koffer eine Teilung in Ost und West: So werden Objekte, die im Zusammenhang mit der DDR stehen, mit Gegenständen konfrontiert, die dem Westen zugehörige Inhalte repräsentieren.[903] Neben traditionellen künstlerischen Praktiken werden neue Medien integriert: Ein selbsterstellter Stop-Motion-Film visualisiert die Stationen des Baus und Falls der Berliner Mauer und gibt Anregungen zu einem filmischen Projekt.[904]

Ein Fokus des Kofferinhalts liegt auf dem Thema „Flucht". Diesbezüglich wurde beispielsweise eine Collage erstellt, die die Schattenseiten der DDR thematisiert.[905] Ein Scherenschnitt zeigt den NVA-Soldaten Conrad Schumann, der flüchtend über einen Stacheldrahtzaun sprang und so zu einem Symbol für die Flucht aus der DDR geworden ist. Mit Bezug auf Einzelschicksale regen diese Materialien zu ästhetisch-biografischen Forschungen an.[906] Die unterschiedlichen bei der Anfertigung des Koffers angewendeten künstlerischen Praktiken werden mit didaktischen Impulsen verknüpft, die zur Auseinandersetzung mit der Geschichte mittels künstlerischer Denk- und Handlungsstrategien anregen.[907] Ziel des Koffers ist es, den Schüler*innen mit Hilfe verschiedener ästhetischer Zugänge diesen wichtigen Teil der deutschen Geschichte näher zu bringen und ihnen die geschichtlich-politischen Hintergründe übergeordnet sowie anhand von Einzelschicksalen aufzuzeigen.[908] Dabei wird die Bedeutung von Demokratie herausgestellt.

Während dieser Museumskoffer primär auf die deutsche Geschichte gerichtet ist, so ist es ebenso von großer Bedeutung, globale Zusammenhänge und aktuelle Vernetzungen aufzuzeigen und ein globales Geschichtsbewusstsein und politisches Verständnis zu fördern. Diesbezüglich bietet der Museumskoffer ebenfalls Anknüpfungspunkte.[909] Neben diesen eignen sich weitere vielfältige künstlerische Formate zur Förderung einer demokratischen Bildung.

8 Ästhetischer Zugang: Nachhaltiges Handeln mit Fokus auf Umwelt- und Klimaschutz

„Der Klimawandel wirkt als Konfliktanlass, Armutsursache, Auslöser von extremen Wetterereignissen und daraus folgenden Wanderbewegungen und Konflikten…“[910]

Nachhaltigkeitsbildung und damit verbundene Umweltbildung im Kontext globalisierten Lernens sind von großer Bedeutung, um heutigen und zukünftigen Problemen im Rahmen globalisierter Strukturen begegnen zu können und ein friedliches Miteinanderleben anzustreben. Die „Vereinten Nationen“ haben 2015 in der Agenda 2030 siebzehn Nachhaltigkeitsziele formuliert, die ökonomische, ökologische und soziale Aspekte umfassen, mit dem Ziel weltweit ein menschenwürdiges Leben zu ermöglichen und um die natürlichen Lebensgrundlagen dauerhaft zu bewahren.[911] Allgemein können sich nachhaltige Entwicklung und Frieden wechselseitig bedingen: *„Ohne Frieden kann nachhaltige Entwicklung an gewalttätig ausgetragenen Interessenskonflikten scheitern; und ohne nachhaltige Entwicklung ist friedliches Zusammenleben der Menschen aufgrund von Umweltzerstörung und Ressourcenkonflikten kaum zu erreichen.“*[912]

Nachhaltige Entwicklungspolitik kann zur Krisenprävention und Kriegsverhütung beitragen, indem strukturellen Konfliktpotentialen und der Entstehung gewaltträchtiger Konflikte vorgebeugt wird.[913] Diesbezügliche Ziele bestehen u.a. in einer effizienten und gerechten Ressourcenverteilung und -nutzung sowie einem menschlichen Zusammenleben im gewissen Einklang mit der Natur, das an bestimmte Bedürfnisziele angepasst ist.[914]

Der Zusammenhang zwischen Wachstum, Macht und Gewaltkonflikten ist so komplex, dass in dieser Studie nur ein Einblick gegeben werden kann.[915] Der Umfang der Weltbevölkerung hat exponentiell zugenommen und es wurden u.a. durch technologische Innovationen immer mehr Grenzen überschritten, doch die Ressourcen und allgemein „das System Erde“ ist endlich.[916] Es sind u.a. Bevölkerungswachstum, hoher Güterkonsum, Umweltverschmutzung und ungleiche Verteilung, die zur Verknappung von ökologischen Ressourcen führen können.[917] Mit steigender Ressourcenknappheit und wachsender Umweltzerstörung lassen sich Bedingungen eines nachhaltigen Friedens nicht dauerhaft sichern.[918] Die Knappheit an erneuerbaren Ressourcen hat u.a. in einigen Staaten Afrikas, in Nahost, in Südasien und Mittelamerika schon zu Konflikten und Kriegen beigetragen.[919] Insbesondere in in Ländern, die gesellschaftlich, politisch und ökonomisch benachteiligt sind,[920] besteht die Gefahr, dass „infolge einer Negativkopplung von Umweltzerstörung, Unterentwicklung und Gewaltkonflikten eine spiralförmige Dynamik systemischer Destabilisierung in Gang gesetzt wird, in der wenige profitieren, viele aber alles verlieren können".[921] Umweltkonflikte bergen in solchen Ländern eine größere Kriegsgefahr, da hier institutionalisierte Konfliktregelungsmechanismen häufig schwach oder fragil sind und sie je nach Fall auch eine geringe demokratische Legitimität aufweisen.[922] Umwelt- und Ressourcenprobleme können „steuernde, verstärkende und mobilisierende Faktoren" darstellen, durch die Ziele und Strategien eines Gewaltkonflikts beeinflusst werden können.[923] Die Ursachen des Konflikts sind allerdings häufig komplexer.[924] *„Umweltdegradation und deren sozio-ökonomische Folgen, z.B. für die Verfügbarkeit landwirtschaftlicher Nutzflächen, die Versorgung mit Nahrungsmitteln oder den Zugang zu Trinkwasser können also einen Konflikt beeinflussen, der jedoch direkt vor allem von politischen und wirtschaftlichen Faktoren (ethnische Spannungen, sozio-ökonomische Entwicklungsdisparitäten, umstrittene Legitimation des politischen Regimes u.a.m.) bestimmt wird."*[925]

Somit stellen Umwelt-, Entwicklungs- und Sicherheitspolitik wesentliche Bausteine eines Konzeptes nachhaltigen Friedens dar.[926] Denn Umweltveränderung kann sowohl Gegenstand als auch Ursache von Konflikten sein.[927] Im Gegensatz zu Kriegen um nicht erneuerbare Ressourcen (Mineralien, fossile Brennstoffe) spielen bei ökologisch induzierten Konflikten häufig Folgen der Abnutzung und Zustandsverschlechterung (Degradation) eine Rolle.[928]

In Bezug auf nicht-erneuerbare Ressourcen sei auf fossile Energieträger (z.B. Kohle, Erdöl, Erdgas) verwiesen, die die industrielle Revolution und damit verbundenes Wachstum erst ermöglichten.[929] Das Interesse an einem dauerhaft gesicherten Zugang und der Besitz bzw. die Lagerung von diesen hat zu Konflikten und Kriegen beigetragen.[930] Allerdings ist ein Umdenken notwendig, da die Verbrennung fossiler Energieträger zur globalen Erwärmung und zum Klimawandel beiträgt, der gravierende ökologische Folgen hat und zu sozialen und ökonomischen Verwerfungen führen kann, die Konflikte begünstigen und sogar Kriege auslösen können.[931] In Bezug auf eine an nachhaltige Entwicklung angepasste Energienutzung sind komplexe und vielfältige Maßnahmen u.a. zur Energieeinsparung, Effizienzsteigerung, der Förderung erneuerbarer Energien und Einhaltung ökologischer Richtwerte nötig.[932]

Im Kontext der Entwicklung in Bezug auf die Ressourcennutzung ist eine ökoverträgliche Nutzung natürlicher Ressourcen, einer Effizienzsteigerung, einer Verringerung der Risiken der Ressourcennutzung (z.B. durch freigesetzte Umweltgifte, Radioaktivität, etc.), eine gerechtere Verteilung sowie eine Anpassung und Veränderung von Bedürfniszielen von Bedeutung.[933] Ein wesentliches Ziel nachhaltiger Entwicklung, besteht in der Forderung nach „einer Gleichberechtigung zwischen den Bedürfnissen gegenwärtiger und zukünftiger Generationen".[934] Damit verbunden ist ein nachhaltiger Umgang mit Umwelt und Natur. So soll zum Beispiel die Regenerationsrate bei der Nutzung natürlicher Ressourcen nicht überschritten werden. Ebenso sollen irreversible Fehlentwicklungen, z.B. das Artensterben, der Verlust von Wäldern, die Ausbreitung von Wüsten und die Überschwemmung von Küstenregionen vermieden werden.[935] Der Mensch muss Verantwortung für sein Handeln übernehmen.

In Bezug auf Umweltveränderungen mit Konfliktpotentialen können verschiedene Szenarien unterschieden werden:[936]

- Naturkatastrophen können Tod, Leid und aufgrund einhergehender Zerstörungen (z.B. Infrastruktur) ggf. zu eingeschränkten Entwicklungsperspektiven der betroffenen Region führen.[937] Konflikte, zum Beispiel angesichts verbliebener Ressourcen, können eine Folge sein.[938] Naturkatastrophen können sowohl rein natürliche Ursache besitzen, z.B. Erdbeben oder Vulkanausbrüche, ebenso können sie durch menschliches Handeln (mit)verursacht werden. Exemplarisch sei auf Feuersbrünste (z.B. durch Brandstiftung), Überschwemmungen und Dürreperioden als potentielle Folgen des vom Menschen verursachten Klimawandels verwiesen.
- Mit dem Begriff „Tragedy of the Commons" wird eine komplexe Konstellation der Umweltveränderung mit Konfliktpotential bezeichnet: die kollektive Gesamtsumme individueller Nutzung und damit einhergehende Schädigung von Umwelt und Natur führt zu massiven Umweltveränderungen, die nicht nur regionale Auswirkungen haben, sondern viele Menschen betreffen.[939] Exemplarisch sei auf den individuellen Beitrag zur Treibhausgaskonzentration verwiesen, der im Einzelfall gering wirkt, jedoch in der Gesamtsumme zu einer Ursache des globalen Klimawandels wird, der wiederum gravierende Folgen hat.[940]
- Gezielte und geplante Eingriffe in Umwelt und Natur können negative Wirkungen auf umgebende Regionen und deren Bevölkerung haben.[941] Exemplarisch sei auf ökologisch unangepassten Abbau mineralischer Rohstoffe verwiesen, der eine Kontamination von Gewässern und anderen Umweltmedien mit Schadstoffen zur Folge hat, die wiederum Menschen und Tiere belasten.[942] Häufig gibt es Verantwortliche, die

solche negativen Wirkungen aus wirtschaftlichen und anderen Gründen in Kauf nehmen.[943] Dies besitzt Konfliktpotential.

Es sind u.a. nicht angepasste Produktions- und Konsumstrukturen, die eine Ursache für Umweltveränderungen darstellen, die sich u.a. im Klimawandel und dessen potentiellen Folgen zeigen.[944] Die ersten komplexen Auswirkungen des vom Menschen ausgelösten ökologischen Wandlungsprozesses des Klimas sind bereits erfahrbar:[945] Der Anstieg der Durchschnittstemperatur und das damit verbundene Abschmelzen der Gletscher, der Meeresspiegelanstieg, verheerende Stürme, Überflutungen, immense Waldbrände, der Verlust von Ackerflächen durch Bodendegradation und Wüstenbildung, Artensterben und anthropogen verursachte „Naturkatastrophen" sind nur einige Folgen. Auch die Verknappung und Verschmutzung von Süßwasser, die Verschmutzung und Überfischung der Weltmeere, sowie der Verlust der Biodiversität stellen ernstzunehmende Umweltveränderungen dar.[946] Solche Umweltprobleme können zu Konflikten beitragen.[947] Das globale Bevölkerungswachstum verschärft die Problematik insbesondere in weniger entwickelten Regionen. So können Konflikte, z.B. um Trinkwasser, und zunehmende Fluchtbewegungen, u.a. aufgrund von gravierenden Umweltveränderungen, eine Folge sein.[948] Das verantwortungslose Handeln der Menschheit hat zu globalen Katastrophen, zu einem immensen Artensterben und zur Zerstörung unserer Umwelt geführt. Zu den weiteren Folgen gehören u.a. Hungersnöte, ein Mangel an Trinkwasser, Armut und Massenmigration. Angesichts sich verschärfender Umweltproblematik, wie dem Klimawandel, wird prognostiziert, dass sich Konflikte intensivieren und vertiefen und die Anzahl der Konflikte zunehmen wird.[949] Dies kann Kriege nach sich ziehen.[950]

Kriege der Zukunft können zum Beispiel in Bezug auf Folgen des Klimawandels oder Naturkatastrophen, im Kampf um Rohstoffe oder um Lebensraum entstehen. Es sind komplexe Wirkgefüge; so spielen viele Faktoren eine Rolle: Zum Beispiel treten die Kombination von Umwelt- und Hungerkatastrophen, Krieg und Flucht derzeit unter anderen im Kontext von sogenannten „failed states" auf.[951] In diesem Kontext ist ebenfalls Entwicklungszusammenarbeit von großer Bedeutung, um Armut, Elend und Flucht als potentielle Auslöser von Konflikten und Kriegen zu bekämpfen. So werden im Kontext eines erweiterten Sicherheitsbegriffs nicht mehr ausschließlich militärische Sicherheit, sondern ebenfalls weitere Kategorien, z.B. ökologogische Sicherheit, ökonomische Sicherheit, Ernährungssicherheit und Gesundheitssicherheit (für das Individuum) betrachtet.[952]

Im Folgenden wird zunächst ein Einblick in künstlerische Auseinandersetzungen im Kontext von Klima-, Umwelt- und Naturschutz gegeben, um anschließend Überlegungen zum Potential kunstpädagogischer Projekte als Beitrag zu Klima-, Umwelt- und Naturschutz und zu einem nachhaltigen Handeln anzustellen, ohne diese für solche Intentionen instrumentalisieren zu wollen.[953]

8.1 Einblicke: Künstlerische Positionen im Kontext von Klima- und Umweltschutz

Parallel zur Entstehung der Umweltschutzbewegung brachten auch Künstler*innen den Naturschutzgedanken in ihrer Kunst zum Ausdruck.[954] Dabei kamen auch Formen von künstlerischen Auseinandersetzungen mit der Natur, z.B. mittels Land Art oder Environmental Art zum Ausdruck.[955] Aber ebenso wurden andere Medien und vielfältige künstlerische Formen und Strategien genutzt: Solche Kunstprojekte blicken auf eine Tradition einer „ökologisch" ausgerichteten Kunstbewegung zurück, die sich über verschiedene Sparten erstreckt. So hat Beuys beispielsweise im Rahmen des erweiterten Kunstbegriffs und seinem Konzept der Sozialen Plastik sein Kunstwerk „7000 Eichen – Stadtverwaldung statt Stadtverwaltung" in Kassel geschaffen.[956] Das Pflanzen der Eichen, das primär im Kontext seines Konzeptes der Sozialen Plastik zu betrachten ist, kann ebenfalls in Bezug zum Umweltgedanken gesetzt werden und verdeutlicht exemplarisch, in welcher Weise durch Kunst ökologisch relevante und nachhaltige Eingriffe in den öffentlichen Raum vorgenommen werden können.[957] Auch Friedensreich Hundertwasser hat sich mit der Naturschutzproblematik befasst und naturnahe architektonische Visionen entworfen,[958] Klaus Staeck hat kritische Umweltplakate konzipiert,[959] und Gordon Matta-Clark hat 1972 seine selbst gebaute Sauerstoffbar durch Manhattan geschoben.[960] Diese „Fresh Air Cart" hatte sowohl ironisch-komische Komponenten, stellte aber auch gleichzeitig ein Alarmsignal dar.[961] Insbesondere in der heutigen Zeit, in der sich Umweltverschmutzung und Naturzerstörung zuspitzen und sich erste Auswirkungen des vom Menschen verschuldeten Klimawandels zeigen, verbinden einige Künstler ihre Kunst mit Botschaften zum Schutz der Natur und zur Abkehr vom kurzfristigen naturschädigenden und umweltzerstörerischen Verhaltens hin zu einem nachhaltigen Lebensstil.[962] So zeichnet sich eine kritische Auseinandersetzung mit Umweltverschmutzung, Artensterben, Klimawandel und dessen Folgen in vielfältigen künstlerischen Arbeiten ab, die von Fotografien über Land Art bis hin zu interaktiven Installationen und künstlerischen Eingriffe in den öffentlichen Raum reichen. Verbunden ist damit häufig ein Appell zum Handeln und zu einem verantwortungsvollen Umgang mit der Umwelt. Dabei erfreuen sich solche Kunstprojekte heutzutage angesichts aktueller Klima- und Umweltschutzdebatten großer Aufmerksamkeit. Beispielsweise setzte sich Olafur Eliasson in seinem Projekt „Ice Watch" mit dem Schmelzen der Gletscher auseinander.[963] Allerdings müssen diese Werke auch immer unter einem kritischen Blickwinkel betrachtet werden: So lässt sein Vorgehen, etliche Tonnen Grönlandeis mit großem Aufwand zu transportieren, durchaus Kritik zu und steht nicht im Einklang mit Klimaschutzzielen.[964]

Klimatologen prognostizieren aufgrund der sich im Rahmen des Klimawandelns fortschreitenden Meereserwärmung eine Zunahme von Katastrophen, wie Dürren, Überschwemmungen und Stürme. Solche Katastrophen werden in der zeitgenössischen Kunst – beispielsweise von Eva Meyer-Keller im Video „Handmade"[965] – thematisiert.[966] In diesem werden verschiedene Szenarien von Naturkatastrophen mit einfachen Materialien modellhaft nachgestellt.[967] Indem der Mensch die Katstrophen macht und dies im Video als Making-of teilweise ebenfalls visualisiert ist, wird der Mensch hier nicht als Opfer, sondern als Verursacher dargestellt.[968] So kann eine Sensibilisierung für nachhaltiges Verhalten und für die potentiellen Gefahren des Klimawandels initiiert werden.

Als weiteres Beispiel künstlerischer Auseinandersetzung mit Naturkatastrophen sei auf die Videoinstallation „A Man Screaming is not a Dancing Bear" von Allora & Calzadilla verwiesen, der in Bezug auf die Situation in New Orleans, mehrere Jahre nachdem der Hurrikan Katrina die Stadt verwüstet hat, kreiert wurde.[969] Weiterhin kann die Fotoserie „Die Badenden" von Michael Tsegaye angeführt werden: Im schlammigen Wasser des verschlickenden Alamaya-Sees baden Jungen.[970] Der Verlandungsprozess des Sees schreitet aufgrund des Ausbleibens von Regen im Kontext globalen Klimawandels sowie des Ableitens von Wassers im Zuge wachsender Wirtschaft für die „Cash Crops" Kaffee und Khat voran.[971] Exemplarisch sei auf eine weitere Fotoserie „Oil Rich Niger Delta" (2003-2007) von George Osodi verwiesen.[972] In seinen Fotografien thematisiert er den Alltag der Menschen im Nigerdelta angesichts dortiger Erdölförderung, die seit den 1960er-Jahren durchgeführt wird.[973] In seinen Fotos spiegelt sich das duale System: die nigerianische Regierung, die Multis und Firmen wie Shell, Total, Chevron oder Agip sind die Profiteure; die lokale Bevölkerung ist dagegen mit den negativen Konsequenzen konfrontiert.[974] Die umfassende Fotoserie wirft einen kritischen Blick auf das schwierige Leben in dieser Region und die aufgrund (westlicher) Machtinteressen erfolgte Ausbeutung von Mensch und Natur.[975]

Auch das durch den Menschen verursachte Artensterben findet in der Kunst thematisch Eingang: Adrian Villar Rojas hat für die Biennale im südargentinischen Ushuaia 2009 eine Walskulptur mit dem Titel „Meine tote Familie" geschaffen.[976] Der gestrandete Gigant der Meere evoziert Gedanken an das durch menschliche Ursachen begründete Sterben der Meeressäuger.

Ebenfalls wird in der Ausstellung „The Family of Man" als auch im Film „Human Flow" der Grundgedanke einer gemeinsamen Welt thematisiert, in der wir verantwortungsvoll der Umwelt umgehen sollen. Steichen hat in seiner Ausstellung Fotografien ausgewählt, die von verantwortungsvollem und bewahrendem Handeln bis hin zu destruktiver Zerstörung zeugen. Auch Ai Weiwei verfolgte einen globalen Ansatz bei der Erstellung seines Films „Human Flow".[977] Gerade die weltweite Flucht sowohl aus Kriegsgebieten, aber ebenfalls aus Ländern, die gesellschaftlich, politisch und ökonomisch benachteiligt sind,[978] bringen die fehlgeleitete Politik der westlichen Welt, die sich von den Bereichen „Wirtschaft" (und einer Ausbeutung bestimmter Länder) über „Naturschutz" und „Migrationspolitik" bis hin zu „Entwicklungszusammenarbeit" erstreckt, zum Ausdruck. Nachhaltigkeit ist zu einem Thema der Kunst geworden, wie beispielsweise auch die Ausstellung „Zur Nachahmung empfohlen! Expeditionen in Ästhetik und Nachhaltigkeit" belegt. Diese war als Denkraum und Werkstatt in Bezug auf kulturelle und ästhetische Dimensionen der Nachhaltigkeit konzipiert.[979]

Die angeführten Beispiele eröffnen einen kleinen Einblick in die Vielfalt künstlerischer Auseinandersetzungen mit Umweltschutz und Klimawandel, der hier nicht vertieft wird.[980]

8.2 Kunstpädagogisches Handeln im Kontext von Nachhaltigkeits- und Umweltbildung

Da Nachhaltigkeit, Umweltschutz und Klimawandel etablierte Themen in der Kunst sind und Kunst das wesentliche Bezugsfeld der Kunstpädagogik ist, haben diese Themen Eingang in kunstpädagogische Projekte gefunden.[981] Zudem ist das Fach Kunst übergeordneten Zielsetzungen verpflichtet, zu denen ebenfalls Nachhaltigkeits- und Umweltbildung gehören.[982] Exemplarisch sei auf das niedersächsische Kerncurriculum verwiesen, in dem herausgestellt wird, dass im Fach „Kunst" unter anderem „ökologische Phänomene sowie auch Probleme der nachhaltigen Entwicklung" thematisiert und „Wertmaßstäbe für eigenes Handeln entwickelt" werden sollen.[983]

Durch kunstpädagogisches Handeln können Zielsetzungen angestrebt werden, die im Einklang mit nachhaltigen Bildungsgrundsätzen stehen. Themen der Nachhaltigkeits- und Umweltbildung besitzen exemplarische, aktuelle und zukünftige Bedeutung und weisen aktuellen Lebensweltbezug heutiger junger Menschen auf.[984] So können Lernende durch ästhetische Projekte mit entsprechender inhaltlicher Ausrichtung zu zukunftsfähigem Denken und Handeln befähigt werden.[985] Hier liegt aktueller Lebensweltbezug der Jugendlichen vor, exemplarisch sei auf Konsum- und Essverhalten aber auch auf weitere alltägliche Gewohnheiten verwiesen, die direkte aber auch indirekte Auswirkungen auf die Umwelt haben. Zum Beispiel können folgende Fragestellungen im Kontext (schulischer) Nachhaltigkeitsbildung eine Rolle spielen: *„Wie beeinflussen meine Entscheidungen Menschen nachfolgender Generationen in meiner Kommune oder in anderen Erdteilen? Welche Auswirkungen hat es beispielsweise, wie ich konsumiere, welche Fortbewegungsmittel ich nutze oder welche und wie viel Energie ich verbrauche? Was kann ich konkret zum Schutz von Klima und Natur tun? Welche globalen Mechanismen führen zu Konflikten, Terror und Flucht? Was können wir gegen Armut tun?"*[986] Die durch hohen Konsum, Ressourcennutzung, Energieverbrauch, Verkehrsaufkommen und Abfallmengen geprägte Lebensweise vieler Industrienationen ist auf Dauer nicht haltbar, da dies mit einer Umweltzerstörung und -verschmutzung sowie einer Ausbeutung anderer Menschen und Staaten einhergeht. Diesbezüglich muss nachhaltiges Handeln und Denken im Kontext des Umweltschutzgedankens initiiert werden. Durch ästhetische Auseinandersetzungen mit Themenschwerpunkten der Nachhaltigkeit kann eine Sensibilisierung für Auswirkungen des eigenen Handelns und damit einhergehend für verantwortungsvolles, nachhaltiges Handeln (im globalen Kontext) erfolgen.[987]

Beispielsweise können in ästhetischen Projekten umweltgefährdende Konsumweisen hinterfragt und deren kulturellen, politischen, wirtschaftlichen und ökologischen Kontexte analysiert werden.[988] So kann mittels künstlerisch-ästhetischer Projekte z.B. eine Sensibilisierung für die (eigene) Müllproduktion erfolgen.[989] Dies kann zu erweiterten Handlungsperspektiven führen. Auch der Umgang mit Tieren, die zum einen zu „Nutztieren" degradiert, ein erbärmliches Leben in Massentierhaltung oder in Laboren für Tierversuche fristen, oder die zum anderen durch Wilderei und Jagd bzw. Zerstörung ihres Lebensraumes beraubt, ausgerottet werden, soll hinterfragt und idealerweise sollen konstruktive Verhaltensänderungen initiiert werden.[990] Eine Sensibilisierung für Natur-, Arten- und Umweltschutz verknüpft mit dem Wissen um aktuelle Schutzmaßnahmen, mögliche Bedrohungen für die Naturgebiete sowie globale Zusammenhänge gehören ebenfalls zu den Bildungszielen. Zudem sei insbesondere auf den Klimawandel als eine aktuelle globale Herausforderung verwiesen, der sich die jetzigen und zukünftigen Generationen stellen müssen. Angesichts der

Klima- und Umweltschutzproblematik, die in den „Fridays for Future“-Protesten als eindrucksvoller Appell für ein nachhaltiges Handeln zum Ausdruck kommt, ist die aktuelle und exemplarische Bedeutung sowie die gesellschaftliche und politische Brisanz dieser Thematik offensichtlich. Der Klimanotstand wurde bereits ausgerufen. Dies ist ein Zeichen zum Handeln. Doch bleibt es abzuwarten, ob dies konkrete politische, wirtschaftliche und ökologische Handlungen zur Folge hat oder dies nur eine symbolische Geste bleibt.[991] Umso größer ist die Bedeutung Konzepte eines nachhaltigen Friedens in der Bildung zu verankern.[992] Aufgrund dessen bieten sich auch kunstpädagogische Projekte an, um einen Beitrag zu leisten.[993] Ein in der Nachhaltigkeitsagenda der Vereinten Nationen formuliertes übergeordnetes Ziel lautet wie folgt: *„Bis 2030 sicherstellen, dass alle Lernenden die notwendigen Kenntnisse und Qualifikationen zur Förderung nachhaltiger Entwicklung erwerben, unter anderem durch Bildung für nachhaltige Entwicklung und nachhaltige Lebensweisen, Menschenrechte, Geschlechtergleichstellung, eine Kultur des Friedens und der Gewaltlosigkeit, Weltbürgerschaft und die Wertschätzung kultureller Vielfalt und des Beitrags der Kultur zu nachhaltiger Entwicklung.“*[994] Wesentliches übergeordnetes Ziel nachhaltiger Bildung ist eine „chancengerechte Entwicklung, die ein Leben in Frieden und ein dauerhaft tragfähiges Ökosystem“ ermöglicht.[995] Der Begriff der Nachhaltigkeit geht über den reinen Umweltbegriff hinaus und basiert auf der Erkenntnis der gegenseitigen Beeinflussung von Umwelt, Politik, Wirtschaft und Gesellschaft.[996] Da einige dieser Themen ansatzweise bereits in anderen Kapiteln impliziert sind, wird hier der Fokus auf ökologische Bildung gesetzt: Denn Umweltbildung, die zu nachhaltigem, verantwortungsvollen, umweltbewussten Handeln anregt, ist ein Baustein für die Förderung einer „Kultur des Friedens“.[997] Regionale und globale „Umweltprobleme“ sind friedenspolitisch insofern relevant, als dass sie zum Beispiel zur Zerstörung von Natur und zum Klimawandel beitragen und damit die Lebensbedingungen negativ verändern und im schlimmsten Fall auch humanitäre Katastrophen bewirken können.[998] Wie bereits vorab ausgeführt, ist die Berücksichtigung von ökologischen Fragen in regionalen und globalen Friedensszenarien hochaktuell,[999] wie der Klimawandel belegt. Allgemein lassen sich Umweltzerstörungen und der Klimawandel nicht isoliert betrachten, sondern müssen in ihrer Vernetztheit und Komplexität mit anderen Ursache-Wirkung-Gefügen bewertet werden.[1000] Dabei ist es von Bedeutung, politische, soziale, wirtschaftliche, kulturelle und ökologische Zusammenhänge aufzudecken und kritisch zu hinterfragen, um Wissen und Kompetenzen zu vermitteln, die ein nachhaltiges, selbstbestimmtes und verantwortungsvolles Handeln ermöglichen.

Einige aktuelle Lehrpläne[1001] bestimmende Bildorientierung und der damit verbundene offene Bildbegriff des Faches kommt den Verknüpfungen kunstpädagogischer Zielsetzungen mit Themen der Nachhaltigkeitsbildung und dem Umweltschutz entgegen: So ist beispielsweise die Vermittlung, Kommunikation und Erfahrung vom Klimawandel und dessen Folgen, Naturkatastrophen und Umweltzerstörung häufig an (mediale) Bilder geknüpft. Die ästhetische rezeptive, produktive Auseinandersetzung mit anschließender Reflexion ermöglicht kritischen Umgang mit solchen Bildwelten. Lernende können mittels künstlerisch-ästhetischer Prozesse auf Missstände aufmerksam machen sowie eine eigene Stellungnahme formulieren, die idealerweise einen Appell zum nachhaltigen Handeln impliziert. Dabei sind auch digitale Kommunikationsstrukturen und Vermittlungsszenarien von Bedeutung. In diesem Sinne sind aktive Teilhabe und Mitgestaltung diverser digitaler Inhalte weitere wichtige Zielsetzungen.[1002] Dabei können bei vielfältigen künstlerischen Aktionen digitale Strukturen und Plattformen eingesetzt werden. Um einen selbstbestimmten und kritischen Umgang zu initiieren, ist wiederum die Förderung von „Medien- und Bildkompetenz“ eine wichtige Zielsetzung.[1003]

Doch auch wenn (mediale) Bildwelten eine Rolle spielen, so stellt in erster Linie Kunst das wesentliche Bezugsfeld für ästhetische Auseinandersetzungen dar und kann vielfältige Impulse liefern.[1004] Das Spektrum von kunstpädagogischen Ansätzen im Kontext von Nachhaltigkeits- und Umweltbildung ist breit und reicht von traditionellen Techniken wie Malerei und Zeichnung über Land Art bis hin zu interaktiven und partizipativen Aktionen und künstlerischen Eingriffen in den öffentlichen oder ökologischen Raum.[1005] Gerade die Offenheit und Vielseitigkeit künstlerisch-ästhetischen Handelns birgt (angesichts der Interdisziplinarität) Potential. Die Aufgaben sollen als sinnstiftend empfunden werden und idealerweise interessensgeleitet und individuell ausgestaltet sein, um intrinsische Motivation und damit größere Nachhaltigkeit zu erzeugen. Weiterhin sind selbstorganisierte Arbeitsstrukturen mit experimenteller, forschender Ausrichtung wichtig, um auch ungewohnte Sehweisen und neue Zugänge zu ermöglichen.[1006] Durch die Subjekt- und Kunstorientierung soll verhindert werden, dass eine ausschließliche Instrumentalisierung für die Zielsetzungen des Umweltschutzes erfolgt und die Eigenständigkeit künstlerischen Arbeitens gewahrt bleiben kann.

Da angesichts der Herausforderungen eines globalen Lösungsansatzes der oder die Einzelne häufig „ohnmächtig“ scheint angesichts der erdrückenden Problematik von Umwelt- und Naturschutz, sind regional-partizipative Ansätze von Bedeutung, in denen „im Kleinen“ Zielsetzungen angestrebt werden.[1007] So kann durch eine interaktive ästhetische Auseinandersetzung im Kontext von Klima- und Umweltschutz der bzw. die Einzelne durch die positive Änderung des eigenen Lebensstils etwas bewirken. Diesbezüglich sind im Rahmen ästhetischer Prozesse Erkenntnisse von zusammenhängenden globalen Strukturen[1008] aber ebenso von unmittelbaren, direkten Auswirkungen auf die umgebende regionale Umwelt und damit auf die konkrete Lebenswelt der Lernenden wichtig.

In Bezug auf Naturschutz und damit auch auf Klimaschutz können vielfältige Aktionen und ästhetische Projekte initiiert werden.[1009] Mittels rezeptiver und produktiver ästhetischer Auseinandersetzungen mit diesem Thema kann eine Sensibilisierung für die Bedeutung und den Schutz der Natur erfolgen. Diesbezüglich können egozentrische, umweltschädigende Sehweisen relativiert, eigene Wahrnehmungsmuster und Verhaltensweisen hinterfragt und aufgebrochen und Handlungsperspektiven erweitert werden. Beispielsweise können Verschmutzungen, Zerstörungen und Bedrohungen der Umwelt und der Natur mittels künstlerischer Strategien kritisch aufgezeigt werden. Jedoch ist eine positive Füllung der pädagogischen Inhalte von großer Bedeutung. So ist es sinnvoll, die Lernenden mittels künstlerisch-ästhetischer Projekte gezielt in Schutzbemühungen einzubinden, um idealerweise (im Kleinen) Erfolgserlebnisse zu verzeichnen, anstatt eine resignative Haltung angesichts globaler Umweltprobleme anzunehmen. Auch ist es wichtig, dass mittels sinnlichen Erlebens und ästhetischer Erfahrungen in der Natur eine Sensibilisierung für diese erfolgen soll.[1010]

Kreativität ist eine Schlüsselkompetenz der Kunstpädagogik. Die Fähigkeit, Neues hervorzubringen, wird in der Kunst generell zweckungebunden eingesetzt. Aber es besteht natürlich ebenso die Option, Kreativität an der Schnittstelle von umweltpädagogischen und kunstpädagogischen Zielsetzungen für nachhaltige Projekte einzusetzen.[1011] Exemplarisch sei auf Projekte im Kontext von Eco-Design oder Sustainable Design verwiesen.[1012] Ebenfalls können durch Kreativität im Kontext ästhetischer Projekte Ansätze zur nachhaltigen Entwicklung von Konsumgütern, Verbrauchsprodukten sowie Architektur und Landschaftsgestaltung entworfen und ggf. umgesetzt werden.[1013]

Durch Rezeption und Produktion von Kunst und durch die Durchführung ästhetischer Projekte zu Themen wie Naturschutz und Nachhaltigkeit kann ein Bewusstsein geschaffen werden, dass in einer globalisierten Welt, eine persönliche Verantwortung für Mensch und Umwelt besteht und mittels künstlerisch-ästhetischer Eingriffe Veränderungen auf ökologischer, politischer, gesellschaftlicher und sozialer Ebene initiiert und idealerweise auch umgesetzt werden können.[1014]

Neben aktuellen Umweltthemen soll ein Blick in die Geschichte erfolgen und ein kritischer Zugang zu komplexen, globalen Aspekten der Umweltzerstörung und -verschmutzung eröffnet werden. So soll im Kontext globaler, nachhaltiger Lernprozesse ein Bewusstsein entstehen, dass es nur eine Welt gibt, in der die Menschen sich als Individuen in globalen Zusammenhängen und Strukturen sehen und verstehen.[1015] Ein Verantwortungsbewusstsein für Mensch und Natur soll vermittelt werden, das in konkreten ästhetischen und künstlerischen Handlungen umgesetzt wird, die im Idealfall wiederum Einfluss auf gesellschaftlicher, ökologischer, politischer und sozialer Ebene besitzen können.[1016] In Bezug auf die in diesem Kapitel benannten Aspekte können künstlerisch-ästhetische Auseinandersetzungen initiiert und durchgeführt werden, in denen auch Synergien und transdisziplinäres Arbeiten und Forschen z.B. mit Naturwissenschaften denkbar sind.[1017] Alle diese Faktoren sind bedeutend, um zukünftige Konfliktfälle zu vermeiden und eine Kultur des Friedens zu schaffen. Historisch stehen solche kunstdidaktischen Projekte in der Traditionslinie umweltpädagogisch ausgerichteter Kunstpädagogik und ästhetischer Erziehung.[1018]

Nachhaltiges Lernen in Bezug auf den Schutz von Umwelt und Natur und auf die soziale und wirtschaftliche Entwicklung, die zur „Befriedigung der Bedürfnisse der heutigen und der kommenden Generationen" beitragen können, ist somit sehr wichtig.[1019] Eine Sensibilisierung für die Wertschätzung und den Schutz der Natur sowie eine Verankerung von Einstellungen und Wertevorstellungen eines verantwortlichen Umgangs mit der Natur kann durch kunstpädagogische Prozesse initiiert werden.[1020] Auch wenn kunstpädagogisches Handeln nicht „die Welt retten kann", so ist es möglich, Werte, Einstellungen und Verhaltensweisen in Bezug auf nachhaltiges Denken und verantwortungsvolles Handeln im Sinne des Natur- und Klimaschutzes zu vermitteln und zu initiieren.[1021]

8.2.1 Ästhetische Auseinandersetzungen mit den Themen Klimawandel, Umweltschutz und Nachhaltigkeit

Zum Thema „Klimawandel, Umweltschutz und Nachhaltigkeit" wurden verschiedene Werkstattarbeiten durchgeführt. Dabei wurden interessensgeleitet individuelle Frage- und Themenstellungen formuliert, an denen die ästhetischen produktiven und rezeptiven Arbeiten ausgerichtet waren.[1022] Diese reichten von regionalen Themen, wie der Verschmutzung der näheren Umgebung bis hin zu globalen, komplexen Gefügen wie nachhaltiges Handeln in Bezug auf Konsumverhalten und deren Auswirkungen auf gesellschaftlich, politisch und ökonomisch benachteiligte Länder. Beispielsweise erfolgte eine kritische Auseinandersetzung mit „Fast Fashion“ im Kontext sowohl des eigenen Konsumverhaltens als auch der globalen Folgen. Diesbezüglich wurden ökologische, soziale und ökonomische Aspekte kritisch beleuchtet und selbstreflexiv das eigenen Kaufverhalten beurteilt. Mit Bezug auf Konzepte des Upcyclings wurden beispielsweise aus gebrauchten Wertstoffen, aus „Müll“, neue kreative Designobjekte gefertigt.

Ebenfalls wurden die Auswirkungen der globalen Erderwärmung und die zunehmende Versauerung der Meere auf das Absterben der Korallen künstlerisch thematisiert. Diesbezüglich wurde aus „Plastikmüll“ eine Skulptur geschaffen. Auch die zunehmende Verschmutzung der Meere wurde in Installationen künstlerisch umgesetzt.

In Bezug auf das Abschmelzen der Gletscher und der damit verbundenen Zerstörung eines Lebensraumes (insbesondere des Eisbären) wurde aus alten PET-Flaschen eine Art Sanduhr gefertigt. Die Folgen des Klimawandels sind exemplarisch dargestellt: Ein Eisbär auf einer abschmelzenden, bereits vom Wasser überspülten Scholle befindet sich auf der oberen Seite der „Sanduhr“ und verdeutlicht die dramatische (Über-)Lebenssituation dieses Tieres. Auf der unteren Seite der Sanduhr ist exemplarisch Bezug auf den Klimawandel mit verursachenden Kohlenstoffdioxidausstoß genommen. Die Sanduhr soll verdeutlichen, dass die Zeit läuft und nun gehandelt werden muss. Auch malerisch und zeichnerisch wurde das Thema vielfach umgesetzt. In diesem wurden unter anderem symbolische Umsetzungen, wie die ablaufende Zeit, eine zerschmelzende Weltkugel, der Mensch als Zerstörer oder der „ökologische Fußabdruck“ des Menschen gewählt. Ebenso kamen digitale Bildbearbeitungstechnologien zum Einsatz: So wurde in einer fotografischen Serie konkreter Bezug auf die Lebenswelt des Schülers genommen. Diese wurde mittels digitaler Strukturen so verändert, wie es angesichts zunehmender Klimaveränderung und Umweltzerstörung möglicherweise in der Zukunft aussieht.

Es zeigt sich, dass sich viele Schülerinnen und Schüler kritisch mit potentiellen Folgen von Klimawandel und Umweltzerstörung sowohl auf lokaler als auch globaler Ebene auseinandersetzten. In den zugehörigen Werkstattberichten wurden Planung und Durchführung der jeweiligen Projekte mit wissenschaftlicher Recherche untermauert. Zudem erfolgte eine Reflexion der ästhetischen Prozesse.

Neben kritischer Auseinandersetzung erfolgte ebenfalls eine positive Füllung der Inhalte: So zeigte ein Schüler in seiner Werkstattarbeit die Schönheit und Besonderheit der Natur und einen damit verbundenen Appell zum Schutz dieser auf.

Allgemein weisen die Arbeiten forschende Ausrichtung sowie eine Offenheit und Vielfalt ästhetischen Handelns auf, das an die individuellen Lernvoraussetzungen anknüpft. Zudem wurde durch die Thematik Kritikfähigkeit gefördert. Sowohl kollektives als auch eigenes Handeln wurden hinterfragt. Diesbezüglich erfolgte ein Bezug sowohl auf lokale Begebenheiten und die konkrete Lebenswelt der Schüler*innen als auch auf globale Strukturen und Vernetzungen. Neben digitalen Handlungsformaten wie digitaler Bildbearbeitung und dem Erstellen von Kurzfilmen kamen klassische künstlerische Formen zum Einsatz, die von Skulpturen über Malereien bis hin zu Installationen reichten. Im Idealfall kann durch die interessensgeleitete ästhetische Auseinandersetzung und Themenwahl intrinsische Motivation erreicht werden. Die Findung und Reflexion eigener Lösungsstrategien und damit verbundene Eigenständigkeit und Kritikfähigkeit in Bezug auf rezeptive und produktive Prozesse konnten beobachtet werden.[1023] Zudem war ersichtlich, dass das Unterrichtsprinzip „Werkstatt“ sich sehr gut für diese Thematik eignete, da dieses dem breiten Themenspektrum entgegenkam.

Selbstverständlich kann diese Thematik ebenfalls mittels spezifischer Gestaltungsformate umgesetzt werden. So wurden experimentelle Kurzfilme zu den Themen „Klima- und Umweltschutz“ sowie „Nachhaltigkeit“ erstellt. Mittels des Mediums Film erfolgte eine forschende Auseinandersetzung mit der eigenen Umgebung und Umwelt bzgl. Umweltverschmutzung und Klimawandel. Dabei wurden schützenswerte Naturgebiete filmisch erkundet und mit Naturzerstörungen und Umweltverschmutzungen kontrastiert. Auch bestimmte Lebensstile wurden kritisch hinterfragt. Beginnend bei den direkten Lebensumgebungen der Schüler wurde der Blick auf globale Zusammenhänge gelenkt. Auch potentielle Auswirkungen des Klimawandels wurden mit aufgenommen. Dabei wurde auch auf Foto und Filmmitschnitte der Medien zurückgegriffen, die mittels verschiedener Montagetechniken zusammengefügt wurden. Durch eine Kontrastierung von Handlungen in direkter Umgebung bis hin zu globalen Sehweisen wird der Blick auf die komplexe Vernetztheit und auf Ursache-Wirkungsgefügen gelenkt. Eine Förderung von Bild- und Medienkompetenz wurde zudem angestrebt.

Das Medium Film eignet sich sowohl für die Erkundung des Alltags und der näheren Umgebung als auch für einen distanzierteren Blick und auch für die Darstellung übergeordneter komplexer (globaler) Zusammenhänge. Im Rahmen der Werkstattarbeit waren dagegen freieres und offeneres Arbeiten im Rahmen der ästhetischen Projekte möglich. Auch weitere künstlerische Verfahren eignen sich für diesen Themenkomplex. Im Folgenden wird der Blick konkret auf Land Art gelenkt, da dadurch direkte sinnlich-ästhetische Erfahrungen in der Natur und eine positive Füllung der nachhaltigen Lerninhalte im Sinne des Natur- und Umweltschutzes ermöglicht werden können.

8.2.2 Ästhetische Erfahrungen in der Natur durch Land Art-Prozesse

Land Art ist begrifflich weit gefasst.[1024] Zu Land Art werden hier Kunstwerke und Aktionen gerechnet, die durch ihr Konzept in Beziehung zu der Landschaft stehen und konzeptuell eine ästhetische Auseinandersetzung mit dieser aufweisen. Dabei subsumiert der Begriff „Land Art“ vielfältige künstlerische Formen, Ansätze und theoretische Positionen.[1025] Beispielsweise lassen sich Eco Art, Earth Art und Environmental Art unter den Begriff fassen.[1026]

Land Art im Sinne der Ecological Art[1027] beinhaltet eine kreative Auseinandersetzung mit Naturmaterialien und ermöglicht intensive ganzheitlich sinnlich-ästhetische Erfahrungen in der Natur.[1028] Mit vorgefundenen Naturmaterialien erfolgen ästhetische Auseinandersetzungen.[1029] Die Kreativität wird gefördert. Dabei können sowohl Naturkräfte wie Regen, Wind, Wellen und Gezeiten als auch Materialien der Natur in die Gestaltungsprozesse eingebunden werden.[1030] Im Sinne eines auf vorgefundenen Materialien beruhenden ästhetischen Prozesses sollen keine bleibenden Eingriffe in die Natur vorgenommen werden.[1031] Gerade diese vergänglichen Formen der Land Art, wie sie z.B. Andy Goldsworthy kreiert,[1032] eignen sich zur Sensibilisierung für reflektierte, intensive ästhetische Erfahrungen in der Natur und für einen verantwortungsvollen Umgang mit dieser. Es können sowohl kunstpädagogische Zielsetzungen als auch Aspekte der Umwelt- und Nachhaltigkeitsbildung einfließen.[1033] Über Land Art-Prozesse können ungewohnte Zugänge zur Natur, zum Beispiel über den Blick fürs Kleine oder durch ungewohnte Naturerfahrungen, eröffnet werden und konventionelle Wahrnehmungsmuster durchbrochen werden.[1034] Land Art eignet sich somit zur Sensibilisierung für die Besonderheiten von Naturräumen und für ein nachhaltiges Handeln.[1035] Auch wenn eine Sensibilisierung für die Schönheit und den Schutz der Natur von Bedeutung ist, so steht der

Bezug zur Kunst im Vordergrund. Durch die Land Art-Prozesse kann über produktive, rezeptive Komponenten eine kritische Auseinandersetzung mit Formen der Land Art erfolgen und exemplarisches Wissen über historische und aktuelle Kunstpositionen erworben werden. Die interaktive, partizipative Komponente von Kunst, die Eingriffe im öffentlichen Raum und den Einbezug von Passanten ermöglicht, ist im Kontext nachhaltiger Bildung von großer Bedeutung. So kann Land Art im Sinne der Environmental Art[1036] handlungs- und problemorientierend im Sinne des Klima- und Umweltschutzes stehen. Exemplarisch für ein kunstpädagogisches Beispiel sei auf ein interaktives Land Art-Projekt im öffentlichen Raum zum Thema „Bienensterben“ verwiesen.[1037] Durch verschiedene künstlerische Interaktionen wurde darauf aufmerksam gemacht.[1038] In diesem Kontext wurden unter anderen Blumenmischungen im öffentlichen Raum ausgesät, um so insektenfreundliche Lebensräume zu schaffen. Zudem wurden Passanten eingebunden, um diese dazu zu animieren, ebenfalls zur Verbreitung von insektenfreundlichen „Blumenwiesen“ beizutragen.[1039] In einem anderen Projekt wurde Müll am Strand gesammelt, um daraus eine Skulptur zu kreieren. Damit wurde ein Appell an die Vorbeikommenden gerichtet, selber aktiv zu werden. Aber ebenso kann mit Land Art eine positive Füllung der Inhalte „Umweltschutz“ und „Nachhaltigkeit“ verbunden sein: Im Rahmen eines Land Art-Projektes einer siebten Klasse erfolgte eine Sensibilisierung für die Schönheit und Einzigartigkeit der Natur in der direkten Lebensumgebung. Implizit damit verbunden ist der Schutzgedanke.

Eine Präsentation und damit einhergehende Wertschätzung sind im Rahmen eines reflektierten Prozesses von großer Bedeutung.[1040] Die auf Vergänglichkeit beruhenden Land Art-Werke können durch Fotografien „festgehalten“ und darüber wiederum in einem weiteren Diskurs integriert werden.[1041] Dabei muss allerdings berücksichtig werden, dass die Authentizität verloren geht.

Durch Land Art-Prozesse sind ästhetische Erfahrungen in Bezug auf die Natur aber auch selbstreflexiv – die eigene Person betreffend – möglich. Eine abschließende Reflexion der Land Art-Werke ist erforderlich, um die Sinneseindrücke, ästhetischen Erlebnisse sowie die Durchführung und Prozesse angesichts konzeptueller Planungen zu reflektieren.[1042]

Weiterhin sei exemplarisch auf Land Art-Projekte, die im Rahmen der UNESCO-Welterbebildung erfolgten, verwiesen. Diesbezüglich wurde eine intensive ästhetische und ganzheitlich-sinnliche Auseinandersetzung mit dem UNESCO-Welterbe Wattenmeer angeregt, in der die spezifischen Naturqualitäten einbezogen werden sollen.[1043] So lässt sich durch die künstlerische Praxis Wissen zum Welterbestatus erwerben. Die Dynamik dieser

Natur, als ein Grund für die Ernennung zum Weltnaturerbe, kann über diese künstlerische Handlungsform intensiv sinnlich-ästhetisch erfahren werden. Viele Studierende setzten sich in ihrem Land Art-Projekt mit der gestalterischen Kraft der Flut auseinander.[1044] Die Werke wurden bei Ebbe angefertigt, sodass die Studierenden die Veränderungen ihrer Land Art mit einsetzender Flut beobachten konnten.[1045] Durch genaue Beobachtungen und Dokumentationen der steigenden Flut und ihren Auswirkungen auf die Land Art-Werke wurden sie für die Dynamik in diesem Naturgebiet sensibilisiert, die mit ein Grund für die Ernennung zum Weltnaturerbe darstellt.

Die Vielfalt der Pflanzenwelt und deren Anpassung an die Bedingungen des besonderen Lebensraums Wattenmeer stellten ebenfalls Gründe für die Ernennung zum Weltnaturerbe dar. Auch Pflanzen wurden in die Land Art-Projekte integriert.[1046] Die Studierenden achteten darauf den Schutzgedanken umzusetzen, um keine nachhaltigen Zerstörungen vorzunehmen.

Von Hinterfragungen von alltäglichen Wahrnehmungsmustern über die Bedeutung von Spuren im Watt, der Erforschung ästhetischer Erfahrungen, der Thematisierung der Unendlichkeit, transkulturellen Belegungen bis hin bis zur Kritik am verantwortungslosen Handeln des Menschen an der Natur sowie in Auseinandersetzung mit dem Schutzgedanken erstreckte sich eine breite Spanne von Themen, mit denen sich die Studierenden auseinandersetzten.[1047] Zudem erfolgte eine Sensibilisierung für die Schönheit und Besonderheiten dieses Naturraumes und dessen Schutzbedürftigkeit.

Land Art eignet sich durch Formen des ganzheitlich-sinnlichen Wahrnehmens und ästhetischen Erlebens für die direkt in der Natur erfahrbaren Prozesse. Dabei kommen ebenfalls Selbstwahrnehmung und -reflexion zum Tragen. Gerade in der heutigen digitale geprägten Lebenswelt der Schülerinnen und Schüler sind solche Erfahrungen von großer Bedeutung. So können insbesondere thematische Zugänge in Bezug auf die Wahrnehmung der Natur als ästhetischer Erfahrungsraum und die Entdeckung neuer Sehweisen erschlossen werden. Ebenfalls kann rezeptiv und produktiv Wissen über ortsspezifische Kunstformen wie Land Art oder künstlerische Forschungen in der Natur erworben werden.[1048] Es ist von Bedeutung, dass die Themen individuell gewählt werden und es Freiräume für künstlerisch-ästhetische Prozesse gibt, die die Eigenständigkeit künstlerischer Prozesse gewährleisten. Auch eröffnen Land Art-Aktivitäten Möglichkeiten transkulturellen Lernens – insbesondere in Form der Interaktion –, die allerdings erst angeregt werden müssen.

Land Art-Formen bieten sich für eine ästhetische Auseinandersetzung mit Themen zum Umweltschutz und zur Nachhaltigkeit an: Diese können von der Sensibilisierung für die Natur mittels naturnaher, vergänglicher

Projekte bis zu konkreten Interaktionen zum Schutz der Umwelt reichen. Dies kann zur Förderung von nachhaltigem Handeln beitragen.

8.3 Plastikmüll als Medium künstlerisch-ästhetischer Prozesse[1049]

Kunst im Zeichen von Umwelt- und Klimaschutz besitzt viele Ausrichtungen.[1050] Im Folgenden wird der Fokus auf das Material „Plastikmüll" als ein Medium für künstlerisch-ästhetische Prozesse gelenkt und es werden exemplarische Projekte vorgestellt.

In der aktuellen politischen und gesellschaftlichen Debatte ist die Vermeidung von Plastikmüll ein wichtiges Thema. Da Jugendliche in ihrer Lebenswelt täglich mit Plastik konfrontiert sind, liegt ein hoher Gegenwartsbezug vor. Hier können künstlerisch-ästhetische Projekte anknüpfen. Kunst bietet durch die vielfältigen Handlungsformen und Ausdrucksmöglichkeiten eine große Offenheit an ästhetischen Zugängen zur kritischen Auseinandersetzung mit Plastikmüll. Im 20. Jahrhundert avancierte im Zuge des Aufbrechens tradierter Wertevorstellungen in der Kunst auch Müll zum Material in der Kunst und wurde sogar zur Kunst erklärt.[1051] Solche Kunst bezieht sich auf gesellschaftliche Vorstellungen von Abfall, nimmt Bezug auf philosophisch-künstlerische Überlegungen zum Thema „Müll" und kann kritische Hinterfragungen beinhalten.[1052]

Recycling und Upcycling als künstlerische Strategien, aber auch konkrete Designstrategien oder Architekturkonzepte zum Thema „Müll" haben sich heutzutage sowohl in der Kunst als auch in der Kunstpädagogik etabliert.[1053] Die künstlerischen Auseinandersetzungen mit Müll sind vielfältig und reichen von interaktiven Aktionen über „Müllarchitektur"[1054] bis hin zu Landschaftsbildern und Stillleben aus allen Arten von Abfall.[1055] Auch ist unter anderem ein experimenteller und zum Teil provokanter Umgang mit dem Material „Müll" zu verzeichnen. Mit den „wachsenden Abfallbergen" und der zunehmenden Problematik des Abfalls sind neben ästhetischen Kriterien in der „Müll-Kunst" häufig ein umweltpolitischer und gesellschaftskritischer Aspekt zu verzeichnen, der den Werken eine konsum- und sozialkritische Ausrichtung gibt.

Im Rahmen kunstpädagogischer Prozesse wird eine rezeptive und produktive Auseinandersetzung mit solcher Kunst angestrebt. Dabei kann mit Blick auf die Kunstgeschichte analysiert werden, wie und wann (Plastik-)Müll zu einem Medium und zu einem Thema in der Kunst wurde. Dabei ist es von Bedeutung, die Schülerinnen und Schüler durch den künstlerisch-ästhetischen Prozess und auch durch den Sprachgebrauch zur Hinterfragung des Begriffs „Mülls" zu sensibilisieren, um ihnen bewusst zu machen, dass es sich bei Plastikmüll um Wertstoffe handelt, die (wieder-) verwendet werden können.[1056]

In der kunstdidaktischen Praxis soll keine Instrumentalisierung künstlerischer Prozesse für rein auf Umweltschutz ausgerichtete Ziele erfolgen, sondern die Eigendynamik der bildnerisch-ästhetischen Prozesse muss beachtet werden. Diesbezüglich spielen ästhetische Kriterien im gestalterischen Umgang mit Abfall eine bedeutende Rolle.[1057] Aus diesem Grunde ist es sinnvoll, subjektorientierte, interessengeleitete Vorgehen und eine freie Auseinandersetzung mit dem Thema anzustreben. In den im Folgenden exemplarisch vorgestellten Projekten konnten die Lernenden interessengeleitet selbst die thematische Schwerpunktsetzung ihrer bildnerischen Auseinandersetzung zu einem genannten Oberthema bestimmen. Aktuelle Kunstwerke und Diskurse wurden kritisch rezipiert und lieferten Impulse für die eigene ästhetische Gestaltungspraxis. Dabei wurde zum Beispiel Bezug auf das Werk „Skyscraper" genommen, das bei der Triennale in Brügge aus Plastikmüll präsentierte Modell eines Riesenwals, das eindrucksvoll vor dem Jan-van-Eyck-Platz aus dem Wasser ragte.[1058] Die Produzenten haben Plastikmüll – von den Küsten Hawaiis – verwendet. Mit dem Werk werden die Müllproduktion und globale Folgen für die Meere kritisch hinterfragt. Als weiteres exemplarisches Werk sei auf die von Nick Wood durchgeführte Installation „Space of Waste" aus 15000 Plastikflaschen im Londoner Zoo verwiesen.[1059] Wood hinterfragt mit seiner Installation kritisch den täglichen Plastikkonsum.

In der kunstdidaktischen Lehre wurde auf diese und weitere Werke Bezug genommen. Dabei wurden keine mimetischen Verfahren, sondern kunstanaloge Prozesse initiiert.[1060] Ein Ziel besteht darin, künstlerische Handlungsweisen in kunstdidaktischen Prozessen auszubilden, zu praktizieren und kritisch zu reflektieren. Des Weiteren sollen im Kontext ökologischer Zielsetzungen eine kritische Reflexion von alltäglichen Handlungsmustern (z.B. in Bezug auf Konsum oder Müllentsorgung) erfolgen und idealerweise nachhaltiges Verhalten initiiert werden.[1061] Diesbezüglich ist es von Bedeutung, eine Sensibilisierung für den Wertstoffkreislauf in Bezug auf Recycling und nachhaltiges Handeln im Rahmen ästhetischer Projekte anzubahnen.[1062] Zum Umgang mit Plastikmüll in kunstdidaktischen Projekten gibt es bereits vielfältige Anregungen und Angebote, die von Trash-Art, Upcycling bis hin zu künstlerisch sozialen Interventionen reichen und ihre Umsetzung in Schulen und anderen Bildungseinrichtungen finden. Im Folgenden wird ein Einblick in das breite Spektrum der Möglichkeiten ästhetischer Gestaltungspraxis gegeben.

8.3.1 Ästhetische Auseinandersetzung mit der Plastikmüllverschmutzung der Meere

Die Verschmutzung der Meere durch Plastikabfälle hat erschreckende Ausmaße angenommen. Von gigantischen Müllstrudeln bis hin zu mit dem Auge nicht wahrnehmbaren Mikroplastik erstreckt sich die Meeresverseuchung. Unzählige Tierarten sind dadurch bedroht. Sie verletzen sich, nehmen es als Nahrung auf und können qualvoll daran verenden. Die von Menschen gemachte „Plastikmüll-Krise" trifft letztendlich auch den Menschen. Neben der Forderung nach einer globalen Lösung kann jede einzelne Person Initiative zeigen und ein nachhaltiges, umweltschützendes Konsumverhalten einnehmen. In der Kunst wird dieses Thema aufgegriffen, wie beispielsweise das angesprochene Werk „Skyscraper" belegt.

In Anlehnung an bestehende künstlerische und kunstdidaktische Projekte wurde in einer Lerngruppe in Kooperation mit einem Meeresbiologen ein Ausstellungsprojekt konzipiert und durchgeführt.[1063] Anlässlich des von ihm gehaltenen Vortrags haben sich die Schüler*innen intensiv mit den Risiken von Plastikmüll im Meer auseinandergesetzt.[1064] Da die Heimat der Schüler*innen am Meer liegt, ist ein lebensweltlicher Bezug gegeben. Neben der Problematik der „alltäglichen Umweltverschmutzung" durch Plastikmüll sowie dem eigenen Plastikmüllverbrauch erlebten sie Anfang des Jahres 2019 die Verschmutzung der Nordsee und der Strände, ausgelöst durch die verlorenen Container des Frachtschiffes MSC Zoe und deren angespülten Inhalt.

Im Rahmen einer ästhetischen Auseinandersetzung mit der Verschmutzung des Meeres und deren globalen Auswirkungen wurden aus gesammeltem Plastikmüll Motive der Unterwasserwelt gestaltet.[1065] Thematisch reicht die Bandbreite von Quallen, Seepferdchen, Korallen über Fische bis hin zu Wellen, die eindrucksvoll aus Plastikwertstoffen gestaltet wurden. Dabei erfolgte keine rein dekorative Praxis, sondern es waren eine intensive inhaltliche Auseinandersetzung und wissenschaftliche Recherche an die ästhetischen Prozesse gekoppelt:[1066] Beispielsweise haben einige Jugendliche die Problematik aufgegriffen, dass viele Fischarten Plastik fressen. Dies kann giftige Stoffe in die Nahrungskette einbringen und sogar zum Tod der Tiere führen. So haben zwei Schülerinnen auf Basis einer alten Plastikflasche, die sie mit Müll füllten, einen Fisch kreiert, um die Dramatik zu verdeutlichen, dass Fische mit Plastik gefüllten Mägen verhungern müssen.[1067] Als Schuppen wählten sie Einweg-Kaffeepads. Damit kann der Aufruf zu einem nachhaltigeren, umweltbewussteren Konsumverhalten jedes Einzelnen verbunden werden.

Auch Meeresschildkröten sind von der Plastikmüllverschmutzung bedroht. Ein dramatischer Rückgang der Populationen wird verzeichnet. Mit

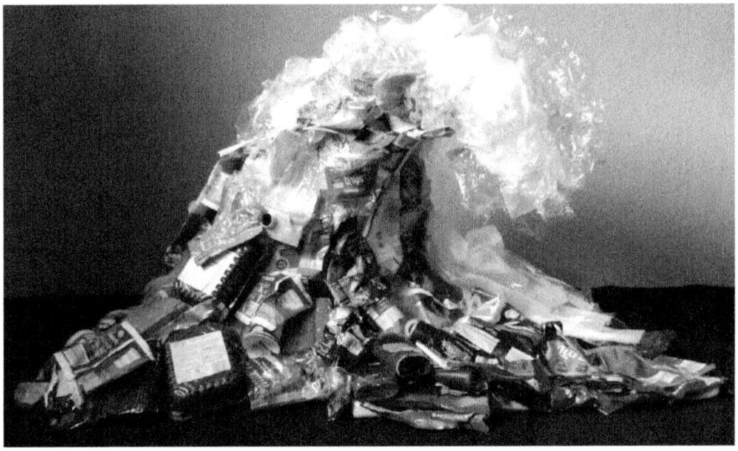

Abb. 17 „Welle" von Melissa Jasmin Thiehoff

Bezug auf solch erschreckende Fakten haben sich gleich zwei Schülergruppen mit der Bedrohung der Meeresschildkröten durch Plastikmüll befasst. Exemplarisch sei auf eine mittels grüner Mülltüten und mit weiteren Plastikwertstoffen gestaltete Nachbildung einer Meeresschildkröte verwiesen. Die Schüler beziehen sich in dem Titel auf den bedeutsamen und populär gewordenen Slogan „Skip a straw, save a turtle", um auf die Verantwortung zu einem nachhaltigen Verhalten jedes Einzelnen zu verweisen.

Weiterhin wurde aus Plastiktüten eine Qualle nachgebildet. Aufgrund der Ähnlichkeit von im Meer schwimmenden Plastiktüten zu einer Qualle können Plastiktüten von Meerestieren verschluckt werden, die im schlimmsten Fall daran verenden.

Diese exemplarisch vorgestellten Werke vermitteln einen Einblick in die vielfältigen kreativen Arbeiten der Schülerinnen und Schüler. Um eine Würdigung der Werke zu erzielen und einen Beitrag zum aktuellen Diskurs zu leisten, erfolgte eine Ausstellung im UNESCO-Welterbe Wattenmeer-Besucherzentrum Wilhelmshaven zusammen mit Unterwasserfotografien des Meeresbiologen. Durch den Dialog der Plastik-Objekte mit den Unterwasserfotografien wird sowohl die Schönheit als auch die Bedrohung des Ökosystems des Meeres verdeutlicht. Die von Schülerinnen und Schülern geschaffenen Nachbildungen der Tierwelt aus Plastikmüll unterstreichen die Dringlichkeit, die weltweite Plastikflut massiv einzudämmen, um diese faszinierenden Tiere vor einem qualvollen Tod zu bewahren und ihren Lebensraum nachhaltig zu schützen.

Dabei ist es von großer Bedeutung, nicht nur Missstände kritisch aufzuzeigen, sondern beim eigenen Handeln anzusetzen. Da die Schüler*innen über einen gewissen Zeitraum Müll gesammelt haben, reflektierten sie kritisch ihren eigenen Konsum und die damit einhergehende Müllproduktion.[1068]

Dies ist ebenfalls im Werk von Melissa Thiehoff der Fall. Sie hat im Rahmen eines Kunstprojekts in einem universitären Seminar ebenfalls über einen gewissen Zeitraum ihren Müll gesammelt und daraus eine eindrucksvolle große Welle aus Müll kreiert. Neben der eigenen Müllproduktion befasste sie sich mit globalen Konsequenzen. So verweist sie auf die gigantischen Plastikmüllstrudel im Meer. *„Ein verantwortungsvolles Handeln mit der Umwelt und ein verantwortungsvoller Verbrauch und Umgang mit Plastik ist unumgänglich, denn es gibt nur eine Welt für uns zum Leben."*[1069] (Abb. 17).

8.3.2 Kritische Auseinandersetzung mit der eigenen Plastikmüllproduktion

Ausgehend von Kunstprojekten, in denen eine kritische Auseinandersetzung mit der Plastikmüllproduktion erfolgt, haben sich Anna Furo, Neele Hietsch und Vanessa Janczik mit der aktuellen Müllproblematik befasst.[1070] Aus Draht fertigten sie eine lebensgroße menschliche Figur.[1071] Die eine Seite der Figur haben sie mit nicht abbaubaren, im Supermarkt gängigen Verpackungsmaterialien befüllt; die andere Seite dagegen mit umweltverträglicheren, abbaubaren Verpackungen.[1072]

Im Rahmen ihrer ästhetisch-forschenden Praxis sind sie auf ortsansässige Läden gestoßen, die lose Ware ohne Verpackungen anbieten. Die Intention ihres Projekts beschreiben sie wie folgt:

> „Unser Projekt soll Alternativen zu Plastik darstellen und zum Nachdenken anregen, wie man dieses reduzieren kann. Anfangs haben wir uns selbst mit unserem Plastikmüll auseinandergesetzt und eine Woche gesammelt. Es war erschreckend zu sehen, wie sich dieser innerhalb kürzester Zeit gehäuft hat. Im zweiten Schritt haben wir uns damit beschäftigt, welche Auswege es diesbezüglich gibt. Das kann schon kleinschrittig gelingen, indem man Glasflaschen statt Plas-

tikflaschen oder wiederverwendbare Kaffeetassen statt „To-go-Becher“ benutzt. Des Weiteren gibt es Unverpacktläden [...]. Grundnahrungsmittel kann man sich dort zu üblichen Preisen in nachhaltige (selbst mitgebrachte) Gefäße abfüllen. [...] Wir können aus unserem Projekt insofern einen positiven Gewinn ziehen, dass wir dafür sensibilisiert wurden, auf unseren Plastikkonsum zu achten.“[1073]

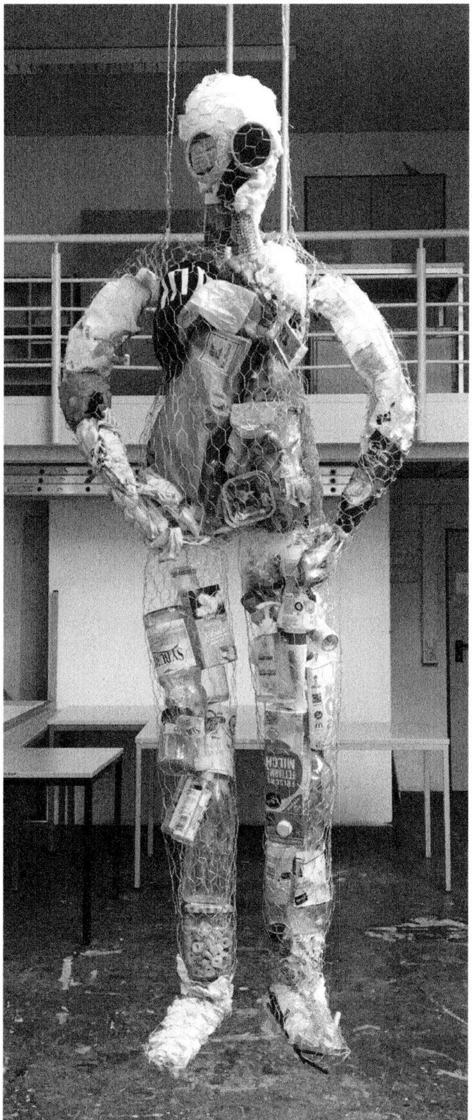

Abb. 18 „Mensch“ von Anna Furo, Neele Hietsch, Vanessa Janczik

Im Kontext künstlerisch-ästhetischen Handelns mit Müll haben sich zudem Projekte bewährt, die die Grundideen der „Trash-Art", des „Anti-Designs", des „Recyclings" und „Upcyclings" beinhalten.[1074] Gerade die Offenheit und Vielfalt ästhetischen Handelns bietet zahlreiche Optionen und Impulse für die künstlerische Gestaltung. Durch Kreativität wird aus „Altem" – zu Müll erklärten Objekten – „Neues" geschaffen, das im Sinne des „Upcyclings" wiederverwendet werden kann oder sich zweckentbunden zu eigenständigen Objekten fügt.[1075] Dabei sind der Fantasie keine Grenzen gesetzt. So wurden beispielsweise in einer 9. Klasse zum Thema „Design" Strategien des „Upcycling" eingesetzt. Indem der „Müll" als Wertstoff produktiv für die Gestaltung von Designobjekten zum Tragen kam, wurden vielfältige Objekte geschaffen, die auch weiter im Alltag gebraucht werden konnten. In diesem Kontext erfolgte eine kritische Auseinandersetzung mit Fast Fashion und den eigenen Konsumgewohnheiten. Gerade das Fach „Kunst" eignet sich für solche Projekte, da Kreativität, Innovation und Offenheit wichtige Voraussetzungen im Kontext des Upcyclings darstellen. Da Formen des Upcyclings vielfach in Unterricht und Seminaren umgesetzt werden, wird an dieser Stelle nicht weiter darauf eingegangen.[1076]

8.3.3 Künstlerische Interventionen im öffentlichen Raum zum Thema „Plastikmüll"

Interaktive und partizipative Kunstaktionen eröffnen weitere Optionen. Julia Börger und Theresa Scholle haben im Rahmen einer kritischen Auseinandersetzung mit Plastikmüll eine künstlerische, soziale Interaktion durchgeführt:[1077] Die Studierenden „versperrten" eine Seitenstraße der Paderborner Innenstadt mit einer Schnur, an die mehrere Müllbeutel gebunden waren.

Sie griffen in den öffentlichen Raum ein; durch die „Absperrung" wurde bei den Passantinnen und Passanten eine Irritation und ein „mentales Stolpern" erzielt.[1078] Sie beabsichtigten durch die „Müllleine" auf die extreme Müllproduktion aufmerksam zu machen, die Passantinnen und Passanten zum Nachdenken anzuregen und Gespräche über nachhaltiges Handeln zu initiieren.[1079] Auf die Müllbeutel wurde die Zahl der jährlichen durchschnittlichen Müllproduktion pro Europäer*in geschrieben.[1080] Die Passant*innen wurden aufgefordert, auf der anderen Seite der Müllbeutel Tipps für einen nachhaltigeren Lebensstil aufzuschreiben, welche im Alltag ganz einfach umsetzbar sind.[1081] Die Intention der Kunstaktion bestand darin, eine Sensibilisierung für die extreme Müllproduktion zu erzielen, durch Tipps zu zeigen, wie einfach sich nachhaltige Ansätze im eigenen Alltag integrieren lassen, um zum Nachdenken anzuregen und zu einem entsprechenden Lebensstil inspirieren und motivieren.[1082]

Solche Aktionen knüpfen an Konzepte an, die Kunst als soziale, gesellschaftlich relevante Kraft auffassen, an der jeder mitwirken kann, um an einer demokratischen Mitbestimmung und -gestaltung teilzuhaben.[1083]

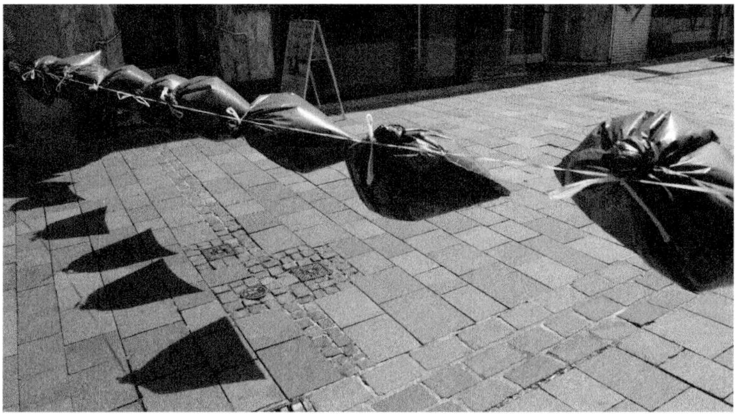

Abb. 19 „Müllkette“ von Theresa Scholle, Julia Börger

Zusammenfassung, Fazit und Forschungsausblick

Krieg und Frieden sind etablierte Themen der Kunst. Da Kunst das wesentliche Bezugsfeld der Kunstpädagogik darstellt, ist eine diesbezügliche kunstpädagogische Auseinandersetzung legitimiert. Zudem ist Kunstpädagogik übergeordneten moralischen Bildungszielen verpflichtet, zu denen auch friedenspädagogische Themenfelder gehören.[1084] Das wesentliche Ziel friedenspädagogischen Handelns besteht darin, die Etablierung von Frieden zu unterstützen.[1085] Im Kontext friedenspädagogischer Zielsetzungen wird eine pazifistische Werteorientierung angestrebt.[1086] In der Kunstpädagogik überwiegen ästhetisch ausgerichtete Zielsetzungen, wobei es durchaus Überschneidungen mit pazifistischen Zielsetzungen gibt, an die angeknüpft werden kann.

Die Ausbildung von „Friedenskompetenz" bedeutet „die Ausbildung jener Kenntnisse, Fähigkeiten und Einstellungen, die nötig sind, um eine Kultur der Gewalt schrittweise durch eine Kultur des Friedens zu ersetzen".[1087] Kunstpädagogische Projekte können zur Förderung von Friedenskompetenz beitragen, ohne ihre Eigenständigkeit einbüßen zu müssen. Dies kann beispielsweise durch eine rezeptive, produktive und reflexive Auseinandersetzung mit aktueller und historischer Kunst zum Thema „Krieg und Frieden" erfolgen. Insbesondere pazifistisch ausgerichtete Kunstwerke und künstlerische Aktionen bieten sich dafür an. Ebenso eignen sich ästhetische Projekte zum Themenkomplex „Krieg und Frieden", wie in dieser Studie exemplarisch gezeigt wurde. Dabei erfolgt eine Anlehnung an wesentliche Forderungen im Rahmen einer unter anderen von der UNESCO angestrebten „Kultur des Friedens".[1088] Mit Bezug auf interdisziplinäre Themen wird die Vermittlung von friedensfähigen Einstellungen und moralischen Wertmaßstäben angestrebt. Zum Beispiel können in kunstpädagogischen Prozessen soziale, historische, gesellschaftliche, politische, ökologische und kulturelle Kompetenzen zur Befähigung zur *„Friedensfähigkeit"*[1089] gefördert werden. Mit Bezug auf ein holistisches, interdisziplinäres Konzept eines „positiven Friedens" werden in dieser Studie ästhetische Zugänge zu folgenden Themen eröffnet, die im Sinne eines offenen Diskurses noch ergänzt werden können: Erinnerungskulturen, kritische Auseinandersetzung mit medialen Bildwelten des Krieges,

Versöhnung und Verständnis, Transkulturalität, Menschenrechtsbildung, politische Bildung und Demokratieerziehung, Nachhaltigkeits- und Umweltbildung. Zudem ist eine ästhetische Auseinandersetzung mit dem Begriff „Frieden" von Bedeutung.[1090] Zu diesen gewählten Themen wurden subjektorientierte, ästhetisch-künstlerische Forschungen und Auseinandersetzungen durchgeführt.[1091] Die Zugänge und exemplarischen Zielsetzungen der unterschiedlichen Themen werden im Folgenden nochmals kurz skizziert, um im Anschluss ausgewählte übergeordnete Aspekte einer pazifistisch orientierten Kunstpädagogik darzulegen.

Frieden: Was ist das?

Im Kontext pazifistisch ausgerichteter kunstpädagogischer Ansätze ist nicht nur eine kritische Auseinandersetzung mit Krieg und Gewalt, sondern ebenfalls eine Auseinandersetzung mit dem Begriff „Frieden" von großer Bedeutung.[1092] Denn das Friedensverständnis unterliegt im historischen Wandel Veränderungen und Bedeutungsverschiebungen,[1093] da Krieg und Frieden in der historischen Perspektive je nach politischen, wirtschaftlichen, gesellschaftshistorischen, sozialen, psychologischen und philosophischen Kontexten unterschiedliche theoretische Auslegungen und praktische Umsetzungen erfahren haben.[1094]

Es ist von Bedeutung, dass sich Lernende sinnstiftend mit ihren Vorstellungen und Bildern zum Frieden ästhetisch auseinandersetzen. Kunst kann Impulse liefern und das Potential ästhetischer Handlungsweisen bieten. Die Vielfalt ist groß und kann von kritischer Auseinandersetzung mit historischen oder aktuellen Friedensszenarien bis hin zur ästhetischen Umsetzung von Friedenswünschen reichen. Dies kann zur Förderung kunst- und friedenspädagogischer Kompetenzen beitragen.

Erinnerungskultur: Gegen das Vergessen

Im Kontext dieses Themenfeldes wird eine Förderung von Kompetenzen kunstpädagogischer, historischer und politischer Bildung zur Erinnerung an das Leid und den Schrecken der Kriege sowie zum Gedenken an die Opfer angestrebt.[1095] Dabei soll eine Auseinandersetzung mit historischen und aktuellen Kriegen erfolgen.

Gegenwart und Zukunft werden von der Vergangenheit mitbestimmt. Somit ist es (angesichts der Beschäftigung mit aktuellen Kriegen) von Bedeutung, ebenfalls die historische Komponente einzubeziehen, um ein umfassenderes Verständnis zu erhalten. Ebenfalls ist, um Verständigung und Versöhnung anzustreben, im Rahmen einer Konflikttransformation eine kritische Aufarbeitung mit der Vergangenheit, von der Kulturen, Institutionen und Individuen geprägt sind, von großer Relevanz.[1096] Kunst kann einen wesentlichen Beitrag zur Erinnerungs- und Gedenkkultur leisten und dabei sowohl auf der emotionalen, der kognitiven als auch der interaktiven Ebene zur Friedenserziehung beitragen.[1097] Im Kontext kunstpädagogischer Prozesse kann ein affektiv-empathischer Zugang zu Kunstwerken der Erinnerungskultur erfolgen, der allerdings wiederum kritisch hinterfragt und rational verankert[1098] und mit Bezug auf ein kunstgeschichtliches Orientierungswissen kontextualisiert werden muss. So ist es bedeutsam, empathisches und emotionales Lernen mit rationalen Erkenntnissen und Wissen über Wirkgefügen von Kriegen, deren Ursachen, Politik, Verlauf, Wirkungen etc. zu verknüpfen, um neben emotionaler Verankerung und rationaler Aufklärung[1099] die Rezipierenden für eine aufklärerische Sehweise und für Wiederholungsmuster von Kriegen zu sensibilisieren.[1100] Nicht nur in der Rezeption, sondern auch in der ästhetischen Produktion kann eine kritische Auseinandersetzung mit Krieg und Gewalt erfolgen, wie die angeführten Fallbeispiele exemplarisch belegen.[1101] Ebenso können interaktive künstlerische Projekte mit partizipativer Komponente zum Handeln ermutigen.

Die in dieser Studie angeführten ästhetischen Arbeiten weisen eine Vielzahl thematischer Akzentuierungen auf. So erfolgten Auseinandersetzungen mit der deutschen Kolonialpolitik, mit dem Gedenken an den Ersten und Zweiten Weltkrieg sowie mit Bezugnahme auf den aktuellen Syrienkonflikt und den Ukrainekrieg. Ebenfalls wurden öffentliche, aber auch verdrängte oder mit anderen Bedeutungsschichten „überlagerte" Erinnerungsräume in die ästhetische Arbeit integriert. Die ästhetische Auseinandersetzung mit Räumen der Erinnerung kann ganzheitlich-sinnliche Zugänge ermöglichen, die sowohl emotionale aber auch rationale Komponenten enthalten kann. Durch interaktive Prozesse, z.B. durch künstlerische Eingriffe in den öffentlichen Raum, können Passanten in die ästhetischen Projekte einbezogen werden. Durch die unterschiedlichen Handlungs- und Ausdrucksformen sind verschiedene Zugänge und damit verbundene ästhetische Erfahrungen und kognitive Erkenntnisse verbunden. So kann mit ästhetischer und künstlerischer Arbeit beispielsweise die Intention verbunden sein, Erinnerung zu schaffen, aber auch stereotype Erinnerungsbilder zu hinterfragen.

Ebenso kann eine Auseinandersetzung mit Elend und Leid aktueller Kriege erfolgen. Auch können in der Folge utopische Visionen entstehen.

Abschließend kann angeführt werden, dass durch die ästhetische Auseinandersetzung mit Kunst zum Thema „Krieg“ eine Sensibilisierung für Leid und Schrecken von Kriegen allgemein erfolgen, Erinnerung geschaffen und idealerweise eine pazifistische Grundhaltung vermittelt werden kann.[1102]

Kritische Auseinandersetzung mit medialen Bildwelten des Krieges

Medial inszenierte Bilder und Informationen prägen kollektive Bildwelten und Vorstellungen des Krieges.[1103] Dabei unterliegen sie einem gewissen Konstruktionscharakter, sodass ein kritischer Umgang mit diesen medialen Erzeugnissen und Bildwelten von großer Bedeutung ist.[1104] Ebenso sind Medien in der Kunst zum Themenfeld „Krieg und Frieden“ bereits fest etabliert. Hier liegen Anknüpfungspunkte kunst- und friedenspädagogischer Arbeit.

Die Verwendung digitaler Medien in kunstpädagogischen Prozessen kann viele Ausrichtungen und Anknüpfungspunkte besitzen, die sich von digitaler Fotografie über virtuelle Bildwelten bis hin zu Formen von Augmented Reality erstrecken.[1105]

Allgemein ist eine experimentelle, handlungsorientierte Praxis von großer Bedeutung, um digitale Bearbeitungstechnologien (gerade auch in Bezug auf Manipulationsstrategien) und Wirkungsqualitäten zu erproben und diesbezüglich ein kritisches Bewusstsein zu vermitteln.

Mit Bezug auf historische Bildtraditionen und -konventionen können im Kontext kunstpädagogischen Handelns die digitalen Bildpraxen kontextualisiert und Veränderungen mit Rückbezug auf gesellschaftliche, politische, ethische und mediale Aspekte analysiert werden.[1106] Der eigene Umgang mit digitalen Medien und deren Bildwelten kann hinterfragt, in Bezug auf Kommunikations- und Wahrnehmungsmuster kritisch betrachtet werden und zu erweiterten Handlungsoptionen führen. Dabei ist im Hinblick auf die mediale Verbildlichung von Tod und Gewalt eine Bewertung im Kontext einer Diskussion um moralische Wertmaßstäbe sinnvoll.[1107]

Die in dieser Studie angeführten kunstdidaktischen Beispiele weisen eine große inhaltliche Breite auf. So wurden ästhetische Projekte zur Dekonstruktion von medialer Vermittlung, zu digitaler Bildbearbeitung, zu Wirkungsgefügen von medialen Bildern und zu Kriegscomputerspielen geschaffen.

Indem mediale Bildwelten als Ausgangspunkt und Material in die ästhetische Praxis überführt werden, kann dies u.a. eine Entkontextualisierung und Überführung in neue Bedeutungszusammenhänge zur Folge haben.[1108] Durch digitale künstlerische Arbeitsweisen und Techniken können diesbezüglich Kompetenzen erworben werden.

Zudem kann ein spielerisch-experimenteller Umgang mit digitalen Medien zur Förderung der Kreativität beitragen.

Zusammenfassend kann angeführt werden, dass medial basierte Kunst zum Thema „Krieg und Frieden" Impulse für individuelle ästhetische Projekte liefern kann und dadurch kunstanaloges Denken und Handeln initiiert werden kann.[1109] Im Rahmen einer Bildorientierung können neben Kunstwerken auch mediale Bilder Ausgangspunkt der ästhetisch-künstlerischen Projekte sein: Zum medial vermittelten vielgestaltigen Komplex „Krieg und Frieden" sollen kunst- und friedenspädagogische Kompetenzen gefördert werden. Damit verbunden ist die Entwicklung eines Kritikbewusstseins, durch das die Rezipierenden in der Lage sind, Manipulationsstrategien zu durchschauen und die Qualität und Wirkung der medialen Inhalte zu beurteilen und ggf. zu hinterfragen.[1110] Weiterhin wird im Kontext von medien- und kunstpädagogischen Zielsetzungen die Vermittlung von Bildkompetenz und Medienkompetenz und ein damit verbundener kritischer, verantwortungsvoller und bewusster Umgang mit Medien angestrebt.[1111] Somit besteht eine wesentliche Zielsetzung im Rahmen dieses Themenfeldes darin, im Kontext rezeptiver und produktiver Auseinandersetzung mit medialen Bildwelten zu Krieg, Gewalt sowie zu vom Menschen verursachten Naturkatastrophen und deren Konsequenzen, z.B. Hungersnöte und humanitäre Katastrophen angesichts von Flucht und Vertreibung, diese nicht zu konsumieren, sondern eine kritische Medienrezeption zu initiieren und angesichts von solchen Bildern möglichen Formen von Verdrängung, Abstumpfung und Desinteresse entgegenzuwirken und in ihnen einen Appell zum Handeln[1112] im Sinne friedenspädagogischer Zielsetzungen zu sehen.[1113] So können die ästhetischen Auseinandersetzungen mit medialen Bildwelten zum Themenkomplex „Krieg und Frieden" neben der Entwicklung eines Kritikbewusstseins zur Entwicklung friedensfähiger Einstellungen und Wertvorstellungen beitragen.[1114]

Verständnis und Versöhnung

Der Erwerb kommunikativer und sozialer Kompetenzen zur Befähigung der Menschen zur Konfliktlösung und Versöhnung[1115] stellt ein wesentliches Ziel friedenspädagogischer Bemühungen dar. Konflikttransformation wird in dieser Studie verstanden als ein Prozess, „der die Beziehungen, Einstellungen, Verhaltensweisen, Interessen und Diskurse in gewaltanfälligen Konflikten konstruktiv verändern will".[1116] Im Kontext friedenspädagogischer Überlegungen ist es von großer Bedeutung ein dualistisches Feindbilddenken aufzulösen[1117] und im Rahmen von Versöhnungspraxen das Gemeinsame zu betonen.[1118] Gerade im Kontext kultureller Konflikte ist es von Bedeutung, nicht die Differenzen und das Trennende zu betonen, sondern durch überkulturelle Gemeinsamkeiten zueinander zu finden. Eine Grundlage, um eine Kultur des Friedens zu initiieren, besteht darin, Einstellungen und Verhaltensweisen zu vermitteln, die auf „Achtung des Lebens, der Beendigung der Gewalt sowie der Förderung und Übung von Gewaltlosigkeit durch Erziehung, Dialog und Zusammenarbeit" basieren.[1119]

Auch in der Kunst werden solche Themen aufgegriffen. Ebenfalls sind in einigen kunstpädagogischen Konzepten Themen und Strategien der Konfliktlösung und Versöhnung integriert.[1120] Hier eignen sich insbesondere interaktive, partizipative, performative und hybride Kunstformen, in denen der oder die Einzelne in Dialog mit anderen treten und ein konstruktiver Austausch im Rahmen eines ästhetischen Prozesses stattfinden kann.[1121] Ebenso ist es zwar wichtig, mittels Kunst gesellschaftliche Missstände aufzuzeigen, doch geht es nicht primär darum, den moralischen Zeigefinger zu erheben, sondern eine positive Füllung der pädagogischen Inhalte[1122] anzustreben mit der Intention gesellschaftlicher Veränderungen und Konfliktlösungen. Auch der Umgang mit Konflikten kann einen Anlass ästhetischer Auseinandersetzung darstellen. So wird Kreativität in verschiedenen künstlerischen Projekten konkret für die Entwicklung von Lösungsstrategien von (gesellschaftlichen) Konflikten eingesetzt. Die performative Auseinandersetzung mit Konflikten kann zu einer konstruktiven Auseinandersetzung sowie zur Förderung von Empathie und im Idealfall zu einer Verständigung führen.[1123] Beispielsweise kann eine Begegnung mit dem sogenannten „Fremden" und „Ungewohnten" im Kontext einer Differenzerfahrung erfolgen, die idealerweise durch performative Prozesse einen Perspektivwechsel ermöglichen sowie eine Reflexion eigener Handlungsmuster und ggf. eine damit verbundenen Erweiterung von stereotypen Wahrnehmungen und Handlungsmustern initiieren kann.[1124]

Abschließend lässt sich anführen, dass Konflikte, aber auch Versöhnung, Anlass und Themen der ästhetischen Praxis darstellen können. So lässt sich im Rahmen der Rezeption und Produktion von Kunst eine Auseinandersetzung mit diesen Themen initiieren und dies kann sowohl auf der emotionalen als auch auf der kognitiven Ebene zu Verständigung und Versöhnung beitragen. Auch können Strategien der Mediation und Versöhnung in (interaktive und partizipative) Kunstprojekte eingebunden sein. Idealerweise sollen solche künstlerisch-ästhetischen Projekte gesellschaftliche Relevanz besitzen.

Transkulturalität

Der Erwerb kultureller Kompetenzen ist sowohl in der Friedens-[1125] als auch in der Kunstpädagogik[1126] in heutigen transkulturell geprägten Gesellschaften von großer Bedeutung.[1127]

Transkulturelle kunstpädagogische Arbeit kann verschiedene Ausgangspunkte besitzen – zum einen in einer Form der Vermittlung, zum anderen in der zu behandelnden Thematik.

In der Kunst ist die Auseinandersetzungen mit der Vielfalt der Kulturen ein etabliertes Thema.[1128] Im Kontext transkultureller Zugänge werden kulturelle Hybridisierungsprozesse fokussiert.[1129] Um diese wahrzunehmen und analysieren zu können, muss die Vielfalt kulturspezifischer Merkmale miteinbezogen werden.[1130] Somit bieten sich multiperspektivische Herangehensweisen an, um „westliche" und eurozentrische Sehweisen aufzubrechen und um für Hybridisierungen zu sensibilisieren.[1131]

Eine ästhetische Auseinandersetzung kann sowohl im Rahmen der Rezeption als auch der Produktion mit abschließender kritischer Reflexion erfolgen, mit dem Ziel, kulturelles Verständnis zu initiieren. Die Diversität und Vielfalt der Kulturen sollen in pädagogischen Prozessen Wertschätzung erfahren und als ein Potential für inklusiven Unterricht betrachtet werden.[1132] Dabei müssen pädagogische Praktiken sowie der Sprachgebrauch selbstreflexiv hinterfragt werden, um eine Entstehung und ggf. Verfestigung migrationsgesellschaftlicher Macht- und Ungleichheitsverhältnisse zu verhindern.[1133] So darf beispielsweise die Markierung als „Andere" aufgrund natio-ethno-kultureller Zuordnungen nicht erfolgen.[1134] Auch können beispielsweise übergeordnete Gemeinsamkeiten im Sinne einer „Menschheitsfamilie" betont werden, um Ausgrenzungen zu vermeiden.

Doch trotz übergeordneter Gemeinsamkeiten und kultureller Hybridisierungsprozesse können angesichts kulturspezifischer Besonderheiten Differenzerfahrungen erfolgen, die zu Konflikten führen können.[1135] Zielsetzungen bestehen in dem konstruktiven Umgang mit kulturellen Differenzen und daraus resultierenden Konflikten sowie im kulturellen Dialog und der Anerkennung kultureller Vielfalt.[1136] Die Auseinandersetzung mit

Differenzerfahrungen im Rahmen ästhetischer interaktiver Prozesse kann zum Hinterfragen und idealerweise zum Aufbrechen stereotyper Handlungsmuster und Sehweisen führen und gegenseitiges Verständnis anbahnen.[1137] Es sollte eine offene und tolerante Auseinandersetzung erfolgen, um kulturspezifische Merkmale zu verstehen und zu respektieren. Dabei sollten ebenfalls kulturelle Hybridisierungen in den Blick genommen werden. Allgemein sollte ganzheitlich sinnliches Erleben mit emotionaler Verankerung, rationaler Durchdringung und Reflexion angestrebt werden,[1138] um nachhaltige und langfristige Wirkung in Bezug auf Vermittlung von Wertvorstellungen und Grundhaltungen einer Kultur des Friedens zu erzielen. So können im Kontext der Vermittlungssituation von Kunst oder in Bezug auf interaktive oder hybride Kunstformen soziale Kompetenzen vermittelt und ein transkultureller Dialog initiiert werden.[1139] Grundsätze der Toleranz, der Solidarität, der Zusammenarbeit, der kulturellen Vielfalt im Bewusstsein um Hybridisierungsprozesse und der kulturellen Verständigung sind signifikante Zielsetzungen.[1140] Kunst und ästhetisch-künstlerische Projekte können somit zur Wertschätzung kultureller Vielfalt und zum friedlichen Zusammenleben einen Beitrag leisten.

Menschenrechtsbildung

Menschenrechtsbildung[1141] ist ein zentrales Anliegen einer an pazifistischen Zielsetzungen ausgerichteten Kunstpädagogik. Im Kontext einer an humanistischen Idealen sowie an Grund- und Freiheitsrechten der Menschheit ausgerichteten Lehrkonzeption ist es notwendig, dass eine Orientierung an ethisch-moralischen Wertvorstellungen in der Lehre vorliegt. Diskriminierungspraktiken, rassistische Denklogiken und die Anwendung kultureller Aus- und Abgrenzungsstrategien sowie allgemein Reproduktionsmechanismen von Ungleichheiten müssen selbstreflexiv hinterfragt werden.[1142] Die Heterogenität und Diversität[1143] verschiedener Menschen soll als Bereicherung empfunden werden.[1144] Die Einhaltung von Menschenrechten ist somit eine Basis kunstpädagogischer Praxis.

Doch ist es unzureichend, im Rahmen eines aufklärerisch-rationalen Ansatzes den „moralischen Zeigefinger" zu heben.[1145] Die Lernenden müssen die Friedensidee im Rahmen ästhetischer Prozesse idealerweise mittels intrinsischer Motivation, interessengeleiteten und selbstorganisierten Handlungsprozessen emotional durchdringen, rational reflektieren und als eine Grundeinstellung verankern.[1146] Durch künstlerisches und ästhetisches

Handeln kann eine Vielzahl von Kompetenzen gefördert werden, die in der Menschenrechtsbildung grundlegend sind. Zudem kann Kunst Menschenrechte und deren Verletzungen dokumentieren, reflektieren[1147] und eine persönliche Stellungnahme des Künstlers beinhalten. So kann z.B. über die affektive, emotionale Dimension und die ästhetisch-sinnliche Komponente ein Unrechtsempfinden gegenüber Menschenrechtsverletzungen evoziert werden.[1148] Im Sinne kognitiv-rationaler Durchdringung in ästhetischen Prozessen soll die Kritikfähigkeit angesichts von Menschenrechtsverletzungen gefördert werden.[1149] Durch die gesellschaftlich-partizipative und interaktive Funktion können künstlerische Eingriffe im öffentlichen Raum erfolgen, die im Idealfall Auswirkungen auf die Gesellschaft im pazifistischen Sinne haben.[1150] Somit kann ästhetische Praxis zur Zivilcourage und zum gesellschaftlichen Handeln ermutigen.[1151] Durch die Offenheit künstlerischer Methoden und Positionen können vielfältige Zugänge in der Menschenrechtsbildung eröffnet werden. Die in dieser Studie angeführten Beispiele aus der kunstpädagogischen Praxis geben einen Einblick in die Breite ästhetischer Auseinandersetzungen mit Menschenrechten.

Abschließend kann festgehalten werden, dass Menschenrechtsbildung zum einen konkret in ästhetischen Bildungsprozessen umgesetzt (z.B. inklusiver Unterricht), zum anderen durch entsprechende Themen in der Kunst vermittelt werden kann.

Politische Bildung und Demokratieerziehung

Die politische Bildungskomponente spielt für die Vermittlung einer friedensfähigen Einstellung ebenfalls eine wichtige Rolle. Dabei soll Kunstpädagogik nicht politisch werden, aber die Vermittlung von Kompetenzen einer modernen politischen Bildung und Rechtserziehung ist ein wichtiger Baustein einer Erziehung zum Frieden.[1152] Die Vermittlung und Einhaltung von Grundsätzen der Freiheit, der Gerechtigkeit und der Demokratie sind bedeutende Zielsetzungen.[1153] Die Mündigkeit der Bürgerinnen und Bürger stellt ein übergeordnetes Ziel (auch in den schulischen Lehrplänen) dar. Rechtssicherheit, ethische Gleichwertigkeit und soziale Gerechtigkeit sind wichtige Faktoren friedlichen Zusammenlebens.[1154] Es stellt sich die Frage, in welcher Weise politische Bildung und rechtsstaatliche Erziehung konkret in der Kunst und Kunstpädagogik situiert sind. Beide Bereiche besitzen Schnittstellen: So spielen Kompetenzen der Rechtserziehung in kunstpädagogischen Lernsituationen in Form von Regeln für ein soziales Miteinander und für die Gleichbehandlung sowie für den Abbau von Diskriminierung eine bedeutende Rolle. Zudem ist Politik ein Themenfeld der Kunst und damit der Kunstpädagogik.[1155] Je nach gesellschaftshistorischen, politischen und sozialen Kontexten stand Kunst sowohl in den Diensten von Politik und Propaganda; auf der anderen Seite übte Kunst Kritik an politischen Systemen und Diktaturen, die sich gegen Menschenrechtsverletzungen, gegen Rechtsbrüche, Tyrannei und Diktatur wenden. Im Rahmen kunstpädagogischer Prozesse können zum Beispiel über entsprechende Kunstwerke politische Systeme hinterfragt und Ungerechtigkeiten herausgestellt werden. In diesem Sinne kann sowohl Rezeption als auch Produktion von Kunst zu einer politischen Bildung beitragen und Kompetenzen eines kritischen Macht- und Politikbewusstseins vermitteln[1156] sowie zur Mitgestaltung von Demokratien anregen. In Bezug auf die Tatsache, dass sich Kunst mit Blick auf die Geschichte auch durch Politik instrumentalisieren ließ,[1157] muss ein kritisches Urteilsvermögen vermittelt werden. In diesem Sinne ist es von großer Bedeutung, politische Bildung, Kritikausübung und demokratische Mitbestimmung an Politik und Gesellschaft im Kontext ästhetischer Bildung zu initiieren. Wiederum sei auf Beuys verwiesen, der in seinem Konzept des Erweiterten Kunstbegriffs[1158] die Kunst als soziale, gesellschaftlich relevante Kraft aufgefasst.[1159] In diesem Sinne können künstlerische Projekte zu demokratischer Mitbestimmung und -gestaltung anregen.

Nachhaltigkeitsbildung und Umweltbildung

Nachhaltiges und globalisiertes Lernen ist von großer Bedeutung, um heutigen und zukünftigen Problemen im Rahmen globalisierter Strukturen begegnen zu können und ein friedliches Miteinanderleben anzustreben. Umweltverschmutzung und -zerstörung sowie der Klimawandel sind friedenspolitisch insofern relevant, als dass sie zum Beispiel wirtschaftliche Katastrophen, Naturkatastrophen und allgemein humanitäre Katastrophen zur Folge haben können.[1160] Dies kann zu Konflikten und Kriegen führen.

In Bezug auf den Klima- und Umweltschutzgedanken können künstlerisch-ästhetische Auseinandersetzungen initiiert und durchgeführt werden, in denen im Idealfall konkrete Schutzmaßnahmen impliziert sind. Durch Rezeption und Produktion von Kunst zu dieser Thematik kann neben kunstpädagogischen Zielsetzungen auch ein Bewusstsein geschaffen werden, dass in einer globalisierten Welt eine persönliche Verantwortung für

Natur und Umwelt besteht und diese idealerweise auf politischer, gesellschaftlicher und ökologischer Ebene umgesetzt werden soll.[1161]

Die affektive Dimension von Kunst kann zu Betroffenheit über den verantwortungslosen Umgang mit der Natur und Umwelt und allgemein zu emotionaler Verankerung führen. Zudem ist es von großer Bedeutung, dass eine rational-kognitive Durchdringung und Reflexion erfolgt.[1162] Beispielsweise ist bedeutsam, eine Sensibilisierung für ökologische und umweltpolitische Missstände zu erzielen und auch selbstreflexiv zu handeln, mit der Intention, eigene Handlungsmuster zu erweitern und im Idealfall gesellschaftliche Veränderungen anzustreben. Eine Sensibilisierung für die Erhaltung und den Schutz von Natur und Umwelt verknüpft mit dem Wissen um aktuelle Schutzmaßnahmen sowie mögliche Bedrohungen für die Gebiete aber ebenfalls globale Zusammenhänge gehören ebenfalls zu den Bildungszielen.

Gerade Ausstellungsprojekte und Kunstaktionen mit interaktiven und partizipativen Komponenten können zum Nachdenken anregen und im Idealfall Auswirkungen auf ökologische, gesellschaftliche und politische Strukturen haben und einen Appell für nachhaltiges Handeln beinhalten. Die angestrebte Förderung von Kompetenzen, die sowohl im Kontext der Kunstpädagogik als auch der Nachhaltigkeitsbildung stehen, können zu eigenständigem kulturellen, selbstreflexivem Handeln und selbstbestimmter verantwortungsvoller Lebensgestaltung beitragen. Dies kann zudem zur Entwicklung von Mündigkeit beitragen und damit zur Teilhabe und Mitbestimmung an gesellschaftlichen, ökologischen und kulturellen Prozessen. Somit ist künstlerische Umweltbildung, die zu nachhaltigem, verantwortungsvollen, umweltbewussten Handeln anregt, ein weiterer Baustein für die Förderung einer „Kultur des Friedens".[1163]

Abschließende zusammenfassende Überlegungen

Kunstpädagogik bietet aufgrund der Offenheit von Inhalt und Methoden ein besonderes Potential für ästhetische Auseinandersetzungen zum Thema „Krieg und Frieden". Die Zusammenstellung und Betrachtung vorab dargestellter thematischer Zugänge unter kunst- und friedenspädagogischer Perspektive ist in dieser Form noch nicht erfolgt und hat sich als ergiebig erwiesen. Im Rahmen der in dieser Studie durchgeführten ästhetischen Zugänge kann eine Förderung sowohl inhalts- als auch prozessbezogener friedens- und kunstpädagogischer Kompetenzen erfolgen, wie in den jeweiligen Kapitelkomplexen ausgeführt wurde. Im Kontext rezeptiver und produktiver Auseinandersetzung mit Kunst zum Thema „Krieg und Frieden" wurden künstlerisch-ästhetische Projekte geplant, durchgeführt und reflektiert. Die Wahl von interessengeleiteten, forschend ausgerichteten kunstpädagogischen Ansätzen wurde vorgenommen, da diese aufgrund der Subjektorientiertheit großes Potential bietet, bei den Lernenden intrinsische Motivation zu erzeugen und damit nachhaltigere Bildungsprozesse zu initiieren. Hier liegt die Chance, dass die Lernenden längerfristig pazifistische Inhalte anerkennen und in ihre Grundüberzeugungen integrieren.

Um eine Instrumentalisierung für ausschließlich friedenspädagogische Ziele zu vermeiden, werden subjektorientierte, forschend ausgerichtete, künstlerisch-ästhetische Strategien gewählt, da diese eine Offenheit an künstlerischen Handlungsfeldern bieten. Die angeführten Fallbeispiele belegen, dass die Eigenständigkeit und Eigendynamik künstlerischer Prozesse gewahrt bleiben und keine Funktionalisierung für rein friedenspädagogische Ziele erfolgt. So konnten die Lernenden interessengeleitet in allen durchgeführten Projekten selbst die thematische Schwerpunktsetzung ihrer künstlerischen Auseinandersetzung zum ganzheitlichen Friedensbegriff bestimmen, die von ihnen als bedeutend und als sinnstiftend empfunden wurde und in die künstlerische Praxis überführt wurde.[1164]

Das weite Spektrum der individuell gewählten Unterthemen unterstreicht die Breite und Interdisziplinarität des hier verwendeten Friedensbegriffes. Auch die methodische Vielfalt lässt sich an den Fallbeispielen exemplarisch aufzeigen: So reichen die hier angeführten kunstpädagogischen Beispiele von Malerei, Plastik, Fotografie und Film bis hin zu offener Konzeptkunst, Installationen, Land Art-Formaten, digitalen Bildbearbeitungen bis hin zu künstlerischen Interventionen im öffentlichen Raum. Diesbezüglich erfolgte jeweils spezifischer Kompetenzerwerb.

Je nach Zugang kann die ästhetische Praxis emotionale, ästhetische, rationale, kritische, kreative, interaktive, partizipative oder performative Aspekte mit Bezug zu politischen, sozialen, gesellschaftlichen, historischen, ökologischen sowie kulturellen Dimensionen beinhalten.[1165] Allgemein können affektiv-emotionale Komponenten Betroffenheit, Mitgefühl, Empathie und Solidarität mit Opfern erzeugen.[1166] Dabei ist es jedoch von großer Bedeutung, dass neben emotionaler Durchdringung eine rational basierte Reflexion und ein kritischer Einbezug der Kontexte erfolgt.[1167] So eröffnen sich über die rational-kognitive Komponente Zugänge zur kritischen Auseinandersetzung mit Gewalt, Krieg und anderen Aspekten wie Umweltverschmutzung und Klimawandel.[1168] Über interaktive, hybride und partizipative künstlerisch-ästhetische Formen können soziale, kommunikative und transkulturelle Kompetenzen gefördert werden.[1169] So eignen sich kunstpädagogische Projekte ebenfalls dazu, Verständnis und Versöhnung anzubahnen. Diesbezüglich ist eine konstruktive Auseinandersetzung mit Konflikten unabdingbar.[1170] Zudem können mit Bezug auf friedenspädagogischen Zielsetzungen künstlerische Eingriffe in den öffentlichen Raum erfolgen, die im Idealfall gesellschaftlich oder ökologisch relevant werden können.[1171]

Zudem eignet sich Kunstpädagogik zur Auseinandersetzung mit den Themenkomplexen „Krieg“ und „Frieden“, da in dieser Disziplin der Umgang mit Bildern im Fokus steht. Denn unsere Wahrnehmung und unsere Vorstellungen von Frieden und insbesondere vom Krieg sind stark visuell geprägt und unterliegen medialen Konstruktionen.[1172] Hier besitzt das Fach Kunst wesentliche Potentiale, um einen kritischen und selbstbestimmten Umgang mit solchen historischen und aktuellen Bildern anzubahnen.[1173] Die Förderung von Bildkompetenz und Medienkompetenz ist unabdingbar. Bildkompetenz beinhaltet rezeptive, reflexive und produktive Komponenten, die in den künstlerisch-ästhetischen Projekten zum Tragen kommen.[1174] Medienkompetenz ermöglicht einen kritischen und selbstbestimmten Umgang mit medialer Berichterstattung und Vermittlung von Gewalt, Krieg, Flucht und andere menschlich verursachten Katastrophen. Durch reflektierte ästhetische Praxis können Wahrnehmung und Bewertung unter anderen von Kriegs- und Friedensbildern und Vorstellungen im Kontext politischer, kultureller und gesellschaftlicher Rahmenbedingungen kritisch hinterfragt werden. Dadurch können u.a. Grundlagen für kulturellen, sozialen und gesellschaftlichen Wandel und für Veränderungen im pazifistischen Sinne geschaffen werden.[1175]

Allgemein können durch künstlerisch-ästhetisches Handeln unterschiedliche Formen der Produktion, Perzeption, Rezeption und Konstruktion von Krieg und Frieden in den jeweiligen historischen, gesellschaftlichen, kulturellen und politischen Rahmenbedingungen reflektiert oder hinterfragt werden. Im Kontext kunstwissenschaftlicher Methodik ist es möglich, neben der persönlichen Stellungnahme des Künstlers bzw. der Künstlerin Kenntnisse und Wissen über vergangene und aktuelle Kriegs- und Gewaltszenarien sowie über deren Ursache-Wirkungsgefügen zu erwerben, um Wiederholungsmuster zu erkennen und im Idealfall zu vermeiden.[1176] So kann in Auseinandersetzung mit dem Themenkomplex „Krieg und Frieden“ im Kontext ästhetischer Bildung eine Förderung von ausgewählten kunstpädagogischen aber auch sozialen, kulturellen, historischen, ökologischen und politischen Kompetenzen mit Bezug zu friedenspädagogisch relevanten Zielsetzungen angestrebt werden.[1177]

Mit Bezug auf die in dieser Studie angeführten Themenfelder kann Kunstpädagogik als ganzheitliche und transformative Bildung fungieren und forschendes, problemorientiertes sowie interessensgeleitetes Lernen ermöglichen. Beispielsweise können durch ästhetische Projekte nachhaltiges, verantwortungsvolles Denken und Handeln in globalen Strukturen, interdisziplinäres Wissen, autonomes kreatives Handeln sowie Partizipation an gesellschaftlichen und kulturellen Entscheidungsprozessen gefördert werden.[1178] Kunst kann gesellschaftlich relevant werden, beispielsweise durch künstlerische Interaktionen im öffentlichen Raum mit Bezug auf friedenspädagogische Zielsetzungen.[1179] Ebenfalls kann Mut zur Zivilcourage gefördert werden. Auch kann die künstlerisch-ästhetische Bildung zur Selbstreflexion anregen und einen Beitrag zur Persönlichkeitsbildung und zur Entwicklung von Mündigkeit leisten.[1180] Eine damit verbundene aktive, selbstbestimmte und kritische Teilhabe an Kultur und Gesellschaft ist für eine Kultur des Friedens von großer Bedeutung.[1181] So kann im Idealfall *„Friedenskompetenz"*[1182] gefördert werden, um gesellschaftspolitisches Engagement im Sinne des Friedens zu initiieren.[1183]

Es kann mit Recht angezweifelt werden, dass Kunstpädagogik das Potential besitzt, Kriege zu verhindern.[1184] Doch auch wenn Kunstpädagogik nicht das große Ganze ändern kann, so können die in dieser Studie angeführten thematischen Zugänge und damit verbundenen anzustrebenden Kompetenzen und Zielsetzungen dazu beitragen, pazifistisch geprägte Wertvorstellungen, Auffassungen und Einstellungen sowie friedensfähige Verhaltens- und Lebensweisen zu initiieren und zu festigen.[1185] In diesem Sinne kann Kunstpädagogik einen Beitrag zur Förderung einer Kultur des Friedens leisten.

Forschungsausblick

In dieser Schrift erfolgt eingangs nur ein kleiner Einblick in exemplarische künstlerische Auseinandersetzungen zum Themenkomplex „Krieg und Frieden", der selbstverständlich erweitert werden kann. Dies lässt sich dadurch begründen, dass der Fokus auf der Kunstpädagogik liegt. So wurden nur ausgewählte Kunstwerke differenziert betrachtet und darauf basierend bestimmte ästhetische Zugänge abgeleitet. Die Auswahl erfolgte mit Bezug auf ein holistisches interdisziplinäres Konzept eines „positiven Friedens". Diese thematischen Zugänge haben sich als sinnvoll erwiesen, können jedoch ebenfalls ergänzt und erweitert werden.

Auch die Einblicke in die jeweiligen Diskurse zu den unterschiedlichen Themen erfolgten unter bestimmten zielgerichteten Aspekten. Diese können ebenfalls erweitert und umfassender dargestellt werden. Jedoch hätte eine vollständige Darstellung den Rahmen dieser Studie gesprengt und war auch nicht Zielsetzung dieser Studie.

Ebenso liefern die kunstpädagogischen Fallbeispiele nur einen kleinen Einblick in die Vielfalt und Breite des Spektrums kunstpädagogischen Handelns. Es wird zwar eine große methodische und inhaltliche Bandbreite aufgezeigt, doch diese kann selbstverständlich ergänzt werden. Zudem sind die meisten kunstpädagogischen Fallbeispiele zeitlich vor 2022 entstanden, sodass der aktuelle Krieg in Europa nur in Ansätzen Eingang findet.

Allgemein versteht sich diese Schrift als ein Baustein einer friedenspädagogisch ausgerichteten Kunstpädagogik, die fortgeschrieben werden kann.

Endnoten

1 Vgl. Satzung der UNESCO, zitiert u.a. in UNESCO 1999, S. 1. Dabei muss der jeweilige historische und gesellschaftspolitische Kontext betrachtet werden. Die Präambel der UNESCO-Charta vom 16.11.1945 wurde nach dem Ende des Zweiten Weltkriegs als Ausdruck friedenspolitischen Engagements getätigt, ist aber immer noch aktuell. Vgl. u.a. Defrance, Pfeil 2016, S. 19.

2 Vgl. hierzu Röhrs 1970, S. VIIIff. Vgl. u.a. Sommer 1999, S. 103. Somit ist ein „positiver, dynamischer und partizipatorischer Prozeß erforderlich […], in dessen Rahmen der Dialog gefördert wird und Konflikte in einem Geist des gegenseitigen Verständnisses und der Zusammenarbeit beigelegt" werden. UNESCO 1999, S. 1.

3 Weil die Drucklegung dieses Buches 2022 erfolgte, beziehen sich die Beispiele nur ansatzweise auf den aktuellen Krieg in Europa.

4 Zur Geschichte und Theorie der Friedenspädagogik vgl. u.a. Nipkow 2007.

5 Vgl. u.a. Kat. Hamburg 1987.Vgl. Kat. Duisburg 1982. Vgl. McCarthy 2015. Vgl. Simson u.a. (Hg.) 1973. Vgl. Bruckner u.a. 1984.Vgl. u.a. Gerster, Helbling 1996. Vgl. Ströter-Bender 2015. Vgl. Eberle 1989. Vgl. ebenso die Bibliografie in Gerster, Helbling 1996, S. 92-100.

6 Vgl. u.a. Panofsky 1975, vgl. Panofsky 2003.

7 Zu Ausführungen zur Autonomie von Kunst vgl. Imdahl 2003.

8 Ausführungen dazu vgl. u.a. Dalbajewa (Hg.) 2014, Haddad 2016, Eberle 1989, Conzelmann 1983, Mössinger (Hg.) 2011, Peters 2010, Peters 2008, Ulrich 2014, Peters 2014 und 2014a.

9 Ausführungen zu Otto Dix im Ersten Weltkrieg vgl. u.a. Fleischer 2014, Lil 2000, Ulrich 2014, Peters 2014.

10 Vgl. Ulrich 2014, S. 39. Ausführungen zu Otto Dix im Ersten Weltkrieg vgl. u.a. Fleischer 2014, Lil 2000, Ulrich 2014, Peters 2014.

11 Vgl. Ulrich 2014, S. 39-42. Ausführungen zu Otto Dix im Ersten Weltkrieg vgl. u.a. Fleischer 2014, Lil 2000, Ulrich 2014, Peters 2014.

12 Vgl. Ulrich 2014, S. 39f. Ausführungen zu Otto Dix im Ersten Weltkrieg vgl. u.a. Fleischer 2014, Lil 2000, Ulrich 2014, Peters 2014.

13 Vgl. Ulrich 2014, S. 41. Ausführungen zu Otto Dix im Ersten Weltkrieg vgl. u.a. Fleischer 2014, Lil 2000, Ulrich 2014, Peters 2014.

14 Vgl. Ulrich 2014, S. 43 Ausführungen zu Otto Dix im Ersten Weltkrieg vgl. u.a. Fleischer 2014, Lil 2000, Ulrich 2014, Peters 2014.

15 Vgl. Kat. Otto Dix, 2014, S. 54-70.

16 Interview mit Dix, zitiert nach Schmidt 1978, S. 237.

17 Vgl. u.a. Ulrich 2014, S. 36.

18 Vgl. u.a. Kat. Otto Dix 2014.

19 Vgl. Peters 2014a.

20 Vgl. Simon 2014, Vgl. Kat. Otto Dix, S. 160-168, 174-177.

21 Vgl. u.a. Peters 2014a, S. 139ff.

22 Vgl. ebd.

23 Vgl. ebd.

24 Vgl. ebd.

25 Vgl. ebd.

26 Vgl. ebd.

27 Neben der durch den Nebel hervorgerufenen bedrückenden Wirkung tragen die gedämpften Farben des Bildes sowie weitere Motive, wie das Speichenrad, der bedrohlich aufragende schwarze Berg und die apokalyptisch anmutende Himmelsdarstellung, die wahrscheinlich auf den kommenden Morgen verweist (vgl. u.a. Peters 2014a, S. 139ff.), zur beklemmenden Wirkästhetik bei. Der Berg ist als schwarze Masse dargestellt, aus der silhouettenhaft die gezackten Formen von Tannenspitzen ragen. Ein apokalyptisch anmutender Himmel weckt Assoziationen an ein kommendes Unheil. Die gedämpfte, rötliche Färbung und differenzierte Ausarbeitung der Wolkenstrukturen unterstützen die dramatische, bedrohliche Wirkung. Das im Vordergrund dargestellte Speichenrad kann auf ein

am Wege liegengelassenes Rad im Rahmen des Kriegstransportes verweisen. Ebenso sind Anspielungen auf Bildzitate möglich: So kann z.B. eine Anspielung auf den „Katharinenaltar" (1506) von Lucas Cranach vorliegen. (Vgl. u.a. Peters 2014a, S. 144.) Damit eröffnen sich weitere symbolische Bedeutungsebenen: So kann es Assoziationen an ein mittelalterliches Foltergerät wecken und damit die nahenden Leiden und Qualen der Soldaten in der Schlacht andeuten. Zum anderen kann die Kreisform des Rades auf das „Ins-Rollen-Kommen" des Krieges, das Rad der Zeit oder einen Kreislauf anspielen und damit auf eine Lesart des Triptychons verweisen. Zur weiteren Vertiefung sei auf Vorskizzen zum linken Bildflügel verwiesen. Vgl. u.a. Peters 2014a, S. 139ff. Weitere literarische und künstlerische Werke können herangezogen werden, die im Entstehungszeitraum Einfluss auf den Künstler hatten und Aufschluss über Inspirationsmöglichkeiten geben. In diesem Fall ist eine Bezugnahme auf Erich Maria Remarques im Jahr 1929 erschienenes Buch „Im Westen nichts Neues" sinnvoll. Dix kannte das Buch und möglicherweise trug es neben seinen autobiografischen Erlebnissen zur Inspiration des Werkes „Der Krieg" bei. Der linke Bildflügel kann in Bezug zu folgender Textpassage gesetzt werden: *„Nebel und Geschützrauch stehen in Brusthöhe über den Wiesen. Der Mond scheint darauf. Auf der Straße ziehen Truppen. Die Stahlhelme schimmern mit matten Reflexen im Mondlicht. Die Köpfe werden hier zu Gestalten; – Röcke, Hosen und Stiefel kommen aus dem Nebel wie aus einem Milchteich. Sie formieren sich zur Kolonne. Die Kolonne marschiert, geradeaus, die Gestalten schließen sich zu einem Keil, man erkennt die einzelnen nicht mehr, nur ein dunkler Keil schiebt sich nach vorn, sonderbar ergänzt aus den im Nebelteich heranschwimmenden Köpfen und Gewehren. Eine Kolonne – keine Menschen."* (Remarque 1929, S. 60f.) Die Assoziation eines inhaltlichen Bild-Textbezuges, z.B. in der Anonymisierung der marschierenden Menschen und der Darstellung der im Nebel ziehenden Truppe, ist möglich

28 Vgl. u.a. Peters 2014a, S. 139ff.

29 Vgl. ebd.

30 Vgl. ebd.

31 Vgl. ebd.

32 Als ein Ausgangpunkt für die inhaltliche Gestaltung des Mittelbildes kann Dix' Werk „Schützengraben" betrachtet werden. Vgl. Peters 2014a, S. 139.

33 Vgl. Conzelmann 1983, S. 203.

34 Gedämpfte Farben dominieren. Das Erdreich vermischt mit Innereien und Blut ist in braun-roten Farbtönen dargestellt. Weiterhin herrscht ein Hell-Dunkel-Kontrast vor, der eine gewisse dramatische Wirkung evoziert. Dunkle Wolken in der rechten oberen Bildecke stehen im Gegensatz zu einem Helligkeitsbereich, der sich hinter einem Gepfählten zum Horizont hin erstreckt. Dramatisch hebt sich der Tote auf dem Eisenträger in dunkleren Farbwerten davon ab. Die Helligkeit wird von einigen Bildelementen, zum Beispiel aufgetürmten Säcken und Leichenteilen wieder aufgegriffen. Die mit Wunden übersäten weißen Beine des toten, verkehrt herum dargestellten Soldaten heben sich von der in dunklen, gedämpften Farbtönen dargestellten Kraterlandschaft und dem düsteren Wolkenhimmel ab. Der Eindruck der scheinbaren Endlosigkeit der zerstörten Landschaft wird durch perspektivische Mittel, beispielsweise durch Verkleinerung und Überschneidung, verstärkt. Die chaotische Wirkung des Bildes wird u.a. durch das Nebeneinander von gerichteten Formen, wie Pfählen, und organischen Formen, beispielsweise Eingeweiden, Säcken und Leichenteilen verstärkt. Jedoch heben sich aus der Vielzahl der ungeordneten Bildlinien einige Wesentliche heraus, die eine Art Kreis beschreiben. Vgl. u.a. Peters 2014a, S. 139ff. Beginnend bei der gebogenen Form der Stangen, auf denen der Tote hängt, und dessen Fingerzeig folgend wird die Bewegung durch den auf dem Kopf dargestellten Toten in die untere Bildmitte gelenkt um dort, aufgegriffen durch den schräg nach oben weisenden verkohlten Pfahl und die dahinter lehnende Leiche wieder zurück zum gebogenen Eisengerüst mit dem Toten zu enden. Vgl. ebd.

35 Für eine differenziertere Darstellung vgl. u.a. Peters 2014a.

36 Vgl. u.a. ebd., S. 143f.

37 Vgl. ebd.

38 Die im Hintergrund dargestellte Schrift verweist sinngemäß auf folgende Aussage: „Jenem gebührt zu wachsen, mir aber, kleiner zu werden."

39 Der von Dix dargestellte Leichnam weist ebenfalls Wundmale im Körper und Stigmata auf. Vgl. u.a. Peters 2014a, S. 143f. Die Körperhaltung erinnert an die des Gekreuzigten. Der Holzbalken neben seinem Arm verstärkt die Assoziation des ans Kreuz geschlagenen Jesu. Vgl. ebd. Ebenso besteht eine Ähnlichkeit zwischen den Darstellungen der Hand vom kopfüber Dargestellten und der von Jesus: Beide weisen eine verkrampfte Haltung auf und das Stigma ist zu sehen. Vgl. ebd.

40 Vgl. u.a. Peters 2014a, S. 143f.

41 Vgl. ebd.

42 Vgl. ebd.

43 Vgl. ebd.
44 Vgl. Conzelmann 1983, S. 205.
45 Weiterhin ist eine Bezugnahme auf die antike Pasquino Gruppe möglich.
46 Assoziationen an die im Mittelteil dargestellten noch lebenden Soldaten, die ebenfalls Gasmaske tragen und möglicherweise das Inferno überlebten, sind möglich. In der oberen rechten Bildecke ist ein erhellter Bereich in den dunklen Wolken dargestellt. Ein verkohlter Baumstumpf ragt schräg in den Himmel. Schräge, gerichtete versus organische, runde Formen stehen gegeneinander und unterstützen den Eindruck von Dynamik. Verstärkt wird dies durch die strudelartigen Kreisbewegungen der in roten, orangenen und gelben Farbtönen dargestellten Feuersbrunst im dunklen Himmel. Vor diesem hebt sich hell die Figurengruppe des Soldaten mit dem Verwundeten ab.
47 Der helle gelbliche Farbton wird durch den Widerschein der tobenden Feuersbrunst und der Leuchtkugel im Himmel erzeugt. Ein Hell-Dunkel-Kontrast bestimmt das Bild und unterstützt die Dramatik des Dargestellten.
48 Vgl. Peters 2014a, S. 140.
49 Exemplarisch sei auf folgende Werke verwiesen: „Selbstbildnis" (1926), „Selbstbildnis" (1914) oder „Selbstbildnis mit Artilleriehelm" (1914).
50 Vgl. Peters 2014a, S. 140.
51 Vgl. ebd.
52 Vgl. ebd.
53 Vgl. ebd., S. 140.
54 Vgl. ebd.
55 Auch hier ist ein Bezug zum Roman „Im Westen nichts Neues" möglich, wie in der Dix-Forschung angeführt wird.
56 In Bezug auf Bildtraditionen kann das Werk „Der tote Christus im Grabe" von Hans Holbein der Jüngere betrachtet werden. In diesem Kontext kann das hölzerne Behältnis, in dem die Soldaten aufgereiht liegen, als Sarg gedeutet werden und auf den Tod als Ausgang des Krieges verweisen. Vgl. u.a. Peters 2014a.
57 Vgl. u.a. Peters 2014a, S. 139ff.
58 Vgl. ebd.
59 Vgl. ebd.
60 Vgl. ebd.
61 Vgl. ebd.
62 Die einen Verwundeten schleppende Person im rechten Bildflügel weist Züge von Dix' Gesicht auf. Hier liegt ein Bezug auf die Biografie Dix vor: Vgl. u.a. ebd.
63 Vgl. ebd., S. 143f.
64 Vgl. ebd.
65 Vgl. ebd.
66 Vgl. ebd.
67 Die Darstellung der dunklen Bergsilhouette aus dem linken Bildflügel wird in der Ruinendarstellung des Mittelteils aufgenommen und bindet die Bildteile. Ebenso werden die im linken Bildflügel dargestellten Nebelschwaden andeutungsweise im linken Bereich des Mittelteils in der Ferne der Kraterlandschaft aufgegriffen. Der im mittleren Bild dargestellte Himmel ist im rechten Bereich von einer dunklen Wolkenfront bedeckt und leitet zur dunklen, apokalyptisch anmutenden Himmelsdarstellung des rechten Flügels über. Ebenso verweisen die in hellen Farbtönen dargestellten Leichen und Menschen auf die Zusammengehörigkeit zwischen Mittelteil und rechten Bildflügel.
68 Vgl. Hinrichs 2013a, S. 318. Vgl. u.a. Peters 2014a, S. 143.
69 Vgl. Hinrichs 2013a, S. 318. Vgl. u.a. Peters 2014a, S. 143.
70 Vgl. hierzu u.a. Peters 2014a. Ausführungen zu Otto Dix im Ersten Weltkrieg vgl. u.a. Fleischer 2014, Lil 2000, Ulrich 2014, Peters 2014.
71 Interview mit K.-H. Hagen, in: Neues Deutschland, 1964, zit. nach Schmidt 1978, S. 244f.
72 Ausführungen zu Otto Dix im Ersten Weltkrieg vgl. u.a. Fleischer 2014, Lil 2000, Ulrich 2014, Peters 2014.
73 Vgl. hierzu u.a. Peters 2014a.
74 Carl Sandburg in: Kat. Family of Man 2015, S. 5.
75 Informationen zu Künstler und Werk vgl. u.a. Kat. New York 2015, Steichen 1963, Back, Schmidt-Linsenhoff (Hg.) 2004, Sandeen 1995, Nolte 2005, Krautz 2004c, S. 63-68, Krautz, Feretti-Theilig 2016, S. 306ff.
76 Informationen zu Künstler und Werk vgl. u.a. Kat. New York 2015, Steichen 1963, Back, Schmidt-Linsenhoff (Hg.) 2004, Sandeen 1995, Nolte 2005, Krautz 2004c, S. 63-68, Krautz, Feretti-Theilig 2016, S. 306ff.

77 Vgl. ebd.
78 Vgl. Internetquelle „The Family of Man".
79 Vgl. ebd.
80 Vgl. ebd.
81 Vgl. ebd.
82 Vgl. ebd.
83 Steichen, in: Kat. New York 2015, S. 3.
84 Vgl. Krieps 2004, S. 256.
85 Vgl. u.a. Krautz 2004c, S. 64.
86 Zitiert nach Krieps 2004, S. 258, vgl. Steichen 1963.
87 Vgl. u.a. Kat. New York 2015.
88 Vgl. u.a. Krautz 2004c, S. 64ff.
89 Zitiert nach Krieps 2004, S. 258, vgl. Steichen 1963.
90 Vgl. u.a. Kat. New York 2015.
91 Steichen, in: Kat. New York 2015, S. 3.
92 Vgl. u.a. Krautz 2004c, S. 65f.
93 Vgl. ebd.
94 Vgl. zum Beispiel Hinrichs 2016a, Abb. 1, 2.
95 Exemplarisch sei auf die Fotografie „Damaged child" von Dorothea Lange verwiesen. Vgl. Hinrichs 2016a, Abb. 3. Sie ist durch ihre Fotografien des sozialen Elends der Depression 1936 in Amerika, das auch in besagtem Bild zum Ausdruck kommt, berühmt geworden. Die Notlage der Wanderarbeiter wurde von ihr eindrucksvoll dokumentiert.
96 Steichen, in: Kat. New York 2015, S. 3.
97 Vgl. Krieps 2004, S. 262ff.
98 Vgl. ebd.
99 Vgl. ebd.
100 Vgl. ebd., S. 265.
101 Vgl. Kat. New York 2015.
102 Vgl. Mélon 2004, S. 56. Vgl. Hinrichs 2016a, Abb. 4.
103 Vgl. u.a. Krautz 2004c, S. 65ff.
104 Vgl. ebd.
105 Vgl. u.a. Barthes 1957, 2004, S. 273, vgl. Krautz 2004c, S. 68f.
106 Vgl. u.a. Hurm, Reitz u.a. 2017.
107 Zur Relationalität der Bilder vgl. Krautz, Ferretti-Theilig 2016, zum rezeptionsästhetischen Ansatz vgl. Kemp 1985, 2003. Als Beispiel sei auf das bereits angeführte Werk „The Walk to the Paradise Garden" verwiesen. Aufgrund des allegorischen Gehalts wurde es mit unterschiedlichen Aussagen von Werbeagenturen und Propagandainstitutionen genutzt. In der Ausstellung kann die Funktion der Kinder als Hoffnungsträger in Bezug auf ein zukünftiges, besseres Handeln der Menschen gelesen werden. Die Entstehungsgeschichte der Fotografie und die Intention des Autors werden nicht ersichtlich und können nur durch weiterführendes Material erschlossen werden. Smith hatte zuvor bei einem Einsatz im Krieg, in der Funktion als fotografischer Berichterstatter, eine schwere Verletzung und ein damit einhergehendes Trauma erlitten. Für den Zeitraum von ca. einem Jahr war er nicht mehr in der Lage Fotografien anzufertigen. Vgl. Mélon 2004, S. 56ff. Diese Fotografie seiner Kinder in der Natur, war die erste seit langem, deren Anfertigung ihn in seinem depressiven Zustand eine große Überwindung kostete. Sie löste psychisch einen „Knoten" in ihm und er kehrte zurück in sein Berufsleben als Fotograf. Somit besitzt diese Fotografie einen hohen symbolischen Stellenwert für ihn, die allein durch die Rezeption in der Ausstellung nicht ersichtlich ist. Jede Fotografie hat eine eigene Geschichte und Leerstellen, die in der Ausstellung nicht thematisiert werden. Vgl. Mélon 2004, S. 56ff.
108 Doch teilweise wird durch die Aneinanderreihung thematischer Darstellungen eine Gleichheit suggeriert, die kritisch zu sehen ist. Vgl. u.a. Barthes 1957, 2004, S. 274. Exemplarisch sei hier auf das Thema „Arbeit" verwiesen. Durch das Nebeneinanderhängen von Werken, in denen sowohl Karriere und Selbstverwirklichung als auch Arbeit unter unmenschlichen Bedingungen und Ausbeutungsszenerien visualisiert sind, kann eine Gleichheit suggeriert werden, die problematisch ist. Exemplarisch für die Thematik „Arbeit" sei auf zwei Fotografien verwiesen: Das von Homer Page erstellte Foto zeigt einen im Beruf erfolgreichen Mann – mit weißer Hautfarbe –, der seiner Sekretärin einen Text diktiert. Vgl. Hinrichs 2016a, Abb. 6. Im starken Kontrast dazu steht die Darstellung einer auf dem Boden knienden Frau – mit dunkler Hautfarbe –, die Haushaltsarbeit verrichtet. Vgl. Hinrichs 2016a, Abb. 5. Die Präsentation solcher Werke, die inhaltlich in starkem Gegensatz zueinander stehen, können natürlich auch als Konfrontation und als Appell gegen Diskriminierung gelesen werden. Doch einige den Bildern zugeordnete Sprüche (im Katalog)

werden diesem Aspekt nicht gerecht. So wird eine Sakralisierung und Notwendigkeit von Arbeit beschworen („Bless thee in all the work of thy hand which thou doest." Deuteronomy 14:29, in: Kat. New York 2015, S. 79. „If I did not work, these worlds would perish..." Bhagavad-Gita, in: Kat. New York 2015, S. 75.)

109 Vgl. Kat. New York 2015.

110 Vgl. Internetquelle „The Family of Man", vgl. Back, Schmidt-Linsenhoff (Hg.) 2004.

111 Vgl. Krieps 2004.

112 Vgl. Barthes 1957, 2004, S. 273.

113 Vgl. ebd.

114 Vgl. exemplarisch Krautz 2004c, S. 64-67.

115 Vgl. Internetquelle Rosler – Bringing the War Home. Vgl. http://www.martharosler.net/, 26.2.2016.

116 Vgl. ebd.

117 Vgl. ebd. Vgl. Kino 2008. In letztgenannter Serie hat sie einige Veränderungen vorgenommen, beispielsweise wurden Elemente aus dem Leben der amerikanischen Wohlstandgesellschaft in Kriegsszenarien collagiert. Bei den meisten Werken der vorigen Serie wurden dagegen Kriegselemente in die Wohnwelten eingebunden. Vgl. Kino ebd.

118 Vgl. ebd.

119 Zitiert nach McCarthy 2015, S. 178.

120 Vgl. Internetquelle Rosler „Gladiators".

121 Vgl. Internetquelle Rosler „Gladiators".

122 Vgl. ebd.

123 Vgl. Kino 2008.

124 Vgl. McCarthy 2015, S. 105. Die Künstlerin führt zudem Folgendes über die Serie an: *„It was these two projected spaces, one idealized and the other cast completely into the other mode. It showed a picture of who we thought we might be if we only strove hard enough, our best selves, versus this picture of the rejected space. It just seemed like this is the way it had to be shown. It wasn't about contrasting two realities, but two world views: our ideal self and this other thing which was the unacceptable reality of another place. One suggested we had agency, that we could create this world, and the other suggested that we had no agency, that others had agency, the military or elected leaders or terrorists, though that's not the lingo of the day, other geopolitical forces. This was not an arena that we had any power over."* – Martha Rosler, on „Bringing the War Home: House Beautiful". http://www.arthistoryarchive.com/arthistory/feminist/Martha-Rosler.html, 12.2.2017.

125 Ein Ausschnitt der Fotografie, die Rosler eingebunden hat, ist im Internet abrufbar. Vgl. http://www.angelfire.com/realm3/war.in.iraq/pages/22.htm, 12.9.2016. Folgender Text ist dem ursprünglichen Bild einer privaten Website über den Krieg im Irak beigefügt: *„U.S. Army soldiers from A Company, 3rd Battalion, 7th Infantry Regiment, search one of Saddam Hussein's palaces, damaged after a bombing in Baghdad Monday, April 7, 2003. Coalition soldiers took over key buildings Monday, as gunfire and explosions thundered in many parts of the battered Iraqi capital"* http://www.angelfire.com/realm3/war.in.iraq/pages/22.htm, 12.9.2016.

126 Das helle Blau ihrer Bluse sowie das Grün der Sprühflasche und das Inkarnat ihres Gesichts heben sich von den Grautönen des zerstörten Innenraumes ab. Einzig die grüne Tarnfarbe der Uniform des Soldaten, die im Zusammenspiel mit der Sesselgruppe im Vordergrund sowie mit einigen Deckenbereichen steht, hebt sich noch vom Grau ab. Das durch die Fenster blendende Licht stellt die wesentliche Lichtquelle dar.

127 Allerdings kann der Akt des Reinigens symbolisch durchaus auf den zerstörten Innenraum von Saddams Palast und damit den Krieg allgemein bezogen werden. Inwieweit dies allerdings von der Künstlerin intendiert ist, sei dahingestellt. Frühere Darstellungen mit ähnlicher Motivik, beispielsweise „Cleaning the drapes" (Busch, Klanten (Hg.) 2016, S. 65, Abb. 4) lassen eine solche Deutung nicht zu.

128 Vgl. Wark, 2001, S. 44-50. *„Feminism is a central angle in all my work; [...]. Feminism is a world view, a viewpoint that demands a rethinking of questions of power in society and thus has undeniable potency."* Busch, Klanten (Hg.) 2016, S. 62.

129 Ebd., S. 62.

130 Vgl. Kino 2008. Vgl. u.a. McCarthy 2015, S. 177. Dabei fanden auch Werke der ersten Serie Eingang in diese Form der Präsentation: In einer Retrospektive wurden beide zusammen präsentiert. Vgl. ebd.

131 In einigen Werken wurde auf die Hinterfragung der Rolle der Frau auch völlig verzichtet. Busch, Klanten (Hg.) 2016, S. 62.

132 Vgl. u.a. die Werke „Amputee (Election II)", „Walker", „Invasion", vgl. http://martharosler.net/photo/war2/war1.html, 12.2.2017. Vgl. ebenso aus der ersten Serie „tron (amputee)", „balloons", vgl.: http://martharosler.net/photo/war1/index.html, 12.2.2017.

133 Implizit kann neben dem kritischen Umgang mit der medialen Berichterstattung und der Konsumhaltung der Rezipierenden ebenfalls eine Kritik an der Kriegspolitik der USA aus den Werken gelesen werden.
134 Vgl. https://rp-online.de/panorama/wissen/kunst-kann-die-welt-veraendern_aid-20814719, 1.7.2018.
135 Vgl. http://humanflow-derfilm.de/, 4.7.2018.
136 Vgl. https://rp-online.de/panorama/wissen/kunst-kann-die-welt-veraendern_aid-20814719, 1.7.2018.
137 Vgl. http://humanflow-derfilm.de/, 4.7.2018.
138 Vgl. ebd.
139 Vgl. ebd
140 http://www.spiegel.de/kultur/kino/ai-weiwei-kommentiert-mit-human-flow-die-fluechtlingskrise-a-1178067.html, 4.7.2018. Vgl. https://rp-online.de/panorama/wissen/kunst-kann-die-welt-veraendern_aid-20814719, 1.7.2018.
141 Vgl. https://rp-online.de/panorama/wissen/kunst-kann-die-welt-veraendern_aid-20814719, 1.7.2018. http://www.spiegel.de/kultur/kino/ai-weiwei-kommentiert-mit-human-flow-die-fluechtlingskrise-a-1178067.html, 4.7.2018.
142 Vgl. https://rp-online.de/panorama/wissen/kunst-kann-die-welt-veraendern_aid-20814719, 1.7.2018.
143 http://www.spiegel.de/kultur/kino/ai-weiwei-kommentiert-mit-human-flow-die-fluechtlingskrise-a-1178067.html, 4.7.2018.
144 http://www.spiegel.de/kultur/kino/ai-weiwei-kommentiert-mit-human-flow-die-fluechtlingskrise-a-1178067.html, 4.7.2018.
145 http://www.spiegel.de/kultur/kino/ai-weiwei-kommentiert-mit-human-flow-die-fluechtlingskrise-a-1178067.html, 4.7.2018.
146 Vgl. ebd.
147 Vgl. ebd.
148 Vgl. https://rp-online.de/panorama/wissen/kunst-kann-die-welt-veraendern_aid-20814719, 1.7.2018.
149 Vgl. ebd.
150 In dieser Schrift wird anstelle der Begrifflichkeit „Flüchtlinge" der Begriff „Geflüchtete" bevorzugt, da „Flüchtling" nicht die Komplexität von Fluchterfahrungen widerspiegelt, ein weltpolitischer „Spielball" ist und das Wort durch die Nachsilbe „ling" in der Kritik steht. Vgl. u.a. https://de.rescue.org/artikel/fluechtlinge-gefluechtete-asylbewerber-binnenvertriebene-definition, 29.5.22. Hier wird eine synonyme Verwendung angestrebt. Der Begriff „Flüchtling" wird hier in der Definition der Genfer Flüchtlingskonvention und des Bundesministeriums für wirtschaftliche Zusammenarbeit und Entwicklung verwendet. Vgl. https://www.bmz.de/de/entwicklungspolitik/flucht/fachbegriffe, 29.5.22.
151 Vgl. ebd.
152 http://www.spiegel.de/kultur/kino/ai-weiwei-kommentiert-mit-human-flow-die-fluechtlingskrise-a-1178067.html, 4.7.2018.
153 Vgl. https://rp-online.de/panorama/wissen/kunst-kann-die-welt-veraendern_aid-20814719, 1.7.2018.
154 Vgl. ebd.
155 Dies bezieht sich auf März 2022.
156 Vgl. https://www.zeit.de/kultur/film/2017-09/ai-weiwei-human-flow-venedig-dokumentarfilm, 5.7.2018.
157 Vgl. https://www.zeit.de/kultur/film/2017-09/ai-weiwei-human-flow-venedig-dokumentarfilm, 5.7.2018.
158 http://humanflow-derfilm.de/, 4.7.2018.
159 Vgl. UNESCO 2017, S. 71.
160 In dieser Studie erfolgt eine Anknüpfung an bestehende friedenserzieherische und kunstpädagogische Positionen, insbesondere an die von Krautz formulierten Ansätze. Vgl. hierzu u.a. Krautz 2004a, 2004b, 2004c, 2005, 2006, 2015.
161 Vgl. Blohm u.a. (Hg.) 2016.
162 Vgl. u.a. Niedersächsisches Kultusministerium (Hg.) 2019.
163 Vgl. u.a. Peez 2012.
164 Vgl. u.a. ebd. Vgl. Blohm u.a. (Hg.) 2016.
165 Vgl. u.a. Krautz 2004a, 2004b, 2004c, 2005, 2006, vgl. u.a. Ströter-Bender, Hinrichs (Hg.) 2013.
166 Vgl. u.a. Krautz 2004a, Krautz 2004b, Krautz 2004c, Krautz 2005, Krautz 2006, Krautz 2008, Krautz 2014, Krautz 2015. Vgl. u.a. Ströter-Bender 2015, Ströter-Bender (Hg.) 2015, Ströter-Bender, Hinrichs (Hg.) 2013, Teil 1 und Teil 2, Vgl. Ströter-Bender (Hg.) 2018, vgl. u.a. Kirschenmann, Sowa (Hg.) 2004. Vgl. Mayrhofer 1979. Vgl. Teske 1987.
167 Vgl. u.a. Krautz 2004a, Krautz 2004b, Krautz 2004c, Krautz 2005, Krautz 2006, Krautz 2008, Krautz 2014, Krautz 2015.

168 Beispielsweise erfolgt eine Erweiterung in Bezug auf Themenschwerpunkte zur Nachhaltigkeitsbildung, Umweltbildung und globalisierte Lernprozesse. Weiterhin wird die Fokussierung auf das „stille Bild" (vgl. Krautz 2004b, S. 5) zugunsten eines erweiterten Kunstbegriffs aufgebrochen um das Potential verschiedener Kunstformen aufzuzeigen. Dies stellen einige Beispiele dar.
169 So werden zum Beispiel Konzepte nachhaltigen globalisierten Handelns u.a. im Kontext von Umweltbildung behandelt, da diese insbesondere im Kontext von Friedenssicherung und Friedenserhaltung mit Blick auf die Zukunft von großer Bedeutung sind.
170 Vgl. u.a. Krautz 2004a, 2004b, 2004c. Vgl. Ströter-Bender (Hg.) 2018.
171 Vgl. u.a. Gerster, Helbling 1996, S. 1
172 Vgl. hierzu u.a. Krautz 2004a, 2004b, 2004c, 2005, 2006, 2015.
173 In der Verfassung des Landes Nordrhein-Westfalen wird Erziehung zu „Friedensgesinnung" als ein Auftrag der Schule benannt. Vgl. u.a. Krautz 2004c, S. 68. Exemplarisch sei auf die Ausführungen von Krautz verwiesen. Vgl. hierzu u.a. Krautz 2004a, 2004b, 2004c, 2005, 2006, 2015.
174 Vgl. hierzu Röhrs 1970, S. VIIIff. Vgl. u.a. Sommer 1999, S. 103. Somit ist ein „positiver, dynamischer und partizipatorischer Prozeß erforderlich [...], in dessen Rahmen der Dialog gefördert wird und Konflikte in einem Geist des gegenseitigen Verständnisses und der Zusammenarbeit beigelegt" werden. UNESCO 1999, S. 1.
175 UNESCO 1999, S. 2.
176 Vgl. u.a. Senghaas 2008.
177 Vgl. Satzung der UNESCO, zitiert u.a. in UNESCO 1999, S. 1. Dabei muss der jeweilige historische und gesellschaftspolitische Kontext betrachtet werden. Die Präambel der UNESCO-Charta vom 16.11.1945 wurde nach dem Ende des Zweiten Weltkriegs als Ausdruck friedenspolitischen Engagements getätigt. Vgl. u.a. Defrance, Pfeil 2016, S. 19. Ein Ziel bestand darin „in der ganzen Welt die Achtung vor Recht und Gerechtigkeit, vor den Menschenrechten und Grundfreiheiten zu stärken". Vgl. ebd. Mit dem Beginn des Kalten Krieges wurde allerdings ersichtlich, dass die Erfüllung solcher Ziele ein idealistisches, schwieriges und langfristiges Unterfangen darstellt, das auch heutzutage und in der Zukunft umgesetzt werden muss.
178 Wintersteiner unterscheidet Friedenserziehung als Praxis und Friedenspädagogik als Theorie dieser Praxis. Vgl. Wintersteiner 2008, S. 154. An die von ihm umrissenen Aufgabenfelder wird im Rahmen des in dieser Studie verwendeten Begriffs angeknüpft: „Forschung: Grundlagen und Theorie, Geschichte, pädagogische Konzepte, Evaluation der pädagogischen Praxis; Lehre: Aus- und Fortbildung von Pädagogen, Erziehern und Multiplikatoren für verschiedene soziale Felder; Curriculum- und Materialentwicklung sowie deren Evaluation; Advocacy: Lobbying für die Entwicklung entsprechender bildungspolitischer Strukturen im nationalen" wie im internationalen Maßstab, vgl. ebd., S. 255f. Vgl. Thattamannil-Klug 2016, S. 736. Vgl. Jäger 2010. Vgl. Bajaj 2008.
179 Vgl. u.a. Thattamannil-Klug 2016. Vgl. u.a. Grasse, Grube, Gugel (Hg.) 2008. Für einen kurzen historischen Überblick zur Entwicklung friedenspädagogischer Konzepte vgl. ebd., S. 7-18.
180 Vgl. u.a. Wintersteiner 2008. Vgl. u.a. Thattamannil-Klug 2016, S. 736, 742-751. Exemplarisch für eine Unterscheidung sei auf das Konzept von Gavriel Salomon verwiesen. Er nimmt eine regionale Unterteilung vor: Regionen mit dauerhaften, kollektiven und tief verwurzelten Konflikten, Regionen, in denen Spannungen zwischen „ethnischen Gruppen" vorherrschen und verhältnismäßig ruhigen und spannungsfreien Regionen. Vgl. Salomon 2012, S. 5ff. Eine Übersicht verschiedener Konzepte gibt u.a. Nipkow 2007. Vgl. für exemplarische Positionen vgl. Bellak, Diendorfer u.a. (Hg.) 2016, vgl. Theunissen 1984.
181 Vgl. Thattamannil-Klug 2016, S. 736f.
182 Vgl. hierzu Röhrs 1970, S. VIIIff.
183 Vgl. hierzu Röhrs 1970, S. VIIIff.
184 Vgl. UNESCO 1999, S. 3f.
185 Vgl. u.a. Grasse, Grube, Gugel (Hg.) 2008, S. 7.
186 Vgl. Wintersteiner 2008, S. 258f.
187 Vgl. u.a. Grasse, Gruber, Gugel (Hg.) 2008, S. 7f.
188 Vgl. u.a. Wintersteiner 2008, S. 258f.
189 Vgl. exemplarisch https://www.friedensbildung-niedersachsen.de/, 17.11.2020.
190 Vgl. Wintersteiner 2008, S. 258ff.
191 Vgl. ebd.
192 Vgl. allgemein Konzepte der Friedenspädagogik in Grasse, Gruber, Gugel (Hg.) 2008.
193 Vgl. u.a. Thattamannil-Klug 2016, S. 741.
194 Thattamannil-Klug 2016, S. 735.
195 Vgl. Wintersteiner 2008. S. 255.
196 Ebd. S. 255.

197 Vgl. Wintersteiner 2008. S. 255.

198 Ebd., S. 255. Weitere Ausführungen zu Friedenskompetenzen vgl. ebd., S. 256f. Allerdings muss bedacht werden, dass es immer Menschengruppen und Institutionen gibt, die den „Status quo" aufrechterhalten wollen, da sie davon (aus kurzfristiger Sicht) profitieren. Vgl. ebd., S. 257f. Exemplarisch sei auf die Waffenindustrie verwiesen, die letztendlich durch Kriege und Gewaltkonflikte ihren Gewinn macht. So muss ein gesamtgesellschaftliches Programm vorliegen, um friedenspädagogische Zielsetzungen erfolgreich umsetzen zu können. Vgl. ebd.

199 Vgl. ebd., S. 257f.

200 Exemplarisch für pazifistische Ausrichtungen in der Kunstpädagogik sei auf die Ausführungen von Krautz und Ströter-Bender verwiesen. Vgl. u.a. Krautz 2004, 2004a, 2004b, 2004c, 2005, 2006, 2008, 2014, 2015. Vgl. u.a. Ströter-Bender (Hg.) 2016, Ströter-Bender, Hinrichs (Hg.) 2013, Teil 1 + 2. Vgl. Ströter-Bender (Hg.) 2018. Für weitere friedenspädagogische Konzepte sei exemplarisch auf folgende Positionen verwiesen: Vgl. u.a. Olbers 2014. Vgl. u.a. Böning, Karapanteva-Strasser 2018. Vgl. u.a. Kirschenmann; Sowa (Hg.) 2004. Vgl. Mayrhofer 1979. Vgl. Brenne (Hg.) 2014. Vgl. Teske 1987. In Bezug auf das Thema „Flucht" im Kontext inklusiven Unterrichtes vgl. Schönhagen 2017. Aktuell werden mit dem Ukrainekrieg auch im Kunstunterricht friedenspädagogische Themen relevant.

201 *„Die Forderung, dass Auschwitz nicht noch einmal sei, ist die allererste an Erziehung. Jede Debatte über Erziehungsideale ist nichtig und gleichgültig diesem einen gegenüber, dass Auschwitz sich nicht wiederhole."* Adorno 1971, S. 88.

202 Zur Friedenspädagogik in der Schule vgl. u.a. Suchodolski. 1970, zu weiteren Ausführungen und Autoren vgl. Röhrs (Hg.) 1970.

203 Vgl. u.a. Wintersteiner 2008.

204 Vgl. UNESCO 1999, S. 6. Vgl. hierzu u.a. Krautz 2004c, S. 62.

205 Vgl. u.a. Krautz 2004b, 2004c. Vgl. u.a. Ströter-Bender, Hinrichs (Hg.) 2013, Teil 1 und Teil 2. Vgl. Ströter-Bender (Hg.) 2018.

206 Denn wie vorab angeführt, sind diese Themen auch in der künstlerischen Auseinandersetzung verortet und zudem ist Kunstpädagogik ebenfalls moralischen Zielsetzungen verpflichtet. Vgl. exemplarisch die Ausführungen von Krautz, vgl. z.B. Krautz 2004c.

207 Vgl. u.a. Grasse, Grube, Gugel (Hg.) 2008, S. 7.

208 Ausführungen hierzu vgl. exemplarisch Krautz 2004a, 2004b, 2004c, 2005.

209 Vgl. Krautz 2004c, 62f. Vgl. Krautz 2005, S. 220f.

210 Vgl. exemplarisch Gerster, Helbling 1996.

211 In Anlehnung an konstruktivistische Konzepte gibt es trotz kollektiv vorherrschender Wahrnehmungs- und Rezeptionsmuster nicht die „eine" Sehweise auf Krieg und Frieden. In der Kunst können unterschiedliche Perspektiven und Wahrnehmungsmuster zum Tragen kommen. So hat Dix im hier angeführten Werk die Perspektive des Kriegsteilnehmers visualisiert, Ai Weiwei hat die Schicksale von Geflüchteten aufgegriffen und Rosler nimmt Bezug auf den unbeteiligten Medienkonsumenten, der den Krieg als alltägliche Unterhaltung in Fernsehen und Zeitung konsumieren kann.

212 Vgl. Buschkühle (Hg.) 2012.

213 Diesbezüglich liegen Annäherungen an eine Grundüberlegung künstlerischer Kunstpädagogik vor. Vgl. Buschkühle (Hg.) 2012. Vermittlungs- und Handlungsprozesse sollen „kunstanalog" initiiert werden. Zum kunstpädagogischen Verständnis Buschkühles und dem „künstlerischen Projekt" vgl. Peez 2008. Vgl. Bering 2004 u.a. S. 9. Vgl. Buschkühle 2004, vgl. Buschkühle (Hg.) 2003. Allerdings fand diese Strategie bereits in zeitlich zuvor entwickelten kunstpädagogischen Ansätzen Anwendung, wie in der Ästhetischen Forschung nach Kämpf-Jansen oder der Ästhetischen Bildung nach Selle. Diese Auseinandersetzungen sollen folgende von der UNESCO formulierten Aspekte kultureller Bildung beinhalten: *„1.Es wird Wissen durch Interaktion mit dem künstlerischen Objekt oder der Darstellung gewonnen. 2. Es wird Wissen durch eigene künstlerische Tätigkeit gewonnen. 3. Es wird Wissen durch Forschung und Studium gewonnen."* UNESCO Leitfaden für kulturelle Bildung 2008, S. 25, 28.

214 Vgl. Buschkühle (Hg.) 2012.

215 Vgl. u.a. Panofsky 1975, vgl. Panofsky 2003.

216 Zu Ausführungen zur Autononomie von Kunst vgl. Imdahl 2003.

217 Hier bietet sich der Zugang über rezeptionsästhetische Kriterien an. Vgl. Kemp 1985, Kemp 2003. Vgl. Brassat, Kohle (Hg.) 2003, S. 107-109.

218 Vgl. Krautz 2005, S. 220f.

219 Damit wird einer wesentlichen Forderung der Kunstpädagogik und der UNESCO entsprochen, Wissen in Bezug auf aktuelle und historische Kunst zu vermitteln, um eine aktive Teilnahme am künstlerischen und kulturellen Leben zu ermöglichen und ein Kritikbewusstsein zu entwickeln. Vgl. UNESCO Leitfaden für kulturelle Bildung 2008, S. 18f.

220 Vgl. Niehoff 2020.
221 Vgl. u.a. Lutz-Sterzenbach, Wagner 2021. Vgl. Schnurr 2020, Vgl. Hoffheinz 2020.
222 Vgl. Niehoff 2020.
223 So können – mit jeweils kritischer Betrachtung – der geistesgeschichtlich-ikonologische Ansatz (vgl. Panofsky 2003, vgl. Panofsky 1975, vgl. Brassat, Kohle (Hg.) 2003, S. 62-64), der rezeptionsästhetische Zugang (vgl. Kemp 1985, vgl. Kemp 2003, vgl. Brassat, Kohle (Hg.) 2003, S. 107-109), der sozialgeschichtliche Ansatz (vgl. Schneider 2008, vgl. Schneider, Held-Schneider 2006), der kulturwissenschaftlich-ikonologische Ansatz (vgl. Warburg 2003, vgl. Brassat, Kohle (Hg.) 2003, S. 41-43), die stilgeschichtliche Ausrichtung (vgl. Wölfflin 2003, vgl. Brassat, Kohle (Hg.) 2003, S. 51-53), der formanalytische und formgeschichtliche Zugang (vgl. Bauer 2008), der kunstsoziologische Ansatz (vgl. Baxandall 2003, vgl. Brassat, Kohle (Hg.) 2003, S. 98-100), der semiotische Zugang (vgl. Thürlemann 2003, vgl. Brassat, Kohle (Hg.) 2003, S. 150-164), die kunstgeschichtliche Hermeneutik (vgl. Bätschmann 2006) oder der feministische Ansatz (vgl. Pollock 2003, vgl. Paul 2006, vgl. Brassat, Kohle (Hg.) 2003, S. 131f.) Anwendung finden. Natürlich liegen Überschneidungen vor. Zudem müssen die einzelnen Ansätze einer kritischen Betrachtung unterzogen werden. Vgl. hierzu u.a. Brassat, Kohle (Hg.) 2003. Doch bieten sie das Potential sich der Rezeption von Kunst aus unterschiedlichen Perspektiven mit verschiedenen Blickwinkeln zu nähern.
224 Vgl. Krautz 2005, S. 220f.
225 In der Kunst werden Kriege oder von Menschen gemachte Katastrophen nicht im herkömmlichen Sinne dokumentiert, sondern die Werke stellen individuelle Auseinandersetzungen der Künstlerin oder des Künstlers dar, vgl. u.a. Krautz 2005, S. 220f.
226 Vgl. Krautz 2004c, S. 70. Vgl. Krautz 2005, S. 220f.
227 Vgl. u.a. ebd.
228 Vgl. Krautz 2004b, S. 4f. Vgl. Krautz 2005, S. 220f.
229 Vgl. diesbezüglich u.a. Krautz 2004b, S. 4f.
230 Vgl. u.a. Krautz 2005, S. 220f.
231 Vgl. exemplarisch Seraphina Lenz „Werkstatt für Veränderung". Vgl. Eremjan 2016, S. 238-246. Vgl. ebenso „Engel der Kulturen". Vgl. https://www.engel-der-kulturen.de/projekt.html, 25.7.2018.
232 Vgl. u.a. Koppe 2001, vgl. u.a. Czelinski, Stenzel 2004.
233 Zur historischen Auffassung von Krieg vgl. u.a. Czelinski, Stenzel 2004. Krieg wurde im historischen Kontext auch als Notwendigkeit aufgefasst. Vgl. u.a. Koppe 2001.
234 Vgl. u.a. Gerster, Helbling 1996, S. 1. Es ist jedoch kritisch zu sehen, wenn mit solchen Kunstwerken eine Kommerzialisierung einhergeht.
235 Vgl. Gerster, Helbling 1996, S. 1.
236 Vgl. u.a. ebd. Exemplarisch für die propagandistische Instrumentalisierung von Kunst für kriegsfördernde Politik und Propaganda sei auf die Kunstpolitik und -produktion im Nationalsozialismus verwiesen. Ausführungen zu nationalsozialistischer Ideologie, Kulturtheorie und -politik vgl. u.a. Brenner 1963, vgl. Petsch 1994, vgl. Thomae 1978, vgl. Merker 1983, vgl. Wulff 1983. Kunstproduktion und -vermittlung unterstand der Kontrolle des Regimes und Kunst wurde als ein Propagandainstrument genutzt. Kunst stand im Zeichen nationalsozialistischer Propaganda und wurde unter anderem als „Erziehungsmedium" genutzt. Die künstlerischen Darstellungen mussten im Einklang mit den außenpolitischen Zielen des Reiches stehen, um als Motivation und ideologische Stütze des Volkes zu fungieren und damit die Wehrhaftigkeit und Kriegsbereitschaft zu fördern. Dem Volk sollen die kulturelle Überlegenheit und die zu verteidigenden kulturellen Güter vor Augen gehalten werden. Kriegs- und Frontkunst waren von äußerster Bedeutung in den „Großen Deutschen Kunstausstellungen". Der ungebrochene deutsche Kulturwille sollte ein Selbstbild einer starken „Rasse" gegenüber dem In- und Ausland demonstrieren. Vgl. ebd.
237 In Bezug auf Bildrezeption und -produktion stellt kritisches Kunstverständnis eine wichtige Voraussetzung dar, um ein Werk in den jeweiligen Kontexten bewerten zu können. Vgl. u.a. Krautz 2005, 220f. So ist selbst in Bezug auf die in den vorangehenden Kapiteln behandelten Werke, obwohl sie eine auf ethischen Werten basierender pazifistischer Botschaft vermitteln, eine kritische Sehweise möglich: Die Künstlerinnen und Künstler bedienen sich Strukturen einer Ästhetisierung des Krieges und „nutzen" den Krieg und damit verbundene Zerstörung, Leid und Tod für ihre Kunst und verzeichnen dadurch Erfolge. (Weiterführende Informationen zur Ästhetisierung des Leidens vgl. Sontag 2005.) Die Ästhetisierung des Krieges blickt allerdings auf eine lange Tradition in der Kunstgeschichte zurück. Vgl. exemplarisch die Ausführungen von Sontag 2017, S. 87ff. Vgl. ebenso Gerster, Helbling 1996.
238 Krautz, Jochen: Kunstpädagogik als Friedenserziehung. Einige grundlegende Betrachtungen am Beispiel der Ausstellung „The Family of Man", S. 61-72, hier: S. 61f. http://www.friedenspaedagogik.de/themen/friedenspaedagogik/friedenspaedagogik_artikel_und_dokumente_seit_1900/2000_heute/jochen_krautz_kunstpaedagogik_als_friedenserziehung_2004, 21.3.2018. Vgl. Sowa 2003, S. 225. Vgl. Sowa 2001, S. 47.

239 Vgl. u.a. Krautz 2005, 220f.
240 Vgl. u.a. ebd., S. 220.
241 Vgl. u.a. ebd., S. 220.
242 Vgl. Krautz, Jochen: Kunstpädagogik als Friedenserziehung. Einige grundlegende Betrachtungen am Beispiel der Ausstellung „The Family of Man", S. 61-72, hier: S. 62. http://www.friedenspaedagogik.de/themen/friedenspaedagogik/friedenspaedagogik_artikel_und_dokumente_seit_1900/2000_heute/jochen_krautz_kunstpaedagogik_als_friedenserziehung_2004, 21.3.2018.
243 Doch wird in einem gewissen Rahmen das Potential von gewissen Grenzgängen in der Kunst, die selbstverständlich einer kritischen Reflexion unterzogen werden müssen, ebenfalls Raum gelassen.
244 Vgl. u.a. Ströter-Bender (Hg.) 2018.
245 Vgl. Krautz 2005, S. 220f. Vgl. Krautz 2004b, S. 5.
246 Vgl. u.a. Penzel (Hg.) 2019, S. 113f.
247 Exemplarisch sei auf die Curricula des Gymnasium Niedersachsens verwiesen.
248 Vgl. u.a. Grünewald 2012. Vgl. u.a. Penzel (Hg.) 2019, S. 113f.
249 Vgl. u.a. Krautz 2005, S. 220f.
250 Vgl. u.a. Penzel (Hg.) 2019, S. 113f. Vgl. u.a. Grünewald 2012. *„Zentraler Gegenstand des Faches Kunst sind Bilder, verstanden als umfassender Begriff für zwei- und dreidimensionale Objekte, Artefakte, visuell geprägte Informationen, Prozesse und Situationen visueller und weiterer sinnlicher Erfahrung."* Vgl. Niedersächsisches Kultusministerium (Hg.) 2016, S. 5. Die geäußerte Kritik in Bezug zur Bildorientierung, Kunst wird zugunsten eines erweiterten Bildbegriffs subsumiert, lässt sich anhand solcher Formulierungen unterstreichen. Vgl. Peez 2008, S. 4ff. Vgl. Penzel (Hg.) 2019, S. 113f. Vgl. Hinrichs 2017a, S.25f.
251 Vgl. u.a. Krautz 2005, S. 220f.
252 Beispielsweise sind bereits schulische Lehrpläne daran ausgerichtet. Vgl. http://db2.nibis.de/1db/cuvo/datei/kcgym_i.pdf, 1.4.2015. Ein berechtigter Kritikpunkt liegt darin, dass Kunst zugunsten eines Bildbegriffs subsumiert wird. Weitere Informationen zur Bildorientierung vgl. Peez 2008. Vgl. Peez 2007. Vgl. Peez 2012, S. 72ff. Vgl. Bering 2004 u.a., S. 9.
253 Vgl. u.a. Krautz 2005, S. 220f.
254 Vgl. http://db2.nibis.de/1db/cuvo/datei/kc_kunst_gym_i.pdf, S. 7, 1.4.2015.
255 Vgl. Peez 2008. Vgl. Peez 2007. Vgl. Peez 2012, S. 72ff. Vgl. Bering 2004 u.a., S. 9.
256 Vgl. u.a. Krautz 2004b, vgl. Krautz 2004c, vgl. Krautz 2005, vgl. Krautz 2006, vgl. Krautz 2015.
257 Vgl. Olbers 2014, S. 308f. „Künstlerische Forschung" und „Artistic Research" umfassen im aktuellen Diskurs sowie mit Blick auf die historische Dimension verschiedene Denk- und Handlungsstrategien (vgl. u.a. Klein 2011, vgl. Badura, Dubach 2015, vgl. Brenne 2014, S. 79ff., vgl. Internetquelle „Artistic research"). Auch in der Kunstvermittlung kommen unterschiedlich ausgerichtete Strategien des Forschens zum Einsatz, die sowohl rezeptive als auch produktive Handlungsfelder umfassen. Subjektbezogenes künstlerisch-ästhetisches Handeln und Forschen ist in der Kunstpädagogik von wesentlicher Bedeutung und besitzt verschiedene Ausrichtungen und Akzente. Der von Kämpf-Jansen geprägte Ansatz der „Ästhetischen Forschung" rückt das Subjekt in den Mittelpunkt kunstdidaktischer Betrachtung. Vgl. Kämpf-Jansen 2002, vgl. Kämpf-Jansen 2000, vgl. Blohm u.a. 2006, vgl. Peez 2012, S. 76–79. Anhand offen formulierter Themenstellungen entwickelt das Individuum eigene Fragestellungen, die selbstorganisiert erforscht werden. In einer Ästhetischen Forschung werden Erkenntnis- und Handlungsweisen der Bereiche Wissenschaft, Kunst und Alltagsästhetik vernetzt. Allgemein sind ästhetische Forschungen in der Traditionslinie von Kämpf-Jansens Konzept „Ästhetischer Forschung" zu betrachten (vgl. Kämpf-Jansen 2000, vgl. Kämpf-Jansen 2002, vgl. Peez 2012, 76-79, Kritik dazu vgl. Blohm (Hg.) 2006), beinhalten aber ebenfalls Ansätze aus Fischers Überlegungen zur künstlerischen Feldforschung (vgl. Fischer 1982) und orientieren sich allgemein an Überlegungen zu forschenden Strategien in der Kunstpädagogik (vgl. u.a. Brenne 2004, 2013, 2014, Katenbrink, Wischer, Nakamura (Hg.) 2014, Hinrichs 2015) und an Konzepten des Artistic Research. Vgl. u.a. Badura; Dubach (Hg.) 2015, vgl. Internetquelle Artistic Research: http://www.artistic-research.de/archives/1, 26.6.2015. Vgl. Klein, Julian: Was ist künstlerische Forschung? In: kunsttexte.de/Auditive Perspektiven, Nr. 2, 2011. http://edoc.hu-berlin.de/kunsttexte/2011-2/klein-julian-1/PDF/klein.pdf, 26.6.2015. Im Rahmen aktueller kunstpädagogischer Positionen stellt Brenne einen Vertreter der künstlerisch-ästhetischen Forschung dar. Er hat den von Lili Fischer geprägten Ansatz der Feldforschung übernommen und erweitert. Methoden ethnografischer und qualitativer Forschung werden neben künstlerischen Strategien modifiziert angewendet. Vgl. Brenne 2004. Brenne gibt einen Überblick über kunstdidaktische Positionen in Bezug auf künstlerisch-ästhetische Forschungsansätze. Vgl. hierzu Brenne 2013. Einen Überblick kunstdidaktischer Ansätze bietet Brenne (2013).

258 Vgl. u.a. Klein 2011, Badura, Dubach u.a. (Hg.) 2015, vgl. Brenne 2014, S. 79ff., Internetquelle „Artistic research".
259 Vgl. u.a. Kämpf-Jansen 2002, vgl. Seumel 2013, vgl. Seumel, Peez 2013. Eine Übersicht bietet Brenne 2013.
260 Vgl. Olbers 2014, S. 308f.
261 Vgl. u.a. Kämpf-Jansen 2002.
262 Vgl. u.a. Krautz 2004c, S. 62f., 68-71. Zur „Psychologie des Friedens" vgl. Richter 1982.
263 Vgl. Krautz 2004c, S. 70. So reicht es beispielsweise nicht aus, ein Bild zum Frieden malen, eine Friedenstaube zu basteln oder eine Fotografie friedlichen Zusammenlebens anzufertigen, wenn keine tiefergehende Auseinandersetzung mit der Thematik steht, da sonst die Gefahr einer oberflächlichen „Bastelei" ohne nachhaltigen Lernprozess besteht. Vgl. ebd. Beispiele kunstdidaktischer Praxis vgl. u.a. Krautz 2008
264 Es erfolgt eine Anknüpfung an forschend ausgerichtete kunstpädagogische Konzepte, vgl. exemplarisch Kämpf-Jansen 2002.
265 Vgl. hierzu und zu den folgenden Ausführungen u.a. das Konzept der Ästhetischen Forschung (vgl. Kämpf-Jansen 2002) sowie Ausführungen zur Künstlerischen Kunstpädagogik (vgl. u.a. Buschkühle (Hg.) 2012).
266 Vgl. UNESCO Leitfaden für kulturelle Bildung 2008, S. 18f.
267 Für eine idealtypische unterrichtliche Umsetzung bieten sich offene Unterrichtsformen, wie Werkstattunterricht an.
268 Diese Methodik kam natürlich bereits in unterschiedlichen kunstpädagogischen Theorien zum Tragen, wie der Ästhetischen Forschung vgl. Kämpf-Janssen 2002. So ist es zum Beispiel im Rahmen forschend rezeptiver Auseinandersetzung mit Kunst von großer Bedeutung, dass die Lernenden selber Fragen an das Kunstwerk formulieren, um intrinsische Motivation zu wecken und ausgehend davon dieses zu erschließen. Die in dieser Studie gewählten Konzepte der Kunstbetrachtung und -analyse stehen im Kontext historischer und aktueller rezeptiver Vermittlungsansätze der Kunstgeschichte. Vgl. exemplarisch Bering, Niehoff 2018, Bd.1+2, vgl. Sowa 2014, vgl. auch Otto 1983.
269 Vgl. u.a. Krautz 2005, S. 220f. Vgl. u.a. Kämpf-Jansen 2002.
270 Zudem besitzen ästhetische Erfahrungen eine grundlegende Bedeutung für kunstpädagogische Prozesse. Vgl. Peez 2008. Vgl. Peez 2012, S. 24-29.
271 Selbsterfahrungsprozesse sind in kunstdidaktischen Prozessen von großer Bedeutung. Vgl. u.a. Brenne 2004, S. 257f. Vgl. hierzu u.a. Selle 1993, S. 28.
272 Vgl. u.a. Krautz 2005, S. 220f. Kunst, als ein Bestandteil einer umfassenden Bildung, trägt dazu zur persönlichen Entfaltung bei. Vgl. UNESCO Leitfaden für kulturelle Bildung 2008, S. 17.
273 Das Ästhetische Arbeitsbuch ist ein gängiges Medium in kunstdidaktischen Prozessen, beispielsweise in der Ästhetischen Forschung. Vgl. Kämpf-Jansen 2000, S. 101. Sabisch untersucht das Sichtbarmachen ästhetischer Erfahrungen in Tagebüchern. Vgl. Sabisch 2007.
274 Vgl. u.a. Kämpf-Jansen 2002.
275 Vgl. ebd.
276 Vgl. hierzu Kämpf-Jansen 2000.
277 Vgl. ebd.
278 Vgl. u.a. ebd.
279 Der Forschungsprozess ergibt sich aus den vorherigen Schritten und ist einem ständigen Wandel unterworfen. Vgl. u.a. ebd.
280 Vgl. ebd.
281 Wie bei allen Forschungen ist es vorher nicht absehbar, wohin der Prozess führt. Vgl. u.a. ebd.
282 Vgl. exemplarisch Niedersächsisches Kultusministerium (Hg.) 2015, S. 10f.
283 Vgl. ebd.
284 Vgl. ebd.
285 Vgl. ebd.
286 Vgl. ebd.
287 Vgl. ebd.
288 Weitere Ausführungen und Verweise dazu, vgl. Thattamannil-Klug 2016, S. 739f.
289 Vgl. ebd. Allerdings liegen in dieser Studie in Bezug auf die Begrifflichkeiten Abweichungen vor.
290 Vgl. ebd.
291 Vgl. ebd.
292 Weitere Ausführungen und Verweise dazu, vgl. ebd. Allerdings wird der Begriff hier etwas offener verwendet.
293 Vgl. u.a. Krautz 2004b.

294 Krautz führt an ästhetische Aktivität in diesem Sinne als eine die Form gesellschaftlichen Handelns zu betrachten. Vgl. ebd, S. 5.

295 Vgl. u.a. Krautz 2005, S. 220f.

296 Die Ausführungen stehen in der Tradition von Beuys` Konzept einer Sozialen Plastik. Kunst wird als gesellschaftlich relevant aufgefasst. Vgl. zudem Krautz 2005, S. 220f.

297 Diesbezüglich wird an Forderungen der UNESCO angeknüpft. *„Untersuchungen zeigen, dass das Heranführen Lernender an künstlerische Prozesse [...] bei jedem Einzelnen Sinn für Kreativität und Initiative, eine fruchtbare Vorstellungskraft, emotionale Intelligenz und moralische Leitlinien ebenso fördert, wie die Fähigkeit zu kritischer Reflexion, Selbständigkeit, Gedanken– und Handlungsfreiheit. Kunsterziehung und Bildung durch die Kunst regen auch die kognitive Entwicklung an und können Inhalte und Methoden relevanter für die Bedürfnisse der modernen Gesellschaften machen, in denen die Lernenden leben.“* Vgl. UNESCO Leitfaden für kulturelle Bildung 2008, S. 18f. Ebenso wird die Forderung der UNESCO aufgegriffen, dass Wissen über historische und aktuelle künstlerische Positionen zur Teilnahme am kulturellen und künstlerischen Leben notwendig ist. Vgl. ebd. In Absetzung vom Kunstverständnis, das im Leitfaden für kulturelle Bildung der UNESCO formuliert ist, wird in dieser Studie die „kritische Funktion“ und inhaltliche Komponente von Kunst stärker herausgestellt. In den Ausführungen der UNESCO dagegen wird Kunst u.a. als banales Genussmittel der Gesellschaft degradiert. So lautet beispielsweise eine Passage im Artikel 27 der Allgemeinen Erklärung der Menschenrechte wie folgt: „Jeder hat das Recht [...] sich an der Kunst zu erfreuen [...].“ Vgl. ebd. Auch weitere Formulierungen deuten auf eine kritisch zu betrachtende Auffassung von Kunst hin. So wird im Artikel 31 zum „Übereinkommen über die Rechte des Kindes“ dargelegt, dass „die Bereitstellung geeigneter und gleicher Möglichkeiten für die kulturelle und künstlerische Betätigung sowie für aktive Erholung und Freizeitbeschäftigung“ geachtet und gefördert werden sollen. Vgl. ebd. Dieser Kunstbegriff wird von der UNESCO jedoch mit aktuellen Positionen und Inhalten erweitert, vgl. ebd. Vgl. u.a. Krautz 2005, S. 220f.

298 Vgl. Hentschel 1996, S. 12.

299 Vgl. exemplarisch Borchardt, Dörfler-Dierken, Spitzer (Hg.) 2014.

300 Vgl. UNESCO 1999. Vgl. Nolz, Popp (Hg.) 1999.

301 Vgl. UNESCO 1999, vgl. UNESCO 2017, vgl. Krautz 2004c, S. 62.

302 Vgl. Krautz 2004, 2004a, 2004b, 2004c, 2005, 2006, 2008, 2014, 2015. Vgl. Ströter-Bender 2015, Ströter-Bender (Hg.) 2015, Ströter-Bender, Hinrichs (Hg.) 2013, Teil 1 und Teil 2, Vgl. Ströter-Bender (Hg.) 2018, vgl. u.a. Kirschenmann, Sowa (Hg.) 2004. Vgl. Mayrhofer 1979. Vgl. Teske 1987.

303 Vgl. Wintersteiner 2008, S. 258ff.

304 Defrance, Pfeil 2016, S. 33.

305 Vgl. u.a. Thattamannil-Klug 2016, S. 738.Vgl. u.a. Wintersteiner 2000.

306 Vgl. u.a. ebd, S. 737f.

307 Zur Unterscheidung von „negativen Frieden“ und „positiven Frieden“ vgl. u.a. Wintersteiner 2000, Anm. 11, vgl. u.a. Thattamannil-Klug 2016, Anm. 12.

308 Vgl. hierzu Röhrs 1970, S.VIIIff. Vgl. u.a. Sommer 1999, S. 103.

309 Thattamannil-Klug 2016, S. 738.

310 Vgl. ebd., S. 739.

311 Vgl. ebd., S. 738.

312 Vgl. ebd., S. 740. Vgl. Wintersteiner 2000, S. 98.

313 Vgl. Thattamannil-Klug 2016, S. 738f. Vgl. Frieters-Reermann 2010.

314 Vgl. Jäger 2014, S. 5.

315 Vgl. Wintersteiner 2000, S. 166.

316 UNESCO 1999, S. 2.

317 Vgl. Koppe 2001.

318 Vgl. hierzu Nipkow 2007. Vgl. Röhrs 1970, S.VIIff.

319 Vgl. u.a. Koppe 2001.

320 Zudem sei exemplarisch auf die 1967 von Hartmut von Hentig auf dem Evangelischen Kirchentag in Hannover angeführten Punkte zur „Friedenserziehung“, verwiesen die auch – neben weiteren Aspekten – in der heutigen Zeit noch Inspiration bieten kann:

„1. Erziehung zum Frieden ist Erziehung zur Empfindsamkeit, ja zur Empfindlichkeit: zum Leiden an Unrecht.

2. Erziehung zum Frieden heißt, den lebenden und kommenden Menschen eine tiefe Abneigung gegen die Gewalt einzugeben.

3. Erziehung zum Frieden heißt lehren, wie der Krieg ist.

4. Erziehung zum Frieden heißt die Schrecken des Friedens kennen

5. So ist Erziehung zum Frieden eine Erziehung zur Unsicherheit, zu Zweifel, zu Misstrauen.

6. *Erziehung zum Frieden heißt auch lernen, ungehorsam zu sein, bereit zu sein für Unordnung, wenn die Ordnung Beschwichtigung des Übels, Verleugnung des tatsächlichen Skandals ist. Erziehung zum Frieden heißt mit Konflikten leben, um den Krieg zu vermeiden.*
7. *Mit Konflikten leben heißt, dass man sich auf Schuld und Widerstand, auf Versöhnung und Vergessen einlässt, auf einen komplizierten, aber verstehbaren Mechanismus.*
8. *Erziehung zum Frieden heißt darum in erster Linie Erziehung zur Politik.*
9. *Erziehung zum Frieden ist Erziehung zur Veränderung der Welt. Das schließt die Veränderung unser selbst ein – unseres Lebens, unserer Bewertungen und nicht zuletzt auch der Fragen, die wir stellen.*
10. *Erziehung zum Frieden ist Erziehung zur Entwicklungshilfe.*" Hentig 1967, S. 706ff. Zitiert nach Grasse, Grube, Gugel (Hg.) 2008, S. 9f.

321 Vgl. Grasse, Gruber, Gugel (Hg.) 2008, S. 8.
322 Vgl. ebd.
323 Vgl. u.a. Koppe 2001. Vgl. u.a. Czelinski, Stenzel 2004.
324 Vgl. Grasse, Gruber, Gugel (Hg.) 2008, S. 8.
325 Vgl. ebd.
326 Vgl. ebd, S. 10. Vgl. Senghaas 1969, vgl. von Weizsäcker 1970.
327 Vgl. Wulf 1973. Vgl. Grasse, Grube, Gugel (Hg.) 2008, S. 11.
328 Vgl. Grasse, Grube, Gugel (Hg.) 2008, S. 11.
329 Vgl. ebd.
330 Vgl. ebd., S. 11ff.
331 Vgl. ebd.
332 Vgl. ebd, S. 12.
333 Vgl. ebd.
334 Vgl. u.a. Grasse, Grube, Gugel (Hg.) 2008. Vgl. Nipkow 2007.
335 Vgl. Krautz 2005, S. 220f. Vgl. Krautz, Jochen: Kunstpädagogik als Friedenserziehung. Einige grundlegende Betrachtungen am Beispiel der Ausstellung „The Family of Man", S. 61-72, hier: S. 62. http://www.friedenspaedagogik.de/themen/friedenspaedagogik/friedenspaedagogik_artikel_und_dokumente_seit_1900/2000_heute/jochen_krautz_kunstpaedagogik_als_friedenserziehung_2004, 21.3.2018.
336 Vgl. Olbers 2014, S. 308f.
337 Vgl. ebd.
338 „*Ästhetische Forschung hat […] nur Sinn, wenn die Forschenden eine Frage haben, an einer Sache arbeiten wollen, die sie interessiert, einer Idee folgen oder ein ihnen wichtiges Vorhaben verwirklichen wollen. Insofern ist ästhetische Forschung immer subjektbezogen […].*" Kämpf-Jansen 2002, S. 19.
339 Vgl. Schwermann 2018.
340 Vgl. ebd.
341 Vgl. ebd.
342 Vgl. u.a. Kämpf-Jansen 2002.
343 Schimpf-Herken 2008, S. 170.
344 Vgl. hierzu Nipkow 2007, S. 413.
345 Vgl. hierzu u.a. Schimpf-Herken 2008.
346 Vgl. u.a. ebd, S. 168.
347 Vgl. u.a. Hein 2020.
348 Vgl. u.a. Schimpf-Herken 2008, S. 167.
349 Vgl. Thattamannil-Klug 2016, S. 740.
350 Vgl. Grasse, Grube, Gugel (Hg.) 2008, S. 15. Vgl. Schimpf-Herken 2008.
351 Vgl. u.a. Austin 2016, S. 769.
352 Vgl. u.a. Aßmann 2018, Aßmann 2020, Schimpf-Herken 2008 und dort angeführte Literaturverweise.
353 Vgl. u.a. Schimpf-Herken 2008, S. 155-157.
354 Vgl. u.a. ebd.
355 Vgl. u.a. ebd., S. 155.
356 Vgl. u.a. ebd., S. 159ff.
357 Vgl. u.a. Schnurr 2020.
358 Vgl. u.a. ebd., S. 157.
359 Vgl. u.a. ebd., S. 157ff.
360 Weitere Ausführungen zur Erinnerungskultur vgl. u.a. Aßmann 2018, Aßmann 2020. Vgl. u.a. Schimpf-Herken 2008, S. 159ff.
361 Vgl. u.a. Defrance, Pfeil (Hg.) 2016, Aßmann 2018, Aßmann 2020.
362 Vgl. Defrance, Pfeil 2016, S. 27f.
363 Vgl. u.a. Defrance, Pfeil (Hg.) 2016

364 Vgl. u.a. Schimpf-Herken 2008, S. 167.
365 Vgl. Thattamannil-Klug 2016, S. 740f.
366 Vgl. ebd.
367 Vgl. ebd.
368 Vgl. u.a. Schimpf-Herken 2008, S. 163f. So nimmt Deutschland Migrantinnen und Migranten auf, die alle ihre individuelle Geschichte und kulturelle und soziale Vergangenheit mitbringen. Viele haben Krieg, Flucht und Vertreibung erlebt. Auch wenn sie den deutschen Pass besitzen, werden ihre Erinnerungen nicht in die kollektive Erinnerungskultur der Deutschen überführt. Vgl. ebd., S. 171. Es ist eine „ethische Herausforderung [...] eine Pädagogik der Erinnerung zu entwickeln, die mehrperspektivisch und mehrdimensional ist und der Vielfalt einer multikulturalen Gesellschaft gerecht wird. Es gilt die unterschiedlichen Erinnerungen und Geschichte(n) und deren Bedeutung im Kontext der Herkunftsländer zu reflektieren und den Blick zu weiten für die Wahrnehmung des Anderen, für seine soziale Teilhabe und die Verwirklichung von Gerechtigkeit." Vgl. ebd. S. 173.
369 Vgl. ebd. Nicht nur in der „Innenpolitik", sondern auch in der Entwicklungszusammenarbeit spielen Prozesse der Erinnerungsarbeit eine wichtige Rolle. Vgl. u.a. ebd., S. 163f.
370 Vgl. Krautz 2004c, S. 62ff.
371 Vgl. Krautz 2004, S. 62ff.
372 Vgl. hierzu Nipkow 2007, S. 413.
373 Vgl. hierzu ebd.
374 Vgl. u.a. Schnurr 2020.
375 Vgl. u.a. Schimpf-Herken 2008, S. 167.
376 Vgl. hierzu Krautz 2004b, S. 5-8.
377 Vgl. u.a. Schimpf-Herken 2008, S. 16.
378 Zum Beispiel besitzen Fotografie und Film einen anderen Stellenwert als beispielsweise Malereien, Installationen oder Denkmäler.
379 Exemplarisch sei auf die Ausführungen von Krautz, Brenne und Ströter-Bender verwiesen. Vgl. z.B. Krautz 2008, vgl. Brenne (Hg.) 2014, Ströter-Bender, Hinrichs (Hg.) 2013, Bde. 8, 9.
380 Vgl. exemplarisch die Ausführungen von Krautz, vgl. ebd.: Kunstpädagogik als Friedenserziehung. Einige grundlegende Betrachtungen am Beispiel der Ausstellung „The Family of Man", S. 61-72. Ebenfalls sei zudem auf das Feld kunsttherapeutischer Ansätze verwiesen, die beispielsweise die Aufarbeitung von Traumata umfassen. Dieser Aspekt wird in dieser Studie allerdings nicht weiter vertieft. Vgl. u.a. Menzen 2021.
381 Vgl. u.a. Schimpf-Herken 2008, S. 173.
382 Vgl. u.a. ebd., S. 174f.
383 Zur kunstpädagogischen Praxis vgl. u.a. Krautz 2015.
384 Vgl. u.a. Schimpf-Herken 2008, S. 156.
385 Vgl. u.a. ebd., S. 167.
386 Vgl. u.a. ebd., S. 174-181.
387 Vgl. u.a. Thattamannil-Klug 2016, S. 740f.
388 Vgl. hierzu Hinrichs 2013. In dem genannten Literaturverweis liegen alle Abbildungen, Namen und weiterführende Informationen vor, die im Folgenden nicht angeführt werden.
389 Vgl. u.a. Küster 2014, Dogramaci 2014, Schneede 2013, Schubert 2013, vgl. Derenthal 2004, Staatsgalerie Stuttgart (Hrsg.) 2011.
390 Vgl. u.a. Jentsch 2013, Conzelmann 1983.
391 Vgl. Hinrichs 2013.
392 Vgl. ebd.
393 Vgl. Kämpf-Jansen 2002, S. 99f. Allerdings gehören die Kunstkonzepte die Kämpf-Jansen anführt, schon der Vergangenheit an, besitzen jedoch noch immer Aktualität (vgl. Kämpf-Jansen 2000, S. 84-96).
394 Vgl. hierzu u.a. das Konzept von Kämpf-Jansen, vgl. Kämpf-Jansen 2002.
395 Vgl. hierzu u.a. das Konzept von Kämpf-Jansen, vgl. ebd.
396 Beispielsweise belegt die Ausstellung „The Family of Man", dass neben der gestalterischen Auseinandersetzung mit Fotografien ebenso das Sammeln, Auswählen, Anordnen, Inszenieren und Ausstellen wichtige künstlerische Prozesse sind, die im Kontext kunstdidaktischen Handelns zum Tragen kommen sollen. Diesbezüglich ist es sinnvoll, die Ausstellung in Schloss von Clervaux zu besuchen, um entweder daran anzuknüpfen oder sich davon abzugrenzen. Steichen hat nahezu drei Jahre gebraucht, um die Sammlung zu erstellen (vgl. Kat. New York 2015, S. 3). Von über zwei Millionen Fotografien, die von überall auf der Welt kamen, wurde zunächst eine Auswahl getroffen, die letztendlich auf 503 reduziert wurde (vgl. ebd.). Die Ausstellungskonzeption war zu der damaligen Zeit – sowohl in Bezug auf inhaltliche als auch szenografische Aspekte – ungewöhnlich (vgl.

Internetquelle „The Family of Man"). Der Parcours der Ausstellung im Schloss von Clervaux und die Chronologie und Hängung der Werke wurde in Bezug auf die Originalausstellung im MoMA nachempfunden, um die Kontextualisierung der einzelnen Fotografien beizubehalten. Denn die Reihenfolge und die Hängung der Werke haben großen Einfluss auf die Wirkästhetik und Lesarten der Werke. Ausführungen dazu vgl. u.a. Krautz 2004c, S. 66. Durch die enge Hängung an den Wänden, ist die bzw. der Rezipierende mit einer „Bilderflut" konfrontiert, und kann individuelle Zugänge zu den Werken finden. Während Steichens Präsentation der Kunstwerke trotz innovativer Elemente noch traditionellen Ausstellungscharakter besitzt, (Krautz und Feretti-Theilig betrachten es als Kunstwerk, vgl. dies. 2016, S. 307) gehören in der heutigen Zeit das Sammeln, Inszenieren und Ausstellen bereits in den Kanon künstlerischer Handlungsformen. Exemplarisch sei auf die raumgreifenden Ensembles von Anna Oppermann verwiesen. Über Jahre hinweg sammelte sie ausgehend von einem bestimmten Thema Bilder, Texte und weitere Artefakte, die sie in aufwändigen Raumarrangements installierte. So hat sie beispielsweise in ihrem Ensemble „Besinnungsobjekte über das Thema Verehrung – Anlaß Goethe", das 1982 zum 150. Todestag des Dichters im Foyer des Hessischen Rundfunks erstmalig präsentiert wurde, über tausend Artefakte in einer Art bühnenähnlichen Aufbau inszeniert (vgl. Internetquelle Anna Oppermann, S. 385). Die Rezipierenden sind zunächst mit dem scheinbaren Chaos, bestehend aus den unzähligen Einzelobjekten konfrontiert, die jedoch in ihrer Gesamtheit eine ästhetische Einheit bilden. Oppermanns Ensembles waren einem Prozess des Wachstums und der Veränderung unterworfen und ließen damit ebenfalls selbstreferentielle Rückschlüsse zu. So bezeichnete sie ihre Ensembles u.a. als Wahrnehmungsübungen (vgl. Internetquelle Anna Oppermann, S. 387). Die immer wieder in den räumlichen Gegebenheiten anderer Ausstellungskontexte angepassten, neu arrangierten Ensembles, zum Teil thematisch erweitert oder verändert, bildeten nicht das Ende der künstlerischen Arbeit in Form der Präsentation, sondern stellten selber einen künstlerischen Prozess dar. Beispielsweise ist der Entstehungs- und Arbeitsprozess in Form von Notizen, Zeichnungen, Skizzen, Fotografien, Texten und weiteren Objekten erfahrbar. Fotografien vergangener Präsentationen sind in die aktuellen Ensembles integriert, so dass der Prozess des Wandels reflektiert und sichtbar gemacht wird (vgl. ebd., S. 385).

397 Vgl. Hinrichs 2013.
398 Vgl. ebd.
399 Vgl. ebd.
400 Vgl. ebd.
401 Vgl. ebd.
402 Vgl. ebd.
403 Vgl. ebd.
404 Vgl. ebd.
405 Vgl. ebd.
406 Vgl. ebd.
407 Vgl. ebd.
408 Vgl. ebd.
409 Vgl. ebd.
410 Vgl. ebd.
411 Vgl. ebd.
412 Vgl. ebd.
413 Vgl. ebd.
414 Vgl. ebd.
415 Vgl. ebd.
416 Vgl. ebd.
417 Vgl. ebd.
418 Vgl. ebd.
419 Vgl. ebd.
420 Vgl. ebd.
421 Vgl. ebd.
422 Vgl. ebd.
423 Vgl. ebd.
424 Vgl. ebd.
425 Vgl. hierzu Kämpf-Jansen 2000. Vgl. Sabisch 2007. Dabei sind alle Formen visueller Fixierung erlaubt: *„Tagebuchaufzeichnungen, verbale und visuelle Skizzen, Bilder, literarische Texte, Fragmentarisches und wissenschaftliche Textauszüge stehen neben Befragungsergebnissen und Gesprächsaufzeichnungen."* Kämpf-Jansen 2000, S. 101.
426 Vgl. hierzu Kämpf-Jansen 2000.

427 Dieses Kapitel bezieht sich auf die Situation im April 2022.
428 Vgl. https://www.friedrich-verlag.de/kunst/jugendliche-lebenswelten/krieg-in-europa/, 8.4.22.
429 Vgl. u.a. Thattamannil-Klug 2016, S. 741.
430 Vgl. u.a. ebd.
431 Vgl. u.a. Schimpf-Herken 2008, S. 167.
432 Vgl. u.a. Lutz-Sterzenbach, Wagner 2021. Vgl. Schnurr 2020, Vgl. Hoffheinz 2020.
433 Vgl. u.a. Lutz-Sterzenbach, Wagner 2021. Vgl. Schnurr 2020, Vgl. Hoffheinz 2020.
434 Vgl. u.a. Lutz-Sterzenbach, Wagner 2021. Vgl. Schnurr 2020, Vgl. Hoffheinz 2020.
435 Vgl. u.a. Lutz-Sterzenbach, Wagner 2021. Vgl. Schnurr 2020, Vgl. Hoffheinz 2020.
436 Vgl. unveröffentlichtes Ästhetisches Arbeitsbuch von Evrim Demir 2017.
437 Vgl. ebd.
438 Vgl. ebd.
439 Vgl. ebd.
440 Vgl. ebd. Vgl. Hiery (Hg.) 2001, S. 291f.
441 Unveröffentlichtes Ästhetisches Arbeitsbuch von Evrim Demir 2017.
442 Vgl. ebd.
443 Vgl. ebd.
444 Vgl. u.a. Schimpf-Herken 2008, S. 167.
445 Vgl. u.a. Dünne, Günzel (Hg.) 2006.
446 Vgl. Röttig 2012, S. 9.
447 Vgl. ebd., S. 9.
448 Vgl. ebd.
449 Vgl. ebd., S. 10.
450 Theoretische Ausführungen in Bezug auf Soziale Räume haben u.a. Löw (vgl. Löw 2000), Simmel (vgl. Simmel 2006), Foucault (vgl. Foucault 2006), Lefebvre (vgl. Lefebvre 2006), Bourdieu (vgl. Bourdieu 2006) erstellt. Ausführungen zu politisch-geografischen Räumen vgl. Ratzel (vgl. Ratzel 2006), Braudel (vgl. Braudel 2006), Schmitt (vgl. Schmitt 2006), Arendt (vgl. Arendt 2006). Ästhetischen Räumen haben sich u.a. Cassirer (vgl. Cassirer 2006) und Lotmann (vgl. Lotmann 2066) gewidmet. Vgl. u.a. Dünne, Günzel (Hg.) 2006.
451 Exemplarisch sei hier auf Naturräume verwiesen: Gerade in den 1980er- und 1990er-Jahren gab es Konzepte zur sinnlichen und ästhetischen Auseinandersetzung mit Naturräumen. (Peez gibt einen Überblick der ökologisch geprägten, auf sinnliche Erfahrungen in der Natur ausgerichteten Konzepte der 1980er-Jahre. Vgl. Peez 2012, S. 62f. Exemplarisch sei auf Hoenischs und Niggemeyers Darlegung verwiesen, vgl. Hoenisch, Niggemeyer 1981.) Exemplarisch sei auf Gert Selles Konzept elementar-praktischer Übungen verwiesen, mittels derer vielschichtige, ästhetische Erfahrungen in der Natur und selbstreflexive Prozesse angestrebt werden. (Vgl. Selle 1986. Vgl. Selle 1993. Vgl. Selle 1990. Vgl. Selle 1994. Vgl. Selle 1992.) Daneben können Mayers experimentelle Landschaftsgänge (vgl. Mayer 1990) und Lili Fischers Konzept künstlerischer Feldforschung (vgl. Fischer 1981, S. 6f, vgl. Brenne 2004, S. 63, vgl. Fischer 1982) genannt werden.
452 Zur Feldforschung vgl. Fischer 1981, S. 6f. Vgl. Brenne 2004, S. 63. Vgl. Fischer 1982.
453 Vgl. u.a. Busse 1998, vgl. Busse 2002, vgl. Busse 2005, vgl. Busse 2007.
454 Vgl. u.a. Heil 2007, vgl. Heil 2008.
455 Vgl. die Kapitel zur Land Art Praxis, vgl. Hinrichs 2016.
456 Vgl. u.a. Brohl 2003.
457 Vgl. Noltze 2005.
458 Vgl. zusammenfassend Eremjan 2016, 295ff. Dabei sei angeführt, dass genannte Konzepte die geografische Ortsdimension überschreiten und den Begriff „Raum" öffnen können, z.B. für biografische, symbolische oder ästhetische Ebenen und Handlungsfelder.
459 Im Rahmen einer offenen Begriffsauslegung von „Raum" sind Annäherungen u.a. im Rahmen geografischer, politischer, sozialer, ästhetischer, historischer, gesellschaftlicher, utopischer und heterotoper Raumkonstrukte möglich. Wiederum sei exemplarisch auf Ausführungen von Löw (vgl. Löw 2000), Simmel (vgl. Simmel 2006), Foucault (vgl. Foucault 2006), Lefebvre (vgl. Lefebvre 2006), Bourdieu (vgl. Bourdieu 2006), Ratzel (vgl. Ratzel 2006), Braudel (vgl. Braudel 2006), Schmitt (vgl. Schmitt 2006), Arendt (vgl. Arendt 2006), Cassirer (vgl. Cassirer 2006) und Lotmann (vgl. Lotmann 2066) verwiesen.
460 Vgl. u.a. Schimpf-Herken 2008, S. 167.
461 Vgl. u.a. ebd., S.167-173.
462 Vgl. hierzu das entsprechende Kapitel in diesem Buch.
463 Vgl. u.a. Schimpf-Herken 2008, S. 170.
464 Weitere Ausführungen und Kunstbeispiele zu „Lost Places" vgl. Gaßner, Roettig (Hg.) 2012.

465 Vgl. exemplarisch https://verlasseneorte.info/, 4.6.2018. Vgl. http://www.urban-shorts.net/2017/12/18/lost-places-lost-spaces/, 4.6.2018.
466 Vgl. Otto 2018.
467 Ausführungen hierzu vgl. Hanke 2018.
468 Ausführungen hierzu vgl. ebd.
469 Ausführungen hierzu vgl. ebd.
470 Vgl. u.a. Schimpf-Herken 2008, S.170ff.
471 Vgl. u.a. Schimpf-Herken 2008, S.170ff.
472 Zur Kritik vgl. u.a. ebd., S.170ff.
473 Vgl. u.a. Schimpf-Herken 2008, S.170ff.
474 Vgl. u.a. ebd.
475 Ausführungen hierzu vgl. Hanke 2018.
476 Ausführungen hierzu vgl. ebd.
477 Ausführungen hierzu vgl. ebd.
478 Vgl. hierzu den entsprechenden Kapitelkomplex in dieser Studie.
479 Vgl. https://rp-online.de/panorama/wissen/kunst-kann-die-welt-veraendern_aid-20814719, 1.7.2018.
480 Vgl. ebd.
481 Vgl. Selle 2002, S. 11.
482 Vgl. Blohm, Selle (Hg.) 2002, S. 11. Zu Ausführungen biografischer Arbeit im Rahmen ästhetischer Prozesse vgl. u.a. Blohm, Selle (Hg.) 2002, Eremjan 2016, S. 306-309, vgl. Sabisch, Seydel (Hg.) 2004, vgl. Kämpf-Jansen 2002, S. 169-173, vgl. Peters 2005.
483 Vgl. u.a. Blohm, Selle (Hg.) 2002, S. 11.
484 Zur Vielfalt biografischer Arbeit in ästhetischen Prozessen vgl. u.a. Blohm, Selle (Hg.) 2002, Eremjan 2016, S. 306-309, Sabisch, Seydel (Hg.) 2004.
485 Vgl. Blohm 2002a, S. 54.
486 Kunst und ästhetische Praxis können im Kontext therapeutischer Ansätze zur Aufarbeitung traumatischer Ereignisse (z.B. den Krieg betreffend) beitragen und psychische Verarbeitungsprozesse initiieren. Für einen Überblick kunsttherapeutischer Verfahren vgl. u.a. Menzen 2009, Kraft (Hg.) 2008. Einen Kurzüberblick bietet Herschbach 2016. Dieser Ansatz wird hier jedoch nicht weiter verfolgt, muss aber natürlich mit Hinblick auf die Möglichkeit bedacht werden, dass sich in der Lerngruppe Personen mit Migrationshintergrund, die möglicherweise aus Kriegsgebieten geflohen und dort ggf. traumatische Erfahrungen gemacht haben. In diesem Fall ist im Kontext biografischen Lernens eine große Sensibilität gefragt.
487 Vgl. u.a. Kämpf-Jansen 2002, S. 169-173.
488 Für ein Beispiel biografischer ästhetischer Erfahrungsarbeit in Bezug auf Identitätsbildung sei exemplarisch auf Brandstätter 2002 verwiesen.
489 Vgl. Schimpf-Herken 2008, S. 155-158.
490 Vgl. ebd., S. 157.
491 Für Informationen zum Ersten Weltkrieg vgl. u.a. Berghahn 2014.
492 Vgl. Hinrichs 2014, vgl. Hinrichs 2014a.
493 Die Arbeit entstand in einem Seminar, das zum Letter –Art Projekt ausgerichtet war. Vgl. Hinrichs; Ströter-Bender 2013, vgl. Hinrichs, Ströter-Bender 2013a.
494 Vgl. u.a. Schimpf-Herken 2008, S. 167.
495 Vgl. u.a. Schimpf-Herken 2008, S. 168.
496 Vgl. u.a. Kladzinski 2005, vgl. ebd. 2007. Vgl. u.a. Büttner, Kladzinski 2005.
497 Vgl. u.a. Kladzinski 2005, vgl. ebd. 2007. Vgl. u.a. Büttner, Kladzinski 2005.
498 Vgl. u.a. Kladzinski 2005, vgl. ebd. 2007. Vgl. u.a. Büttner, Kladzinski 2005.
499 Vgl. u.a. Kladzinski 2005, vgl. ebd. 2007. Vgl. u.a. Büttner, Kladzinski 2005. Für kunstpädagogische Praxis zu diesem Thema vgl. u.a. Krautz 2015, S. 221-227.
500 Beispielsweise sind bereits schulische Lehrpläne daran ausgerichtet. Vgl. http://db2.nibis.de/1db/cuvo/datei/kcgym_i.pdf, 1.4.2015. Weitere Informationen zur Bildorientierung vgl. Peez 2008. Vgl. Peez 2007. Vgl. Peez 2012, S. 72ff. Vgl. Bering 2009.
501 Vgl. Bering, Niehoff 2009. Vgl. Grünewald 2012. Beispielsweise sind bereits schulische Lehrpläne an einer „Bildorientierung" ausgerichtet. Vgl. http://db2.nibis.de/1db/cuvo/datei/kcgym_i.pdf, 1.4.2015. Ein berechtigter Kritikpunkt liegt darin, dass Kunst zugunsten eines Bildbegriffs subsumiert wird. Weitere Informationen zur Bildorientierung vgl. Peez 2008. Vgl. Peez 2007. Vgl. Peez 2012, S. 72ff.
502 Vgl. Schorb 2017.
503 Schorb 2017, S. 257.
504 Vgl. u.a. Kladzinski 2005. Vgl. u.a. Dominikowski 1993. Vgl. u.a. Löffelholz 1993.
505 Vgl. u.a. Kladzinski 2005, Kladzinski 2007.

506 Vgl. u.a. Kladzinski 2005.
507 Vgl. u.a. Kladzinski 2005, S. 62ff., 80f.
508 Vgl. u.a. ebd., S. 80f.
509 Vgl. u.a. ebd., S. 80f.
510 Vgl. u.a. ebd., S. 62.
511 Vgl. u.a. ebd., S. 62.
512 Vgl. u.a. ebd., S. 63f.
513 Vgl. u.a. ebd., S. 63f.
514 Vgl. Müller 2002, S. 36f.
515 Vgl. Müller 2002, S. 36f. Vgl. Kladzinski 2005, S. 63.
516 Vgl. Müller 2002, S. 36f. Vgl. Kladzinski 2005, S. 63.
517 Vgl. u.a. Kladzinski 2005.
518 Vgl. u.a. ebd., S. 65f.
519 Vgl. u.a. ebd., S. 65f.
520 Vgl. u.a. ebd., S. 65f.
521 Vgl. u.a. ebd., S. 74ff.
522 Vgl. u.a. ebd., S. 74-77.
523 Vgl. u.a. ebd., S. 74ff.
524 Zur friedenspädagogischen Bildpraxis vgl. Krautz 2005.
525 Exemplarisch für kunstpädagogische Praxis hierzu vgl. Krautz 2005.
526 Vgl. Back, Schmidt-Linsenhoff (Hg) 2004.
527 Vgl. die Verweise im hier angeführten Kapitel.
528 Vgl. die Verweise im hier angeführten Kapitel.
529 Vgl. hierzu Krautz 2004b, S. 5.
530 Vgl. u.a. Grasse 2008, S. 224.
531 Vgl. ebd., S. 224.
532 Vgl. zu diesen Aspekten Sontag 2017, S 33f.
533 Vgl. zu diesen Aspekten ebd.
534 Vgl. exemplarisch ebd., S. 129f.
535 Vgl. ebd., S. 20.
536 Grasse 2008, S. 227. Vgl. Bilke 2008.
537 Vgl. u.a. Grasse 2008, S. 224f. Zur friedenspädagogischen Bildpraxis in Zeiten des Krieges vgl. Krautz 2005.
538 Vgl. u.a. ebd., S. 224f.
539 Vgl. u.a. ebd., S. 227.
540 Vgl. Mijic 2007.
541 Vgl. Grasse 2008, S. 227f.
542 Vgl. ebd., S. 228.
543 Vgl. u.a. Kladzinski 2005, vgl. ebd. 2007.
544 Vgl. Krautz 2005, S. 221ff. Vgl. Grasse 2008, S. 224f.
545 Vgl. hierzu u.a. Sontag 2017, S. 137f.
546 Vgl. hierzu u.a. ebd., S. 125, 136f.
547 Vgl. hierzu allgemein die Ausführungen von Sontag. Vgl. ebd.
548 Vgl. u.a. Grasse 2008, S. 213.
549 Vgl. ebd., S. 224f.
550 Exemplarisch sei auf die Debatte verwiesen, die das Bild von Alain Kurdi ausgelöst hat. Vgl. das entsprechende Kapitel in diesem Buch.
551 Vgl. hierzu Krautz 2004b. S. 6f.
552 Vgl. Sontag 2017, S. 29.
553 Vgl. Sontag 2017, S. 29.
554 Vgl. zu diesen Aspekten vgl. ebd., S. 136.
555 Zu diesem Thema vgl. exemplarisch Sontag 2017, S. 127ff., 135ff.
556 Vgl. ebd., S. 136.
557 Vgl. Krieps 2004, S. 258, vgl. Steichen 1963, vgl. Krautz 2004c, S. 64.
558 Vgl. u.a. Schimpf-Herken 2008, S. 167. In der Ausstellung „The Family of Man“ wurden zwar ebenfalls Grausamkeiten und Verbrechen, zu denen Menschen fähig sind, gezeigt, doch die Grundidee bestand darin, Identifikationsfiguren zu schaffen, die Rezipierenden somit direkt anzusprechen und ihnen das Gefühl zu geben, sie seien Teil der in der Ausstellung gezeigten gemeinsamen Familie der Menschheit. Vgl. u.a. Krautz 2004c, S. 65.
559 Zu diesem Thema vgl. exemplarisch Sontag 2017, S. 127ff., S. 136. Vgl. ebenso Krautz 2004b, S. 5-8.

560 Vgl. hierzu exemplarisch ebd., S. 136.
561 Vgl. u.a. Grasse 2008, S. 220.
562 Vgl. u.a. ebd., S. 215.
563 Zu Medien und Jugendgewalt vgl. u.a. Grasse 2008, S. 213-220.
564 Zu Medien und Jugendgewalt vgl. u.a. ebd., S. 213-220.
565 Vgl. u.a. Grasse 2008, S. 215.
566 Vgl. Schulz 2007, S. 66.
567 Vgl. Schulz, S. 2. Vgl. Grasse 2008, S. 216.
568 Vgl. u.a. Schulz 2007, S. 54ff.
569 Vgl. u.a. Kladzinski 2007.
570 Vgl. u.a. ebd.
571 Vgl. u.a. ebd.
572 Vgl. u.a. Grasse 2008, S. 216.
573 Vgl. u.a. Kladzinski 2007.
574 Vgl. u.a. Kladzinski 2005, S. 76. Vgl. Gieselmann 2005.
575 Vgl. u.a. Kladzinski 2005, S. 76ff.
576 Vgl. Gieselmann 2005. Vgl. u.a. Kladzinski 2005, S. 76ff.
577 Vgl. u.a. Kladzinski 2005, S. 76ff.
578 Vgl. Schorb 2017, S. 258.
579 Vgl. Schorb 2017. S. 258.
580 Für ein konkretes kunstdidaktisches Beispiel zum Thema „Frieden" vgl. Krautz 2004b, S. 5ff.
581 Vgl. Peez 2008. Vgl. Peez 2007. Vgl. Peez 2012, S. 72ff. Vgl. Bering 2009. Vgl. Grünewald 2012, vgl. Bering, Niehoff 2009, vgl. Peez 2012, S. 72ff., zu Funktionen von Bildern in der Friedenserziehung vgl. Krautz 2015, S. 643-644.
582 Vgl. Grasse 2008, S. 218. Dabei können Medien die Konstruktion von Wirklichkeit und damit Denk- und Handlungsstrukturen auch in Bezug auf Vorstellungen von Krieg und Frieden beeinflussen. Vgl. u.a. ebd., S. 219. Vgl. Krautz 2005. Vgl. Büttner, von Gottberg, Kladzinski (Hg.) 2005.
583 Vgl. Grasse 2008, S. 218ff.
584 Vgl. hierzu u.a. Grasse 2008, S. 219-228.
585 Vgl. u.a. ebd., S. 220.
586 Baacke (1998) führt beispielsweise noch die Unterscheidung an. Dabei versteht er unter Mediengestaltung die „Veränderung und Weiterentwicklung des Mediensystems" und neue „Gestaltungs- und Thematisierungsdimensionen". Zitiert nach Grasse 2008, S. 226.
587 Vgl. Scheurer, Spiller (Hg.) 2010, S. 9.
588 Vgl. u.a. Frank 2010, S. 22.
589 Vgl. u.a. ebd., S. 24.
590 Vgl. u.a. Scheurer, Spiller (Hg.) 2010.
591 Vgl. u.a. ebd.
592 Vgl. u.a. ebd.
593 Vgl. u.a. ebd.
594 So sind z.B. Kenntnisse, wie Einstellungen zugunsten des Datenschutzes vorgenommen werden können und welche Websites datenschutzrechtlich unbedenklicher sind, wichtig. Für Überlegungen zur digitalen Souveränität in Bezug auf Bildungsprozesse im Umgang mit digitalen Medien vgl. u.a. Koziol, Vogel, Streib (Hg.) 2020.
595 Vgl. Schorb 2017. S. 258.
596 Vgl. ebd., S. 254.
597 Vgl. ebd., S. 254.
598 Vgl. ebd., S. 257.
599 Vgl. ebd., S. 257.
600 Vgl. ebd., S. 257.
601 Vgl. ebd., S. 257.
602 Vgl. ebd., S. 257.
603 Vgl. ebd., S. 257.
604 Vgl. ebd., S. 258.
605 Vgl. ebd., S. 258.
606 Vgl. ebd., S. 258.
607 Vgl. ebd., S. 258.
608 Vgl. ebd., S. 258.
609 Vgl. ebd., S. 258f.
610 Vgl. ebd. S. 259.

611 Ebd., S. 259.
612 Vgl. ebd., S. 259.
613 Vgl. ebd., S. 259.
614 Vgl. ebd., S. 259.
615 Vgl. ebd., S. 260.
616 Vgl. ebd., S. 260.
617 Vgl. Schorb 2017, S. 261.
618 Vgl. u.a. Rückert (Hg.) 2018. Vgl. BDK 2021.
619 Vgl. u.a. Grasse 2008, S. 220.
620 Vgl. Schorb 2017, S. 260.
621 Vgl. u.a. Grasse 2008, S. 220.
622 Vgl. u.a. Grasse 2008, S. 222.
623 Vgl. u.a. ebd., S. 222. Diese kann z.B. in Form eines friedenspädagogischen Projekts angestrebt werden.
624 Vgl. exemplarisch Fritzsche 2016.
625 Hier liegen wiederum Bezüge zur künstlerischen Kunstpädagogik vor.
626 Vgl. u.a. BDK 2021. Vgl. u.a. Peez (Hg.) 2021.
627 Vgl. u.a. BDK 2021.
628 Vgl. u.a. ebd. 2021.
629 Vgl. u.a. BDK 2021.
630 Vgl. u.a. Peez (Hg.) 2021.
631 Exemplarisch sei auf einige Aspekte verwiesen, die in der ästhetischen Praxis von Bedeutung sein können. Kriegsfotografien lösten die grafischen und malerischen Darstellungen im Krieg ab. Wie bereits angeführt werden Kriegsfotografien auch zur Kunst erklärt und in künstlerische Kontexte überführt. So zeigt der Kunstpalast Düsseldorf 2019 eine Ausstellung von Kriegsfotografien, die von Frauen erstellt wurden. Vgl. https://www.kunstpalast.de/de/museum/ausstellung/aktuell/fotografinnen-an-der-front, 10.3.2019. Vgl. Beckmann, Korn (Hg.) 2019. Um die weitläufige Auffassung, Kriegsfotografie sei ein männliches Berufsfeld aufzubrechen, rückt diese Ausstellung den Blick auf Fotografinnen, die sowohl an der Front, aber auch im Alltag der Kriegsbetroffenen ihre Motive finden.
632 Vgl. u.a. BDK 2021.
633 Vgl. Gugel 2005, S. 213.
634 Vgl. u.a. Grasse 2008, S. 224f. Vgl. u.a. Büttner, von Gottberg, Kladzinski (Hg.) 2005. Vgl. Gugel 2005, S. 213.
635 Vgl. Gugel 2005, S. 213.
636 Vgl. ebd., S. 213.
637 Zur Wirkung von Kriegsfotografien vgl. Sontag 2017.,
638 Vgl. hierzu die Ausführungen im entsprechenden Kapitel. Ausführungen zu Fotografien, die das Grauen der Kriege visualisieren aus kunstpädagogischer Perspektive am Beispiel von Steichens „Family of Man", vgl. Krautz 2004c, S. 64. Für ein konkretes Beispiel, im dem Fotografien Ausgangspunkt für friedenspädagogisches Handeln darstellten, sei auf die von Krautz initiierte Unterrichtsaktion zum Irakkrieg verwiesen. Vgl. Krautz 2004b, S. 5-8, vgl. Krautz 2005.
639 Vgl. u.a. Kladzinski 2005, vgl. ebd. 2007.
640 Vgl. Gugel 2005, S. 213.
641 Vgl. u.a. Peez (Hg.) 2021.
642 Darstellungen in Bezug auf die globale Bewegtbildproduktion und deren Einfluss auf Kinder und Jugendliche vgl. u.a. Rückert (Hg.) 2018. Vgl. u.a. Büttner, von Gottberg, Kladzinski (Hg.) 2005.
643 Vgl. u.a. Büttner, von Gottberg, Kladzinski (Hg.) 2005.
644 Vgl. Aßmann 2018.
645 Vgl. ebd.
646 Vgl. u.a. Kladzinski 2005, S. 64.
647 Weitere Informationen zum Thema „Kriegsnachrichten im Kinderfernsehen" vgl. Götz 2005.
648 „Repräsentativ für die täglichen Nachrichten werden an jedem Tag einer Woche Screenshots *von der Tagesschau gemacht und in Form von einer Collage je Wochentag zusammengestellt. Als Grundlage dient die Tagesschau um 20:00 Uhr, da die Zeit unmittelbar vor der sogenannten Prime Time nachrichtentechnisch die meiste Aufmerksamkeit im Bereich Berichterstattung (im Fernsehen) erhält. So entstehen sieben Sets bestehend aus je etwa 40 bis 60 Nachrichtenbildern. Die Collage als Technik erlaubt es, die Bilder in unveränderter Weise kombiniert darzustellen. Die Zusammenstellung der Bilder soll nicht thematisch geschehen, sondern nach farblicher Gegebenheit. Außerdem ist jede Collage um einen weißen neutralen Bereich erweitert. Um den Aspekt der Neutralität weitestgehend aufzufassen, ist jede Collage in gleichem quadratischen Format realisiert. Lediglich der*

Titel weist einerseits auf die Quelle der Bilder sowie auf die Ironie des Projektes hin, Neutralität und Ästhetik in der Zusammenstellung zumeist negativ belasteten Bildern zu vereinen: „Ich wünsche Ihnen noch einen schönen Abend". In der Präsentation der Collagen werden diese auf gleicher Höhe nebeneinander rahmenlos auf hellgrauem Hintergrund gezeigt. Die farblich sortierte Anordnung der Einzelbilder jeder Collage und die jeweils unterschiedlich geformten und platzierten weißen Flächen sollen den Collagen einen ästhetischen und modernen Charakter verleihen und erst bei näherer Betrachtung die einzelnen Bildinhalte enthüllen. Ähnliches passiert beim Schauen der täglichen Nachrichten; der Aspekt des laufenden Fernsehers beinhaltet nicht automatisch die Aufmerksamkeit und Beschäftigung des Betrachters mit dem Gezeigten." Vgl. Mrotzek 2018.

649 *„Bereits während der täglichen Erstellung der Screenshots innerhalb der sieben Tage habe ich mich mit den Themen der Tagesschau tiefer befasst als im routinierten Alltag. Das ständige Stoppen der bewegten Bilder ermöglichte mir einen detaillierteren Blick in die gezeigten Bilder und einen kurzen Moment, diese in mir aufzunehmen bevor Informationen zu einem weiteren Bericht gegeben wurden. Die Sammlung aller Bilder umfasste Screenshots von den Nachrichten von jedem Tag einer Woche, die so viele unterschiedliche Länder, Kulturen, Menschen, Aspekte und Atmosphären zeigten, dass ich mich bereits am Folgetag nicht an alle gemachten Screenshots erinnern konnte. Erschreckend, was die Überladung von Nachrichtenbildern zur Folge hat."* Mrotzek 2018.

650 Vgl. Mrotzek 2018.

651 Vgl. ebd., S. 224f.

652 Vgl. ebd., S. 224.

653 Vgl. Klöpper 2018.

654 Vgl. Grasse 2008, S. 224.

655 Vgl. Böning, Karapanteva-Strasser 2018, S. 243.

656 Heike Faller: Alan Kurdi: Ohne ihn. In: Die Zeit. 28. Januar 2016, ISSN 0044-2070 (zeit.de [abgerufen am 28. Januar 2018]).

657 Smith, Helena: Aylan Kurdi: friends and family fill in gaps behind harrowing images. In: The Guardian. 3. September 2015, abgerufen am 5. September 2015. Zunächst hatte der Vater für zwei Jahre in der Türkei gearbeitete, mit Beginn des Bombardements von Kobani seine Familie in die Türkei nachgeholt. Vgl. ebd.

658 Vgl. https://www.welt.de/vermischtes/article146187747/Wollte-dass-man-meine-Kinder-wie-Menschen-behandelt.html, 12.6.2018.

659 Vgl. https://www.welt.de/vermischtes/article146187747/Wollte-dass-man-meine-Kinder-wie-Menschen-behandelt.html, 12.6.2018. *„'Ich half meinen beiden Söhnen und meiner Frau und versuchte mehr als eine Stunde lang, mich am gekenterten Boot festzuhalten. Meine Söhne lebten da noch. Mein erster Sohn starb in den Wellen, ich musste ihn loslassen, um den anderen zu retten', sagte er dem oppositionellen syrischen Radiosender Rosana FM. Weinend fügte der Vater hinzu, dass trotz seiner Bemühungen auch der andere Sohn gestorben sei. Als er sich dann um seine Ehefrau habe kümmern wollen, habe er sie tot vorgefunden. ‚Danach war ich drei Stunden im Wasser, bis die Küstenwache ankam und mich rettete.'"* https://rp-online.de/politik/ausland/toter-junge-von-bodrum-jetzt-spricht-fotografin-niluefer-demir_aid-17588775, 12.6.2018.

660 Vgl. https://www.welt.de/vermischtes/article146187747/Wollte-dass-man-meine-Kinder-wie-Menschen-behandelt.html, 12.6.2018.

661 Vgl. https://www.welt.de/vermischtes/article146187747/Wollte-dass-man-meine-Kinder-wie-Menschen-behandelt.html, 12.6.2018. Auf die Frage, welche Lehre die Welt aus dem Tod seiner Familie ziehen solle, antwortet er: *„Dass der Krieg in Syrien so bald wie möglich enden muss, denn kein Syrier wird aus seinem Land fortgehen, wenn er nicht dazu gezwungen ist. […]"*

662 Exemplarisch sei auf folgende Artikel und Kommentare verwiesen: „Ist es in Ordnung, das tote Flüchtlingskind zu zeigen?" In: Bildblog. 4. September 2015, abgerufen am 6. September 2015. Peter Maxwill: „Solche Bilder brennen sich in die Netzhaut ein". In: Spiegel Online. 3. September 2015, abgerufen am 4. September 2015. https://www.zeit.de/kultur/2015-09/fluechtling-mittelmeer-bodrum-toter-junge-syrien, 12.6.2018. Julian Reichelt: „Warum wir uns zwingen müssen, hinzusehen." In: Bild. 8. September 2015. Ahmed Davutoglu: Der Verlust der Unschuld. In: Frankfurter Allgemeine Zeitung. 7. September 2015, abgerufen am 7. September 2015.

663 Vgl. https://rp-online.de/politik/ausland/toter-junge-von-bodrum-jetzt-spricht-fotografin-niluefer-demir_aid-17588775, 12.6.2018.

664 *„nichts; kommt nicht durch meinen Wahrnehmungspanzer. Jahrelange Schrauben an der Betroffenheitsspirale seitens der Medien hat ganze Arbeit geleistet."* https://www.zeit.de/kultur/2015-09/fluechtling-mittelmeer-bodrum-toter-junge-syrien, 12.6.2018.

665 *„'Das Bild ist ein visuelles Geschoss' Die kurzlebigen Bekundungen von Betroffenheit sind letztlich ebenso sehr ein soziales Zeichen für Abgestumpftheit und ein allgemeines Desinteresse am Geschehen auf diesem Planeten……….kommt wie eine Kugel und verschwindet auch wie eine Kugel."* https://www.zeit.de/kultur/2015-09/fluechtling-mittelmeer-bodrum-toter-junge-syrien, 12.6.2018.

666 Vgl. u.a. http://www.faz.net/aktuell/politik/fluechtlingskrise/david-cameron-die-entdeckung-der-moral-13785837.html, Jochen Buchsteiner: Die Entdeckung der Moral. In: Frankfurter Allgemeine Zeitung. 4. September 2015, abgerufen am 4. September 2015.

667 So wird im „The Telegraph" im September 2016 folgendes desillusionierten Zitat des Vaters angeführt: *„ 'Photo of my dead son has changed nothing' says father of drowned Syrian refugee boy Alan Kurdi."* https://www.telegraph.co.uk/news/2016/09/01/photo-of-my-dead-son-has-changed-nothing-says-father-of-drowned/, 24.6.2018.

668 Vgl. https://www.telegraph.co.uk/news/2016/09/01/photo-of-my-dead-son-has-changed-nothing-says-father-of-drowned/, 24.6.2018.

669 Vgl. https://www.washingtonpost.com/news/worldviews/wp/2016/01/30/chinese-artist-ai-weiwei-poses-as-a-drowned-syrian-refugee-toddler/?noredirect=on&utm_term=.b87a1be4899f, abgerufen 7.6.2018.

670 Vgl. https://www.washingtonpost.com/news/worldviews/wp/2016/01/30/chinese-artist-ai-weiwei-poses-as-a-drowned-syrian-refugee-toddler/?noredirect=on&utm_term=.b87a1be4899f, abgerufen 7.6.2018.

671 Vgl. https://www.washingtonpost.com/news/worldviews/wp/2016/01/30/chinese-artist-ai-weiwei-poses-as-a-drowned-syrian-refugee-toddler/?noredirect=on&utm_term=.b87a1be4899f, abgerufen 7.6.2018.

672 Vgl. https://www.washingtonpost.com/news/worldviews/wp/2016/01/30/chinese-artist-ai-weiwei-poses-as-a-drowned-syrian-refugee-toddler/?noredirect=on&utm_term=.b87a1be4899f, abgerufen 7.6.2018.

673 Vgl. https://rp-online.de/panorama/wissen/kunst-kann-die-welt-veraendern_aid-20814719, 1.7.2018. http://www.spiegel.de/kultur/kino/ai-weiwei-kommentiert-mit-human-flow-die-fluechtlingskrise-a-1178067.html, 4.7.2018. https://www.washingtonpost.com/news/worldviews/wp/2016/01/30/chinese-artist-ai-weiwei-poses-as-a-drowned-syrian-refugee-toddler/?noredirect=on&utm_term=.b87a1be4899f, abgerufen 7.6.2018

674 Vgl. Hermann 2018.

675 Vgl. ebd.

676 Vgl. ebd.

677 Vgl. unveröffentlichtes Arbeitsbuch von Aylin Mert, 2017.

678 Vgl. ebd. Doch sei an dieser Stelle auf das Engagement von Bürgerinnen und Bürger verwiesen, die sich in Hilfsorganisationen engagieren. Einige wenige leisten direkte Hilfe, indem sie sich z.B. Schiffe mieten, um die Geflüchteten aus den überfüllten Schlauchbooten zu retten und vor einem potentiellen Tod durch Ertrinken zu bewahren.

679 Vgl. ebd.

680 Vgl. ebd.

681 Vgl. ebd.

682 Vgl. Ästhetisches Arbeitsbuch von Aylin Mert.

683 Albert Osswald anlässlich der Gründung der HSFK, 30.10.1970, zitiert nach Moltmann 2016, S. 753.

684 Ausführungen zur Definition und zum Gebrauch des Begriffs „Versöhnung" im historischen Kontext vgl. Defrance, Pfeil 2016, S. 28-40.

685 Vgl. u.a. Austin 2016, S. 769.

686 Vgl. u.a. Moltmann 2016, Austin 2016.

687 Vgl. u.a. Moltmann 2016, S. 767.

688 Vgl. u.a. ebd., S. 767.

689 Vgl. u.a. Moltmann 2016, Austin 2016.

690 Vgl. hierzu Nipkow 2007, S. 406-411.

691 Vgl. u.a. Wiegelmann-Bals 2010.

692 Vgl. u.a. Buckley-Zistel, Moltmann 2006.

693 Vgl. u.a. Moltmann 2016, S. 754.

694 Vgl. u.a. ebd., S. 754.

695 Vgl. u.a. Defrance, Pfeil 2016, S. 36f.

696 Vgl. u.a. Moltmann 2016, S. 754.

697 Vgl. u.a. Auernheimer 2008.

698 Vgl. hierzu Nipkow 2007, S. 406-411.

699 Vgl. u.a. UNESCO 1999, S. 1.

700 Vgl. ebd., S. 2.

701 Vgl. ebd., S. 3.

702 Vgl. Krautz 2004c, S. 70.

703 Vgl. UNESCO 1999, S. 2.

704 Im Rahmen dieser Studie wird Religion als Teil der Kultur begriffen, sodass sich folgende Ausführungen auch auf religiöse Aspekte beziehen.
705 Vgl. hierzu Nipkow 2007, S. 396f.
706 Exemplarisch sei auf die Fotoserie „Oil Rich Niger Delta" (2003-2007) von George Osodi verwiesen. Vgl. Tollmann 2014b, S. 43f.
707 Vgl. u.a. Wiegelmann-Bals 2018, S. 129.
708 http://www.wochenklausur.at/methode.php?lang=de, 12.11.2018.
709 http://www.wochenklausur.at/methode.php?lang=de, 12.11.2018.
710 Vgl. http://www.wochenklausur.at/projekt.php?lang=de&id=39, 12.11.2018.
711 Vgl. u.a. Krautz 2005, S. 220f.
712 Vgl. u.a. Krautz 2004c, 2015.
713 Vgl. u.a. ebd.
714 Vgl. exemplarisch Seraphina Lenz „Werkstatt`für Veränderung", in der sich Rezipierende sich aktiv einbringen können. Vgl. Eremjan 2016, S. 238-246.
715 Vgl. u.a. Olbers 2014.
716 Vgl. u.a. ebd., S. 314ff.
717 Vgl. u.a. ebd. 2014.
718 Vgl. u.a. ebd.
719 Vgl. u.a. ebd.
720 Vgl. hierzu Nipkow 2007, S. 396-398.
721 Vgl. u.a. Lutz-Sterzenbach, Schnurr, Wagner 2013. Vgl. Eremjan 2016. Vgl. Arslan, Proetel, Gruchman-Schneider u.a. 2017.
722 Zu politisch-gesellschaftlichen Entwicklungen Europas in Bezug auf Migration vgl. Wintersteiner 2008, S. 261-264.
723 Vgl. u.a. Bhaba 2012, vgl. Ströter-Bender; Wiegelmann-Bals 2010, S. 49. Vgl. Welsch 1994, [S. 1, 11].
724 Vgl. Welsch 1994, [S. 1].
725 Vgl. ebd., [S. 1].
726 Vgl. u.a. Lutz-Sterzenbach, Wagner 2021. Vgl. Schnurr 2020, Vgl. Hoffheinz 2020. Vgl. Niehoff 2020. Für interkulturelle und transkulturelle Kunstpädagogik vgl. u.a. Arslan, Proetel, Gruchman-Schneider 2017.
727 Vgl. Niehoff 2020.
728 Vgl. Bhaba 2012
729 Somit kommen ebenfalls ausgewählte Aspekte interkultureller Ansätze zum Tragen. Vgl. Leenen, Grosch 1998. Vgl. Nieke 2000. Vgl. Auernheimer 2010, S. 125-132. Es wird zwar auf interkulturelle Konzepte Bezug genommen, doch mit Hinblick auf postkoloniale Pädagogik wird Abstand von einer Konstruktion des „Anderen" genommen, wie dies in einigen interkulturellen Konzepten der Fall ist. Vgl. Ivanova 2020. Vgl. Tiborra 2020, S. 90f.
730 Vgl. Auernheimer 2010, S. 137.
731 Vgl. Eremjan 2016, S. 375f.
732 Vgl. Auernheimer 2010, S. 128-132. Vgl. Olbers 2014. Hier liegen Überschneidungen zum vorigen Kapitel über den Themenkomplex „Versöhnung und Verständnis" vor, sodass an dieser Stelle darauf verwiesen sei.
733 Vgl. hierzu Nipkow 2007, S. 396f. Dabei wird die Frage nach Relativität und Universalität sowie nach Kontextualität und Universalisierbarkeit von Werten und Normen und damit den Menschenrechten evoziert. Vgl. Auernheimer 2010, S. 138ff. (Auf die Menschenrechtsthematik wird im folgenden Kapitel eingegangen.)
734 Vgl. Auernheimer 2010, S. 126, vgl. Nieke 2000.
735 Vgl. Auernheimer 2010, S. 125f.
736 Vgl. Olbers 2014, S. 314f.
737 Vgl. Auernheimer 2010, S. 125. Vgl. Leenen, Grosch 1998.
738 Vgl. Auernheimer 2010, S. 126, vgl. Nieke 2000.
739 Vgl. Olbers 2014, S. 314f.
740 Vgl. u.a. Krautz 2005, S. 220f.
741 Vgl. Hinrichs 2018, vgl. Krautz 2004c, S. 70f., vgl. Eremjan 2016. Vgl. exemplarisch Seraphina Lenz „Werkstatt für Veränderung", in der sich Rezipierende sich aktiv einbringen können. Vgl. Eremjan 2016, S. 238-246.
742 Vgl. u.a. Bhaba 2012.
743 Vgl. u.a. Schnurr 2020, vgl. Niehoff 2020.
744 Vgl. Auernheimer 2010, S. 125. Vgl. Leenen, Grosch 1998.
745 Vgl. Auernheimer 2010, S. 126, vgl. Nieke 2000.

746 Vgl. Doğmuş, Karakaşoğlu, Mecheril (Hg.) 2016, vgl. Ivanova 2020, vgl. Arslan, Bozay (Hg.) 2016.
747 Vgl. u.a. Schwendowius 2016.
748 Vgl, Aspekte postkolonialer Pädagogik, vgl. u.a. Tiborra 2020.
749 Vgl. Aspekte postkolonialer Pädagogik, vgl. u.a. Tiborra 2020.
750 Vgl. hierzu die Ausführungen von Ivanova 2017.
751 Vgl. Auernheimer 2010, S. 126, vgl. Nieke 2000.
752 Vgl. u.a. Lutz-Sterzenbach, Wagner 2021. Vgl. Schnurr 2020, Vgl. Hoffheinz 2020.
753 Vgl. u.a. Schnurr 2020. Lutz-Sterzenbach, Wagner 2021. Vgl. Niehoff 2020.
754 Vgl. u.a. Lutz-Sterzenbach, Wagner 2021. Vgl. Schnurr 2020, Vgl. Hoffheinz 2020.
755 Vgl. u.a. Niehoff 2020, vgl. Lutz-Sterzenbach, Wagner 2021. Vgl. Schnurr 2020, Vgl. Hoffheinz 2020.
756 Vgl. hierzu u.a. die Ausführungen von Eremjan 2016. Vgl, ebenso Aspekte postkolonialer Pädagogik, vgl. u.a. Tiborra 2020.
757 Vgl. Niehoff 2020. Vgl. exemplarisch Danica Dakics Film „AUTOPORTRAIT" (1999). Vgl. https://www.youtube.com/watch?v=hP3yprHso_g, 12.3.2017. Vgl. u.a. Buschkühle 2004, S. 6ff. Ein Selbstportrait, ein Schulterstück, das weibliche Gesicht in Dreiviertelansicht, digital bearbeitet, ist dargestellt. Ein zweiter Mund ist über die ursprüngliche Augenpartie gelagert und beide Münder erzählen je ein Märchen mit zweierlei Sprachen: bosnisch und deutsch, das inhaltlich Einsamkeit und Fremdheit thematisiert. Zum Teil überlagern sich diese Stimmen, sodass es für den/die Rezipierende/n nicht verständlich ist. Inhaltlich nimmt sie Bezug auf verschiedenen Ebenen, neben politischen, kulturgeschichtlichen und gesellschaftlichen Kontexten insbesondere auf ihre eigene Biografie. Sie floh vor dem Krieg aus Bosnien nach Deutschland. Die Fremdheit des Werkes kann auf die damalige Migrationssituation übertragen werden. Ihr Werk thematisiert Transkulturalität sowie die Schwierigkeiten von Flucht und Migration. Vgl. u.a. https://www.youtube.com/watch?v=hP3yprHso_g, 3.10.2017. Für weitere Lesarten und inhaltliche Dimensionen des Werkes vgl. u.a. Buschkühle 2004, S. 6ff.
758 Vgl. Niehoff 2020. Vgl. Schnurr 2020.
759 Vgl. u.a. Krautz 2004c, S, 70f.
760 Vgl. u.a. Niehoff 2020.
761 Vgl. Welsch 1994, S. 11. Vgl. exemplarisch Krautz 2004c. Die Vielfalt der Themen bietet didaktisches Potential für eine Behandlung im Kunstunterricht und einer Ableitung friedenspädagogischer Ziele im Kunstunterricht, wie u.a. die Ausführungen Krautz' belegen. Ausführungen hierzu und zu übergeordneten Aspekten vgl. Krautz 2004, 2004a, 2004b, 2004c, 2006, 2008, 2015.
762 Vgl. u.a. Krautz 2004c, S. 67.
763 Krautz sieht in diesem Vorgehen großes Potential für eine Friedenserziehung. Vgl. Krautz 2004c, S. 70f. Allerdings muss bedacht werden, dass die Bildmotive heutzutage – anders als bei der Konzipierung und Ausstellungseröffnung 1955 – in gewisser Weise „abgenutzt" sind, und ggf. nicht mehr die gleichen Empfindungen wie damals evozieren. (Krautz räumt im Rahmen seiner Ausführungen ein, dass die psychologische Wirkung vom individuellen Betrachterkontext abhängt, vgl. Krautz 2004c, S. 70.) Da nicht nur Fotografien von Leid und Schrecken der Kriege, sondern ebenfalls Darstellungen von Emotionen und friedliche Schilderungen von Lebenszuständen aus anderen Kulturen massenmedial verbreitet, inszeniert und zum Teil für Werbezwecke etc. instrumentalisiert sind, ist es denkbar, dass auch angesichts solcher Art friedvoller Darstellungen nicht zwingend Empathie empfunden wird, sondern möglicherweise bereits eine Abstumpfung seitens der Rezipierenden erfolgt ist. Inwieweit nachhaltig wirkende emotionale Verankerung durch diese Darstellung möglich ist, (vgl. u.a. Krautz 2004c, S. 67) sei dahingestellt und bedarf wissenschaftlicher Überprüfung. Dies bezieht sich ebenfalls auf die Darstellungen von Gewalt und Krieg. Im Idealfall kann durch die in der Ausstellung transferierte Botschaft der Gleichheit aller Menschen beim Rezipierenden Solidarität mit den Menschen, denen Unrecht angetan wird und Empörung gegenüber Gewalt und Krieg, evoziert werden. Vgl. u.a. Krautz 2004c, S. 67. Exemplarisch sei auf kunstpädagogische Projekte verwiesen: Ausführungen zur ästhetischen Erziehung als Friedenserziehung am Beispiel „The Family of Man" vgl. exemplarisch Krautz 2004c. Im Rahmen didaktischer Strategien können die ausgestellten Fotografien als Impulsgeber und Objekt der ästhetischen Auseinandersetzung und gestalterischen Praxis fungieren. Weiterhin kann an die von Steichen eröffneten Themenfelder angeknüpft werden. Vgl. hierzu ebenfalls Krautz 2004b, vgl. Krautz 2004c. Emotionen und Gefühle, die alle Menschen gemein haben, wie Liebe und Hass aber auch die gemeinsamen Lebensstationen können Themen für die ästhetische Auseinandersetzung darstellen. Weiterführende Informationen vgl. u.a. Krautz 2004b, vgl. Krautz 2004c, vgl. Krautz 2008.
764 Vgl. hierzu die Ausführungen von Niehoff 2020.
765 Hier liegen Bezüge zu Ansätzen postkolonialer Pädagogik vor. Vgl. u.a. Tiborra 2020, S. 88-91.
766 Vgl. hierzu Eremjan 2016, S. 376.

767 Vgl. Auernheimer 2010, S. 125.
768 Vgl. u.a. die Ausführungen in Röhrs (Hg.) 1970.
769 Vgl. allgemeine Ausführungen dazu Eremjan 2016, S. 374. Vgl. Krautz 2004b, S. 5. In Anknüpfung an Beuys erweiterten Kunstbegriff sollte Kunst Auswirkungen auf Politik und Gesellschaft haben. Vgl. u.a. Bruhn 2003, vgl. Harlan u.a. 1984, vgl. Brenne 2004, S. 42-49.
770 Vgl. u.a. ebd.
771 Vgl. u.a. ebd., S. 2.
772 Vgl. https://www.unesco.de/kultur-und-natur/kulturelle-vielfalt, 20.7.2018. Vgl. https://www.unesco.de/sites/default/files/2018-03/2005_Schutz_und_die_F%C3%B6rderung_der_Vielfalt_kultureller_Ausdrucksformen_0.pdf, 20.7.2018. Ausführungen zur kulturellen Vielfalt als Potenzial künstlerisch-ästhetischen Handelns vgl. u.a. Eremjan 2016, S. 330f. Vgl. Wiegelmann-Bals 2018.
773 Vgl. ästhetisches Projekt Gizem Cevirgen, Sophie Hanstein 2019.
774 Vgl. ebd.
775 Vgl. u.a. die Ausführungen von Eremjan 2016, S. 376.
776 Vgl. Auernheimer 2010, S. 125.
777 Vgl. Röhrs 1970, S. IX.
778 Vgl. exemplarisch Auernheimer 2010, S. 137.
779 Für differenzierte Ausführungen vgl. das entsprechende Kapitel im vorigen Kapitelkomplex.
780 Vgl. unveröffentlichtes Ästhetisches Arbeitsbuch Lara M. Wenzel 2016.
781 Hier liegt eine Annäherung an die Arbeitsweise von Künstler*innen wie Anna Oppermann vor sowie an Ausstellungsformate der Ästhetischen Forschung. Vgl. u.a. Kämpf-Jansen 2002.
782 Sie wurde auf den entwicklungspolitischen Freiwilligendienst „weltwärts", der 2008 durch das Bundesministerium für wirtschaftliche Zusammenarbeit und Entwicklung ins Leben gerufen wurde und Entwicklungsprojekte für junge Menschen anbietet, aufmerksam. Vgl. https://www.weltwaerts.de/de/, 10.10.2018. Wenzel hat sich für das Auslandjahr in Malawi im Rahmen des Programms „MaZ (Missionar auf Zeit)-Jahr" beworben und durchgeführt.
783 https://www.weltwaerts.de/de/, 10.10.2018.
784 Vgl. unveröffentlichtes Ästhetisches Arbeitsbuch Lara M. Wenzel 2016. Vgl. hierzu Grundgedanken postkolonialer Pädagogik. Vgl. hierzu u.a. Tiborra 2020, S. 88-91.
785 Aufgrund der finanziellen Situation fertigten malawische Kinder häufig aus einfachen Materialien Spielzeug an. Zum Beispiel gestalteten sie aus Lehm vom Fluss einfache Figuren, wie einen Fisch. In Anlehnung an diese Verfahren entwarf Wenzel aus dem Material Ton ebenfalls eine Tierform und erstellte Überlegungen zur didaktischen Umsetzung in der Schule. Ebenso kreierten malawische Kinder aus Gras einfache Puppen. Auch auf traditionelle Brettspiele, wie Bawo, nimmt Wenzel Bezug.
786 Vgl. unveröffentlichtes Ästhetisches Arbeitsbuch Lara M. Wenzel 2016.
787 Exemplarisch verweist sie auf die Herstellung von Nsima: Nsima stellt eine Art Porridge dar, ein Brei hergestellt aus Wasser und Maismehl, den man mit den Händen knetet und isst. Beilagen werden gereicht, um dem Mahl Geschmack zu geben.
788 Vgl. hierzu u.a. Tiborra 2020.
789 Vgl. UNESCO 1999, S. 2.
790 Vgl. ebd., S. 3.
791 Durch ihre didaktische Arbeit in einer deutschen Schule sowie ihre Arbeit als „Teamerin" bei den Franziskanerinnen, um Interessierte auf ein Auslandsjahr (MaZ) vorzubereiten, setzt sie für die Förderung des transkulturellen Verständnisses, der Toleranz und der Solidarität gegenüber Kulturen, hier der malawischen, und damit gegen Fremdenfeindlichkeit und damit zusammenhängende Intoleranz ein. Im Rahmen des Programms erfolgte eine kritische Auseinandersetzung mit dem Missionarsbegriff, der insbesondere in der historischen Dimension zu hinterfragen ist.
792 Vgl. UNESCO Leitfaden für kulturelle Bildung 2008, S. 20ff.
793 Vgl. UNESCO 1999, S. 1. Vgl. hierzu Thattamannil-Klug 2016, S. 750f.
794 Vgl. ebd., S. 2.
795 Vgl. u.a. Harders, Clasen 2011.
796 Vgl. UNESCO 1999, S. 2.
797 Vgl. Bahr, Reichmann 2018. Vgl. Benedek 2017. Vgl. Fritzsche, Kirchschläger, u.a. 2017.
798 Zu Aspekten der Inklusion im Kunstunterricht und im Rahmen kunstpädagogischer Strategien liegen bereits einige Grundlagenwerke vor, sodass an dieser Stelle nur ein Einblick im Kontext übergeordneter pazifistischer Zielsetzungen gegeben sei. Vgl. u.a. Wiegelmann-Bals 2014, vgl. Schönhagen 2017, vgl. u.a. Wiegelmann-Bals 2018, vgl. Blohm, Brenne, Hornäk (Hg.) 2017, vgl. Engels (Hg.) 2017.
799 Vgl. Nipkow 2007, S. 397f.

800 Vgl. Auernheimer 2010, S. 139.
801 Vgl. ebd., S. 140f.
802 Vgl. Nipkow 2007, S. 398.
803 Vgl. Auernheimer 2010, S. 140f.
804 Vgl. Krautz 2004c, S. 61.
805 Exemplarisch sei auf einige Werke in der Ausstellung „Kunst und Krieg“ in Graz 2003 verwiesen, vgl. Krautz 2004c, S. 61.
806 Vgl. u.a. Krautz 2005, S. 220f.
807 Vgl. u.a. ebd., S. 220f.
808 Vgl. u.a. ebd., S. 220f.
809 Vgl. u.a. ebd., S. 220f.
810 Vgl. u.a. ebd., S. 220f.
811 Vgl. exemplarisch Krautz 2004c, S. 65, 70.
812 Vgl. exemplarisch ebd., S. 65f.
813 Vgl. exemplarisch ebd., S. 65f.
814 Hierzu vgl. ebd., S. 61f, 70f.
815 Vgl. Mayrhofer 1979, S. 259, vgl. Teske 1987, S. 3, vgl. Krautz 2004c, S. 62.
816 Vgl. hierzu die Ausführungen von Krautz, vgl. Krautz 2004c, S. 70f.
817 Vgl. Dannenbeck 2018, S. 23. Zur Menschenrechtsprofession im Inklusionsdiskurs vgl. Dannenbeck 2016.
818 Vgl. Budde, Hummrich
819 Vgl. ebd., S. 23.
820 Vgl. u.a. Schwendowius 2016.
821 Vgl. u.a. Ivanova 2017.
822 Vgl. u.a. Dannenbeck 2016.
823 Vgl. hierzu u.a. Budde, Heynoldt, Offen, 2016.
824 Vgl. u.a. Laven 2018, S. 113.
825 In den letzten Jahren sind vielfältige Ansätze für inklusive Bildungsprozesse im Kunstunterricht publiziert worden. Exemplarisch sei auf Engels (Hg.) 2017, Blohm, Brenne, Hornäk (Hg.) 2018, Loffredo (Hg.) 2017 verwiesen. Vgl. exemplarisch Bauernschmitt, Sansour 2017.
826 In Bezug auf inklusive Bildungsaspekte im Kunstunterricht sei exemplarisch auf sogenannte „Labor-Räume“ verwiesen, Vgl. Heil 2018, S. 230.
827 Vgl. Laven 2018.
828 Vgl. hierzu die Ausführungen der Ästhetischen Forschung von Kämpf-Jansen 2002. Vgl. Laven 2018, S. 114f.
829 Vgl. ebd.
830 Vgl. ebd.
831 Vgl. ebd. Es kann natürlich der Fall sein, dass einige Lernende erst an diese „Freiheit“ herangeführt werden müssen, wenn sie eng gesteckte Aufgaben gewohnt sind.
832 Vgl. Laven 2018, S. 116ff.
833 Vgl. ebd., S. 114f. Vgl. hierzu die Ausführungen der Ästhetischen Forschung von Kämpf-Jansen 2002.
834 Vgl. Döttinger 2018.
835 Vgl. Brenne 2018, S. 211. Vgl. Loffredo (Hg.) 2017, S. 38-41.
836 Vgl. Dannenbeck 2018, S. 23.
837 Vgl. ebd., S. 23f.
838 Vgl. ebd., S. 23.
839 Vgl. Brenne 2018, S. 211.
840 Vgl. https://www.nibis.de/sonderpaedagogische-foerderschwerpunkte_11287, 31.3.2021.
841 Vgl. ebd.
842 Vgl. Hornäk 2018, S. 245.
843 Vgl. Niedersächsisches Kultusministerium (Hg.), 2016. S. 5.
844 Vgl. Brenne 2018, S. 211.
845 Vgl. Hornäk 2018, S. 245.
846 Vgl. hierzu u.a. Ausführungen zum pädagogischen Können in der Migrationsgesellschaft. Vgl. Doş u.a. (Hg.) 2016. Vgl. Arslan, Bozay (Hg.) 2016.
847 Vgl. ebd., S. 245.
848 Vgl. Arnold, Gómez Tutor, Kammerer 2003, S. 113.
849 Vgl. Wiegelmann-Bals 2018.
850 Vgl. Seydel, Dreyer 2006, zitiert nach Annette Wiegelmann-Bals, Antrittsvorlesung als Privatdozentin, Universität Paderborn, 2010.

851 Vgl. ebd., S. 84.
852 Vgl. Klasen, Woynar 2014, S. 245.
853 Vgl. ebd., S. 249.
854 Vgl. ebd., S. 249.
855 Vgl. ebd., S. 249.
856 Vgl. ebd., S. 249.
857 Vgl. Kempf 2018.
858 Vgl. ebd.
859 Vgl. ebd.
860 Weitere Informationen vgl. u.a. Klasen, Woynar 2014.
861 Vgl. ebd., S. 250.
862 Wehmeier 2018.
863 Ebd.
864 Vgl. ebd.
865 Ebd.
866 Vgl. u.a. Klasen, Woynar 2014, S. 249.
867 Vgl. Kunstprojekt von Büsra Koc 2018.
868 Vgl. ebd.
869 Vgl. Wolfram 2018.
870 Vgl. ebd.
871 Vgl. Nipkow 2007, S. 394ff.
872 Vgl. UNESCO 1999, S. 2. Vgl. Brock 2011.
873 Vgl. UNESCO 1999, S. 2.
874 Weitere Informationen dazu vgl. u.a. UNESCO 1999, S. 9f.
875 Vgl. Nipkow 2007, S. 394.
876 Vgl. ebd., S. 395.
877 Vgl. ebd., S. 395.
878 Vgl. hierzu u.a. Nipkow 2007, S. 395.
879 Vgl. Brock 2011, S. 281.
880 Vgl. ebd., S. 281.
881 Vgl. ebd., S. 281.
882 Vgl. ebd., S. 289.
883 Vgl. ebd., S. 289f.
884 Vgl. ebd, S. 289f.
885 Vgl. Brock 2011, S. 289f.
886 Vgl. ebd., S. 289f.
887 Vgl. ebd., S. 289.
888 Vgl. u.a. Hemingway, Schneider (Hg.) 2016. Vgl. u.a. Kikol (Hg.) 2018, vgl. Beitin; Gillen (Hg.) 2018, vgl. Höpel, Siegrist (Hg.) 2017.
889 Vgl. u.a. https://broadly.vice.com/en_us/article/the-artist-making-dolls-of-the-women-executed-in-iran, 31.8.2016. Vgl. http://www.zdf.de/ZDFmediathek/beitrag/video/2711776/Abstrakte-Heimat---Sheida-Suleimani...#/beitrag/video/2711776/Abstrakte-Heimat, 30.8.2016. Vgl. u.a. Busch, Dennis/Klanten, Robert (Hg.): The Age of Collage Vol 2: Contemporary Collage in Modern Art, Berlin 2016, S. 150.
890 Vgl. exemplarisch Brumnjak u.a. (Hg.) 2017. Vgl. u.a. Staeck, Volland 2012.
891 https://www.tagesschau.de/ausland/europa/protest-russland-elena-osipowa-101.html, 5.5.22.
892 Vgl. u.a. Röhrs 1970.
893 Vgl. Krieps 2004, S. 262ff.
894 Exemplarisch sei auf die Kunst im Nationalsozialismus verwiesen, vgl. u.a. Merker 1983.
895 Vgl. u.a. Bruhn 2003, vgl. Harlan u.a. 1984, vgl. Brenne 2004, S. 42-49.
896 Vgl. hierzu Krautz 2004b, S. 5.
897 Museumskoffer stellen mobile didaktische Medien dar, die museale Funktionen des Sammelns, Bewahrens, Archivierens, Dokumentierens, Präsentierens, Inszenierens und Vermittelns innehaben (vgl. Ströter-Bender 2009, vgl. Gach 2005). Das didaktische Konzept ist auf offene Unterrichtsformen mit Handlungsorientierung und auf entdeckend-forschendes, experimentelles und exemplarisches Lernen sowie auf partizipative Formen ausgerichtet (vgl. Ströter-Bender 2009, S. 9). Die Ästhetik des Staunens, ungewohnte Materialerfahrungen und der entdeckend-forschende Umgang mit Museumskoffern tragen dazu bei, dass die sinnlichen Erlebnisse nachhaltig im Gedächtnis bleiben. Die Koffer stehen in den Traditionslinien von Wunderkammern, naturkundlichen Sammlungen und dem Realienunterricht. In der Welterbebildung sind sie etablierte Medien. Ströter-Bender hat das Museumskofferkonzept für die kulturelle Vermittlung von Welterbe und die Kunstvermittlung

geöffnet (vgl. Ströter-Bender 2004, Ströter-Bender 2007, Ströter-Bender 2009, Ströter-Bender 2010, Museumskofferarchiv der Universität Paderborn, vgl. Tewes 2009). Mit der didaktisch-methodischen Verwendung des Museumskoffers kann eine vielfältige, alle Sinne beanspruchende Vermittlung des Dokumentenerbes erfolgen, verbunden mit einer Kultur des Staunens und neuen ästhetischen Zugängen sowie ungewöhnlichen Materialerkundungen (vgl. Ströter-Bender 2009, S. 18f.). Im Kontext der ästhetischen Sozialisation durch neue Medien sind den Kindern und Jugendliche bestimmte Objekte, Bearbeitungsweisen und damit verbundene Erfahrungen nicht mehr vertraut. Der didaktische Einsatz des Museumskoffers kann u.a. dazu beitragen, dass handwerkliche Kompetenzen gefördert werden und die Jugendlichen sinnlich-ästhetische Erfahrungen mit Materialität machen (vgl. Ströter-Bender 2009, S. 14, Kathke 2001, S. 222-241). Eine Anknüpfung an die Tradition selbst hergestellter oder zusammengestellter Unterrichtsmaterialien und eine Anlehnung an den Realienkundeunterricht liegen vor. (vgl. Ströter-Bender 2009, S. 18).

898 Vgl. https://kw.uni-paderborn.de/fach-kunst/kunst-und-ihre-didaktik-malerei/museumskoffer-archiv/ausstellungen-und-konzepte/2014-memory-of-the-world, 3.1.21. Diese Passage beinhaltet Übernahmen aus dem Artikel „Das UNESCO-Dokumentenerbe im Kunstunterricht – ein Museumskofferprojekt", vgl. Hinrichs 2015, S. 142f.

899 Vgl. https://kw.uni-paderborn.de/fach-kunst/kunst-und-ihre-didaktik-malerei/museumskofferarchiv/ausstellungen-und-konzepte/2014-memory-of-the-world, 3.1.21. Vgl. Hinrichs 2015a, S. 142f.

900 Vgl. http://www.unesco.org/new/en/communication-and-information/flagship-project-activities/memory-of-the-world/homepage/, 06.07.2015; vgl. http://www.un-esco.de/kommunikation/mow.html, 06.07.2015. Unter dieses Dokumentenerbe fallen wertvolle Buchbestände, Handschriften, Partituren, Bild-, Ton- und Filmdokumente (vgl. MOW Online-Register). Das übergeordnete Ziel dieses seit 1992 bestehenden Programms ist es, wertvolle, dokumentarische Zeugnisse zu sichern und mittels neuer informationstechnologischer Medien im Rahmen eines globalen, digitalen Netzwerks zu vermitteln (vgl. Homepage MOW, vgl. Homepage MOW deutsch, vgl. Deutsche UNESCO-Kommission 2010).

901 Vgl. https://kw.uni-paderborn.de/fach-kunst/kunst-und-ihre-didaktik-malerei/museumskofferarchiv/ausstellungen-und-konzepte/2014-memory-of-the-world, 3.1.21. Vgl. Hinrichs 2015a, S. 142f.

902 Vgl. https://kw.uni-paderborn.de/fach-kunst/kunst-und-ihre-didaktik-malerei/museumskofferarchiv/ausstellungen-und-konzepte/2014-memory-of-the-world, 3.1.21. Vgl. Hinrichs 2015a, S. 142f.

903 Vgl. https://kw.uni-paderborn.de/fach-kunst/kunst-und-ihre-didaktik-malerei/museumskofferarchiv/ausstellungen-und-konzepte/2014-memory-of-the-world, 3.1.21. Vgl. Hinrichs 2015a, S. 142f.

904 Vgl. https://kw.uni-paderborn.de/fach-kunst/kunst-und-ihre-didaktik-malerei/museumskofferarchiv/ausstellungen-und-konzepte/2014-memory-of-the-world, 3.1.21. Vgl. Hinrichs 2015a, S. 142f.

905 Vgl. https://kw.uni-paderborn.de/fach-kunst/kunst-und-ihre-didaktik-malerei/museumskofferarchiv/ausstellungen-und-konzepte/2014-memory-of-the-world, 3.1.21. Vgl. Hinrichs 2015a, S. 142f.

906 Vgl. https://kw.uni-paderborn.de/fach-kunst/kunst-und-ihre-didaktik-malerei/museumskofferarchiv/ausstellungen-und-konzepte/2014-memory-of-the-world, 3.1.21. Vgl. Hinrichs 2015a, S. 142f.

907 Vgl. https://kw.uni-paderborn.de/fach-kunst/kunst-und-ihre-didaktik-malerei/museumskofferarchiv/ausstellungen-und-konzepte/2014-memory-of-the-world, 3.1.21. Vgl. Hinrichs 2015a, S. 142f.

908 Vgl. https://kw.uni-paderborn.de/fach-kunst/kunst-und-ihre-didaktik-malerei/museumskofferarchiv/ausstellungen-und-konzepte/2014-memory-of-the-world, 3.1.21. Vgl. Hinrichs 2015a, S. 142f.

909 Vgl. https://kw.uni-paderborn.de/fach-kunst/kunst-und-ihre-didaktik-malerei/museumskofferarchiv/ausstellungen-und-konzepte/2014-memory-of-the-world, 3.1.21. Vgl. Hinrichs 2015a, S. 142f.

910 Welzer 2018.

911 Vgl. https://www.bundesregierung.de/breg-de/themen/nachhaltigkeitspolitik/nachhaltigkeitsziele-verstaendlich-erklaert-232174, 20.6.2022.

912 Scheffran 2011, S. 310.

913 Vgl. ebd., S. 310.

914 Vgl. u.a. ebd., S. 320.

915 Vgl. u.a. ebd., S. 311.

916 Vgl. u.a. ebd., S. 311.

917 Vgl. u.a. ebd., S. 313.

918 Vgl. u.a. ebd., S. 312.

919 Vgl. u.a. ebd., S. 314.

920 Dies umfasst Länder, die vormals als sogenannte Entwicklungsländer bezeichnet wurden.

921 Zitiert nach ebd., S. 312.

922 Vgl. u.a. Scheffran 2011, S. 314.

923 Vgl. u.a. ebd., S. 313.

924 Vgl. u.a. ebd., S. 313.

925 Vgl. u.a. ebd., S. 313.
926 Vgl. u.a. ebd., S. 320.
927 Vgl. u.a. ebd., S. 311.
928 Vgl. u.a. ebd., S. 311.
929 Vgl. u.a. ebd., S. 314f.
930 Vgl. u.a. ebd., S. 314f.
931 Vgl. u.a. ebd., S. 314f.
932 Vgl. u.a. ebd., S. 314f.
933 Vgl. u.a. ebd., S. 315f.
934 Vgl. u.a. ebd., S. 316.
935 Vgl. u.a. ebd., S. 319.
936 Vgl. Waldmann 2011, S. 448.
937 Vgl. ebd., S. 448.
938 Vgl. ebd., S. 448.
939 Vgl. ebd., S. 448.
940 Vgl. ebd., S. 448.
941 Vgl. ebd., S. 448.
942 Vgl. ebd., S. 448.
943 Vgl. ebd., S. 448.
944 Vgl. ebd., S. 449.
945 Vgl. u.a. Penzel (Hg.) 2019, S. 9.
946 Vgl. Waldmann 2011, S. 449.
947 Vgl. ebd., S. 449.
948 Allerdings sind Umweltveränderungen häufig neben anderen Faktoren nur eine von mehreren Ursachen von Konflikten. Vgl. ebd., S. 455.
949 Vgl. Waldmann 2011, S. 455.
950 Vgl. u.a. Wintersteiner 2008, S. 262f. Vgl. u.a. Penzel (Hg.) 2019, S. 30ff.
951 Vgl. u.a. Wintersteiner 2008, S. 262f.
952 Vgl. Waldmann 2011, S. 450f. Die interdisziplinären Forschungsansätze zum Thema „Ökologische Sicherheit" werden hier allerdings nicht dargestellt. Weitere Ausführungen vgl. u.a. Waldmann 2011, S.451 f.
953 In Bezug auf die Begrifflichkeiten „Klimaschutz", „Umweltschutz" und „Naturschutz" liegen inhaltliche Überschneidungen vor. Die Begriffe „Natur" und „Umwelt" besitzen in unterschiedlichen historischen, kulturellen, politischen und ökologischen Kontexten verschiedene Konnotationen und Denotationen und unterliegen im Lauf der Zeit einem Wandel. Vgl. dazu u.a. Flach, Pakesch 2015, S. 298. Vgl. Penzel (Hg.) 2019, S. 102ff. Vgl. Hinrichs 2017, S. 21.Vgl. Kirchhoff, Trepl (Hg.) 2009, S. 14. Denotationen und Konnotationen der Begriffe „Natur" und Landschaft" ermöglichen Rückschlüsse auf die historisch sich wandelnden komplexen und vielschichtigen Bezüge des menschlichen Umgangs mit der Umwelt. Der Duden definiert den übergeordneten Begriff „Natur" wie folgt: Der Begriff „Natur" umfasst organische u. anorganische Erscheinungen, die ohne Zutun des Menschen existieren oder sich entwickeln. Duden – Das Fremdwörterbuch, 9. Aufl. Mannheim 2007. Das mittelhochdeutsche Substantiv „natura" ist vom lateinischen Begriff „natura" entlehnt, das u.a. „das Hervorbringen; die Geburt; natürliche Beschaffenheit", Wesen" bezeichnet. Vgl. Duden – Das Herkunftswörterbuch, 4. Auflage, Mannheim u.a. 2007.
954 Vgl. exemplarisch Wallis 2004. Insbesondere seit den 1970er Jahren haben gesellschaftskritische und umweltbewusste Künstler*innen auch den Umweltschutzgedanken thematisiert. Vgl. u.a. Penzel (Hg.) 2019, S. 83.
955 Vgl. u.a. Wallis 2004, vgl. Kastner (Hg.) 2004.
956 Vgl. https://www.7000eichen.de/index.php?id=2, 17.02.21.
957 Vgl. ebd.
958 Vgl. u.a. Fleck 2016.
959 Vgl. http://klaus-staeck.de/?page_id=474, 4.10.2018.
960 Vgl. Tollmann 2014, S. 62f.
961 Vgl. ebd., S. 62f.
962 Vgl. u.a. Ebert, Zell 2014
963 Deutschlandfunk: Von der Land Art zur Klimakunst. https://www.deutschlandfunk.de/von-der-land-art-zur-klimakunst-vom-eise-befreit.691.de.html?dram:article_id=455543, 24.9.2019.
964 Ausführungen zum Kunstwerk vgl. u.a. https://www.artichoke.uk.com/art-change-olafur-eliassons-ice-watch-art-great-potential-changing-world/ Aufgerufen am 27.01.2021.
965 Vgl. Tollmann 2014c.

966 Vgl. u.a. die Ausstellung „Katastrophenalarm" https://artmap.com/ngbkberlin/exhibition/katastrophenalarm-2008, 6.10.2018.
967 Vgl. Tollmann 2014c.
968 Vgl. ebd.
969 Vgl. Tollmann 2014a.
970 Vgl. Tollmann 2014.
971 Vgl. ebd.
972 Vgl. Tollmann 2014b, S. 43f.
973 Vgl. ebd., S. 43f.
974 Vgl. ebd., S. 43f.
975 So ist beispielsweise das Trinkwasser durch Öllecks an nicht fachgerecht geschlossenen Bohrlöchern verschmutzt. Fische können nur aus solch verdreckten Gewässern gefangen werden. Übergeordnet verursacht das bei der Erdölförderung freigesetzte Erdgas sauren Regen, die von ihnen ausgelösten seismischen Aktivitäten vor der Küste tragen zur negativen Veränderung des Meeresbiotops bei. Zudem haben sich lokale Gruppen radikalisiert. So fordert die Bewegung MEND (Bewegung für die Emanzipation des Nigerdeltas) eine finanzielle Beteiligung an den Gewinnen der Ölförderung und schreckt nicht davor zurück westliche Mitarbeiter der Konzerne als Geiseln zu nehmen. Vgl. Tollmann 2014b, S. 43f.
976 Vgl. Bremme 2014.
977 Vgl. https://rp-online.de/panorama/wissen/kunst-kann-die-welt-veraendern_aid-20814719, 1.7.2018.
978 Dies umfasst Länder, die vormals als sogenannte Entwicklungsländer bezeichnet wurden.
979 Vgl. https://www.kulturstiftung-des-bundes.de/de/projekte/klima_und_nachhaltigkeit/detail/zur_nachahmung_empfohlen.html, 20.6.2022.
980 Weitere Beispiele vgl. u.a. Ebert, Zell 2014. Vgl. u.a. Penzel (Hg.) 2019.
981 Vgl. exemplarisch Zülch 1988, Gavranic u.a. (Hg.) 2021, Prenzel (Hg.) 2020, Kreuzinger 2002; Sauter 2013; Müller 2013; Nibis. Vgl. Baum, Schmidt (Hg.) 2022.
982 Zudem stehen solche Nachhaltigkeitsthemen im Rahmen übergeordneter anzustrebender moralischer Zielsetzungen. Vgl. z.B. Kerncurriculum Nordrhein-Westfalen, Gym. Sek. I Kunst 2019, S. 9.
983 Vgl. Kerncurriculum Niedersachsen Gym. Sek. I Kunst 2016, S. 7.
984 Vgl. Penzel (Hg.) 2019.
985 Vgl. https://www.bne-portal.de/de/was-ist-bne-1713.html. 26.02.21.
986 https://www.bne-portal.de/de/was-ist-bne-1713.html. 26.02.21.
987 Vgl. https://www.bne-portal.de/de/was-ist-bne-1713.html. 26.02.21.
988 Vgl. Penzel (Hg.) 2019, S. 107.
989 Vgl. u.a. ebd., S. 107.
990 Vgl. ebd., S. 26-30.
991 Mit Blick auf die nationale und internationale Klima- und Umweltpolitik ist leider festzustellen, dass es häufig bei „vagen und unverbindlichen Kompromissformeln bleibt, durch die konkrete Entscheidungen wiederholt in die Zukunft geschoben werden", wie beispielsweise der Klimagipfel 2009 in Kopenhagen zeigte. Vgl. u.a. Scheffran 2011, S. 320.
992 Die Vereinten Nationen haben diesbezüglich 2015 eine Nachhaltigkeitsagenda verabschiedet. https://www.bne-portal.de/de/was-ist-bne-1713.html. 26.02.21.
993 Vgl. Baum, Schmidt (Hg.) 2022. Vgl. u.a. Penzel (Hg.) 2019.
994 https://www.bne-portal.de/de/was-ist-bne-1713.html. 26.02.21.
995 Vgl. https://www.bne-portal.de/de/was-ist-bne-1713.html. 26.02.21.
996 Vgl. https://www.bne-portal.de/de/was-ist-bne-1713.html. 26.02.21.
997 Vgl. UNESCO 2017, S. 71.
998 Vgl. u.a. Wintersteiner 2008, S. 262f.
999 Vgl. u.a. ebd., S. 262f.
1000 Vgl. u.a. ebd., S. 262f.
1001 Exemplarisch sei auf schulische Curricula in NRW oder Niedersachsen verwiesen, z.B. Kerncurriculum Niedersachsen Gym. Sek. I Kunst 2016.
1002 Vgl. u.a. Penzel (Hg.) S. 111. Für weitere Ausführungen sei auf die entsprechenden Kapitel in diesem Buch verwiesen.
1003 Für weitere Ausführungen sei auf die entsprechenden Kapitel in diesem Buch verwiesen.
1004 Vgl. u.a. Buschkühle 2003. Zu künstlerischen Auseinandersetzungen mit Natur- und Umweltschutz sei auf das vorige Kapitel verwiesen.
1005 Vgl. Penzel (Hg.) 2019. Vgl. u.a. Hinrichs 2020.
1006 Dies geht u.a. auf das Konzept Ästhetischer Forschung zurück, vgl. Kämpf-Jansen 2002.
1007 Vgl. u.a. Scheffran 2011, S. 319.

1008 Aufgrund von globalisierten Strukturen kann das direkte Handeln, – z.B. das Konsumverhalten, Nutzung von Verkehrsmitteln, Ess- und Konsumverhalten etc. – umweltgefährdende Auswirkungen auf regionale Umwelt als auch globale Strukturen haben. Exemplarisch sei auf die Zerstörung von Naturgebieten, sowie die negativen Lebens- und Arbeitsbedingungen in gesellschaftlich, politisch und ökonomisch benachteiligten Ländern, in denen „billig" Lebensmittel für die westliche Welt produziert werden, und damit verbundene Lebensraumzerstörung, Artensterben, Ausbeutung, Armut und Flucht verwiesen.
1009 Diese können von künstlerischen Interventionen im öffentlichen Raum, interaktiv-partizipativen Kunstformen über Land Art bis hin zur Gestaltung von Filmen reichen. Vgl. u.a. Müller 2013. Vgl. u.a. Penzel (Hg.) 2019.
1010 Diese Forderung besitzt im kunstpädagogischen Diskurs historische Wurzeln: Peez verweist auf Konzepte Ästhetischer Erziehung und deren Ausübung in der Natur. Vgl. Peez 2012, S. 60ff. Vgl. Hoenisch, Niggemeyer 1981. Vgl. Zülch 1988. Vgl. zudem das Konzept von Selle (vgl. ebd. 1986). Vgl. Penzel (Hg.) 2019, S. 83-113, 132f.
1011 Vgl. Penzel (Hg.) 2019, S. 110f.
1012 Vgl. ebd., S. 110f.
1013 Vgl. ebd., S. 108f.
1014 Vgl. UNESCO 2017, S. 71.
1015 Vgl. ebd., S. 71.
1016 Vgl. ebd., S. 71.
1017 Vgl. u.a. Penzel. (Hg) 2019, S. 104ff.
1018 Vgl. Peez 2012, S. 60ff. Vgl. z.B. Hoenisch, Niggemeyer 1981.Vgl. Zülch 1988. Vgl. Penzel (Hg.) 2019, S. 84-112.
1019 Vgl. UNESCO 1999, S. 2f.
1020 Vgl. u.a. Penzel (Hg.) 2019. In diesem Kontext sollen auch Wahrnehmungsmuster von Umwelt und Natur kritisch hinterfragt werden und in Bezug auf den Schutzgedanken eigene Perspektiven erweitert und alltägliche Handlungsmuster reflektiert und ggf. modifiziert werden. Vgl. u.a. Penzel (Hg.) 2019, S. 120. Idealerweise soll im Kontext eines holistischen Friedensbegriffes ein friedliches Leben im Einklang mit der Natur eine Grundlage sein. Diesbezüglich ist es unter anderen von Bedeutung, das Verhältnis von Mensch und Natur zu analysieren. Dieses ist komplex und unterliegt einem Wandel. Da Natur in unterschiedlichen historischen, wirtschaftlichen, kulturellen, politischen, sozialen, religiösen und ökologischen Kontexten verschiedene Konnotationen und Denotationen unterlag und unterliegt, ist es von Bedeutung, ein exemplarisches Orientierungswissen über die unterschiedlichen Wahrnehmungen und Deutungsmuster im jeweiligen Kontext zu erwerben. Vgl. dazu u.a. Flach, Pakesch 2015, S. 298. Vgl. Penzel (Hg.) 2019, S. 102ff. Diesbezüglich können kunstpädagogische Ansätze zum Tragen können, da historische und aktuelle Kunstwerke persönliche Stellungnahmen aber auch kollektive Sehweisen zur Natur spiegeln und Einblicke in komplexe Verhältnisse von Mensch und Natur geben können. Einen Einblick gibt Penzel (Hg.) 2019, S. 106f. Ein Bewusstsein soll geschaffen werden, dass Darstellungen und Wahrnehmungen von Natur nicht objektiv gegeben, sondern Konstruktionscharakter unterliegen, kulturell, gesellschaftlich, politisch und historisch determiniert sind und Veränderungen unterliegen.
1021 Vgl. Baum, Schmidt (Hg.) 2022.
1022 Vgl. exemplarisch Niedersächsisches Kultusministerium (Hg.) 2015, S. 10f.
1023 Vgl. ebd., S. 10f.
1024 In dieser Studie wird der Begriff „Land Art" sehr offen angewandt. Allgemeine Ausführungen zu Land Art im Kontext von Raumtheorien und medialen Vermittlungsstrategien vgl. Schramm 2014, vgl. Hoormann 1996.
1025 Vgl. u.a. Kastner (Hg.) 2004, Vorwort.
1026 Für eine Übersicht vgl. Kastner (Hg.) 2004, Vorwort. Es sei angemerkt, dass sich die jeweiligen Sparten zum Teil überschneiden und begriffliche Unschärfen aufweisen. An dieser Stelle sei nur auf einige exemplarische Positionen verwiesen. Vgl. u.a. Schramm 2014, vgl. Hoormann 1996, vgl. Goldsworthy 1996, 2015, 2017, vgl. Kastner 2004.
1027 Vgl. u.a. Güthler, Lacher 2011, S. 9.
1028 Vgl. ebd., S. 54.
1029 Für eine Übersicht und Darstellung exemplarischer künstlerischer Positionen vgl. Kastner (Hg.) 2004.
1030 Vgl. Güthler, Lachler 2011, S. 54-58.
1031 Vgl. ebd., S. 54-58.
1032 Vgl. u.a. Goldsworthy 1996.
1033 Vgl. Güthler, Lachler 2011, S. 54ff. Vgl. Kreuzinger 2019.

1034 Vgl. u.a. Güthler, Lachler 2011.
1035 Vgl. u.a. Kreuzinger 2019.
1036 Vgl. u.a. Güthler, Lacher 2005, S. 9.
1037 Vgl. unveröffentlichtes Konzept von Hild, Menebröcker und Schoenen, 2019.
1038 Vgl. ebd.
1039 Vgl. ebd.
1040 Vgl. Güthler, Lachler 2011, S. 54-58.
1041 Vgl. ebd., S. 54-58.
1042 Vgl. ebd., S. 54-58.
1043 Vgl. Hinrichs 2016.
1044 Vgl. Hinrichs 2016, S. 145-157.
1045 Mehrere Studierende ließen sich von der Dynamik und den sich stets verändernden Formen im Wattenmeer inspirieren. Vgl. Hinrichs 2016, S. 145-157.
1046 Vgl. Hinrichs 2016, S. 141-143.
1047 Vgl. ebd., S. 129-157.
1048 Exemplarisch wurde Lili Fischers forschendes Vorgehen thematisiert.
1049 Die folgenden Ausführungen beziehen sich auf den Artikel „Kunstunterricht im Zeichen von Umwelt- und Klimaschutz. Plastikmüll als Medium bildnerisch-ästhetischer Prozesse". Vgl. Hinrichs 2020.
1050 Vgl. u.a. Ebert, Zell 2014.
1051 Vgl. u.a. Kranz o. A., S. 54–58; u.a. Casserer 1992.
1052 Kranz o. A., S. 52ff.; Ostertag 1998; Hoffmann 1989; Thompson 2003; Wagner 2002.
1053 Vgl. u.a. Lützenkirchen (Hg.) 2014, vgl. Moore (Hg.) 2017. Vgl. Ritzmann 2018. Vgl. Eickelmann, Seufert, Jakobi 1988.
1054 Ein Künstler, der der sich über Jahrzehnte der sich verschärfenden Müllproblematik auf künstlerischer Weise nähert, ist Winfried Baumann. So nutzt er für seine raumgreifenden Installationen Abfallprodukte. Exemplarisch sei auf seine Werkgruppe „Kathedralen für den Müll" verwiesen (vgl. Institut für moderne Kunst Nürnberg (Hg.) 2016.) *„Müllarchitektur meint künstlerische Konzepte die in der Lage sind, einer Technologie der vollendeten Tatsachen, deren Rückstände auch in zehntausend Jahren noch wirksam sind, die ihrer Gefährlichkeit entsprechende Bedeutung zu geben."* (https://winfried-baumann.de/garbage/M%C3%BCll, 3.10.2018) Allerdings sieht er die Aufgabe der Kunst nicht darin, die Gefahren zu verhindern. *„Der Müll existiert – und zwar in Mengen. Diese architektonischen Modelle zeigen den Müll als das, was er ist: ein irritierender Stachel im satten Wirtschaftsfleisch und keinesfalls ein überflüssiges Ärgernis, das den Menschen zu Respekt, Verantwortung und Maß ermahnt. Mehr kann die Kunst nicht. Die Gefahren für Natur, Umwelt und Mensch kann nur die Technik selbst verhindern."* https://winfried-baumann.de/garbage/M%C3%BCll, 3.10.2018.
1055 Das Kunstmuseum Newport ehrte 1999 einen Künstler namens Thomas (Tom) Deininger, der für seine erste Skulptur Zigarettenstummel verwendete. Die Reste von Zigaretten sind einer der stärksten Meeresverschmutzer. Dazu der Künstler: *„Ich brauchte drei Monate, um die Zigarettenstummel vom Boden aufzuheben. Es freut mich zu wissen, dass sie nun diese Form haben und nicht dort liegenbleiben, wo sie 200 Jahre benötigen, um sich aufzulösen."* https://wirfsnichtweg.wordpress.com/tag/thomas-deininger/, 13.7.2018. *„Ich nehme den Müll der Reichen und verkaufe ihn ihnen als Kunst zurück."* Tom Deininger, Quelle: https://trenntmagazin.de/kunstmull/, 13.7.2018. Tom Deiniger, http://www.tomdeiningerart.com/junk_landscape.html, 13.7.2018.
1056 Vgl. u.a. Penzel (Hg.) 2019, S. 338, 356.
1057 Kranz o. A.; Wagner 2001; Ostertag 1998.
1058 Vgl. u.a. Internetquelle: „Triennale".
1059 Internetquelle „Space of Waste".
1060 Hier liegt eine Annäherung an das Konzept künstlerischer Kunstpädagogik vor. Vgl. Buschkühle 2012.
1061 Vgl. u.a. Penzel (Hg.) 2019, S. 120.
1062 Vgl. u.a. ebd., S. 120.
1063 Vgl. Hinrichs 2020, Vgl. Internetquelle „Ausstellungsprojekt ‚Zwischen Schönheit und Bedrohung
1064 Vgl. Hinrichs 2020, Vgl. Internetquelle „Ausstellungsprojekt ‚Zwischen Schönheit und Bedrohung
1065 Vgl. Hinrichs 2020, Vgl. Internetquelle „Ausstellungsprojekt ‚Zwischen Schönheit und Bedrohung
1066 Vgl. Hinrichs 2020, Vgl. Internetquelle „Ausstellungsprojekt ‚Zwischen Schönheit und Bedrohung
1067 Vgl. Hinrichs 2020, Vgl. Internetquelle „Ausstellungsprojekt ‚Zwischen Schönheit und Bedrohung'"
1068 Vgl. Hinrichs 2020.
1069 Vgl. Konzeptpapier Thiehoff 2019, unveröffentlicht.
1070 Vgl. Hinrichs 2020.
1071 Vgl. ebd.

1072 Vgl. ebd.
1073 Konzeptpapier von Furo, Hietsch und Janczik 2018, unveröffentlicht.
1074 Vgl. u.a. Lützenkirchen 2014; Moore 2017; Ritzmann 2018, Internetquelle „Wochenklausur – Upcycling-Kooperative".
1075 Vgl. Hinrichs 2020.
1076 Vgl. u.a. Lützenkirchen 2014 (Hg.).
1077 Vgl. Hinrichs 2020.
1078 Vgl. Konzeptpapier Börger, Scholle 2019, unveröffentlicht.
1079 Vgl. ebd.
1080 Vgl. ebd.
1081 Vgl. ebd.
1082 Vgl. ebd.
1083 Exemplarisch sei auf Beuys' Konzept der „Sozialen Plastik" verwiesen, vgl. u.a. Bruhn 2003; Harlan u.a. 1984, S. 42 ff.
1084 Die UNESCO betrachtet Bildung auf allen Ebenen als eins „der wichtigsten Instrumente zum Aufbau einer Kultur des Friedens." Neben anderen Gruppen werden Pädagogen und Kunstschaffenden eine Schlüsselrolle bei der Förderung einer Kultur des Friedens zugeschrieben. Vgl. UNESCO 1999, S. 3f. In der Verfassung des Landes Nordrhein-Westfalen Erziehung zu „Friedensgesinnung" als ein Auftrag der Schule benannt. Vgl. u.a. Krautz 2004c, S. 68.
1085 Vgl. u.a. Thattamannil-Klug 2016, S. 737.
1086 Vgl. u.a. Grasse 2008, S. 222.
1087 Wintersteiner 2008. S. 255. Weitere Ausführungen zu Friedenskompetenzen vgl. ebd., S. 256f. Vgl. Thattamannil-Klug 2016, S. 739f.
1088 Vgl. u.a. Senghaas 2008.
1089 Weitere Ausführungen und Verweise dazu, vgl. Thattamannil-Klug 2016, S. 739f.
1090 Das in dieser Studie angeführte Beispiel aus der kunstpädagogischen Praxis zeigt, dass die Studentin durch eine forschend ausgerichtete ästhetische Auseinandersetzung mit ihren Vorstellungen zum Frieden sowie den Assoziationen von Freunden unter Einbezug wissenschaftlicher Zugänge den Begriff „Frieden" positiv füllen konnte und Konnotationen und Denotationen zu der Begrifflichkeit erschloss.
1091 Die übergeordneten Aspekte kunstpädagogischen Handelns wurden im Kapitel „Übergeordnete kunstpädagogische Überlegungen" dargestellt, so dass dies an dieser Stelle nicht nochmals dargestellt, sondern nur drauf verwiesen wird.
1092 Vgl. Krautz 2005, S. 220f. Vgl. Krautz, Jochen: Kunstpädagogik als Friedenserziehung. Einige grundlegende Betrachtungen am Beispiel der Ausstellung „The Family of Man", S. 61-72, hier: S. 62. http://www.friedenspaedagogik.de/themen/friedenspaedagogik/friedenspaedagogik_artikel_und_dokumente_seit_1900/2000_heute/jochen_krautz_kunstpaedagogik_als_friedenserziehung_2004, 21.3.2018.
1093 Vgl. Koppe 2001.
1094 Vgl. hierzu Nipkow 2007. Vgl. Röhrs 1970, S.VIIff.
1095 Zur kunstpädagogischen Praxis vgl. u.a. Krautz 2015.
1096 Vgl. u.a. Austin 2016, S. 769.
1097 Vgl. Krautz 2004c, S. 62ff.
1098 Vgl. u.a. Krautz 2005, S. 220f.
1099 Vgl. Krautz 2004, S. 62ff.
1100 Vgl. hierzu Nipkow 2007, S. 413.
1101 Vgl. hierzu Krautz 2004b, S. 5-8.
1102 Vgl. exemplarisch die Ausführungen von Krautz, vgl. ebd.: Kunstpädagogik als Friedenserziehung. Einige grundlegende Betrachtungen am Beispiel der Ausstellung „The Family of Man", S. 61-72.
1103 Vgl. u.a. Kladzinski 2005, vgl. ebd. 2007. Vgl. u.a. Büttner, Kladzinski 2005.
1104 Vgl. u.a. Kladzinski 2005, vgl. ebd. 2007. Vgl. u.a. Büttner, Kladzinski 2005. Für kunstpädagogische Praxis zu diesem Thema vgl. u.a. Krautz 2015, S. 221-227.
1105 Vgl. u.a. BDK 2021.
1106 Vgl. u.a. ebd.
1107 Vgl. Gugel 2005, S. 213.
1108 Exemplarisch sei auf das Werk „Miss America" von Wolf Vostells Werk „Miss America" (vgl. u.a. Internetquelle Miss America) verwiesen. Dieses Werk sowie die Collagen von Rosler zeigen die Aufnahme von Kriegsfotografien mit ursprünglich dokumentarischer Funktion in die Kunst und damit verbundene Überführung in andere Inhaltsebenen.
1109 Hier liegen wiederum Bezüge zur künstlerischen Kunstpädagogik vor.

1110 Vgl. u.a. Grasse 2008, S. 224f. Vgl. u.a. Büttner, von Gottberg, Kladzinski (Hg.) 2005.
1111 Vgl. Grasse 2008, S. 218ff.
1112 Zur Wirkung von Kriegsfotografien vgl. Sontag 2017.
1113 Vgl. hierzu Ausführungen zu Fotografien, die das Grauen der Kriege visualisieren am Beispiel von Steichens „Family of Man“, vgl. Krautz 2004c, S. 64.
1114 Vgl. UNESCO 1999, S. 9. Für ein konkretes Beispiel, im dem Fotografien Ausgangspunkt für friedenspädagogisches Handeln darstellten, sei auf die von Krautz initiierte Unterrichtsaktion zum Irakkrieg verwiesen. Vgl. Krautz 2004b, S. 5-8, vgl. Krautz 2005.
1115 Ausführungen zur Definition und zum Gebrauch des Begriffs „Versöhnung“ im historischen Kontext vgl. Defrance, Pfeil 2016, S. 28-40.
1116 Vgl. u.a. Austin 2016, S. 769.
1117 Vgl. u.a. Auernheimer 2008.
1118 Vgl. hierzu Nipkow 2007, S. 406-411.
1119 Vgl. UNESCO 1999, S. 2.
1120 Vgl. u.a. Wiegelmann-Bals 2010.
1121 Vgl. exemplarisch Seraphina Lenz „Werkstatt für Veränderung“, in der sich Rezipierende sich aktiv einbringen können. Vgl. Eremjan 2016, S. 238-246.
1122 Vgl. u.a. Krautz 2005, S. 220f.
1123 Vgl. u.a. Olbers 2014.
1124 Vgl. u.a. Olbers 2014.
1125 Vgl. hierzu Nipkow 2007, S. 396-398.
1126 Vgl. u.a. Lutz-Sterzenbach, Schnurr, Wagner 2013. Vgl. Eremjan 2016. Vgl. Arslan, Proetel, Gruchman-Schneider u.a. 2017.
1127 Vgl. u.a. Schnurr 2020. Zu politisch-gesellschaftlichen Entwicklungen Europas in Bezug auf Migration vgl. Wintersteiner 2008, S. 261-264.
1128 Vgl. exemplarisch Danica Dakics Film „AUTOPORTRAIT“ (1999). https://www.youtube.com/watch?v=hP3yprHso_g, 12.3.2017. S. 6ff.
1129 Vgl. Niehoff 2020.
1130 Vgl. Niehoff 2020.
1131 Vgl. u.a. Lutz-Sterzenbach, Wagner 2021. Vgl. Schnurr 2020, Vgl. Hoffheinz 2020.
1132 Ausführungen dazu vgl. u.a. Ivanova 2020, vgl. Ivanova 2017, vgl. Tiborra 2020.
1133 Ausführungen dazu vgl. u.a. Ivanova 2020, vgl. Ivanova 2017, vgl. Tiborra 2020.
1134 Ausführungen dazu vgl. u.a. Ivanova 2020, vgl. Ivanova 2017, vgl. Tiborra 2020.
1135 Vgl. Auernheimer 2010, S. 125. Vgl. Leenen, Grosch 1998.
1136 Vgl. Auernheimer 2010, S. 125. Vgl. Leenen, Grosch 1998.
1137 Vgl. Olbers 2014, S. 314f.
1138 Vgl. u.a. Krautz 2005, S. 220f.
1139 Vgl. Hinrichs 2018, vgl. Krautz 2004c, S. 70f., vgl. Eremjan 2016.
1140 Vgl. ebd., S. 2.
1141 Vgl. Bahr, Reichmann 2018. Vgl. Benedek 2017. Vgl. Fritzsche, Kirchschäger, u.a. 2017.
1142 Vgl. u,a, Dannenbeck 2016.
1143 Vgl. hierzu u.a. Budde, Heynoldt, Offen, 2016.
1144 Vgl. u.a. Laven 2018, S. 113.
1145 Vgl. Mayrhofer 1979, S. 259, vgl. Teske 1987, S. 3, vgl. Krautz 2004c, S. 62.
1146 Vgl. hierzu die Ausführungen von Krautz, vgl. Krautz 2004c, S. 70f.
1147 Vgl. u.a. Krautz 2005, S. 220f.
1148 Vgl. ebd., S. 220f.
1149 Vgl. ebd., S. 220f.
1150 Vgl. u.a. ebd., S. 220f.
1151 Vgl. ebd., S. 220f.
1152 Vgl. Nipkow 2007, S. 394ff.
1153 Vgl. UNESCO 1999, S. 2.
1154 Vgl. Nipkow 2007, S. 395.
1155 Vgl. u.a. Hemingway, Schneider (Hg.) 2016. Vgl. u.a. Kikol (Hg.) 2018, vgl. Beitin, Gillen (Hg.) 2018, vgl. Höpel, Siegrist (Hg.) 2017.
1156 Vgl. u.a. Röhrs 1970.
1157 Exemplarisch sei auf die Kunst im Nationalsozialismus verwiesen, vgl. u.a. Merker 1983.
1158 Vgl. u.a. Bruhn 2003, vgl. Harlan u.a. 1984, vgl. Brenne 2004, S. 42-49.
1159 Vgl. hierzu Krautz 2004b, S. 5.
1160 Vgl. u.a. Wintersteiner 2008, S. 262f.

1161 Vgl. UNESCO 2017, S. 71.
1162 Krautz führt dies und Weiteres in Bezug auf friedenspädagogisch ausgerichtete Konzepte aus; Krautz 2004.
1163 Vgl. UNESCO 2017, S. 71.
1164 Es erfolgt eine Anknüpfung an forschend ausgerichtete kunstpädagogische Konzepte, vgl. exemplarisch Kämpf-Jansen 2002.
1165 Vgl. u.a. Olbers 2014. Vgl. u.a. Krautz 2005, S. 220f.
1166 Vgl. u.a. Olbers 2014. Vgl. u.a. Krautz 2005, S. 220f.
1167 Vgl. diesbezüglich u.a. Krautz 2004b, S. 4f.
1168 Vgl. u.a. Krauz 2005, S. 220f.
1169 Vgl. u.a. ebd.
1170 Vgl. u.a. Eremjan 2016.
1171 Vgl. u.a. Krautz 2005, S. 220f.
1172 Vgl. u.a. Krauz 2005, S. 220f.
1173 Vgl. exemplarisch Grünewald 2012.
1174 Vgl. Peez 2008. Vgl. Peez 2007. Vgl. Peez 2012, S. 72ff. Vgl. Bering 2004 u.a., S. 9. So ist von Bedeutung Darstellungen, Konventionen, Wahrnehmungsmuster und stereotype Vorstellungen von Krieg und Frieden aber auch von zum Beispiel Hungersnöten, Flucht, Naturkatastrophen etc. kritisch zu hinterfragen und ggf. aufzubrechen. Vgl. u.a. Krautz 2005, S. 220f.
1175 Vgl. Olbers 2014, S. 308f.
1176 Vgl. Krautz 2005, S. 220f.
1177 Zur kunstpädagogischen Praxis vgl. u.a. Krautz 2015.
1178 Vgl. https://www.bne-portal.de/de/was-ist-bne-1713.html, 26.2.
1179 Vgl. u.a. Krautz 2005, S. 220f.
1180 Vgl. u.a. Krautz 2005, S. 220f. Kunst, als ein Bestandteil einer umfassenden Bildung, trägt dazu zur persönlichen Entfaltung bei. Vgl. UNESCO Leitfaden für kulturelle Bildung 2008, S. 17.
1181 Vgl. u.a. Krautz 2005, S. 220f.
1182 Weitere Ausführungen und Verweise dazu, vgl. Thattamannil-Klug 2016, S. 739f.
1183 Vgl. u.a. Krautz 2005, S. 220f.
1184 Vgl. Krautz 2004b, S. 4.
1185 Vgl. UNESCO 1999, vgl. Wintersteiner 1999, S. 70, vgl. Krautz 2004b, S. 4.

Literaturverzeichnis

Adorno, Theodor W.: Erziehung nach Auschwitz, Frankfurt a.M. 1971.

Albert, Marie-Therese: Globalisierung und kulturelle Entwicklung. Das kulturelle Erbe der Menschheit und seine zeitgemäße Interpretation, in: Ästhetik & Kommunikation. World Heritage. Die Welt beerben, 119, Berlin 2002, S. 29-36.

Arendt, Hannah: Der Raum des Öffentlichen und der Bereich des Privaten, in: Dünne, Jörg/Günzel, Stephan (Hg.): Raumtheorie, Frankfurt 2006, S. 420-433.

Arnold, R./Gómez Tutor/C., Kammerer, J.: Selbstlernkompetenzen als Voraussetzungen einer Ermöglichungsdidaktik – Anforderungen an Lehrende. In Arnold, Rolf/ Schüßler, Ingeborg (Hg.): Ermöglichungsdidaktik in der Erwachsenenbildung, 2003, S. 108–119.

Arslan, Muhittin/Proetel, Tim/Gruchman-Schneider, Sabine u.a.: Diversity im Kunstunterricht: Modelle inter- und transkultureller Vermittlungspraxis, München 2017.

Arslan, Emre/Bozay, Kemal (Hg.): Symbolische Ordnung und Bildungsungleichheit in der Migrationsgesellschaft, Wiesbaden 2016.

Assmann, Aleida: Der lange Schatten der Vergangenheit: Erinnerungskultur und Geschichtspolitik, 2018.

Assmann, Aleida: Das neue Unbehagen an der Erinnerungskultur: Eine Intervention, 2020.

Aßmann, Dominik: Konzeptpapier zur ästhetischen Arbeit im Seminar „Krieg und Frieden in der Kunst", Wintersemester 2018/19, Universität Paderborn, unveröffentlicht 2018.

Auernheimer, Georg: Einführung in die Interkulturelle Pädagogik, Darmstadt, 2010, 6. Auflage.

Auernheimer, Georg: Feindbildkonstruktionen – das Beispiel Islam und Muslime, in Grasse, Renate/Gruber, Bettina/ Gugel, Günther (Hg.): Friedenspädagogik. Grundlagen, Praxisansätze, Perspektiven, Reinbek bei Hamburg 2008, S. 185-212.

Austin, Beatrix: Die Berghof Foundation, Verständigung und Versöhnung durch Konflikttransformation, Defrance, Corine/Pfeil, Ulrich (Hg.): Verständigung und Versöhnung nach dem „Zivilisationsbruch"? Deutschland in Europa nach 1945, Brüssel 2016, S.767-791.

Back, Jean/Schmidt-Linsenhoff, Viktoria (Hg.): The Family of Man 1955-2001, Humanismus und Postmoderne: Eine Revision von Edward Steichens Fotoausstellung, Marburg 2004.

Badura, Jens/Dubach, Selma u.a. (Hg.): Künstlerische Forschung. Ein Handbuch. Berlin, Zürich 2015.

Bahr, Matthias/Reichmann, Bettina: Menschenrechtsbildung: Handreichung für Schule und Unterricht, Ostfildern 2018.

Bajaj, Monisha (Hg.): Encyclopedia of Peace Education, Charlotte 2008.

Barthes, Roland: La Grande Famille des Hommes, in: Mythologies, Paris 1957, abgedruckt in: Back, Jean/Schmidt-Linsenhoff, Viktoria (Hg.): The Family of Man 1955-2001, Humanismus und Postmoderne: Eine Revision von Edward Steichens Fotoausstellung, Marburg 2004, S. 271-276.

Bast, Roland: Friedenspädagogik. Möglichkeiten und Grenzen einer Erziehung zum Frieden, Düsseldorf 1982.

Bätschmann, Oskar: Anleitung zur Interpretation: Kunstgeschichtliche Hermeneutik, in: Belting, Hans/Dilly, Heinrich/Kemp, Wolfgang u.a. (Hg.): Kunstgeschichte. Eine Einführung, Berlin 2008, 7. Auflage, S. 199-228.

Bauer, Hermann: Form, Struktur, Stil: Die formanalytischen und formgeschichtlichen Methoden, in: Belting, Hans/Dilly, Heinrich/Kemp, Wolfgang u.a. (Hg.): Kunstgeschichte. Eine Einführung, Berlin 2008, 7. Auflage, S. 157-174.

Bauernschmitt, Susanne/Sansour, Teresa: Das Potential künstlerischer Bildung für inklusiven Unterricht, in: Engels, Sidonie (Hg.) Inklusion und Kunstunterricht. Perspektiven und Ansätze künstlerischer Bildung, Oberhausen 2017, S. 29-38.

Baum, Jacqueline/Schmidt, Yvonne (Hg.): „Kunstvermittlung und Klimawandel", Launch SFKP e Journal Art Education Research Nr. 21, 2022.

Baxandall, Michael: Auszug aus „Die Wirklichkeit der Bilder", in: Brassat, W./Kohle, H. (Hg.): Methoden-Reader Kunstgeschichte. Texte zur Methodik und Geschichte der Kunstwissenschaft, Köln 2003, S. 101-106.

BDK e.V. Fachverband für Kunstpädagogik: Kunstunterricht im Kontext digitaler Medien, in: BDK Mitteilungen 1, 2021, S. 4ff.

Beckmann, Anne-Marie/Korn, Felicity (Hg.): Fotografinnen an der Front: Von Lee Miller bis Anja Niedringhaus, München 2019.

Beitin, Andreas/Eckhart, Gillen (Hg,): Ausstellung Flashes of the Future. Die Kunst der 68er oder Die Macht der Ohnmächtigen; Bonn 2018.

Bellak, Blank/Diendorfer, Gertraud/Pelinka, Anton/Wintersteiner, Werner (Hg.): Friedensforschung, Konfliktforschung, Demokratieforschung, Köln 2016.

Benedek, Wolfgang: Menschenrechte verstehen: Handbuch zur Menschenrechtsbildung, Berlin 2017.

Berghahn, Volker: Der Erste Weltkrieg, München 2014.

Bering, Kunibert/Niehoff, Rolf (Hg.): Bildkompetenz(en): Beiträge des Kunstunterrichts zur Bildung, Oberhausen 2009.

Bering, Kunibert/Niehoff, Rolf: Horizonte der Bild-Kunstgeschichte mit kunstpädagogischem Blick, Bde. 1+2, Oberhausen 2018.

Bhaba, Homi K.: Über kulturelle Hybridität. Tradition und Übersetzung, Wien 2012.

Bilke, N.: Die Rolle der Medien in Kriegsprävention und Friedensentwicklung, in: Schlotter, P. u.a. (Hg.): Berliner Friedenspolitik? Militärische Transformation – zivile Impulse – europäische Einbindung, Baden-Baden, 2008.

Blohm, Manfred/Brenne, Andreas/Hornäk, Sara (Hg.): Irgendwie anders. Inklusionsaspekte in den künstlerischen Fächern und der ästhetischen Bildung, Hannover 2018, 2. Auflage.

Blohm, Manfred/Selle, Gert (Hg.): Berührungen und Verflechtungen: biografische Spuren in ästhetischen Prozessen, Köln 2002.

Blohm, Manfred: Biografiearbeit, Didaktik und ästhetische Praxis, in: Blohm, Manfred; Selle, Gert (Hg.): Berührungen und Verflechtungen: biografische Spuren in ästhetischen Prozessen, Köln 2002, S. 39-54.

Blohm, Manfred u.a. (Hg.) (2006): Über ästhetische Forschung: Lektüre zu Texten von Helga Kämpf-Jansen. München 2006.

Blohm, Manfred/Brenne Andreas/Hornäk, Sara (Hg.): Inklusionsaspekte in den künstlerischen Fächern und der ästhetischen Bildung, fabrico-Verlag 2017.

Blohm, Manfred/Brenne, Andreas/Hornäk, Sara (Hg.): Irgendwie anders. Inklusionsaspekte in den künstlerischen Fächern und der ästhetischen Bildung, Hannover 2018, 2. Auflage.

Böning, Marietta/Karapanteva-Strasser: Friedenslehre im Kunstunterricht, in: Jalka, Susanne (Hg.): Denken. Kunst. Frieden. Annäherungen an das Menschsein, Berlin/Boston 2018, S. 231-257.

Borchardt, Ulrike/Dörfler-Dierken, Angelika/Spitzer, Hartwig (Hg.): Friedensbildung. Der Hamburger interdisziplinäre Modell, Göttingen 2014.

Bourdieu, Pierre: Sozialer Raum, symbolischer Raum, in: Jörg Dünne/Stephan Günzel (Hg.): Raumtheorie, Frankfurt 2006, S. 354-370.

Brandstätter, Ursula: Wer bin ich? Identität und ästhetische Erfahrung, in: Blohm, Manfred/Selle, Gert (Hg.): Berührungen und Verflechtungen: biografische Spuren in ästhetischen Prozessen, Köln 2002, S. 245-260.

Brassat, Wolfgang/Kohle, Hubertus (Hg.): Methoden-Reader Kunstgeschichte. Texte zur Methodik und Geschichte der Kunstwissenschaft, Köln 2003.

Braudel, Fernand: Geohistoire und geographischer Determinismus, in: Jörg Dünne/Stephan Günzel (Hg.): Raumtheorie, Frankfurt 2006, S. 395-408.

Bremme, Bettina: Adrian Villar Rojas: Meine tote Familie, in: Ebert, Johannes/Zell, Andrea (Hg.): Klima Kunst Kultur. Der Klimawandel in Kunst und Kulturwissenschaften, Göttingen, München 2014, S. 57f.

Brenne, Andreas: Ressource Kunst. „Künstlerische Feldforschung" in der Primarstufe, Qualitative Erforschung eines kunstpädagogischen Modells, Münster 2004.

Brenne, Andreas: „Herz der Finsternis". Forschendes Lernen im Kontext kunstpädagogischer Suchbewegungen. In: Engels, Sidonie u.a. (Hg.): Feldvermessung Kunstdidaktik. Positionsbestimmungen zum Fachverständnis. München 2013, S. 93–102.

Brenne, Andreas: „Artistic Research" im Spannungsfeld zwischen Wissenschaft, Gesellschaft und Kunst. In: Katenbrink, Nora/Wischer, Beate/Nakamura, Yoshiro (Hg.): Forschendes Lernen in der Osnabrücker Lehrerausbildung. Münster 2014, S. 77 ff.

Brenne, Andreas (Hg.): Kunst+Unterricht, „Erster Weltkrieg", 2014.

Brenne, Andreas: Inklusion und die künstlerische Feldforschung, in: Blohm, Manfred/Brenne, Andreas/Hornäk, Sara (Hg.): Irgendwie anders. Inklusionsaspekte in den künstlerischen Fächern und der ästhetischen Bildung, Hannover 2018, 2. Auflage, S. 211-215.

Brenner, Hildegard: Die Kunstpolitik des Nationalsozialismus, Hamburg 1963.

Brock, Lothar: Frieden und Demokratie, in: Gießmann, Hans J./Rinke, Bernhard (Hg.): Handbuch Frieden, Wiesbaden 2011, S. 281-291.

Brohl, Christiane: Displacement als kunstpädagogische Strategie. Vorschlag einer heterotopie- und kontextbezpgenen ästhetischen Diskurspraxis des Lehrens und Lernens, Norderstedt 2003.

Bruckner, D. J. R. u.a.: Kunst gegen den Krieg. 400 Jahre Protest in der Kunst, Basel 1984.

Bruhn, Heino: Der "Erweiterte Kunstbegriff" als Bildungsgrundlage: Joseph Beuys' Idee der "Free International University" (FIU) und ihre Umsetzung an der "Freien Kunstschule Hamburg FIU – Studienstätte für Kunst, interdisziplinäre Forschung und soziale Plastik", Diplomarbeit, Hamburg 2003.

Brumnjak, Boris u.a. (Hg.): Nichts ist erledigt!: Klaus Staeck; Politische Plakate, Berlin 2017.

Buckley-Zistel, Susanne/Moltmann, Bernhard: Versöhnung: Gratwanderung zwischen Wahrheit und Gerechtigkeit, in: Friedensgutachten 2006, Münster u.a. 2006, S. 168-173.

Budde, Jürgen/Hummrich, Merle: Reflexive Inklusion, in: Blohm, Manfred/Brenne, Andreas/Hornäk, Sara (Hg.): Irgendwie anders. Inklusionsaskekte in den künstlerischen Fächern und der ästhetischen Bildung, Hannover 2018, 2. Auflage, S. 17-21.

Budde, Jürgen/Heynoldt, Benjamin/Offen, Susanne: Diversität und Inklusion. Forschungsmethodische und -methodologische Perspektiven am Beispiel Bildungslandschaften, in: Ottersbach, Markus/Platte, Andrea/Rosen, Lisa (Hg.): Soziale Ungleichheiten als Herausforderung für inklusive Bildung, Wiesbaden 2016.

Busch, Dennis/Klanten, Robert (Hg.): The Age of Collage: Contemporary Collage in Modern Art, Berlin 2013.

Busch, Dennis/Klanten, Robert (Hg.): The Age of Collage Vol 2: Contemporary Collage in Modern Art, Berlin 2016.

Buschkühle, Carl-Peter (Hg.): Perspektiven künstlerischer Bildung, Köln 2003.

Buschkühle, Carl-Peter: Kunstpädagogen müssen Künstler sein. Zum Konzept künstlerischer Bildung, hg. von Pazzini, Karl-Josef/Sturm, Eva/Legler, Wolfgang/Meyer, Torsten, Kunstpädagogische Postionen 5, Hamburg 2004.

Buschkühle, Carl-Peter (Hg.): Künstlerische Kunstpädagogik. Ein Diskurs zur künstlerischen Bildung, Oberhausen 2012.

Busse, Klaus-Peter: Atlas Mapping in der ästhetischen Praxis. Atlas, Kunst+Unterricht (Teil 3), in: BDK-Mitteilungen, Heft 4, 1998.

Busse, Klaus-Peter: Mapping, Biografie und Intermedium, in: Blohm, Manfred/Selle, Gert (Hg.): Berührungen und Verflechtungen: biografische Spuren in ästhetischen Prozessen, Köln 2002, S. 55-68.

Busse, Klaus-Peter: Mapping Revisited. Diskurse in Kunst, Kunstwissenschaft und Didaktik, in BDK-Mitteilungen, Heft 2, 2005.

Büttner, Christian/Kladzinski, Magdalena: Krieg und Medien. Zwischen Information, Inszenierung und Zensur, in: Büttner, Christian/von Gottberg, Hans Joachim/Kladzinski, Magdalena (Hg.): Krieg in Bildschirmmedien. Zur politischen Orientierung Jugendlicher zwischen Inszenierung und Wirklichkeit, München 2005, S. 23-36.

Büttner, Christian/von Gottberg, Hans Joachim/Kladzinski, Magdalena (Hg.): Krieg in Bildschirmmedien. Zur politischen Orientierung Jugendlicher zwischen Inszenierung und Wirklichkeit, München 2005.

Casser, Susanne: Abfall wird Kunst. Leipzig 1992.

Cassirer, Ernst: Mythischer, ästhetischer und theoretischer Raum, in: Jörg Dünne/Stephan Günzel (Hg.): Raumtheorie, Frankfurt 2006, S. 485-500.

Conzelmann, Otto 1983: Der andere Dix – Sein Bild vom Menschen und vom Kriege, Stuttgart 1983.

Czelinski, M./Stenzel, J.: Arbeitstexte für den Unterricht: Krieg. Philosophische Texte von der Antike bis zur Gegenwart.

Dalbajewa, Birgit (Hg.): Otto Dix: der Krieg – das Dresdner Triptychon; [erscheint anlässlich der Ausstellung Otto Dix. Der Krieg – Das Dresdner Triptychon, Staatliche Kunstsammlungen Dresden, Galerie Neue Meister, Albertinum 5. April – 13. Juli 2014], Dresden 2014.

Dannenbeck, Clemens: Kernaufgaben inklusionsorientierter Handlungskompetenz, in: Blohm, Manfred/Brenne, Andreas/Hornäk, Sara (Hg.): Irgendwie anders. Inklusionsaspekte in den künstlerischen Fächern und der ästhetischen Bildung, Hannover 2018, 2. Auflage, S. 23-27.

Dannenbeck, Clemens: Soziale Arbeit und Inklusion, in: Ottersbach, Markus/Platte, Andrea/Rosen, Lisa (Hg.): Soziale Ungleichheiten als Herausforderung für inklusive Bildung, Wiesbaden 2016, S. 49-62.

Defrance, Corine/Pfeil, Ulrich: Einleitung, in: ebd. (Hg.): Verständigung und Versöhnung nach dem „Zivilisationsbruch"? Deutschland in Europa nach 1945, Brüssel 2016, S. 13-56.

Defrance, Corine/Pfeil, Ulrich (Hg.): Verständigung und Versöhnung nach dem „Zivilisationsbruch"? Deutschland in Europa nach 1945, Brüssel 2016.

Deutsche UNESCO-Kommission: Gedächtnis der Zukunft. Das UNESCO-Programm „Memory of the World" zum Weltdokumentenerbe. Bonn 2010.

Dippon, Peter: Lernort UNESCO-Welterbe. Eine akteurs- und institutionsbasierte Analyse des Bildungsanspruchs im Spannungsfeld von Postulat und Praxis, Heidelberg 2012.

Dogramaci, Burc: Sie starben jung! Künstler und Dichter, Ideen und Ideale vor dem Ersten Weltkrieg; Gorch Fock, Franz Marc, Wilhelm Morgner, Franz Nölken, Ernst Stadler, Hermann Stenner, August Stramm, Georg Trakl, Berlin 2014.

Dominikowski, T.: „Massen"medien und „Massen"krieg. Historische Annäherung an eine unfriedliche Symbiose, in: Löffelholz, H. (Hg.): Krieg als Medienereignis. Grundlagen und Perspektiven der Krisenkommunikation, Opladen 1993, S. 33-48.

Doğmuş, Aysun/Karakaşoğlu, Yasemin/Mecheril, Paul (Hg.): Pädagogisches Können in der Migrationsgesellschaft, Wiesbaden 2016.

Döttinger, Ina: Verlässliche Strukturen. Freiräume schaffen durch verlässliche Strukturen, in: Blohm, Manfred/Brenne, Andreas/Hornäk, Sara (Hg.): Irgendwie anders. Inklusionsaspekte in den künstlerischen Fächern und der ästhetischen Bildung, Hannover 2018, 2. Auflage, S. 35-39.

Dünne, Jörg/Stephan Günzel (Hg.): Raumtheorie, Frankfurt 2006.

Eberle, Mathias: Der Weltkrieg und die Künstler der Weimarer Republik. Stuttgart/Zürich: Belser 1989.

Ebert, Johannes/Zell, Andrea (Hg.): Klima Kunst Kultur. Der Klimawandel in Kunst und Kulturwissenschaften. Göttingen, München 2014.

de l'Ecotais, Emmanuelle: Linder: Subst. F., Syn. Für Freude, spielen, sich erfreuen. In: Görner, Veit (Hg.): Linder. Ausstellungskatalog. Köln 2013, S. 13-16.

Eickelmann, Theres/Seufert, Karl-Konrad/Jakobi, Wolfgang: Titel: 1. Auspacken – Wegwerfen? 2. Robinsons Insel. 3. Der schoene Schein der Postkarten von Gran Canaria. Bildner. Gegenueberstellungen aus e. 5. Schulj. d. Dt. Schule Las Palmas auf Gran Canaria, in: Kunst+Unterricht,(1988) 125, S. 22–24,28–31.

Engels, Sidonie (Hg.): Inklusion und Kunstunterricht, Perspektiven und Ansätze künstlerischer Bildung, Oberhausen 2017.

Eremjan, Inga: Transkulturelle Kunstvermittlung. Zum Bildungsgehalt ästhetisch-künstlerischer Praxen, Bielefeld 2016.

Fischer, Elisabeth: Kreative Animation im Urlaub am Beispiel eines Projektes auf der Nordseeinsel Pellworm, Hamburg 1981.

Fischer, Lili/Jappe, Georg: Winterbuch von Norderoog, Schriften der Kunsthalle zu Kiel, hg. von Jensen, Jens Christian, Kiel 1982.

Flacher, Sabine/Pakesch, Peter: Konzepte von Landschaft, Köln 2015.

Fleck, Robert: Kunst und Natur: Hundertwasser, Neuseeland und der Enwurf einer ästhetischen Ökologie, Hamburg 2016.

Fleischer, Simone: Der Künstler und der Krieg, in Kat. Otto Dix. Der Krieg – Das Dresdner Triptychon, herausgegeben von den staatlichen Kunstsammlungen Dresden, Birgit Dalbajewa, Simone Fleischer, Olaf Peters, Dresden 2014, S. 14-34.

Foucault, Michel: Von anderen Räumen, in: Jörg Dünne/Stephan Günzel (Hg.): Raumtheorie, Frankfurt 2006, S. 317-329.

Frank, Simon A.: User-generated Culture, in: Scheurer, Hans/Spiller, Ralf (Hg.): Kultur 2.0. Neue Web-Strategien für das Kulturmanagement im Zeitalter von Social Media, Bielefeld 2010, S. 16-27.

Frieters-Reermann, Norbert: Frieden lernen. Friedens- und Konfliktpädagogik aus systemisch-konstruktivistischer Perspektive, Duisburg u.a. 2010.

Fritzsche, Marc/Kirchschläger, Peter/Kirchschläger, Thomas: Grundlagen der Menschenrechtsbildung. Theoretische Überlegungen und Praxisorientierungen, Frankfurt a.M. 2017.

Fritzsche, Marc: Interfaces – Kunstpädagogik und digitale Medien: Theoretische Grundlegung und fachspezifische Praxis, München 2016.

Furo, Anna/Hietsch, Neele/Janczik, Vanessa: Konzeptpapier zur ästhetischen Arbeit im Seminar „Krieg und Frieden in der Kunst", Wintersemester 2018/19, Universität Paderborn, unveröffentlicht 2018.

Gach, Hans Joachim: Geschichte auf Reisen. Historisches Lernen mit Museumskoffern, Schwalbach/Ts 2005.

Gaßner, Hubertus/Roettig, Petra (Hg.): Lost places – Orte der Photographie : [... anlässlich der Ausstellung "Lost Places – Orte der Photographie", Hamburger Kunsthalle, 8. Juni bis 23. September 2012], Heidelberg, Berlin 2012.

Gerster, Ulrich/Helbling, Regine: Krieg und Frieden in der bildenden Kunst, Zürcher Beiträge zur Sicherheitspolitik und Konfliktforschung, Heft Nr. 39, Zürich 1996.

Gesing, Nadine: Konzeptpapier zur ästhetischen Arbeit im Seminar „Krieg und Frieden in der Kunst“, Wintersemester 2018/19, Universität Paderborn, unveröffentlicht 2018.

Gieselmann, Hartmut: Die unsichtbare Gewalt. Kriegsspiele unter dem Radar des Jugendschutzes, in: Büttner, Christian/von Gottberg, Hans Joachim/Kladzinski, Magdalena (Hg.): Krieg in Bildschirmmedien. Zur politischen Orientierung Jugendlicher zwischen Inszenierung und Wirklichkeit, München 2005, S. 177-185.

Goldsworthy, Andy: Holz, Frankfurt a.M. 1996.

Goldsworthy, Andy: Ephemeral Works, New York 2015.

Goldsworthy, Andy: Projects, London 2017.

Götz, Maya: Kriegsnachrichten im Kinderfernsehen, in: Büttner, Christian/von Gottberg, Hans Joachim/Kladzinski, Magdalena (Hg.): Krieg in Bildschirmmedien. Zur politischen Orientierung Jugendlicher zwischen Inszenierung und Wirklichkeit, München 2005, S. 149-164.

Grasse, Renate: Frieden mit den Medien, in: Grasse, Renate/Gruber, Bettina/ Gugel, Günther (Hg.): Friedenspädagogik. Grundlagen, Praxisansätze, Perspektiven, Reinbek bei Hamburg 2008, S. 213-232.

Grasse, Renate/Gruber, Bettina/ Gugel, Günther (Hg.): Friedenspädagogik. Grundlagen, Praxisansätze, Perspektiven, Reinbek bei Hamburg 2008.

Grünewald Dietrich: Kunstunterricht und Bildkompetenz, in: BDK-Mitteilungen, Nr. 2, Hannover 2012, S. 13-16.

Gugel, Günther: Krieg in Bildschirmmedien. Didaktische Zugänge für die Bildung Jugendlicher, in: Büttner, Christian/von Gottberg, Hans Joachim/Kladzinski, Magdalena (Hg.): Krieg in Bildschirmmedien. Zur politischen Orientierung Jugendlicher zwischen Inszenierung und Wirklichkeit, München 2005, S. 209-217.

Güthler, Andreas/Lacher, Kathrin: Naturwerkstatt Landart, Baden, München 2011 (2. Auflage, 1. Auflage 2005).

Haddad, Natalie Anne: Representing the Unrepresentable: Otto Dix's Der Krieg and the Representation of Otherness in War, San Diego 2016.

Hahn, Daniela/Fischer-Lichte, Erika (Hg.): Ökologie der Künste, Paderborn 2015.

Hanke, Laura: Konzeptpapier zur ästhetischen Arbeit im Seminar „Krieg und Frieden in der Kunst“, Wintersemester 2018/19, Universität Paderborn, unveröffentlicht 2018.

Harders, Cilja/Clasen, Sarah: Frieden und Gender, in: Gießmann, Hans J.; Rinke, Bernhard (Hg.): Handbuch Frieden, Wiesbaden 2011, S. 324-335.

Harlan, Volker/Rappmann, Reiner; Schata, Peter: Soziale Plastik: Materialien zu Joseph Beuys, Achberg 1984.

Hasse, Jürgen: Zur mythischen Funktion deklarierter Natur-Landschaften. Das Beispiel des ‚Weltnaturerbes‘ Wattenmeer, in: Fischer, Ludwig/Reise, Karsten (Hg.): Küstenmentalität und Klimawandel. Küstenwandel als kulturelle und soziale Herausforderung, München 2011, S. 97-114.

Held-Schneider, Jutta/Schneider, Norbert: Sozialgeschichte der Malerei: vom Spätmittelalter bis ins 20. Jahrhundert, Köln 2006.

Hemingway, Andrew/Schneider, Norbert (Hg.): Hauptwerke politischer Kunst im 20. Jahrhundert: Icons of 20th-Century Political Art (Kunst und Politik), Göttingen 2016.

Heil, Christine: Kartierende Auseinandersetzung mit aktueller Kunst. Erfindung und Erforschung von Vermittlungssituationen, München 2007.

Heil, Christine: Kartierende Erkenntnispraxen. Rahmenwechsel zur Erfindung und Erforschung von Vermittlungsräumen, in: Kirschenmann, J.; Schulz, F.; Sowa, H. (Hg.): Kunstpädagogik im Projekt der allgemeinen Bildung, München 2008.

Heil, Christine: Inklusion und aktuelle Kunst. Das Blickregime befremden und Normalität dekonstruieren, in: Blohm, Manfred/Brenne, Andreas/Hornäk, Sara (Hg.): Irgendwie anders. Inklusionsaspekte in den künstlerischen Fächern und der ästhetischen Bildung, Hannover 2018, 2.Auflage, S. 225-232.

Hein, Christina: Nie vergessen: Stolpersteine in Kassel: Porträts von Menschen, Kassel 2020.

Hentig, Hartmut von: Erziehung zum Frieden, in: 13. Deutscher Evangelischer Kirchentag Hannover 1967, Dokumente, Stuttgart, Berlin 1967, S: 706-729.

Hentschel, Ulrike: Theaterspielen als ästhetische Bildung. Weinheim 1996.

Hermann, Lilian: Konzeptpapier zur ästhetischen Arbeit im Seminar „Krieg und Frieden in der Kunst", Wintersemester 2018/19, Universität Paderborn, unveröffentlicht 2018.

Herschbach, Markus: Kunsttherapie, in: Blohm, Manfred (Hg.): Kunstpädagogische Stichworte, Hannover 2016, S. 95-98.

Hiery, Hermann Joseph (Hg.): Die deutsche Südsee 1884-1914, Paderborn u.a. 2001.

Hinrichs, Nina (2013a): Otto Dix – „Der Krieg". Bildanalytischer Zugang für die Sekundarstufe II, in: World Heritage and Arts Education, 9. Ausgabe, Paderborn 2013, S. 297-321. https://digital.ub.uni-paderborn.de/ubpb/urn/urn:nbn:de:hbz:466:2-13887, 5.4.2019.

Hinrichs, Nina: Ästhetische Forschungen zum Ersten Weltkrieg, in: World Heritage and Arts Education, 9. Ausgabe, Paderborn 2013, S. 322-330, https://digital.ub.uni-paderborn.de/ubpb/urn/urn:nbn:de:hbz:466:2-13887, 5.4.2019.

Hinrichs, Nina: Das Letter-ART Projekt „Remember 1914-18". Kunstdidaktik und Friedenspädagogik, in: Kunst +Unterricht, „Erster Weltkrieg", 2014, S. 23-26.

Hinrichs, Nina (2014a): Ein kunstdidaktisches Projekt im Kontext der Erinnerungskultur zum Ersten Weltkrieg: Remember 1914-1918, in: World Heritage and Arts Education, Ausgabe, Paderborn 2014, S. 297-321.

Hinrichs, Nina: Künstlerische Forschungsprozesse in der Natur, in: BDK-Mitteilungen, Ausgabe 4/2015, S. 22-27.

Hinrichs, Nina (2015a): Das UNESCO-Dokumentenerbe im Kunstunterricht – ein Museumskofferprojekt, in: World Heritage and Arts Education, 13. Ausgabe, Paderborn 2015, S. 133-147. https://digital.ub.uni-paderborn.de/ubpb/urn/urn:nbn:de:hbz:466:2-138872015, 2.2.2019.

Nina Hinrichs: Künstlerische Vermittlung des UNESCO-Welterbes Wattenmeer: Malerei, Land Art, Museumskoffer, Athena, Reihe: Artificium, Kunst und Kunstvermittlung, hg. von Kunibert Bering, Oberhausen 2016.

Hinrichs, Nina: Kunstpädagogik und UNESCO-Welterbebildung. Künstlerische Vermittlungsstrategien in der transkulturellen Bildungsarbeit an Welterbestätten, in: BDK-Mitteilungen 2, 2018, S. 15-19.

Hinrichs, Nina: Kunstunterricht im Zeichen von Umwelt- und Klimaschutz. Plastikmüll als Medium bildnerisch-ästhetischer Prozesse, in: BDK-Mitteilungen 2, 2020, S. 8-12.

Hinrichs, Nina/Ströter-Bender, Jutta (Hg.): „World Heritage and Arts Education – Remember 1914-18. Ein Letter-Art Projekt zu Kunst, Krieg, Frieden, Teil 2: Unterrichtsmaterialien“, Ausgabe 9 der Internetzeitschrift des Faches Kunst der Universität Paderborn, Paderborn 2013, http://groups.uni-paderborn.de/stroeter-bender/WHAE/index.html.

Hinrichs, Nina/Ströter-Bender, Jutta (2013a): „World Heritage and Arts Education – Remember 1914-18. Ein Letter-Art Projekt zu Kunst, Krieg, Frieden, Teil 1: Informationen, Historische Friedensbriefe, Ausstellungsorte“, Ausgabe 8 der Internetzeitschrift des Faches Kunst der Universität Paderborn, Paderborn 2013, http://groups.uni-paderborn.de/stroeter-bender/WHAE/index.html.

Hinrichs, Nina: Künstlerische Vermittlung des UNESCO-Welterbes Wattenmeer. Malerei, Land Art, Museumskoffer, Oberhausen 2016.

Hinrichs, Nina (2016a): Edward Steichen: “The Family of Man” – kunsthistorische und -didaktische Überlegungen, in: World Heritage and Arts Education, Ausgabe 14/15, Paderborn 2016, S. 20-35. http://groups.uni-paderborn.de/stroeter-bender/WHAE/index.html, 4.6.2017.

Hinrichs, Nina: Wattenmeer und Nordsee in der Kunst. Darstellungen von Nolde bis Beckmann, Göttingen 2017.

Hinrichs, Nina (2017a): Die Bedeutung der Zeichnung im Kunstunterricht – eine kritische Betrachtung des niedersächsischen Kerncurriculums für Gymnasien (Sek. I), in: Ströter-Bender, Jutta/Wiegelmann-Bals, Annette (Hg.): Historische und aktuelle Kinderzeichnungen, Marburg 2017, S. 25-37.

Hinrichs, Nina: Kunstunterricht im Zeichen von Umwelt- und Klimaschutz. Plastikmüll als Medium bildnerisch-ästhetischer Prozesse, in: BDK-Mitteilungen, 2, 2020, S. 8-12.

Hoenisch, Nancy/Niggemeyer, Elisabeth: Heute streicheln wir den Baum, Ravensburg 1981.

Hoffheinz, Marlene: Die Setzung eines westlichen Kunstverständnisses, in Rundschreiben BDK Landesverband Niedersachsen 2020, S. 29f.

Hoffmann, Ot (Hg.): ex und hopp – Das Prinzip Wegwerf. Eine Bilanz mit Verlusten. Gießen 1989.

Hoormann, Anne: Land Art: Kunstprojekte zwischen Landschaft und öffentlichem Raum, Berlin 1996.

Höpel, Thomas/Siegrist, Hannes (Hg.): Kunst, Politik und Gesellschaft in Europa seit dem 19. Jahrhundert, Stuttgart 2017.

Hornäk, Sara: Gebärde, Symbol, Bild. Bildnerisches Denken und Handeln jenseits von Laut- und Schriftsprache, in: Blohm, Manfred/Brenne, Andreas/Hornäk, Sara (Hg.): Irgendwie anders. Inklusionsaspekte in den künstlerischen Fächern und der ästhetischen Bildung, Hannover 2018, 2.Auflage, S. 245-251.

Hurm, Gerd/Reitz, Anke; u.a.: The Family of Man Revisited: Photography in a Global Age, Eine zeitkritische Annäherung an die Ausstellung. London 2017.

Imdahl, Max: Barnett Newman, ‚Who’s afraid of Red, Yellow and Blue III‘. In: Brassat, Wolfgang/Kohle, Hubertus (Hg.): Methoden-Reader Kunstgeschichte. Texte zur Methodik und Geschichte der Kunstwissenschaft, Köln 2003, S. 80-97.

Institut für moderne Kunst Nürnberg (Hg.): Winfried Baumann. Kathedralen für den Müll, München 2016.

Ivanova, Mishela: Umgang der Migrationsanderen mit rassistischen Zugehörigkeitsordnungen: Strategien, Wirkungsweise und Implikationen für die Bildungsarbeit, Bad Heilbrunn 2017.

Ivanova, Alina: Zeitgemäße Bildung von Lehrkräften in der Migrationsgesellschaft. Dominanzkritische Perspektiven auf interkulturelle Bildung, Wiesbaden 2020.

Jäger, Uli: Friedenspädagogik. Grundlagen, Herausforderungen und Chancen einer Erziehung zum Frieden, in: Imbusch, Peter/Zoll, Ralf (Hg.): Friedens- und Konfliktforschung. Eine Einführung, Wiesbaden 2010, S. 537-555.

Jäger, Uli: Friedenspädagogik und Konflikttransformation, in: Online Berghof Handbook for Conflict Transformation, Berlin 2014.

Jentsch, Ralph: Otto Dix: Der Krieg 1924, Brasschaat 2013.

Kastner, Jeffrey (Hg.): Land und Environmental Art, Berlin 2004.

Kat. Frieden. Skulpturen, Fotografien, Zeichnungen, Wilhelm-Lehmbruck-Museum, Duisburg 1982.

Kat. Schrecken und Hoffnung. Künstler sehen Frieden und Krieg, Kunsthalle Hamburg, 1987.

Kat. Family of Man, herausgegeben von The Museum of Modern Art, New York, Singapore 2015.

Kat. Otto Dix. Der Krieg – Das Dresdner Triptychon, herausgegeben von den staatlichen Kunstsammlungen Dresden, Birgit Dalbajewa, Simone Fleischer, Olaf Peters, Dresden 2014.

Katenbrink, Nora/Wischer, Beate/Nakamura, Yoshiro (Hg.): Forschendes Lernen in der Osnabrücker Lehrerausbildung. Münster 2014.

Kathke, Petra: Sinn und Eigensinn des Materials: Projekte, Anregungen, Aktionen. Sand und Erde, Gezweig, Geäst und Gehölz, Feuer, Ruß und Asche, Fundstücke, 100 Welten entdeckt das Kind, München 2001.

Kämpf-Jansen, Helga: Ästhetische Forschung. Aspekte eines innovativen Konzepts ästhetischer Bildung. In: Blohm, Manfred (Hg.): Leerstellen. Perspektiven für ästhetisches Lernen in Schule und Hochschule. Köln 2000, S. 8-114.

Kämpf-Jansen, Helga: Ästhetische Forschung, Köln 2002.

Kemp, Wolfgang: Der Betrachter ist im Bild. Kunstwissenschaft und Rezeptionsästhetik, Köln 1985.

Kemp, Wolfgang: Das Revolutionstheater des Jacques-Louis David, in: Brassat, W./ Kohle, H. (Hg.): Methoden-Reader Kunstgeschichte. Texte zur Methodik und Geschichte der Kunstwissenschaft, Köln 2003, S. 110-129.

Kempf, Alexandra: Konzeptpapier zur ästhetischen Arbeit im Seminar „Krieg und Frieden in der Kunst“, Wintersemester 2018/19, Universität Paderborn, unveröffentlicht 2018.

Kernlehrplan für die Sekundarstufe I Gymnasium in NRW, Kunst (Online-Fassung Inkraftsetzung: 23.06.2019).

Kikol, Larissa (Hg.): Politik, Ethik, Kunst: kultureller Klimawandel – Strategien und Werkzeuge? Köln 2018.

Kino, Carol: Glossy Idealism on the Front Lines. (Martha Rosler's photomontage exhibition „Bringing the War Home“), The New York Times, Sept 7, 2008, Vol.157 (54426), S. 76(L).

Kirchhoff, Thomas/Trepl, Ludwig (Hg.): Vieldeutige Natur. Landschaft, Wildnis und Ökosystem als kulturgeschichtliche Phänomene, Bielefeld 2009.

Kladzinski, Magdalena: Zum komplexen Verhältnis von Krieg, Politik und Militär in Demokratien, in: Büttner, Christian/von Gottberg, Hans Joachim/Kladzinski, Magdalena (Hg.): Krieg in Bildschirmmedien. Zur politischen Orientierung Jugendlicher zwischen Inszenierung und Wirklichkeit, München 2005, S. 61-81.

Klasen, Fionna/Woynar, Stefanie: Kinder im Krieg: Erfahrungen aus der Arbeit mit traumatisierten Kindersoldaten in Uganda, in: Borchardt, Ulrike/Dörfler-Dierken, Angelika/Spitzer, Hartwig (Hg.): Friedensbildung. Der Hamburger interdisziplinäre Modell, Göttingen 2014, S. 249-266.

Klein, Jessica: Konzeptpapier zur ästhetischen Arbeit im Seminar „Krieg und Frieden in der Kunst", Wintersemester 2018/19, Universität Paderborn, unveröffentlicht 2018.

Klöpper, Carla Marie: Konzeptpapier zur ästhetischen Arbeit im Seminar „Krieg und Frieden in der Kunst", Wintersemester 2018/19, Universität Paderborn, unveröffentlicht 2018.

Koppe, K.: Der vergessene Frieden. Friedensvorstellungen von der Antike bis zur Gegenwart. Opladen 2001.

Koziol, Klaus/Vogel, Norbert/Steib, Rainer: Bildung und Medienkompetenz. Wege zur digitalen Souveränität, München 2020.

Kraft, Hartmut (Hg.): Psychoanalyse, Kunst und Kreativität. Die Entwicklung der analytischen Kunstpsychologie seit Freud, 3. Auflage, Berlin 2008.

Kirschenmann, Johannes/Sowa, Hubert (Hg.): Krieg und Unterricht, Kunst+Unterricht Nr. 279/2004.

Krautz, Jochen: Vom Sinn des Sichtbaren. John Bergers Ästhetik und Ethik als Impuls für die Kunstpädagogik am Beispiel der Fotografie, Hamburg 2004, S. 317-365.

Krautz, Jochen (2004a): Die Perspektive der Opfer. „Das wahre Gesicht des Krieges" als Anregung zum öffentlichen Dialog, in: Kunst+Unterricht 279/ Januar 2004, S. 12-13.

Jochen Krautz (2004b): Mit Verstand und Gefühl für den Frieden, Einige Überlegungen zur Kunstpädagogik als Friedenserziehung, in: BÖKWE – Fachblatt des Berufsverbandes österreichischer Kunst- und Werkerzieher 1/ März 2004, S. 4-8, http://www.friedenspaedagogik.de/index.php?/ift/themen/friedenspaedagogik/friedenspaedagogik_artikel_und_dokumente_seit_1900/2000_heute/jochen_krautz_mit_verstand_und_gefuehl_fuer_den_frieden_2004, 21.3.2018.

Krautz, Jochen (2004c): Kunstpädagogik als Friedenserziehung. Einige grundlegende Betrachtungen am Beispiel der Ausstellung „The Family of Man", in: Topoi. Beiträge zu einer kulturarchäologischen Ortsbestimmung. Festschrift für Rainer K. Wick zum 60. Geburtstag, hrsg. von Hermann J. Mahlberg, Wuppertal 2004, S. 61-73. http://www.friedenspaedagogik.de/themen/friedenspaedagogik/friedenspaedagogik_artikel_und_dokumente_seit_1900/2000_heute/jochen_krautz_kunstpaedagogik_als_friedenserziehung_2004, 21.3.2018.

Krautz, Jochen: Mit Verstand und Gefühl bei den Opfern. Friedenspädagogische Bildpraxis in Zeiten des Krieges, in: Krieg in Bildschirmmedien. Zur politischen Orientierung Jugendlicher zwischen Inszenierung und Wirklichkeit, hg. von Christian Büttner, Hans Joachim von Gottberg und Magdalena Kladzinski, München 2005, S. 219-227.

Krautz, Jochen: Bildende Kunst und Friedenserziehung, in: Handbuch Friedenserziehung. Interreligiös, interkulturell, interkonfessionell, hg. von Werner Haußmann, Hansjörg Biener, Klaus Hock und Reinhold Mokrosch, Gütersloh 2006, S. 409-417.

Krautz, Jochen: Gelenkte Gefühle: Die Rhetorik von Gewaltbildern. Eine Unterrichtsreihe für Klasse 10, in: Ethik und Unterricht: „Zuschauergefühle" 3/2008, S. 31-41.

Krautz, Jochen: Gefühle verbinden Menschen. Ein digitales Foto-Projekt zur Ausstellung „The Family of Man" (mit Gundula Ott), in: Kunst+Unterricht 319/2008, S. 12-13.

Krautz, Jochen: Wir in Guantanamo. Malerei als Wirklichkeit der Welt. Zur Arbeit von Sandra del Pilar. In: Katalog „Sandra del Pilar: Anderwelt", Stadtmuseum Siegburg. Bonn 2014.

Krautz, Jochen: Sprechende Bilder der Menschheit. Relationale Bildpraxis am Beispiel der Ausstellung „The Family of Man" (mit Madeline Ferretti-Theilig). In: Glas, Alexander/Heinen, Ulrich/Krautz, Jochen/Lieber, Gabriele/Miller, Monika/Sowa, Hubert/Uhlig, Bettina (Hg.): Sprechende Bilder – Besprochene Bilder. Bild, Begriff und Sprachhandeln in der deiktisch-imaginativen Verständigungspraxis. Schriftenreihe IMAGO – Forschungsverbund. Kunstpädagogik. Bd. 3. München: kopaed, S. 303-326.

Krautz, Jochen: Kunstpädagogik und Friedenserziehung. Ein Beitrag der Kunstdidaktik zur moralischen Erziehung. In: Glas, Alexander/Heinen, Ulrich/Krautz, Jochen/Miller, Monika/Sowa, Hubert/Uhlig, Bettina (Hrsg.): Kunstunterricht verstehen. Schritte zu einer systematischen Theorie und Didaktik der Kunstpädagogik. Kunst. Pädagogik.Didaktik. Schriftenreihe IMAGO – Forschungsverbund. Kunstpädagogik. Bd. 1. München 2015, S. 623-651.

Krieps, Rosch: The Family of Man. Ein fotografisches Weltdokument als Fanal für die Zukunft der Menschheit, in: Back, Jean/Schmidt-Linsenhoff, Viktoria (Hg.): The Family of Man 1955-2001, Humanismus und Postmoderne: Eine Revision von Edward Steichens Fotoausstellung, Marburg 2004, S. 256-270.

Küster, Bernd: Der Erste Weltkrieg und die Kunst: Von der Propaganda zum Widerstand, Gifkendorf 2014.

Küster, Bernd: Heinrich Vogeler im Ersten Weltkrieg. Bremen 2004.

Lankheit, Klaus/Steffen, Uwe (Hrsg.): Franz Marc: Briefe aus dem Feld. München 1993.

Lawes, Ann-Christin: Konzeptpapier zur ästhetischen Arbeit im Seminar „Krieg und Frieden in der Kunst", Wintersemester 2018/19, Universität Paderborn, unveröffentlicht 2018.

Laven, Rolf: Empowerment im inklusiven, ästhetisch-künstlerischen Werkstattunterricht: Aktive Gestaltung statt passiver Teilnahme, in: Blohm, Manfred/Brenne, Andreas/Hornäk, Sara (Hg.): Irgendwie anders. Inklusionsaspekte in den künstlerischen Fächern und der ästhetischen Bildung, Hannover 2018, 2. Auflage, S. 113-118.

Leenen, W. R.; Grosch, H.: Bausteine zur Grundlegung interkulturellen Lernens, in: Interkulturelles Lernen. Arbeitshilfen für die politische Bildung, Bonn 1998, S. 29-46.

Lefebvre, Henri: Die Produktion des Raums, in: Jörg Dünne/Stephan Günzel (Hg.): Raumtheorie, Frankfurt 2006, S. 330-342.

Lil, Kira van: Otto Dix und der Erste Weltkrieg. Die Natur des Menschen in der Ausnahmesituation, München 2000.

Lotmann, Jurij: Künstlerischer Raum, Sujet und Figur, in: Jörg Dünne/Stephan Günzel (Hg.): Raumtheorie, Frankfurt 2006, S. 529-545.

Loffredo, Anna Maria (Hg.): Kunstunterricht und Inklusion, Oberhausen 2017.

Löffelholz, H. (Hg.): Krieg als Medienereignis. Grundlagen und Perspektiven der Krisenkommunikation, Opladen 1993.

Löw, Martina: Raumsoziologie, Frankfurt am Main 2000 (9. Aufl.).

Lutz-Sterzenbach, Barbara/Wagner, Ernst: Kunstpädagogik dekolonisieren, in: BDK-Mitteilungen 3, 2021, S. 30f.

Lützenkirchen, Anne (Hg.): Aus Müll wird Kunst: Kreative Upcycling-Projekte im Rahmen Sozialer Arbeit, Lage 2014.

Mackert, Gabriele: Bringing the War Home: House Beautiful, new series, in: Nöring, Hermann/ Schneider, Thomas/ Spilker, Rolf (Hg.): Bilderschlachten. 2000 Jahre Nachrichten aus dem Krieg. Technik – Medien – Kunst, Göttingen 2009, S. 370.

Mayer, Peter: Landschaftsgänge: Experimentelles Arbeiten in und mit der Landschaft, in: Selle, Gert: Experiment Ästhetische Bildung, Reinbek 1990, S. 279-291.

Mayrhofer, Hans: „Es ist so schön, Soldat zu sein…" Ansätze ästhetischer Erziehung zur Friedenspädagogik, in: Ehmer, Hermann (Hg.): Ästhetische Erziehung und Alltag, Lahn-Gießen 1979.

McCarthy, David: American Artists against War, California 2015.

Meis, Mona-Sabine; Mies, Georg -Achim (Hg.): Künstlerisch-ästhetische Methoden in der Sozialen Arbeit: Kunst, Musik, Theater, Tanz und digitale Medien, Stuttgart 2018.

Mélon, Marc-Emmanuel: Die Familie des Mannes. Die häusliche Ideologie in „The Family of Man", in: Back, Jean/Schmidt-Linsenhoff, Viktoria (Hg.): The Family of Man 1955-2001, Humanismus und Postmoderne: Eine Revision von Edward Steichens Fotoausstellung, Marburg 2004, S. 56-79.

Menzen, Karl-Heinz: Grundlagen der Kunsttherapie, 5. Auflage. München 2021.

Merker, Reinhart: Die bildenden Künste im Nationalsozialismus: Kulturideologie – Kulturpolitik – Kulturproduktion, Köln 1983.

Mijic, A.: Kinder, Medien und Gewalt. Ein Thema für die Entwicklungszusammenarbeit, Tübingen 2007.

Moltmann, Bernhard: Die Hessische Stiftung Friedens- und Konfliktforschung, in: Defrance, Corine/Pfeil, Ulrich (Hg.): Verständigung und Versöhnung nach dem „Zivilisationsbruch"? Deutschland in Europa nach 1945, Brüssel 2016, S.753-768.

Moore, Elke aus dem (Hg.): Pure Gold: Upcycled! Upgraded!, Leipzig 2017.

Mössinger, Ingrid (Hg.): Otto Dix in Chemnitz: Ausstellungskatalog der Kunstsammlungen Chemnitz, Museum Gunzenhauser anlässlich der Ausstellung „Otto Dix in Chemnitz", 13. November 2011 – 15. April 2012, erarbeitet von Bauer-Friedrich, Thomas. Bielefeld 2011.

Müller, H.: Demokratie, Krieg und Medien, in: tv diskurs, Ausgabe 21, 2002, S. 32-37.

Müller, Judith: Der Grüne Faden. In: Schuster, Meike (Hg.): Stadt(t)räume. Ästhetisches Lernen im öffentlichen Raum. München 2013, S. 227ff.

Mrotzek, Michael: Konzeptpapier zur ästhetischen Arbeit im Seminar „Krieg und Frieden in der Kunst", Wintersemester 2018/19, Universität Paderborn, unveröffentlicht 2018.

Niedersächsisches Kultusministerium (Hg.): Kerncurriculum für das Gymnasium, Schuljahrgänge 5 – 10, Kunst, Niedersachsen. Hannover 2016.

Niehoff, Rolf: Notwendigkeit einer Bildung durch Kunstunterricht, in: Bering, Kunibert (Hg.): Kunstunterricht und Bildung. Kulturelles Gedächtnis – Globalität – Innovative Perspektiven, Bielefeld 2020, S. 51-72.

Nieke, W.: Interkulturelle Erziehung und Bildung. Wertorientierungen im Alltag, Opladen 2000, 2. Auflage.

Nipkow, Karl Ernst: Der schwere Weg zum Frieden. Geschichte und Theorie der Friedenspädagogik von Erasmus bis zur Gegenwart, Gütersloh 2007.

Nolte, Kathrin: Fotografie als Weltsprache? „The Family of Man" von Edward Steichen und Karl Paweks „Weltausstellung der Photographie" im Vergleich, (Magisterarbeit) Lüneburg 2005.

Noltze, Katja: Dialog Kunst – Raum. Situative Innenrauminstallation als Wahrnehmungsangebot und Lernort, hg. von Bering, Kunibert, Artificium – Schriften zu Kunst und Kunstvermittlung, Bd. 19, Oberhausen 2005.

Nolz, Bernhard/ Popp, Wolfgang (Hg.): Miteinander leben – voneinander lernen. Perspektiven für die Entwicklung einer Kultur des Friedens in Europa, Münster 1999.

Olbers, Sofie: Performing for Peace? Künstlerische Forschungs- und Lernformate, in: Borchardt, Ulrike/Dörfler-Dierken, Angelika/Spitzer, Hartwig (Hg.): Friedensbildung. Das Hamburger interdisziplinäre Modell, Göttingen 2014, S. 307-322.

Ostertag, Franka: Waste. Der Müll als Material und Metapher der US-amerikanischen Kunst und Literatur seit 1950. Berlin 1998.

Otto, Gunter: Bildanalyse. Über Bilder sprechen lernen, in: Kunst+Unterricht, 77, 1983, S. 10-19.

Otto, Nicole: Konzeptpapier zur ästhetischen Arbeit im Seminar „Krieg und Frieden in der Kunst", Wintersemester 2018/19, Universität Paderborn, unveröffentlicht 2018.

Panofsky, Erwin: Sinn und Deutung in der Bildenden Kunst, Köln 1975.

Panofsky, Erwin: Ikonographie und Ikonologie, in: Brassat, W./Kohle, H. (Hg.): Methoden-Reader Kunstgeschichte. Texte zur Methodik und Geschichte der Kunstwissenschaft, Köln 2003, S. 65-76.

Paul, Barbara: Kunstgeschichte, Feminismus und Gender Studies, in: in: Belting, Hans/ Dilly, Heinrich/Kemp, Wolfgang u.a. (Hg.): Kunstgeschichte. Eine Einführung, Berlin 2008, 7. Auflage, S. 297-336.

Peez, Georg: Einführung in die Kunstpädagogik, Stuttgart 2012.

Peez, Georg: Zur Bedeutung ästhetischer Erfahrung für Produktion und Rezeption in gegenwärtigen Konzepten der Kunstpädagogik. In: Thomas Greuel/Frauke Heß (Hg.): Musik erfinden. Beiträge zur Unterrichtsforschung, Aachen 2008, S. 7-26, hier S. 4ff. Digital abrufbar unter http://www.georgpeez.de/texte/musikpaed.htm, Zugriff: 17.03.2013.

Peez, Georg (Hg.): Mixed Reality und Augmented Reality im Kunstunterricht, München 2021.

Penzel, Joachim (Hg.): Wir retten die Welt! Kunstpädagogik und Ökologie Methodik, Curriculum, Unterrichtspraxis. München 2019.

Peters, Maria: Performative Handlungen und biografische Spuren in Kunst und Pädagogik, in der Reihe Kunstpädagogische Positionen 11, hg. von Pazzini, Karl-Josef/ Sturm, Eva/Meyer, Torsten, Hamburg 2005.

Peters, Olaf: Die Erfahrung des Krieges, in: Kat. Otto Dix. Der Krieg – Das Dresdner Triptychon, herausgegeben von den staatlichen Kunstsammlungen Dresden, Birgit Dalbajewa, Simone Fleischer, Olaf Peters, Dresden 2014, S. 47-53.

Peters, Olaf (2014a): Eine Summe des Krieges. Otto Dix' Triptychon „Der Krieg" (1929-1932), in: Kat. Otto Dix. Der Krieg – Das Dresdner Triptychon, herausgegeben von den staatlichen Kunstsammlungen Dresden, Birgit Dalbajewa, Simone Fleischer, Olaf Peters, Dresden 2014, S. 139-159.

Peters, Olaf (Hg.): Otto Dix. München/Berlin/London/ New York 2010.

Peters, Olaf: Otto Dix, Studie zu „Der Krieg" (Tryptichon), Dresden 1929, in: Heckmann, Stefanie/Ottomeyer, Hans (Hg.) (2008): Kassandra: Visionen des Unheils 1914 – 1945; eine Ausstellung des Deutschen Historischen Museums, Berlin, Ausstellungshalle von I. M. Pei, 19. November 2008 bis 22. Februar 2009]. Dresden, S. 222-223.

Petsch, J.: Kunst im Dritten Reich, Köln 1994.

Pollock, Griselda: Die Räume der Weiblichkeit in der Moderne, in: Brassat, Wolfgang/ Kohle, Hubertus (Hg.): Methoden-Reader Kunstgeschichte. Texte zur Methodik und Geschichte der Kunstwissenschaft, Köln 2003, S. 133-147.

Prangenberg, Christina: Konzeptpapier zur ästhetischen Arbeit im Seminar „Krieg und Frieden in der Kunst", Wintersemester 2018/19, Universität Paderborn, unveröffentlicht 2018.

Ratzel, Friedrich: Über die geographische Lage, in: Jörg Dünne/Stephan Günzel (Hg.): Raumtheorie, Frankfurt 2006, S. 386-394.

Remarque, Erich Maria: Im Westen nichts Neues, Berlin 1929.

Richter, Horst-Eberhard: Zur Psychologie des Friedens, Hamburg 1982.

Ritzmann, Susanne: Wegwerfen ◎ Entwerfen: Müll im Designprozess – Nachhaltigkeit in der Designdidaktik (Board of International Research in Design), Basel 2018.

Röhrs, Hermann: Grundzüge einer Friedenspädagogik, in: Röhrs, Hermann (Hg.): Friedenspädagogik, Frankfurt a. M. 1970, S. VII-XII.

Röhrs, Hermann (Hg.): Friedenspädagogik, Frankfurt a. M. 1970.

Röttig, Petra: Lost Places – Orte der Photografie, in: Gaßner, Hubertus/Roettig, Petra (Hg.): Lost places – Orte der Photographie : [... anlässlich der Ausstellung „Lost Places – Orte der Photographie", Hamburger Kunsthalle, 8. Juni bis 23. September 2012], Heidelberg, Berlin 2012, S. 9-18.

Rückert, Friederike (Hg.): Bewegte Welt // bewegte Bilder: Bewegtbilder im kunst- und medienpädagogischen Kontext, München 2018.

Sabisch, Andrea/Seydel, Fritz (Hg.): Biografien – biografische Prozesse im Kunstunterricht, Kunst+Unterricht Nr. 280, 2004.

Salomon, Gabriel: The Nature of Peace Education: Not all Programms Are Created Equal, in: Salomon, Gabriel/Nevo, Baruch (Hg.): Peace Education. The Concept, Principles and Practices around the World, New York 2012, S. 3-13.

Sandeen, Eric J.: Picturing an exhibition : the Family of Man and 1950s America, Albuquerque1995.

Sänger, Brenda: Konzeptpapier zur ästhetischen Arbeit im Seminar „Krieg und Frieden in der Kunst", Wintersemester 2018/19, Universität Paderborn, unveröffentlicht 2018.

Sauter, Achim: Kunstklima – Klimakunst. In: Schuster, Meike (Hg.): Stadt(t)räume – Ästhetisches Lernen im öffentlichen Raum. München 2013, S. 303 ff.

Scheffran, Jürgen: Frieden und nachhaltige Entwicklung, in: Gießmann, Hans J./Rinke, Bernhard (Hg.): Handbuch Frieden, Wiesbaden 2011, S. 310-323.

Scheurer, Hans/Spiller, Ralf (Hg.): Kultur 2.0. Neue Web-Strategien für das Kulturmanagement im Zeitalter von Social Media, Bielefeld 2010.

Schmitt, Carl: Das Recht als Einhalt von Ordnung und Ortung, in: Jörg Dünne/Stephan Günzel (Hg.): Raumtheorie, Frankfurt 2006, S. 409-419.

Schimpf-Herken, Ilse: Erinnerung braucht Zukunft, Zukunft braucht Erinnerung, in: Grasse, Renate/Gruber, Bettina/Gugel, Günther (Hg.): Friedenspädagogik. Grundlagen, Praxisansätze, Perspektiven, Reinbek bei Hamburg 2008, S. 515-184.

Schmidt, Diether: Otto Dix im Selbstbildnis, Berlin 1978.

Schneede, Uwe M.: 1914 – die Avantgarden im Kampf, Köln 2013.

Schneider, Norbert: Kunst und Gesellschaft: Der sozialgeschichtliche Ansatz, in: Belting, Hans/Dilly, Heinrich, Kemp, Wolfgang u.a. (Hg.): Kunstgeschichte. Eine Einführung, Berlin 2008, 7. Auflage, S. 267-296.

Schnurr, Ansgar: Verborgene Bilder und dominante Erzählungen. Zu einer postkolonialen Auseinandersetzung mit dem Making-Off des kulturellen Gedächtnisses, in: Bering, Kunibert (Hg.): Kunstunterricht und Bildung. Kulturelles Gedächtnis – Globalität – Innovative Perspektiven, Bielefeld 2020, S. 100-119.

Schorb, Bernd: Medienkompetenz, in: Schorb, Bernd; Hartung-Griemberg, Anja; Dallmann, Christine (Hg.): Grundbegriffe Medienpädagogik, 6. Auflage, München 2017. S. 254-261.

Schönhagen, Ulrike: Kunstunterricht mit blinden und sehbehinderten Schülerinnen und Schülern. Eine Unterrichtsreihe zum Thema „Flucht“ in der zeitgenössischen Kunst, in: BDK-Mitteilungen4, 2017, S. 22-27.

Schramm, Samantha: Land Art. Ortskonzepte und mediale Vermittlung, Berlin 2014.

Schubert, Dietrich: Künstler im Trommelfeuer des Krieges 1914–18, Heidelberg 2013.

Schubert, Dietrich: Otto Dix. Das Triptychon ‚Der Krieg‘, in: Konflikt: Heidelberger Jahrbücher 48 (2004), 311-331.

Schulz, W. u.a.: Das deutsche Jugendschutzsystem im Bereich der Video- und Computerspiele, Hans-Bredow-Institut, Hamburg 2007.

Schwendowius, Dorothee: Teilhabechancen in der Migrationsgesellschaft – Diskriminierungserfahrungen in der Schulbiographie, in: Haushalt in Bildung & Forschung, 2016, Vol.5 (2), S.19-34.

Selle, Gert: Ästhetische Biografie und (kunst)pädagogische Praxis, in: Blohm, Manfred; Selle, Gert (Hg.): Berührungen und Verflechtungen. Biografische Spuren in ästhetischen Prozessen, Köln 2002, S. 17-38.

Selle, Gert: Dokumentation des Seminars „Wahrnehmung von Landschaft mit den Sinnen der Kunst“, „Der Hasbruch“ I, Übungsbericht Sommersemester 1986 (unveröffentlicht, im Besitz von Andreas Brenne).

Selle, Gert: Experiment Ästhetische Bildung. Aktuelle Beispiele für Handeln und Verstehen, Reinbek 1990.

Selle, Gert: Gebrauch der Sinne. Eine kunstpädagogische Praxis, Reinbek 1993, Erstausgabe 1988.

Selle, Gert: Das ästhetische Projekt: Plädoyer für eine kunstnahe Praxis in Weiterbildung und Schule, Unna 1992.

Selle, Gert: Das kunstnahe ästhetische Projekt: (Erfahrungsarbeit des Lebens auf Wegen der Kunst), in: ders. (Hg.): Anstöße zum „Ästethischen Projekt", Hagen 1994, S. 50-65.

Selle, Gert: Kunstpädagogik jenseits ästhetischer Rationalität? Über eine vergessene Dimension der Erfahrung. In: Kunst+Unterricht. Heft 192/1995. S. 16-21.

Senghaas, Dieter: Abschreckung und Frieden. Studien zur Politik organisierter Friedlosigkeit, Frankfurt am Main 1969.

Senghaas, Dieter: Über Frieden und die Kultur des Friedens, in: Grasse, Renate/Gruber, Bettina/ Gugel, Günther (Hg.): Friedenspädagogik. Grundlagen, Praxisansätze, Perspektiven, Reinbek bei Hamburg 2008.

Seumel, Ines: Forschende Kunst – künstlerische Forschung. In: U 20 Kindheit Jugend Bildsprache, München 2013. S. 683-687.

Seumel, Ines/Peez, Georg: Forschungsmethoden und deren Anwendung – Produkt, Prozess und Kontext. In: U 20 – Kindheit Jugend Bildsprache, München, 2013. S. 664-666.

Simmel, Georg: Über räumliche Projektionen sozialer Formen, in: Dünne, Jörg/Günzel, Stephan (Hg.): Raumtheorie. Grundlagentexte aus Philosophie und Kulturwissenschaften, Frankfurt/M. 2006, S. 304-316.

Simon, Olaf: Wege zum Bild – Die Kartons, in: Kat. Otto Dix. Der Krieg – Das Dresdner Triptychon, herausgegeben von den staatlichen Kunstsammlungen Dresden, Birgit Dalbajewa, Simone Fleischer, Olaf Peters, Dresden 2014, S. 169-173.

Simson, Otto von u.a. (Hg.): Krieg und Frieden im Spiegel der Kunst, 2 Bde., Luzern 1973.

Sommer, Gert: Menschenrechte und Friedensprozesse, in: Nolz, Bernhard/ Popp, Wolfgang (Hg.): Miteinander leben – voneinander lernen. Perspektiven für die Entwicklung einer Kultur des Friedens in Europa, Münster 1999.

Sontag, Susan: Das Leiden anderer betrachten, 5. Auflage, Frankfurt a. M. 2017.

Sowa, Hubert: Kunstgeschichte lehren und lernen – Vorbemerkungen zu einer kulturgeschichtlichen Didaktik des Kunstunterrichts, in: zkmb 28.12.2014, http://zkmb.de/162, 9.3.2019.

Sowa, Hubert: Ethische Implikationen kunstpädagogischer Prozesse – Vorbemerkungen zu einer künftigen kunstpädagogischen Handlungstheorie, in: Buschkühle, Carl-Peter (Hg.): Perspektiven künstlerischer Bildung. Texte zum Symposium „Künstlerische Bildung und die Schule der Zukunft", Köln 2003.

Sowa, Hubert: Kunstreligion oder Kunstpädagogik, in: Kunst+Unterricht 251/2001, S. 47.

Staatsgalerie Stuttgart (Hrsg.) Kollwitz – Beckmann – Dix – Grosz. Kriegszeit. Tübingen 2011.

Staeck, Klaus; Volland, Ernst: Kunst und Politik: Politische Arbeiten aus vier Jahrzehnten, Potsdam 2012.

Steichen, Edward: A Life in Photography. New York 1963.

Ströter-Bender, Jutta: Museumskoffer, Ästhetische Projekte zum Weltkulturerbe der UNESCO, in: Holthaus, Marlies Große/Köller, Katharina: Interkulturell lernen – erziehen – bilden, Wien u.a. 2004, S. 165-177.

Ströter-Bender, Jutta: Teaching World Heritage – Learning Paths and Museum Coffers, in: Albert, Marie-Theres et al. (eds): Training Strategies for World Heritage Management, Bonn 2007, S.74-79.

Ströter-Bender, Jutta: Museumskoffer, Material- und Ideenkisten, Marburg 2009.

Ströter-Bender, Jutta: World Heritage Education und Kunstpädagogik, in: Bering, Kunibert/Höxter, Clemens/Niehoff, Rolf: Orientierung: Kunstpädagogik. Oberhausen 2010, S. 333-339.

Ströter-Bender, Jutta (Hg.): World Heritage Education. Positionen und Diskurse zur Vermittlung des UNESCO-Welterbes, Marburg 2010.

Ströter-Bender, Jutta/Wiegelmann-Bals, Annette: Dialogfelder einer interkulturellen Vermittlung von Welterbe, in: Ströter-Bender, Jutta (Hg.): World Heritage Education. Positionen zur Vermittlung des UNESCO-Welterbes, Marburg 2010, S. 47-57.

Ströter-Bender, Jutta: Zur Erinnerung an den Ersten Weltkrieg“: Friedensmotive in der Kunst – exemplarische Positionen, Paderborn 2015.

Ströter-Bender, Jutta (Hg.): World Heritage and Arts Education – Heritage for Peace, Friedensmotive in der Kunst, Ausgabe 14/15 der Internetzeitschrift des Faches Kunst der Universität Paderborn, Paderborn 2016, http://groups.uni-paderborn.de/stroeter-bender/WHAE/index.html, 18.9.2018.

Ströter-Bender, Jutta (Hg.): Friedens-Kunst: Eine Textsammlung, Marburg 2018.

Suchodolski, Bogdan: Die Lehrer und die Erziehung für den Frieden, in: Röhrs, Hermann: Grundzüge einer Friedenspädagogik, in: Röhrs, Hermann (Hg.): Friedenspädagogik, Frankfurt a. M. 1970, S. 113-127.

Teske, Ulrich: Ästhetische Erziehung und Friedenserziehung, in: Schirmer, Eva/Scholz, Otfried (Hg.): Krieg und Frieden in der Kunstpädagogik. Dokumentation eines internationalen Kongresses an der HdK Berlin, Berlin 1987.

Thattamannil-Klug, Alexander: Friedenspädagogik in der Bundesrepublik Deutschland. Grundlagen, Entwicklung und aktuelle Diskurse, in: Defrance, Corine/Pfeil, Ulrich (Hg.): Verständigung und Versöhnung nach dem „Zivilisationsbruch“? Deutschland in Europa nach 1945, Brüssel 2016, S. 735-752.

Theunissen, Georg: Friedenspädagogik als ästhetische Praxis. Marginalien zur Friedenspolitik und Konfliktbewältigung im zwischenmenschlichen Bereich, Perspektiven eines pädagogischen Humanismus in Schule und Sozialarbeit, Frankfurt 1984.

Thiehoff, Melissa Jasmin: Konzeptpapier zur ästhetischen Arbeit im Seminar „Krieg und Frieden in der Kunst“, Wintersemester 2018/19, Universität Paderborn, unveröffentlicht 2018.

Thomae, O.: Die Propaganda-Maschinerie: bildende Kunst und Öffentlichkeitsarbeit im Dritten Reich, Berlin 1978.

Thompson, Michael: Die Theorie des Abfalls. Über die Schaffung und Vernichtung von Werten (Neuauflage, hg. von Fehr, Michael). Essen 2003.

Thürlemann, Felix: Die semiotische Kunstwissenschaft, in: Brassat, Wolfgang/Kohle, Hubertus (Hg.): Methoden-Reader Kunstgeschichte. Texte zur Methodik und Geschichte der Kunstwissenschaft, Köln 2003, S. 150-164.

Tiborra, Jana: Fotografische Interventionen und postkoloniale Kritik. Nomusa Makhubus Self-Portrait Project, in: Bering, Kunibert (Hg.): Kunstunterricht und Bildung. Kulturelles Gedächtnis, Globalität, innovative Perspektiven, Bielefeld 20202.

Tollmann, Vera: Michael Tsegaye: Die Badenden, in: Ebert, Johannes/Zell, Andrea (Hg.): Klima Kunst Kultur. Der Klimawandel in Kunst und Kulturwissenschaften, Göttingen, München 2014, S. 62-65.

Tollmann, Vera (2014a): Allora & Calzadilla: A Man Sreaming is not a Dancing Bear, in: Ebert, Johannes/Zell, Andrea (Hg.): Klima Kunst Kultur. Der Klimawandel in Kunst und Kulturwissenschaften, Göttingen, München 2014, S. 51f.

Tollmann, Vera (2014b): George Osodi: Oil Rich Niger Delta, in: Ebert, Johannes; Zell, Andrea (Hg.): Klima Kunst Kultur. Der Klimawandel in Kunst und Kulturwissenschaften, Göttingen, München 2014, S. 43-50.

Tollmann, Vera (2014c): Eva Meyer-Keller: Building after Catastrophes/Handmade, in: Ebert, Johannes; Zell, Andrea (Hg.): Klima Kunst Kultur. Der Klimawandel in Kunst und Kulturwissenschaften, Göttingen, München 2014, S. 43-50.

Ulrich, Bernd: "Dann gehts wieder in die schöne Läuse-Schlampagne" Otto Dix im Ersten Weltkrieg, in: Kat. Otto Dix. Der Krieg – Das Dresdner Triptychon, herausgegeben von den staatlichen Kunstsammlungen Dresden, Birgit Dalbajewa, Simone Fleischer, Olaf Peters, Dresden 2014, S. 35-46.

UNESCO 1999: Erklärung über eine Kultur des Friedens und Aktionsprogramm für eine Kultur des Friedens, Resolution A/RES/53/243 der Generalversammlung der Vereinten Nationen vom 13. September 1999, https://www.unesco.de/sites/default/files/2018-04/Erkl%C3%A4rung%20%C3%BCber%20eine%20Kultur%20des%20Friedens%20und%20Aktionsprogramm%20f%C3%BCr%20eine%20Kultur%20des%20Friedens.pdf, 17.6.2018.

UNESCO 2017: Kultur des Friedens, Ein Beitrag zum Bildungsauftrag der UNESCO: Building Peace in the Minds of Men and Women, Berliner Komitee für UNESCO-Arbeit e.V., http://daten2.verwaltungsportal.de/dateien/seitengenerator/2017_02_15_kultur_des_friedens_-_web.pdf, 17.6.2018.

Wagner, Monika: Das Material der Kunst. Eine andere Geschichte der Moderne. München 2001.

Wagner, Monika: Lexikon des künstlerischen Materials. Werkstoffe der modernen Kunst von Abfall bis Zinn. München 2002.

Waldmann, Jörg: Frieden und Natur/Umwelt, in: Gießmann, Hans J./Rinke, Bernhard (Hg.): Handbuch Frieden, Wiesbaden 2011, S. 447-458.

Wallis, Brian: Überblick, in: Kastner, Jeffrey (Hg.): Land und Environmental Art, Berlin 2004, S. 19-41.

Warburg, Aby: Arbeitende Bauern auf burgundischen Teppichen, in: Brassat, Wolfgang/Kohle, Hubertus (Hg.): Methoden-Reader Kunstgeschichte. Texte zur Methodik und Geschichte der Kunstwissenschaft, Köln 2003, S. 44-53.

Wark, Jayne: Conceptual Art and Feminism: Martha Rosler, Adrian Piper, Eleanor Antin, and Martha Wilson. Woman's Art Journal. 1 April 2001. Vol.22 (1). S.44-50.

Weizsäcker, Carl Friedrich von (Hg.): Kriegsfolgen und Kriegsverhütung, München 1970.

Welsch, Wolfgang: Transkulturalität – Die veränderte Verfassung heutiger Kulturen. Ein Diskurs mit Johann Gottfried Herder, in: VIA REGIA – Blätter für internationale kulturelle Kommunikation, herausgegeben vom Europäischen Kultur- und Informationszentrum in Thüringen, Heft 20/ 1994.

Welzer, Harald: Das Zeitalter des Geldes. Der Klimawandel erzeugt Kriege und Konflikte, die auch die reichen Länder bedrohen, in: Süddeutsche Zeitung Nr. 126, München, 5. Juni 2018, S. 9.

Wiegelmann-Bals, Annette: Mediative Verfahren im Kontext der World Heritage Education, in: Ströter-Bender, Jutta [Hg.]: World Heritage Education. Positionen und Diskurse zur Vermittlung des UNESCO-Welterbes, Schriftenreihe KONTEXT Kunst – Vermittlung – Kulturelle Bildung, Band 4, Marburg 2010, S. 79 – 92.

Wiegelmann-Bals, Annette: Kunst und Frieden – Überlegungen zu einer inklusiven Friedensbildung, in: World Heritage and Arts Education, 10./11. Ausgabe, Paderborn 2014, S. 138-149.

Wiegelmann-Bals, Annette (2014a): Inklusion und World Heritage Education – Vernetzung als Potential für Inklusionsprozesse. In: World Heritage and Arts Education, 10./11. Ausgabe, Paderborn 2014, S. 223 – 230.

Wiegelmann-Bals, Annette: Individuelle Förderung. Kunstunterricht im Kontext kooperativer Förderpläne, in: Blohm, Manfred/Brenne, Andreas/Hornäk, Sara (Hg.): Irgendwie anders. Inklusionsaspekte in den künstlerischen Fächern und der ästhetischen Bildung, Hannover 2018, 2.Auflage, S. 281-285.

Wiegelmann-Bals, Annette: World Heritage Education und Friedensbildung, in: Kohlhoff-Kahl, Iris/Hinrichs, Nina/Wiegelmann-Bals, Annette (Hg.): Kulturelles Erbe. Erinnern, Erzählen, Erfinden, Baden-Baden 2018, S. 125-133.

Wintersteiner, Werner: Friedenspädagogik für das 21. Jahrhundert, in: Grasse, Renate/ Gruber, Bettina/ Gugel, Günther (Hg.): Friedenspädagogik. Grundlagen, Praxisansätze, Perspektiven, Reinbek bei Hamburg 2008, S. 253-276.

Wintersteiner, Werner: Pädagogik des Anderen. Bausteine für eine Friedenspädagogik in der Postmoderne, Münster 2000.

Wintersteiner, Werner: „Der Stern der Hoffnung über dem Herzen". Das Konzept der „Kultur des Friedens" und seine Bedeutung für die Friedenserziehung, in: Nolz, Bernhard/ Popp, Wolfgang (Hg.): Miteinander leben – voneinander lernen. Perspektiven für die Entwicklung einer Kultur des Friedens in Europa, Münster 1999.

Wölfflin, Heinrich: Auszug aus „Kunstgeschichtliche Grundbegriffe", in: Brassat, Wolfgang/Kohle, Hubertus (Hg.): Methoden-Reader Kunstgeschichte. Texte zur Methodik und Geschichte der Kunstwissenschaft, Köln 2003, S. 54-61.

Wolfram, Sabrina: Konzeptpapier zur ästhetischen Arbeit im Seminar „Krieg und Frieden in der Kunst", Wintersemester 2018/19, Universität Paderborn, unveröffentlicht 2018.

Wulf, Christoph (Hg.): Friedenserziehung in der Diskussion, München 1973.

Wulff, Joseph: Die bildenden Künste im Dritten Reich: Eine Dokumentation, Frankfurt. a. M. 1983.

Yanik, Jennifer: Konzeptpapier "Nie wieder Krieg" zur ästhetischen Arbeit im Seminar „Krieg und Frieden in der Kunst", Wintersemester 2018/19, Universität Paderborn, unveröffentlicht 2018.

Ziese, Maren/Gavranic, Cynthia/Krepart, Janina/Küng, Chantal (Hg.): „Un-Learning Ecologies: Workbook Kunstvermittlung in der ökologischen Krise". Zürich: Migros Museum für Gegenwartskunst; Zürcher Hochschule der Künste, 2021.

Zuelch, Martin: Ökologie – ein Leitbild aesthetischen Engagements, in: Kunst+Unterricht, (1988) 125, S. 12–21.

Internetquellen

http://klaus-staeck.de/?page_id=474, 4.10.2018.

https://artmap.com/ngbkberlin/exhibition/katastrophenalarm-2008, 6.10.2018.

http://martharosler.net/photo/war1/index.html, 12.2.2017.

http://martharosler.net/photo/war2/war1.html, 12.2.2017.

http://www.angelfire.com/realm3/war.in.iraq/pages/22.htm, 12.9.2016.

http://www.arthistoryarchive.com/arthistory/feminist/Martha-Rosler.html, 12.2.2017.

http://www.martharosler.net/, 26.2.2016.

Internetquelle Anna Oppermann., Wedemeyer, Carmen/Warnke, Martin: Die Selbst-Archive der Anna Oppermann, http://opus.uni-lueneburg.de/opus/volltexte/2007/11023/pdf/Die_Selbst_Archive_der_Anna_Oppermann.pdf, 1.4. 2016.

Internetquelle „Ausstellungsprojekt ‚Zwischen Schönheit und Bedrohung'". http://max-emden.de/wordpress/schuelerinnen-und-schueler-praesentieren-ihre-kunstwerke-im-unesco-welterbe-wattenmeer-besucherzentrum-in-wilhelmshaven/#more-8354 [29.10.2019].

„Bau und Fall der Berliner Mauer": http://www.unesco.org/new/en/communication-and-information/flagship-project-activities/memory-of-the-world/register/full-list-of-registered-heritage/registered-heritage-page-2/construction-and-fall-of-the-berlin-wall-and-the-two-plus-four-treaty-of-1990/, 11.7.2015.

Bundesministerium für Bildung und Forschung: Was ist BNE?, https://www.bne-portal.de/de/was-ist-bne-1713.html. 26.02.21.

Deutschlandfunk: Von der Land Art zur Klimakunst. https://www.deutschlandfunk.de/von-der-land-art-zur-klimakunst-vom-eise-befreit.691.de.html?dram:article_id=455543 [24.9.2019].

Internetquelle „Dokumentenerbe Memory of the World", http://www.unesco.org/new/en/communication-and-information/flagship-project-activities/memory-of-the-world/register/full-list-of-registered-heritage/registered-heritage-page-3/family-of-man/, 19.02.2016.

Internetquelle "The Family of Man", https://steichencollections-cna.lu/deu/collections/1_the-family-of-man, 4.7.2018.

Kladzinski, Magdalena: Kriegsdarstellung in den Medien. Ein DVD-Bildungsprojekt, in: in Wissenschaft & Frieden 2007-3: Medien und Krieg / Kriegsmedien, https://www.wissenschaft-und-frieden.de/seite.php?artikelID=0521, 23.01.2021.

Kranz, Margarete: Die Ästethik des Abfalls, https://www.fbkultur.uni-hamburg.de/vk/forschung/publikationen/vokus/vokus200601/media/vokus2006-1-s51-72.pdf [08.10.2019].

https://kw.uni-paderborn.de/fach-kunst/kunst-und-ihre-didaktik-malerei/museumskofferarchiv/ausstellungen-und-konzepte/2014-memory-of-the-world, 3.1.2021.

Internetquelle Lost Spaces, http://www.urban-shorts.net/2017/12/18/lost-places-lost-spaces/, 4.6.2018.

Internetquelle Martha Rosler, http://www.martharosler.net/reviews/cottingham.html, 01.4.2016.

Internetquelle Rosler, „Gladiators", http://www.thegundgallery.org/2012/08/gladitors/, 9.4.2016.

Internetquelle Rosler – Bringing the War home, https://www.nzz.ch/feuilleton/die-amerikanische-kuenstlerin-martha-rosler-bringt-den-krieg-in-die-gute-stube-ld.1398177, 7.7.21.

UNESCO Leitfaden für kulturelle Bildung 2008, http://www.unesco.de/fileadmin/medien/Dokumente/Kultur/Kulturelle_Bildung/Leitfaden.pdf 27.02.2014.

http://www.unesco.de/welterbe-konvention.html, 19.5.2013.

Internetquelle Verlassene Orte. https://verlasseneorte.info/, 4.6.2018.

Internetquelle Washington Post: https://www.washingtonpost.com/news/worldviews/wp/2016/01/30/chinese-artist-ai-weiwei-poses-as-a-drowned-syrian-refugee-toddler/?noredirect=on&utm_term=.b87a1be4899f, abgerufen 7.6.2018.

Internetquelle: Heike Faller: Alan Kurdi: Ohne ihn. In: Die Zeit. 28. Januar 2016, ISSN 0044-2070 (zeit.de [abgerufen am 28. Januar 2018]).

Artistic Research: http://www.artistic-research.de/archives/1, 26.6.2015.

Klein, Julian: Was ist künstlerische Forschung? In: kunsttexte.de/Auditive Perspektiven, Nr. 2, 2011. http://edoc.hu-berlin.de/kunsttexte/2011-2/klein-julian-1/PDF/klein.pdf, 26.6.2015.

Internetgalerie: http://groups.uni-paderborn.de/stroeter-bender/remember1914-1918/html/index.html, 31.12.2013.

Derenthal, Ludger: Dada, die Toten und die Überlebenden des Ersten Weltkriegs, in: zeitenblicke 3 (2004), Nr.1. http://www.zeitenblicke.de/2004/01/derenthal/Derenthal.pdf?origin=publication_detail, 2.3.19.

Kreuzinger, Steffi: Landart in der Umwelt- und Nachhaltigkeitsbildung: Fantastische Kunstwerke in und mit der Natur. Servicestelle Bildung für eine nachhaltige Entwicklung in Umweltzentren, https://www.umweltbildung.de/uploads/tx_anubfne/landart_steffi.pdf, 15.10.2019.

Nibis – Unterrichtsideen zum Thema „Natur" im Fach Kunst: https://www.nibis.de/unterrichtspraxis_5032, 15.10.2019.

Nibis – Förderschwerpunkte, https://www.nibis.de/sonderpaedagogische-foerderschwerpunkte_11287, 31.3.21.

Niedersächsisches Kultusministerium (Hg.): Kerncurriculum für das Gymnasium Schuljahrgänge 5 – 10, Kunst, https://db2.nibis.de/1db/cuvo/datei/ku_gym_si_kc_2016.pdf, 15.10.2019.

Niedersächsisches Kultusministerium (Hg.): Kerncurriculum für das Gymnasium – Gymnasiale Oberstufe, die Gesamtschule – gymnasiale Oberstufe das Abendgymnasium, das Kolleg, Hannover 2015, http://www.cuvo.nibis.de, 27.11.21.

„Space of Waste": https://newsgreen.net/2018/05/27/londoner-zoo-kunst-plastik/, 24.9.2019.

UNESCO 2017: Kultur des Friedens, Ein Beitrag zum Bildungsauftrag der UNESCO: Building Peace in the Minds of Men and Women, Berliner Komitee für UNESCO-Arbeit e.V., http://daten2.verwaltungsportal.de/dateien/seitengenerator/2017_02_15_kultur_des_friedens_-_web.pdf, 17.6.2018.

Ströter-Bender, Jutta: Der Friedensbrief von Heinrich Vogeler (1918), in: World Heritage and Arts Education, „Remember 1914-1918", Internetzeitschrift des Faches Kunst der Universität Paderborn, hg. von Jutta Ströter-Bender, Nina Hinrichs, 8. Ausgabe, Paderborn 2013, S. 25-39. http://groups.uni-paderborn.de/stroeter-bender/WHAE/index.html, 16.12.2013.

„Triennale": https://www.welt.de/newsticker/dpa_nt/infoline_nt/boulevard_nt/article179535174/Kunst-Triennale-Mit-dem-Plastikwal-in-die-Zukunft.html [24.9.2019]

Verfassung der UNESCO, http://www.unesco.de/unesco_verfassung.html, 13.12.2013.

World Heritage and Arts Education, „Remember 1914-1918", Internetzeitschrift des Faches Kunst der Universität Paderborn, hg. von Jutta Ströter-Bender, Nina Hinrichs, 8. und 9. Ausgabe, Paderborn 2013. http://groups.uni-paderborn.de/stroeter-bender/WHAE/index.html, 16.12.2013.

https://www.welt.de/vermischtes/article146187747/Wollte-dass-man-meine-Kinder-wie-Menschen-behandelt.html, 12.6.2018.

„Wochenklausur – Upcycling-Kooperative", http://www.wochenklausur.at/projekt.php?lang=de&id=11, 29.10.2019.

https://rp-online.de/politik/ausland/toter-junge-von-bodrum-jetzt-spricht-fotografin-niluefer-demir_aid-17588775, 12.6.2018.

https://www.zeit.de/kultur/2015-09/fluechtling-mittelmeer-bodrum-toter-junge-syrien, 12.6.2018.

http://www.zdf.de/ZDFmediathek/beitrag/video/2711776/Abstrakte-Heimat---Sheida-Soleimani...#/beitrag/video/2711776/Abstrakte-Heimat, 30.8.2016.

https://www.telegraph.co.uk/news/2016/09/01/photo-of-my-dead-son-has-changed-nothing-says-father-of-drowned/, 24.6.20018.

https://broadly.vice.com/en_us/article/the-artist-making-dolls-of-the-women-executed-in-iran, 31.8.2016.

http://www.zdf.de/ZDFmediathek/beitrag/video/2711776/Abstrakte-Heimat---Sheida-Suleimani...#/beitrag/video/2711776/Abstrakte-Heimat, 30.8.2016.

https://rp-online.de/panorama/wissen/kunst-kann-die-welt-veraendern_aid-20814719, 1.7.2018.

http://humanflow-derfilm.de/ 4.7.2018.

MoW-Homepage: http://www.unesco.org/new/en/communication-and-information/flagship-project-activities/memory-of-the-wor-ld/homepage/, 06.07.2015.

MoW-Homepage: http://www.un-esco.de/kommunikation/mow.html, 06.07.2015.

MoW-Online-Register: http://www.unesco.org/new/en/communication-and-information/flagship-project-activities/memory-of-the-wor-ld/register/full-list-of-registered-heritage/re-gistered-heritage-page-1/, 06.07.2015.

http://www.spiegel.de/kultur/kino/ai-weiwei-kommentiert-mit-human-flow-die-fluechtlingskrise-a-1178067.html, 4.7.2018.

https://wirfsnichtweg.wordpress.com/tag/thomas-deininger/, 13.7.2018 https://trenntmagazin.de/kunstmull/, 13.7.2018.

https://www.unesco.de/kultur-und-natur/kulturelle-vielfalt, 20.7.2018.

http://www.arts-for-peace.org/programs.html, 22.7.2018.

https://memorarepacem.de/kunst/, 22.7.2018.

https://www.engel-der-kulturen.de/index.html, 22.7.2018.

https://www.engel-der-kulturen.de/projekt.html, 25.7.2018.

https://www.engel-der-kulturen.de/kleinobjekte.html, 29.7.2018.

Engel im Trialog, Eine Materialsammlung für den Unterricht in der Sekundarstufe I zum Projekt „Engel der Kulturen, erarbeitet und veröffentlicht durch das Zentrum für Komparative Theologie und Kulturwissenschaften der Universität Paderborn unter Mithilfe der Studierenden Nadine Eckmann und Daniela Nitsch: https://www.engel-der-kulturen.de/pdfs/sekundarstufe-1-materialien-engel-der-kulturen.pdf, 25.7.2018.

https://www.weltwaerts.de/de/, 10.10.2018.

https://winfried-baumann.de/garbage/M%C3%BCll, 3.10.2018.

Abbildungsverzeichnis

Abb. 1 Otto Dix „Der Krieg" © Foto: Albertinum | GNM, Staatliche Kunstsammlungen Dresden, Elke Estel/Hans-Peter Klut, © Staatliche Kunstsammlungen Dresden und VG Bild-Kunst, Bonn 2022

Abb. 2 Ästhetische forschende Auseinandersetzung mit „Frieden" (Ausschnitt) von Anna Schwermann, Foto: privat

Abb. 3 Fotomontage, Bunkerruine im Kontext touristischer Sehweisen von Nicole Otto, Foto: Nicole Otto

Abb. 4 Installation an einer Gedenkstätte, Erweiterung um die Dimension aktuellen Kriegsgeschehens von Laura Hanke, Foto: Laura Hanke

Abb. 5, 6 Biografisch forschende Auseinandersetzung mit dem Ersten Weltkrieg, Letter-Art und Installation von Thomas Conze, Foto: privat

Abb. 7 Michaela Mrotzek, Fotomontage zu Nachrichtensendung, privat

Abb. 8 Installation von Carla Marie Klöpper, Foto: privat

Abb. 9, 10 Lilian Hermann, Mosaik-Bild aus Zeichnungen von Geflüchteten, Bildvorlage: ertrunkenes Kind auf der Flucht A. Kurdi, Foto: privat

Abb. 11 „Black Box" von Aylin Mert, Foto: privat

Abb. 12 Cizem Cevirgen, Sophie Hanstein, One World, Foto: privat

Abb. 13 Installation zur malawischen Kultur (Ausschnitt) von Lara Mariola Wenzel, Foto: privat

Abb. 14 „Verlorene Kindheit" von Alexandra Kempf, Foto: privat

Abb. 15 Kindersoldat, Malerei von Nicole Wehmeier, Foto: privat

Abb. 16 „Flucht" (Ausschnitt) von Sabrina Wolfram, Foto: privat

Abb. 17 „Welle" von Melissa Jasmin Thiehoff, Foto: Melissa Thiehoff

Abb. 18 „Mensch" von Anna Furo, Neele Hietsch, Vanessa Janczik, Foto: dieselben

Abb. 19 „Müllkette" von Theresa Scholle, Julia Börger, Foto: Theresa Scholle, Julia Börger.